Archa Verbi

Yearbook for the Study of Medieval Theology

12 (2015)

St. John Evangelist, Mainz, Cathedral cloister, ca. 1460

Archa Verbi

Yearbook for the Study of
Medieval Theology

12 (2015)

Aschendorff
Verlag

Archa Verbi
Annuarium Societatis Internationalis
pro Studiis Theologiae Medii Aevi promovendis

Annuaire de la Société Internationale pour l'Étude de la Théologie Médiévale
Annuario della Società Internazionale per lo Studio della Teologia Medievale
Anuario de la Sociedad Internacional para los Estudios de la Teología Medieval
Jahrbuch der Internationalen Gesellschaft für Theologische Mediävistik
Yearbook of the International Society for the Study of Medieval Theology

iussu Societatis edendum curaverunt

Thomas Prügl
Constant Mews
scriptores

Christian Leitmeir
regens recensionum

adiuvante
Christina Traxler

Zenon Kaluza
Martin Morard
Josep-Ignasi Saranyana
Walter Senner O.P.
coetus editionis

Satz: Ingrid Tanzer (Institut für Historische Theologie, Kath.-Theol. Fakultät, Universität Wien)
Frontispiz: © Thomas Prügl.
Printed in Germany
Gedruckt auf säurefreiem, alterungsbeständigem Papier ∞
ISSN 1612-3964
ISBN 978-3-402-10234-3

TABULA

Dissertationes

Peter Gemeinhardt
Gottschalk und die karolingische Trinitätstheologie
Eine Kontroverse im Vorfeld des ›photianischen Schismas‹ 9

Philipp W. Rosemann
What Is an Author?
Divine and Human Authorship in Some Mid-Thirteenth-Century
Commentaries on the *Book of Sentences* 35

Martina Wehrli-Johns
Konrad von Mure und die Dominikanertheologie seiner Zeit.
Studien zum *Libellus de sacramentis* mit einer Edition, besorgt
unter der Mitarbeit von Charlotte Bretscher-Gisiger 66

Irene Bueno
Avignon, the Armenians, and the Primacy of the Pope 108

Christina Traxler
Früher Antihussitismus. Der Traktat *Eloquenti viro* und
sein Verfasser Andreas von Brod 130

Nuntii

Tagungsbericht zur Jahrestagung der IGTM
Salische Kaiserstadt und jüdisches Kulturzentrum
Speyer, 19.–20. Juni 2015 178

Recensiones

Fabrizio Amerini (ed.): »*In principio erat verbum*«: Philosophy and
Theology in the Commentaries on the Gospel of John
(II–XIV Centuries)
recensuit Rolf Schönberger 180

Helen Gittos: Liturgy, Architecture, and Sacred Places in
Anglo-Saxon England
recensuit Paul Everson 183

Sara Leila Husseini: Early Christian-Muslim Debate on the Unity of God. Three Christian Scholars and Their Engagement with Islamic Thought (9th Century C. E.)
recensuit Klaus-Peter Todt 184

Marcia L. Colish: Faith, Fiction and Force in Medieval Baptism Debates
recensuit Thomas Marschler 186

Carolyn Marino Malone, Clark Maines (eds.): Consuetudines et regulae: Sources for Monastic Life in the Middle Ages and the Early Modern Period
recensuit Cornelia Linde 188

Alexander Andrée (ed.): Anselmi Laudunensis Glossae super Iohannem
recensuit Constant Mews 190

Rainer Berndt sj, Maura Zátonyi: Glaubensheil. Wegweisung ins Christentum gemäss der Lehre Hildegards von Bingen
recensuit Rebecca Milena Fuchs 192

Ritva Palmén: Richard of St. Victor's Theory of Imagination
recensuit Mary Carruthers 194

Jay M. Hammond, J.A. Wayne Hellmann, Jared Goff (eds.): A Companion to Bonaventure
recensuit Jan Klok 197

Florian Kolbinger: Zeit und Ewigkeit. Philosophisch-theologische Beiträge Bonaventuras zum Diskurs des 13. Jahrhunderts um »*tempus*« und »*aevum*«
recensuit Martina Roesner 199

Mikołaj Olszewski (ed.): Quaestiones disputatae 'De productione rerum' 'De imagine' et 'De anima' e schola bonaventuriana
recensuit Joshua C. Benson 202

Matthew Levering: Paul in the *Summa Theologiae*
recensuit Vivian Boland OP 204

Peter Herde: Bonifaz VIII. (1294–1303). Erster Halbband: Benedikt Caetani
recensuit Björn Gebert 207

CORALBA COLOMBA, VIOLA TENGE-WOLF (eds.): RAIMUNDUS LULLUS: Opera 54–60, annis 1294–1296 composita
recensuit JOSEP E. RUBIO 210

KATHRYNE BEEBE: Pilgrim and Preacher. The Audiences and Observant Spirituality of Friar Felix Fabri (1437/8–1502)
recensuit WOLFRAM HOYER OP 212

JOSEP PERARNAU (ed.): Arnaldi de Villanova Tractatus de tempore adventus Antichristi: ipsius et aliorum scripta coaeva (Corpus scriptorum Cataloniae. Series A, scriptores: Arnadi de Villanova opera theologica omnia 5)
recensuit MANFRED GERWING 215

THOMAS MICHAEL KRÜGER: Leitungsgewalt und Kollegialität. Vom benediktinischen Beratungsrecht zum Konstitutionalismus deutscher Domkapitel und des Kardinalkollegs (ca. 500–1500)
recensuit KLAUS-FRÉDÉRIC JOHANNES 218

MARCO FORLIVESI, RICCARDO QUINTO, SILVANA VECCHIO (Hrsg.): Fides Virtus. The Virtue of Faith from the Twelfth to the Early Sixteenth Century, in Verbindung mit GIONATA LIBONI und CATERINA TARLAZZI
recensuit REIMUND HAAS 219

DIRECTIONES AUCTORUM 222

SIGLA

Sigla et abbreviationes, quae in bibliographiis studiorum huius voluminis inveniuntur, elencho IATG^2 correspondunt (= SIEGFRIED SCHWERTNER (ed.), Internationales Abkürzungsverzeichnis für Theologie und Grenzgebiete (IATG); Zeitschriften, Serien, Lexika, Quellenwerke mit biblischen Angaben = International glossary of abbreviations for theology and related subjects; 2. überarb. u. erw. Aufl., Berlin/New York 1992).

Sigla quae in IATG^2 non inveniuntur:

AR	The Armenian Review
AV	Archa Verbi
BAdW, VKHuTmG	Bayerische Akademie der Wissenschaften, Veröffentlichungen der Kommission für die Herausgabe ungedruckter Texte aus der mittelalterlichen Geisteswelt
BSIH	Brill's Studies in Intellectual History
CCL	Corpus Christianorum. Series Latina
CHMÂ	Collection Haut Moyen Âge
DS.H	Deutsche Staatsbibliothek, Handschrifteninventare
EUC.SM	Estudis universitaris catalans. Serie monografica
GSCC	Groningen studies in cultural change
JSAS	Journal of the Society for Armenian Studies
MKZ	Monographien der Kantonsarchäologie Zürich
MM	The Medieval Mediterranean
MS	Musicological studies
MSG	Monasterium Sancti Galli
MSTh	Marquette Studies in Theology
NSM	Neues Schweizerisches Museum
OSHTh	Oxford studies in historical theology
OTHE	Opuscula et textus historiam ecclesiae eiusque vitam atque doctrinam illustrantia
RMA	Rethinking the Middle Ages
RThPhM.B	Recherches de théologie et philosophie médiévales. Bibliotheca
SNThR	St. Nersess Theological Review
SUA	Schriftenreihe des Universitätsarchivs
TEMÂ	Textes et études du Moyen Âge
THEP	Travaux d'histoire ethico-politique
ZAC	Zeitschrift für antikes Christentum

Archa Verbi 12 (2015) 9–34

Gottschalk und die karolingische Trinitätstheologie Eine Kontroverse im Vorfeld des ›photianischen Schismas‹

von Peter Gemeinhardt*

1. Gottschalk als Trinitätstheologe: Annäherungen

Gottschalk »der Sachse« (respektive Gottschalk von Orbais) genießt in der Forschung und genoss schon bei seinen Zeitgenossen umstrittene Prominenz: Der Versuch, sich gegen sein Schicksal als Oblate zu wehren und das Kloster Fulda zu verlassen, wurde auf diversen Synoden verhandelt; Gottschalks juristischer Erfolg entpuppte sich als Pyrrhussieg, denn er bescherte ihm gewissermaßen den Status eines monastischen Flüchtlings, der sein Leben weiterhin überwiegend hinter (anderen) Klostermauern verbrachte. Seine Rezeption von Augustins Vorsehungslehre und deren Zuspitzung auf die doppelte Prädestination verschaffte ihm immerhin einen Platz in der Dogmengeschichte des Mittelalters, selbst wenn die weitere Entwicklung des Augustinismus in eine andere Richtung ging. Vergleichsweise unbekannt ist hingegen, dass Gottschalk auch auf dem Feld der Trinitätslehre Augustins Ansätze in einer Weise aufgriff, die dem seit Alkuin vorherrschenden Mainstream widersprach und ebenfalls Gegenstand einer zwar kurzen, aber heftigen Kontroverse wurde: Mit Hinkmar von Reims, einem der einflussreichsten Theologen des Westfrankenreichs, lieferte sich Gottschalk einen literarischen Schlagabtausch über die Orthodoxie der liturgisch gebrauchten Formel *trina deitas.* Für die Entwicklung des trinitätstheologischen Denkens und die innerkarolingischen Debatten zur Zeit der Enkel und Urenkel Karls des Großen ist diese Kontroverse höchst aufschlussreich – und sie beleuchtet den Hintergrund der in den 860er Jahren aufflammenden Filioque-Kontroverse, die fortan theologische Kontakte zwischen dem Abendland und Byzanz prägen sollte. Beide Aspekte, Gottschalks Lehre von der Trinität und der Streit über seine Position, sollen hier in den Blickpunkt gerückt werden.

In den Einflussbereich Hinkmars war Gottschalk bereits 829 geraten, als er nach dem erstrittenen Abschied aus Fulda in das Kloster von Orbais im Bistum Soissons in der Metropolie Reims eingetreten war.[1] Mehrfach verurteilt, verblieb er bis zu seinem etwa 869 eintretenden Tod in dieser Kirchenprovinz, zuletzt im Kloster Hautevilliers. In diese Zeit fielen sowohl die

* Überarbeitete Fassung eines Gastvortrags anlässlich der Tagung der Societas Pentapolitana an der Universität Bern am 9. November 2013.

1 Zu Gottschalks Konflikt mit Hrabanus Maurus vgl. Patzold 2010.

Prädestinations- als auch die Trinitätskontroverse, die sich zeitlich und im Blick auf die Akteure überschnitten.[2] Lange war die Kenntnis von Gottschalks Trinitätslehre auf Zitate in Hinkmars polemischer Gegenschrift *De una et non trina deitate* beschränkt. Im Jahre 1930 fand Germain Morin jedoch in der Berner Stadtbibliothek einen Codex (Ms. 584) aus der zweiten Hälfte des 10. Jahrhunderts, der eine ganze Reihe von trinitätstheologischen Traktaten Gottschalks beinhaltete.[3] 1945 edierte Cyrille Lambot dieses Manuskript gemeinsam mit einem weiteren Berner Codex (Ms. 83) aus dem späten 9. Jahrhundert, der grammatische Traktate aus Gottschalks Feder überliefert. Seither steht für Gottschalks Theologie eine für einen Dissidenten aus spätkarolingischer Zeit bemerkenswert breite Quellengrundlage zur Verfügung. In der Literatur hat dieser Streit des Erzbischofs mit einem theologisch kreativen Mönch trotz der erheblich verbesserten Zugänglichkeit der Grundtexte seither dennoch nur wenig Aufmerksamkeit gefunden: Nachdem erstmals Klaus Vielhaber (1956) in seiner Darstellung von Gottschalks Leben und Denken die neu aufgefundenen Traktate – wenn auch eher kursorisch – berücksichtigt hatte, legte Jean Jolivet (1958) eine Studie zu Gottschalks Trinitätstheologie vor, während George Tavard (1996) die bisher einzige Spezialuntersuchung zu seiner Kontroverse mit Hinkmar publizierte.[4] Nirgendwo wurde diese Debatte in den Zusammenhang der Filioque-Kontroverse gestellt. Dies soll hier geschehen, um die Diskussionslage im Westfrankenreich, auf die die in den 860er Jahren in Konstantinopel erhobenen Vorwürfe trafen, präziser auszuleuchten.[5] Denn diese Kontroverse im Vorfeld des ersten Schismas zwischen Ost und West ist in hohem Maße geeignet, um für die lateinische Seite dessen theologische Binnenlogik zu illustrieren und zu zeigen, aus welchen sachlichen Gründen und auf welchem traditionsgeschichtlichen Hintergrund sich

2 Zur Kontroverse um die Prädestinationslehre im Kontext der theologischen Arbeit am Hof Karls des Kahlen vgl. Ganz 1990.

3 Zur älteren Forschung *vor* dieser Auffindung vgl. Grumel 1927. Zum Fund der trinitätstheologischen *opuscula* und *excerpta* Gottschalks vgl. die Einleitung in der kritischen Edition (Lambot 1945a, IX–XXII). Die Frage nach einer internen Chronologie dieser neuentdeckten Texte ist nicht abschließend geklärt, möglicherweise aufgrund der Disparatheit des Materials auch gar nicht lösbar. Zur Biographie und zur Übersicht über Gottschalks Schrifttum vgl. Brunhölzl 1975, 359–364.

4 Knapp erwähnt wird die Debatte um die *trina deitas* in neueren Handbüchern zur Trinitätslehre (Nielsen 2011, 159–161) und zu Augustin und seiner Rezeption (Rieger 2007, 573f.; Ganz 2013, 1060).

5 Ich lege hier – leider erst mit mehr als einem Jahrzehnt Verspätung – die schon in Gemeinhardt 2002, 210, Anm. 169 angekündigte Untersuchung zu Gottschalks Trinitätslehre mit Bezug auf die Filioque-Kontroverse vor. In Lehrbüchern der Dogmen- und Theologiegeschichte hat dieser Streit so gut wie keine Resonanz gefunden; vgl. immerhin die lapidare und, wie sich zeigen wird, zutreffende Bemerkung bei Harnack 1910, 299, Anm. 2: »Man kann vom Boden des Augustinismus aus beide Formeln, ›una deitas‹ und ›trina deitas‹ vertheidigen.« Die letzte ausführlichere Untersuchung zur karolingischen Trinitätslehre und Christologie stammt aus dem Jahr 1913 (Schulz 1913, bes. 35–47 und 53–57)!

die »filioquistische« Position plausibel machen ließ. Nicht zuletzt wird daran die Pluralität der karolingischen Trinitätstheologie(n) deutlich – denn dass Hinkmar mit Alkuin über Gottschalk siegen würde, war erst ein Ertrag dieser Debatte, deren Ausgang keineswegs von vorneherein feststand.

2. Das »photianische Schisma« und die Filioque-Kontroverse

Am 23. Oktober 867 schrieb Papst Nikolaus I. an den Metropoliten des Westfrankenreiches, Hinkmar von Reims. In Rom war bekannt geworden, dass in Konstantinopel schwere Vorwürfe gegenüber der Kirche des Westens kursierten. Nikolaus' Referat sei hier leicht gekürzt zitiert:

> Sie bemühen sich, insbesondere unsere Kirche wie auch generell jede Kirche lateinischer Sprache zu tadeln: [1] dass wir an Samstagen fasten; [2] dass wir sagen, der Heilige Geist gehe aus Vater und Sohn hervor, wohingegen sie selbst ihn nur als aus dem Vater hervorgehend bekennen; [3] dass wir das Heiraten verabscheuen, weil wir Priestern verbieten, eine Gattin heimzuführen; [4] dass wir den Priestern untersagen, die Stirn der Getauften mit Chrisam zu salben; [5] dass wir das Chrisam betrügerisch aus Flusswasser herstellen; [6] dass wir nicht nach ihrer Weise in den acht Wochen vor Ostern auf den Genuss von Fleisch und sieben Wochen davor auf Käse und Eier verzichten; [7] dass wir an Ostern nach jüdischer Art auf dem Altar ein Lamm zugleich mit dem Leib des Herrn segnen und darbringen; [8] dass fast alle unsere Kleriker unablässig ihre Bärte rasieren; [9] und dass bei uns ein Diakon, bevor er das Priesteramt innehatte, zum Bischof geweiht werden kann.[6]

Die Zusammenstellung dieser Kritikpunkte mag auf den ersten Blick befremden. Das theologische Gewicht der Vorwürfe scheint durchaus unterschiedlich zu sein, angesprochen werden ja Fasten- und Speisevorschriften ebenso wie »harte« dogmatische Kontroversen, Fragen der priesterlichen Lebensführung

6 Nicolaus I. *Ep. 100*, ed. cit. 603,23–604,3 = RPR(J) 2879: »Conantur enim tam nostram specialiter quam omnem generaliter, quae lingua Latina utitur, ecclesiam reprehendere, quia ieiuamus in sabbatis, quod spiritum sanctum ex patre filioque procedere dicamus, cum ipsi hunc tantum ex patre procedere fateantur. Dicunt praeterea nos abominari nuptias, quia presbiteros sortiri coniuges prohibemus, et insimulare temptant, quoniam eosdem prebiteros chrismate linire baptizatorum frontes inhibemus; quod tamen chrisma nos ex aqua fluminis conficere fallaciter arbitrantur. Reprehendere nihilominus moliuntur, eo quod octo ebdomadibus ante Pascha a carnium et septem ebdomadibus a casei et ovorum esu more suo non cessamus. Mentiuntur quoque nos, sicuti per alia ipsorum conscripta indicatur, agnum in Pascha more Iudaeorum super altare pariter cum dominico corpore benedicere et offerre. Quin et reprehendere satagunt, quia penes nos clerici barbas radere suas non abnuunt et quia diaconus non suscepto presbiteratus officio apud nos episcopus ordinatur, cum ipsi etiam illum, quem patriarcham suum nominant, ex laico subito tonsoratum ac monachum factum saltu ad episcopatus apicem imperiali favore ac brachio provehere, ut ipsi putant, minime formidaverint.«

ebenso wie liturgische Gebräuche. Und dabei war das Problem des eucharistischen Gebrauchs von ungesäuertem oder gesäuertem Brot, die so genannte Azymenfrage, im 9. Jahrhundert noch gar nicht auf dem Tapet.[7] Bei näherem Hinsehen drehten sich mittelalterliche Debatten zwischen Ost- und Westkirche freilich sehr oft um Themen, die nicht nur in der modernen, sondern auch schon in der scholastischen Dogmatik als nachrangig gelten können, wie in diesem Fall das Bartscheren. Dessen kontroverstheologische Bedeutung ergibt sich tatsächlich weder aus biblischen noch aus patristischen Bezügen, sondern aus der polemisch aufgeheizten Situation: Im Hintergrund der in Konstantinopel laut gewordenen und nach Rom kommunizierten Vorwürfe stand die in den 860er Jahren blühende byzantinische und ostfränkische Missionstätigkeit in Bulgarien. Missionare beider Seiten wetteiferten darum, wer die Bulgaren zu seinem Ritus bekehren und dem Khan einen – nach dessen Willen am besten autokephalen – Patriarchen oder – nach byzantinischer und römischer Vorstellung – abhängigen »Landesbischof« schenken dürfe.[8] Und dies war offensichtlich ein Moment, in dem alle möglichen liturgischen, rituellen und theologischen Differenzen als unterscheidend und damit als profilbildend wirken konnten – und (das ist für das Folgende wichtig) überhaupt erst im Blick auf die jeweils andere Seite in ihrer Identität und Differenz stiftenden Tragweite vor Augen traten. Dabei spielte (wiederum beiderseits) das Traditionsargument eine zentrale Rolle: Nikolaus I. stellte apodiktisch fest, dass »entweder falsch ist, dessen sie uns zu bezichtigen wagen, oder gewiss schon seit frühester Zeit ohne den Widerspruch von irgendjemandem in der römischen Kirche – und d. h. im ganzen Abendland – bewahrt wurde.«[9]

Blickt man nun freilich auf die Konfliktdynamik im dritten Viertel des 9. Jahrhunderts (und im weiteren Verlauf des Mittelalters generell), dann liegt die entscheidende Innovation in dem zweiten von Nikolaus referierten Vorwurf: der so genannten Filioque-Problematik. Denn diese war es, die binnen kurzer Zeit eine bemerkenswerte publizistische Offensive seitens karolingischer Theologen provozierte: Der Mönch Ratramnus von Corbie und der Bischof Aeneas von Paris formulierten im Westfrankenreich scharfe Entgegnungen, ebenso eine Synode im ostfränkischen Worms. Alle drei Texte bzw. Textkonvolute griffen in ihrem Duktus Nikolaus' argumentative Vorgabe auf:

> Des Weiteren zum Hervorgang des Heiligen Geistes: Wer wüsste nicht, dass berühmte Männer, vornehmlich Lateiner, manches geschrieben haben, durch deren Autorität gestärkt wir mit einem kräftigen (Lehr-) Gebäude auf jene Unsinnigkeit antworten könnten, wenn es überhaupt Brauch wäre, dass jene uns tadeln

7 Vgl. hierzu die maßgebliche Darstellung von Avvakumov 2002.

8 Einen Überblick über diese Konfliktgeschichte (abzielend auf die auch im vorliegenden Beitrag im Fokus stehende pneumatologische Lehrdifferenz) habe ich vorgelegt in: Gemeinhardt 2002, 179–188.

9 Nicolaus I. *Ep. 100*, ed. cit. 605,6–8: »Quo aut falsa sunt, quae nobis inpingere moliuntur, aut certe iam a prisco tempore sine cuiusquam contradictione in ecclesia romana, immo in tota occidentali parte, actenus custodita.«

dürften oder dass wir ihnen, die uns mit streitsüchtigem Maul ankläffen, Rechenschaft schuldig wären.[10]

Am Vertrauen auf die Triftigkeit der eigenen Position mangelte es nicht. Freilich blieben all diese Texte im Osten unbekannt.[11] Das ist kennzeichnend für die Frühgeschichte des Filioque-Konflikts, in dem eine wechselseitige literarische Kenntnisnahme erst im 11. Jahrhundert erfolgte. Doch immerhin war bereits zur Zeit von Nikolaus und Photius die spezifische Differenz im Text des Glaubensbekenntnisses von Nizäa-Konstantinopel (NC) offenbar geworden und blieb ein Dauerbrenner im Diskurs zwischen Ost und West von den Unionskonzilen des Spätmittelalters bis in die ökumenischen Dialoge des 20. Jahrhunderts.

Im Westen war die Sache allerdings gar nicht so eindeutig: Die Päpste des 9. Jahrhunderts hielten an einer Fassung des NC fest, wonach der Hervorgang des Heiligen Geistes »aus dem Vater« erfolge (*ex Patre procedentem*). Karl der Große hatte hingegen für seinen Hof und damit für das Frankenreich eine von Paulinus von Aquileia revidierte Fassung des NC – den heutigen Normtext – verbindlich gemacht, wonach der Heilige Geist »aus dem Vater und dem Sohn hervorgeht« (*qui ex Patre Filioque procedit*). Als um 808 erstmals griechischerseits Kritik an der im Karolingerreich gebräuchlichen Fassung laut wurde, hatte Leo III. Karl dem Großen verweigert, einen veränderten Text einzuführen.[12] Die komplexe Textgeschichte des lateinischen NC, auf die ich hier nicht näher eingehen kann, zeigt, dass es sich nicht einfach um die Einfügung *eines* Wörtchens in einen ansonsten feststehenden Text handelt, sondern um einen mehrhundertjährigen Übersetzungsprozess, der bereits mit textuellen Varianzen zweier griechischer Fassungen des NC in den Akten des Konzils von Chalkedon (451) beginnt.[13] Was das lateinische NC angeht, sollte die Vorstellung eines seit der Spätantike fixierten »Urtextes«, der zu einem späteren Zeitpunkt unilateral »erweitert« worden wäre, der Vergangenheit angehören.

10 Nicolaus I. *Ep. 100*, ed. cit. 605,16–19: »Praeterea de processione spiritus sancti quis nesciat inlustres viros et praecipue Latinos nonnulla scripsisse, quorum fulti auctoritatibus istorum oppidum sanum respondere possumus insaniae, si vel illis nos reprehendendi vel nobis eis contentiosa fauce gannientibus rationem reddendi consuetudo quaelibet extitisset.«

11 Wiederholt ist postuliert worden, dass Photius in seiner um 886 entstandenen *Mystagogia de Spiritu sancto* in Kenntnis der *Contra Graecorum opposita* des Ratramnus schreibt (zuletzt Alexopoulos 2009, 29f.). M.E. spricht gerade Photius' mangelnde Kenntnisnahme lateinischer theologischer Argumentationen dagegen; es lässt sich nicht nachweisen, dass für seine Kritik mehr als Hörensagen vorauszusetzen ist. Dies gilt in ähnlicher Form bereits für die Auseinandersetzung mit dem Filioque bei Maximus Confessor im 7. Jahrhundert, dem ebenfalls wiederholt, aber ohne schlagenden Nachweis Vertrautheit mit der lateinischen Trinitätstheologie, zumal mit Augustin, unterstellt worden ist; vgl. Larchet 1998, 43f.; Siecienski 2010, 78–84.

12 Hierzu vgl. Gemeinhardt 2002, 140–163.

13 Ausführlich dazu Gemeinhardt 2002, 41–74.

Aber nicht nur trinitarisches Bekennen, auch trinitätstheologisches Denken florierte im Karolingerreich (im Unterschied zum zeitgenössischen Rom). In den 790er Jahren führten Karls Hoftheologen sowohl die (von ihnen missverstandene) Bilderverehrung der Byzantiner als auch den (zutreffend erkannten) Adoptianismus spanischer Theologen auf falsche trinitarische Vorstellungen zurück; vor allem gegen den Adoptianismus wurde ausdrücklich mit dem Hervorgang des Geistes aus Vater *und* Sohn argumentiert. Mit dieser *Lehre* gingen die Päpste des 9. Jahrhunderts d'accord. Es erstaunt daher nicht, dass sich Nikolaus mit dem Aufruf um Widerlegung der Vorwürfe aus Konstantinopel an einen westfränkischen Theologen, namentlich an Hinkmar von Reims, wandte.[14] Nikolaus hatte mit diesem erst kurz zuvor über päpstliche Durchgriffsrechte in Metropolien gestritten. Doch war Hinkmar bereits in den 850er Jahren an einer trinitarischen Debatte maßgeblich beteiligt gewesen, was seinen Namen ganz oben auf die Liste möglicher Konfutatoren der byzantinischen Kritik am Filioque setzen musste (selbst wenn er in diesem Fall die Mühe der Widerlegung an andere Theologen delegierte). Diese kurz vor dem »photianischen Schisma« liegende *innerwestliche* Kontroverse verbindet sich, wie eingangs skizziert, mit dem Namen des sächsischen Mönches Gottschalk; sie soll im Folgenden rekonstruiert und in den Kontext ihrer Zeit gestellt werden.

3. Gottschalks Auseinandersetzung mit Hinkmar von Reims

Der Streit zwischen Gottschalk und Hinkmar war – wie jede Debatte über die Trinität – ein Streit um Worte. Es war aber – wie jede *gehaltvolle* Debatte über die Trinität – nicht *nur* ein Streit um Worte, sondern auch und vor allem über die Möglichkeit, mit menschlichen Worten von Göttlichem zu sprechen. Für Gottschalk spielten hierbei offensichtlich Formulierungen eine zentrale Rolle, die der Liturgie ent- oder an diese angelehnt waren.[15] Schon seine *chartula professionis* auf der Synode von Mainz im Jahr 848 begann mit den hymnisch anmutenden Worten: »Ich, Gottschalk, glaube und bekenne, trage vor und

14 Nicolaus I. schrieb darüber hinaus auch an die Könige beider Reiche: Nicolaus I. *Ep. 101 ad Carolum Calvum*, ed. cit. 609,16–19 = RPR(J) 2882 vom 24.10.867; Nicolaus I. *Ep. 102 ad Ludovicum Germaniae regem*, ed. cit. 610,8–11 = RPR(J) 2883 vom 30.10.867. Die Aufforderung an Hinkmar, für eine Replik auf die Vorwürfe zu sorgen (Nicolaus I. *Ep. 100*, ed. cit. 604,24–28), erreichte diesen am 13. Dezember 867 am königlichen Hof in Corbény (Flodoardus *Hist. Rem. III 17*, ed. cit. 252,17–27; 253,5–7; *Annales Bertiniani* a. 867, ed. cit. 89,1–90,4). Hinkmar schrieb entsprechend um die Jahreswende 867/868 an die westfränkischen Bischöfe Odo von Beauvais, Johannes von Cambrai, Rothad von Soissons und Herard von Tours. Zu diesen Vorgängen vgl. Devisse 1976, 628–630.

15 Zum hymnologischen Aspekt der Trinitätskontroverse vgl. Boynton 2005, in deren Untersuchung allerdings die Filioque-Frage nicht angemessen berücksichtigt wird (aaO. 40f. wird lediglich knapp auf die älteren Darstellungen von Haugh 1975 und Pelikan 1974 hingewiesen).

bezeuge aus Gott dem Vater, durch Gott den Sohn und in Gott dem Heiligen Geist ...«.[16] Die Diskussion, in deren Mittelpunkt der Begriff *trina deitas* stand, entzündete sich nun ebenfalls an einem liturgischen Hymnus, der offensichtlich schon länger und unhinterfragt in Gebrauch war, bevor die genannte Wendung ins Zwielicht geriet. Zu Beginn seines gegen Gottschalk gerichteten Traktats *De una et non trina deitate* schreibt Hinkmar:

> Schon seit langem haben gewisse Leute, die geneigt sind, dass man sie zu ihrer Freude um ihrer sprachlichen Innovationen willen kennt, unter dem Vorwand, dass am Ende eines Hymnus, dessen Autor unbekannt ist, gesungen wird: ›*Te trina deitas, unaque poscimus*‹, zu behaupten begonnen, dass man ebenso wie *trinus et unus deus* in katholischer Weise auch *trina et una deitas* sagen müsse und könne.[17]

Als Urheber dieser irrigen Sichtweise werden Ratramnus von Corbie – der Hinkmar bereits im Prädestinationsstreit widersprochen hatte – und der »Pseudomönch« Gottschalk namhaft gemacht. Die Orthodoxie der Formel *trina deitas* war es also, die Gottschalk in Gegensatz zu Hinkmar brachte. In der Tat verteidigte Gottschalk die Wendung wiederholt und nachdrücklich. Die Chronologie seiner darauf bezogenen Traktate ist unklar.[18] Hinkmar verbot den liturgischen Gebrauch der Formel *trina deitas* wohl im Jahr 849, woraufhin ihn Gottschalk attackierte und damit erneut zur Zielscheibe von Hinkmars Kritik wurde. *De una et non trina deitate* entstand zwischen 855 und 857 und setzt mehrere Texte des Mönchs voraus, so dass sich ein Zeitfenster von gut fünf Jahren für Gottschalks Traktate ergibt, ohne dass eine sachliche Entwicklung dingfest zu machen wäre. Im Folgenden skizziere ich die Grundgedanken in systematischer Form, ausgehend von der *schedula*, die Gottschalk an Hinkmar sandte.

16 *Concilium Moguntianum a. 848*, ed. cit. 183,29–31: »Ego Gothescalcus credo et confiteor, profiteor et testificor ex deo patre, per deum filium, in deo spiritu sancto.«

17 Hincmarus *Una deitate*, ed. cit. 473C–475A = Gothescalcus *Schedula*, ed. cit. 19,21–20,5: »Diu est quod quidam, occasione accepta de finalitate hymni cuius auctor penitus ignoratur in qua dicitur: ›Te trina deitas, unaque poscimus‹, delectabiliter uocum nouitatibus ut innotescerent incumbentes, coeperunt contendere quod sicut trinus et unus deus ita trina et una deitas et debeat et catholice valeat dici.« Vgl. Vielhaber 1956, 54.

18 Zum Verlauf des Streites und besonders zur Datierung von *De una et non trina deitate* auf das Jahr 857 vgl. Devisse 1975, 163–166. Die Frage, welche Werke Gottschalks der Erzbischof von Reims kannte, ist aufgrund der unklaren internen Chronologie der in dem Berner Manuskript überlieferten Texte schwer zu beantworten. Nach Devisse 1975, 158f., habe Hinkmar die *Opuscula theologica I–IV: de trina deitate* (Gothescalcus *Opusc. theol.*, ed. cit. 81–99) gekannt, möglicherweise auch die *Excerpta* (*Opusc. theol. V*, ed. cit. 99–130), ohne sie direkt zu übernehmen, nicht dagegen *Opusc. theol. XIX* (ed. cit. 259–279), das aufgrund seiner unpolemischen Haltung und seiner systematischen Unklarheit an den Anfang der »querelle trinitaire« (also bald nach 849) zu datieren sei. Jolivet 1958, 34 nennt die beiden Hauptschwierigkeiten einer Auseinandersetzung mit Gottschalks Werken: »désordre intérieure des développements, et mélange des textes.«

Das Kernproblem liegt in der Frage, »auf welche Weise oder inwiefern man von einer (sc. Gottheit) spricht, nämlich in naturhafter oder personhafter Weise.«[19] Spreche man von »einer Person«, entlarve man sich als Sabellianer oder Patripassianer, weil dann keine realen Distinktionen zwischen den trinitarischen Personen mehr möglich seien. Der Ausweg lautet daher:

> Wenn man nun – weil man fürchtet, durch das Verdammungsurteil rechtmäßig niedergeworfen zu werden und dasselbe wie die Patripassianer zu erleiden – sagt, die Gottheit sei naturhaft eine, dann muss man folgerichtig glauben und bekennen – wenn man sich dennoch Vergebung erwerben will –, dass die Gottheit personhaft ganz und gar dreiartig ist, wie auch Gott zweifelsohne der Natur nach einer und der Person nach dreiartig ist.[20]

Die Pointe liegt darin, *die Dreiheit der Einheit begrifflich zu reproduzieren*, indem ein Substantiv im Singular (*deitas*) mit einem Adjektiv kombiniert wird, das eine plurale Dimension indiziert (*trina*).[21] Doch lauert hinter Begriffen wie *triplex deitas* oder gar *tres deitates* genau die entgegengesetzte Häresie, der Arianismus. Gottschalk unterscheidet daher streng *trina* von *triplex*:[22] *Trina* impliziere nicht notwendigerweise – und bei der Gottheit auf keinen Fall – eine Zahl, sondern die »dreiartige« Dimension dessen, was als *trinus* oder *trina* angesprochen werde: die Trinität als dreifache Instantiierung der einen Gottheit.[23] Unter dieser Kautele sei der hymnische Passus »*Te trina deitas, unaque poscimus*« theologisch unproblematisch.

Gottschalk war überzeugt davon, sich auf dogmatisch sicherem Boden zu bewegen, hatte doch das Konzil von Konstantinopel 680/81 den Begriff

19 Gothescalcus *Schedula*, ed. cit. 20,25–21,1 = Hincmarus *Una deitate*, ed. cit. 475C: »quomodo dicat unam [deitatem] uel qualiter, utrum scilicet naturaliter an personaliter.«

20 Gothescalcus *Schedula*, ed. cit. 21,10–15 = Hincmarus *Una deitate* I, ed. cit. 476CD = 483D: »At si metuens anathemate rite percelli et illud cum patripassianis pati dixerit deitatem esse naturaliter unam, credere consequenter debet et confiteri, si tamen uult ueniam mereri, prorsus esse deitatem personaliter trinam sicuti scilicet deum naturaliter unum constat esse procul dubio personaliter trinum.«

21 Vgl. Gothescalcus *Opusc. theol. IV*, ed. cit. 100,1–3: »Ergo sicut deus unus naturaliter trinus est personaliter, sic procul dubio naturaliter deitas una personaliter est deitas omnimodo trina.«

22 Vgl. die Warnungen, »*trinitas*« als »*triplex*« aufzufassen, in Gottschalks Exzerpten aus Augustinus *Trin. VI* 7,9, ed. cit. 237,8 = Gothescalcus *Opusc. theol.*, ed. cit. 115,11f. und Alcuinus *Fid. trin. I* 12, ed. cit. 33,3–12 = Gothescalcus *Opusc. theol.*, ed. cit. 109,14–23; letzteres ist ein verkapptes Zitat aus Augustinus *Trin. VI* 8,9, ed. cit. 238,16–19; vgl. aaO., ed. cit. 238,1–3. Vgl. summarisch Vielhaber 1956, 76. – Keine tragende Rolle spielt für die Argumentation der aus Isidor von Sevilla exzerpierte Begriff der *triunitas* (Isidor *Etym. VII* 4,1, ed. cit. 103,4).

23 *Trina* mit »dreiartig« wiederzugeben zielt darauf ab, entsprechend Gottschalks Intention jeden Anschein einer Dreiheit von (voneinander getrennten) Entitäten zu vermeiden. Die Unterscheidung von »dreifach« (*trina*) und »dreifältig« (*triplex*) – so Rieger 2007, 573 – klärt diesen Punkt m.E. nicht hinreichend.

τριθεοτεία verwendet, was im Lateinischen seiner Aussage nach *trina deitas* bedeutete. Da nun dasselbe Konzil den Tritheismus (d. h. die Gleichsetzung von τριθεοτεία mit *tres deitates*) verdammt hatte, konnte – so Gottschalk weiter – der Gebrauch von τριθεοτεία im Sinne von *trina deitas* keine Häresie sein.[24] Tatsächlich bietet das *Edictum Constantini*, auf das Gottschalk hier Bezug nimmt,[25] in der lateinischen Übersetzung der Akten die Wendung *trina et conglorificanda deitas*, hingegen ist im griechischen Original nicht von τριθεοτεία, sondern von ἡ τριαδικὴ καὶ ὁμότιμος θεότης die Rede.[26] Der fragliche Begriff ist auch nicht als alternative Lesart überliefert. Wenn Gottschalk nicht eine heute verschollene Handschrift benutzte, dürfte er das Griechische am ehesten vom lateinischen Äquivalent her erschlossen haben. Substantielle Kenntnisse des Griechischen besaß er – wie Hinkmar – praktisch nicht.

Hinkmar bestritt dieses Traditionsargument: Bereits die Väter hätten strengstens verboten, hinsichtlich der Gottheit von einer Zahl zu sprechen (und eine solche sah er mit *trina* unweigerlich gegeben),[27] und in den Texten des Konzils sei niemals von einer *trina deitas* die Rede, was er selbst anhand der

24 Gothescalcus *Schedula*, ed. cit. 21,26–22,4.7–9 = Hincmarus *Una deitate*, ed. cit. 477AB: »Sed profecto iam tempus est ut qui credunt atque dicunt quod non possitauctoritatiue neque uere dici deitas trina cernant et legant in ›Libro de sancta synodo‹, qui scriptus est in graeco scilicet Constantinopoli sub iuniore Constantino a C. L. patribus, iure damnatos et anathematizatos arrianos colentes tritheoteias id est tres deitates, et tamen in ipso consequenter continetur uolumine, in ›Edicto‹ scilicet ›Constantini‹, conglorificandam trinam deitatem, nec addi tamen illic opus fuit unam, quia scilicet dum sub numero singulari dicitur deitas trina licet non sit dicta subintellegitur tamen simul et una ... Ac per hoc sicut ab eis catholicissime dicitur tritheoteia, sic et a nobis catholicissime trina deitas.«

25 Devisse 1975, 161f. In einem Manuskript der pseudo-augustinischen Schrift *Contra quinque haereses* war offensichtlich die Passage »gratia tibi vera et una Trinitas, una et trina veritas, trina et una unitas« zu finden (PL 42, 1115 = Hincmarus *Una deitate*, ed. cit. 513A), ebenso wie in einer ebenfalls Augustin zugeschriebenen Schrift *De verbis Domini* die Wendung »de una Trinitate, trinamque unitate« (aaO., ed. cit. 515A). Hinkmar erweist sich hier als durchaus versierter Kenner der augustinischen Tradition; vgl. Devisse 1975, 176, Anm. 332 und 334.

26 Im lateinischen Text von *Conc. Const. III*, ed. cit. 851,7 wird auf die Konzilsarbeit »cooperante trina et conglorificanda deitate« verwiesen. Der griechische Text bietet allerdings συνεργίᾳ τῆς τριαδικῆς καὶ ὁμοτίμου θεότητος (aaO., ed. cit. 850,7). Bereits der Gottschalk-Editor Lambot wies auf diese Unklarheit hin (Anm. zu 21,28–22,4). Tatsächlich hat das Konzil ausdrücklich jede Spielart des Tritheismus verdammt, und zwar durch Rezeption des Synodalbriefes des Sophronius von Jerusalem von 634. In *actio XI* finden sich sowohl die theologische Begründung dafür (*Conc. Const. III*, ed. cit. 425, 5–9), u.a. mit der Kennzeichnung von »*ter deitatis*« (aaO., ed. cit. 425,6f.) als häretisch, als auch der Einschluss aller »*Tritheitae*« in eine ausführliche Ketzerliste (aaO., ed. cit. 485,12). Der griechische Text bietet hier Τριθεῖτοί (aaO., ed. cit. 484,12).

27 Ein wichtiger Gewährsmann ist vor allem Ambrosius; vgl. die in einigermaßen verwirrter Abfolge aufgelisteten Zitate in Hincmarus *Una deitate* XII, ed. cit. 567BC: Ambrosius *De fide* I 13,80, ed. cit. 35,10f.; Ambrosius *De fide* II 12,107, ed. cit. 96, 61–97,64; Ambrosius *Spir.* II praef. 4, ed. cit. 87,28–88,31; Ambrosius *Spir.* II 10,105, ed. cit. 127,40–43; Ambrosius *Spir.* III 13,93, ed. cit. 189,18–20.

Konzilsakten überprüft habe. Den einzigen Beleg biete ein »*codex novus*«, der in Hautevilliers abgeschrieben und dabei offensichtlich von Gottschalk verfälscht worden sei, wie es bei Häretikern eben üblich sei.[28] Hinkmar beschließt diese Argumentation gegen den vermeintlichen Fälscher mit einem Zitat aus *actio XVIII*, in dem die Väter apodiktisch verbieten, einen »anderen Glauben« vorzutragen oder auch nur zu erdenken[29] – dieser vom Konzil in Ephesus 431 zur Verteidigung des Nizänums aufgestellte Grundsatz wurde übrigens von der in Photius' zweitem Patriarchat abgehaltenen Unionssynode von 879/80 zum Schutz des NC gegen das Filioque rezipiert.[30]

Über die Traditionshermeneutik hinaus reflektierte Gottschalk die innertrinitarischen Verhältnisse der Personen zueinander, unter der Maßgabe, weder Sabellianismus noch Arianismus lehren zu dürfen.[31] Die Crux liegt in der Verhältnisbestimmung von *deus* und *deitas*. Die kaum angemessen ins Deutsche übersetzbare Definition Gottschalks lautet:

> So also ist der dreiartige und eine vollkommene Gott auch eine dreiartige Gottheit, das bedeutet: ›eine dreiartige Gottheit‹ und ›eine einzige Gottheit‹, weil nämlich jede einzelne Person aus sich selbst heraus vollkommener Gott ist und ›Gott‹, das heißt: eine Gottheit.[32]

28 Hincmarus *Una deitate* II, ed. cit. 512B: »Hoc nomen feminini generis adjectivum ac mobile, quod hic est impositum ›Trina‹, a Gothescalco quando praefatus liber in monasterio Altivillaris, ubi ipse morabatur, ex authentico, quem mihi Petrus episcopus Aretinus commodaverat, scriptus fuit, adulteratum credimus, sicut multoties ab aliis haereticis factum legimus«; vgl. auch aaO., ed. cit. 527BC = Gothescalcus *Schedula*, ed. cit. 28,27–29): »Gothescalcus ueritatem quantum ex ipso est in mendacium commutauit, ›trina‹ pro ›ter‹ uel ›trinitatis deitate‹ in sextae synodi edicto immutans.« Die vorliegenden Editionen bestätigen allerdings die Gottschalk bekannte *lateinische* Lesart, was freilich (zu) wenig über die damalige Aktenlage aussagt. Nach Hinkmars Aussage hatte ihm Petrus von Arezzo die Konzilsakten übersandt, die ihm in Reims demnach nicht zugänglich waren.

29 Hincmarus *Una deitate* II, ed. cit. 528A = *Conc. Const. III*, ed. cit. 777,20–27; diese Bestimmung ist ihrerseits ein Zitat aus *Conc. Chalc.*, ed. cit. 130,4–11 und geht letztlich auf *Conc. Ephes.*, ed. cit. 105,20–22 zurück.

30 Vgl. Gemeinhardt 2002, 264–266.

31 Gothescalcus *Schedula*, ed. cit. 23,3–10 = Hincmarus *Una deitate*, ed. cit. 477D–478A: »Ergo quia non est pater maior filio neque filius maior spiritu sancto sed omnino totae tres personae sibi sunt inuicem coaequales et coaeternae, propterea profecto deus trinitas ›potestas‹ est ›prima‹ [Mi 4,8] ac per hoc non secundum arrianos quod absit tres potestates nec secundum sabellianos quod absit potestas personaliter est una, sed secundum catholicos potestas est naturaliter una et personaliter trina.« Vgl. Jolivet 1958, 122f.

32 Gothescalcus *Opusc. theol. III*, ed. cit. 97,13–16: »Sic igitur trinus et unus perfectus deus est una et trina deitas id est tritheoteia et mia theoteia quia scilicet unaquaeque persona per se est perfectus deus et theos id est theoteia«; vgl. Gothescalcus *Opusc. theol. I*, ed. cit. 83,17–19; zum Stichwort »*perfectus*« vgl. auch Gothescalcus *Opusc. theol. VI*: *Responsa Gottescalci de diversis*, cap. III, ed. cit. 137,11–19: »Ergo sic et ego hic ueraciter dico quod profecto qui negat tritheoteiam id est trinam deitatem non credit ut debet ullo modo mian theoteiam id est unam deitatem, quia scilicet non colit unum

Um seine Position als »orthodox« zu erweisen, zitierte Gottschalk wiederholt das Athanasianum,[33] das die Eigenheiten der drei Personen entfaltet und schließt: »*et tamen non tres Dii, sed unus Deus*«.[34] Freilich berief sich auch sein Kontrahent auf dieses Bekenntnis, indem er das dort ausgesprochene trinitarische Prinzip um die Häretikernamen ergänzt: Es gelte, »weder wie Sabellius die Personen zu vermischen, als ob sie nicht drei wären, noch wie Arius die Wesenheit zu teilen, als ob sie dreifach sei (*quasi trina sit*).«[35] Woher Hinkmars Verdacht eines Tritheismus rührte, wird vollends deutlich, wenn bei Gottschalk zu lesen ist: »*Deitas dei sine dubio est deus*« – »die Gottheit Gottes ist zweifelsohne Gott.«[36] *Deitas* ist demzufolge eine Wesensbestimmung, die *jeder* Person des *trinus deus* zukommt, und zwar *wesentlich*. Gottschalk erklärt dies zum trinitätstheologischen Grundaxiom:

> Dies nämlich steht fest und ist ungetrübt deutlich, dass die auf die Personen bezogenen Namen in gar keiner Weise relativ zu verstehen sind, sondern vielmehr als auf das Wesen oder die Substanz bezogen, wie sie ja auch auf die Natur bezogen sind.[37]

Anders als Augustin, Fulgentius, Isidor von Sevilla und Alkuin (die sich allesamt in seiner Exzerptensammlung finden) fasst Gottschalk die Bezeichnungen »Vater«, »Sohn« und »Geist« nicht als *relationale Differenzierungen* Gottes auf, sondern als *substantielle Signifikatoren*, um gegen den Sabellianismus-

perfectum deum uerum ac uiuum qui negat deum trinum, quippe cum clareat luce clarius et sole splendidus quod non esset deus unus uerus ac uiuus nisi fuisset et esset deus trinus. Dico quare. Quia scilicet ›in hac trinitate nihil‹ est ›prius aut posterius nihil maius aut minus‹.« Zitiert wird hier die *Fides Athanasii*, DH 75,25. Vgl. auch ALCUINUS *Fid. trin.* I 16, ed. cit. 40,14f. = GOTHESCALCUS *Opusc. theol.*, ed. cit. 111,6: »perfectus a perfecto, plenitudo diuinitatis in utroque.«

33 Vgl. bes. GOTHESCALCUS *Opusc. theol. IV*, ed. cit. 100,8f.18f.27f.

34 *Fides Athanasii*, DH 75,16.

35 HINCMARUS *Una deitate II*, ed. cit. 526B = *Fides Athanasii*, DH 75,4: »Neque confundentes personas, ut Sabellius, quasi tres non sint, neque separantes substantiam, ut Arius, quasi trina sit.«

36 GOTHESCALCUS *Opusc. theol. IV*, ed. cit. 100,6.

37 GOTHESCALCUS *Schedula*, frg. 4, ed. cit. 30,7–9 = HINCMARUS *Una deitate XVI*, ed. cit. 581B: »Illud etiam patet et absque nubilo claret quod nomina personalia non sunt ullo modo relatiua sed potius essentialia siue substantialia sicut sunt et naturalia«; vgl. aaO., ed. cit. 30,9–18 = HINCMARUS *Una deitate XVI*, ed. cit. 581BC: »Hoc tamen inter se tantummodo differunt quod nomina naturalia totis tribus personis aequaliter sunt communia siue generalia, at personalia singulis solummodo personis probantur esse propria siue specialia, quemadmodum uerbi gratia cum dicitur dei natura totius trinitatis communis cognoscitur essentia, cum uero dicitur persona nonnisi unius ex trinitate specialis dinoscitur esse substantia. Reuera enim naturale nomen dei quando generaliter ponitur totas tres pariter complectitur personas, personale uero solummodo singulas.« Hingegen grenzt Gottschalks Exzerpt aus ALCUINUS *Fid. trin. I* 13, ed. cit. 35,24–27 = GOTHESCALCUS *Opusc. theol.*, ed. cit. 125,14–17, *personaliter / relatiue* und *naturaliter / substantialiter* klar voneinander ab.

vorwurf die *personale Dreiheit* zu betonen. Es ergibt sich eine *ontologische Priorität der Personen vor dem göttlichen Wesen*. Das könnte »griechisch« klingen, verdankt sich aber, wie wir sehen werden, einer spezifischen Augustinrezeption.[38] Nach Gottschalk kommt *jeder* Person eine eigene *deitas* zu; die behauptete Äquivalenz von *deus* und *deitas* macht letztere dabei aber nicht zum bloßen Akzidens dreier individueller Personen:

> Der ungezeugte Gott und seine ungezeugte Gottheit sind nämlich nicht zwei Personen – das sei ferne! –, sondern, wie deutlich ist, (sind) der ungezeugte Gott und seine ungezeugte Gottheit ausschließlich eine Person.[39]

Deitas, *deus* und *persona* werden hier tendentiell miteinander identifiziert. Gottschalk geht trinitätstheologisch von einem starken Personbegriff aus; Boethius' Definition der Person als »*rationabilis naturae individua subsistentia*« wird in einem seiner grammatischen Traktate zitiert.[40] Die *deitas* ist dabei nicht selbst *persona*, sie qualifiziert vielmehr die drei Personen gleichermaßen als Gott, ohne wiederum selbst Gott zu sein (sonst ergäbe sich ja eine

38 Insofern kann Jolivet 1958, 112 nur *cum grano salis* zugestimmt werden: »Il est évident que sur ce point Godescalc se sépare de la tradition augustinienne, dont se réclame Hincmar, et se rapproche – assez curieusement d'ailleurs – de la théologie grecque.« Gottschalks Ansatz wird von Jolivet 1958, 177 luzide zusammengefasst: »La nature est présentée comme une substance commune, générique (›generalis‹); les noms personnels, comme des noms substantiels, et non relatifs (ce qui est fort peu augustinien).« AaO. 178 sieht Vf. die Vorschattierung der scholastischen Diskussion um die Berechtigung einer »conception nominaliste de la Trinité: la réalité étant du côté des personnes, la nature divine partagerait le sort des termes universels. Godescalc serait-il donc un précurseur de Roscelin?« Ob der erwähnte Roscelin von Compiègne zweieinhalb Jahrhunderte später mit seiner Formel »substantia trina et triplex« (Roscelinus *Ep. ad Abaelardum* 9,15, ed. cit. 73,27) unmittelbar Gottschalk rezipiert, sei dahingestellt; schon im Blick auf die schmale Textüberlieferung von Gottschalks Schriften ist das m. E. eher unwahrscheinlich, wenn auch nicht völlig ausgeschlossen. Wichtiger ist, dass Gottschalk sich explizit gegen die Rede von *tres res*, die Roscelin für die Trinität verwenden wollte, abgrenzt (Gothescalcus *Opusc. theol. VI*, ed. cit. 141,3–5): »Sic enim non sunt tres res sicut omnino nec tres spes, sed sic prorsus trina et una res sicuti trina et una spes« – für eine im Sinne von *tres res* miss-verstehbare Redeweise kritisiert er sogar Augustin (Augustinus *Doctr. chr.* I 5,5, ed. cit. 9,1f.: »Res igitur quibus fruendum est, sunt Pater et Filius et Spiritus sanctus«); vgl. hierzu Rieger 2007, 573; zu Roscelin vgl. Gemeinhardt 2007a, 40–44. Nicht plausibel erscheint mir auch die These von Davis 1971, 464, Hinkmar wehre sich gegen ein solches quasi »nominalistisches« Verständnis der Trinität: »Substance, therefore, is not just a general, a common name, an abstraction in which all three persons share, it is the reality which makes the Triune God.«

39 Gothescalcus *Opusc. theol. IV*, ed. cit. 100,13–16: »Quia scilicet ingenitus deus et ingenita deitas sua non duae sunt quod absit personae sed persona solummodo sicuti claret est una ingenitus deus et ingenita deitas sua.« Entsprechendes gilt für Sohn und Geist (aaO., ed. cit. 100,22–25; 101,2–4).

40 Gothescalcus *Opusc. gramm.* 33, ed. cit. 383,16 = Boethius *C. Eut. 3*; ed. cit. 214,71f.

Quaternitas!).[41] Indem sie an allen drei göttlichen Instanzen gleich aufzufinden und insofern *trina* ist, garantiert sie die *Dreiheit* der Einheit.

Hinkmar sah auf diese Weise die *Einheit* der Dreiheit gefährdet. Da er *trina* strikt numerisch verstand, sieht er hier keine »dreiartige Gottheit«, sondern nur Tritheismus und Arianismus,[42] da *trina* mit »*ter una*« wiederzugeben sei.[43] Diese Gefahr könne vermieden werden, wenn die Personen einander ›relational‹ zugeordnet würden. Ausführlich lautet Hinkmars Position:

> Allein der Vater ist nicht aus einem anderen, daher wird er allein ›ungezeugt‹ genannt; allein der Sohn ist aus dem Vater geboren, daher wird er allein ›gezeugt‹ genannt; allein der Heilige Geist geht aus dem Vater und dem Sohn hervor, daher wird er allein als Geist der beiden angesprochen. Und in dieser Dreieinigkeit gibt es einerseits die Personen benennende (*appellativa*), andererseits auf das Wesen bezogene (*propria*) Namen. Eigentümlich sind auf das Wesen bezogene (Namen), wie Gott, Herr, Allmächtiger, Unwandelbarer, Unsterblicher, und (sie heißen) deswegen eigentümlich, weil sie die Substanz selbst bezeichnen, weil sie eins sind. Die Personen benennende (Namen sind) aber ›Vater‹, ›Sohn‹ und ›Heiliger Geist‹, ungezeugt und gezeugt und hervorgehend; und diese heißen relativ, weil sie aufeinander Bezug nehmen. Denn wenn man ›Gott‹ sagt, ist dies die Wesenheit, die mit Bezug auf sich selbst (*ad seipsum*) benannt wird; wenn man aber ›Vater‹ oder ›Sohn‹ oder ›Heiliger Geist‹ sagt, wird dies relativ ausgesagt, weil sie aufeinander (*ad se invicem*) bezogen sind. Denn den ›Vater‹ nennt man nicht bezüglich seiner selbst, sondern bezüglich des Sohnes und d. h. relativ so, weil er einen Sohn hat; so sagt man auch ›Sohn‹ relativ aus, weil er einen Vater hat; und so sagt man auch ›Heiliger Geist‹ relativ aus, weil er der Geist des Vaters und des Sohnes ist.[44]

41 Genau diese Kritik erhebt Photius später gegen die Lateiner (PHOTIUS *Mystagogia* 43, ed. cit. 321AB): τὸ μὲν ἐκ τοῦ Πατρὸς καὶ ὡς ἀληθῶς καὶ πρώτως αἰτίου προϊόν (ἀναίτιος γάρ)· τὸ δὲ ἐκ τοῦ δευτέρου καὶ αἰτιατοῦ (οὐκ ἀναίτιον γάρ)· καὶ οὕτως δ᾽ οὐ τάξει μόνῃ καὶ σχέσει καὶ αἰτίᾳ τὴν τοῦ Πνεύματος ἑτερότητα καὶ παραλλαγὴν ἡ αἵρεσις δραματουργεῖ, ἀλλὰ καὶ εἰς τετράδα ἀντὶ Τριάδος τὸ σέβας ἡμῶν ἀπωθεῖσθαι τολμᾷ.

42 Hinkmar zog hierfür eine Aussage aus *actio XI* des III. Konstantinopolitanums heran, auf das sich der Kontrahent ja selbst berufen hatte (*Conc. Const. III*, ed. cit. 421,9–11 = HINCMARUS *Una deitate*, ed. cit. 491C): »Arianorum haec est impietas, quae in inaequales deos unum concidit Deum, et in dissimiles deitates unam partitur deitatem, et in alterigenas tres dominationes unam disiungit [Hinkmar: distinguit] dominationem.« Vgl. zum kombinierten Sabellianismus- und Arianismusvorwurf auch HINCMARUS *Una deitate* II; V, ed. cit. 526B; 533BC.

43 HINCMARUS *Una deitate* XVI, ed. cit. 588B; vgl. zum Übersetzungsproblem auch c. VI (aaO., ed. cit. 536B–538B). Allerdings gesteht Hinkmar hier selbst ein, kein Griechisch zu können; vgl. DAVIS 1971, 467, Anm. 82.

44 HINCMARUS *Una deitate* II, ed. cit. 517C–518A: »Pater solus non est de alio, ideo solus appellatur ingenitus: Filius solus de Patre est natus, ideo solus dicitur genitus: solus Spiritus sanctus de Patre et Filio procedit, ideo solus amborum nuncupatur spiritus. Et in hac Trinitate alia sunt nomina appellativa, alia propria sunt. Propria sunt essentialia, ut Deus, Dominus, Omnipotens, Immutabilis, Immortalis, et inde propria, quia ipsam substantiam significant, quia unum sunt. Appellativa vero, Pater et Filius et Spiritus sanctus, ingenitus et genitus et procedens: eadem et relativa, quia ad se

Sind für Gottschalk die »statischen« Eigennamen der Personen die Basis trinitarischen Denkens, ist es für Hinkmar das göttliche Wesen, während die Namen durch ihre »dynamische«, relationale Verweisstruktur definiert sind. Wenn er damit dem von Alkuin herrührenden Mainstream karolingischer Trinitätstheologie folgte,[45] so war dies freilich bei Weitem nicht der einzige westliche trinitarische Argumentationsstrom im 9. Jahrhundert.

4. Gottschalk, Augustin und das Bekenntnis von Nizäa (-Konstantinopel)

Warum war Gottschalk, »einer der besten Augustinkenner seiner Zeit«,[46] felsenfest davon überzeugt, dass er keinen Tritheismus lehre, wenn doch Hinkmar, gestützt auf Augustins relationale Trinitätslehre, ihn genau diesen Fehlers zieh? Die Erklärung, Gottschalks »Augustinismus« bleibe oft »begrenzt und äußerlich«,[47] dürfte angesichts der geschilderten Debattenlage zu kurz greifen. Wie bei der Interpretation von Augustins Prädestinationsvorstellung, so gab es im 9. Jahrhundert auch trinitätstheologisch mehrere »Augustinismen«, die miteinander konkurrierten. Gottschalks Trinitätslehre rezipierte ein Argumentationsmuster, das der Hipponenser Bischof dem Nizänum von 325 entnahm und das nicht auf trinitarisches Relationsdenken hinauslief.[48] Die bereits im 4. Jahrhundert zu beobachtende unterschiedliche Entwicklung nizänischen Trinitätsdenkens sei kurz skizziert: Die Konzilsväter von Nizäa sahen in der von Arius gelehrten Subordination des Logos das Einfallstor für Polytheismus und betonten dagegen die Einheit von Vater und Sohn durch Hervorhebung ihrer Ursprungsbeziehung: Christus sei »*deus de deo, lumen de lumine, verus deus de vero deo*« (θεὸς ἐκ θεοῦ, φῶς ἐκ φωτός, θεὸς ἀληθινὸς ἐκ θεοῦ ἀληθινοῦ). Die erste Prädikation dieser Trias findet sich nicht mehr im griechischen NC, aber in der spanischen und fränkischen Symboltradition – und auch noch in dem seit Karl dem Großen in der karolingischen Liturgie (und bis heute in den westlichen Kirchen) gebräuchlichen NC in der Fassung des Paulinus von Aquileia.[49]

invicem referuntur. Cum enim dicitur Deus, essentia est, quia ad seipsum dicitur; cum vero dicitur Pater, et Filius, et Spiritus sanctus, relative dicuntur, quia ad se invicem referuntur. Nam Pater non ad seipsum, sed ad Filium relative dicitur, quia est ei Filius: sic et Filius relative dicitur, quia est ei Pater: sic et Spiritus sanctus relative dicitur, qui est Patris Filiique Spiritus«; ebenso c. XVI (aaO., ed. cit. 583C [als Augustin-Zitat]; 585B; 586A).

45 Vgl. hierzu die Skizze bei Gemeinhardt 2002, 133–140 und jetzt Matter 2010.

46 Brunhölzl 1975, 359. Mit reichlich Pathos betont Hauck 1912, 674: »Gottschalk ist treu seinen Überzeugungen im Gefängnis gestorben, der erste mittelalterliche Märtyrer des Augustinismus.«

47 Rieger 2007, 574; vgl. ebd.: »Der Augustin Gottschalks ist oft allzusehr sein eigenes Bild des Kirchenvaters oder nur Projektionsfläche seiner eigenen Anschauungen.«

48 Vgl. zum folgenden Gemeinhardt 1999.

49 *Concilium Foroiuliense*, ed. cit. 187,11–23 = DH 150.

Für Gottschalk war nun gerade diese Aussage *deus de deo* fundamental.[50] So schreibt er in einem grammatischen Traktat zur Erläuterung des Begriffs *contubernium*:

> Auch die Weisheit hat Gemeinschaft mit Gott (Sap 8,3), weil sie ihm wahrhaftig gemäß der Göttlichkeit in allem gleichwesentlich, gleichewig und völlig gleich ist, das bedeutet: ›Gott von Gott, Licht von Licht‹, Herr von Herr, Leben von Leben, Heil von Heil, Kraft von Kraft, Herrlichkeit von Herrlichkeit, Macht von Macht.[51]

Konzise kommt diese Form der trinitarischen Orthodoxie in *Opusculum XIX* zur Sprache:

> Siehe, wiederum ist deutlich, dass der Vater Gott ist und dennoch nicht von Gott, und dass der Sohn Gott (ist), aber nicht von sich aus, sondern von dem Vater-Gott, und dass der Heilige Geist Gott (ist) nicht von sich aus, sondern als hervorgehend aus dem ungezeugten und zugleich aus dem gezeugten Gott. Tatsächlich sind es aber in keiner Weise drei Götter, wie die verfluchten Arianer vermessenerweise behaupten, noch der Person nach ein Gott, wie die gottlosen Sabellianer ihn schmähten, sondern von Natur her einer und der Person nach dreiartiger Gott. Und dennoch ist die Trinität nicht drei Götter – was ferne sei! –, sondern von Natur aus ein Gott, weil in der Natur, Substanz oder Wesenheit dieser drei Personen weder in Bezug auf die Weisheit noch auf die Unvergleichlichkeit der Ehre und Herrlichkeit irgendein Unterschied ist noch überhaupt sein kann.[52]

Alle drei Personen werden durch die nizänische, aber auch augustinische Ursprungsrelation *deus de deo* definiert. Unter der Voraussetzung, dass *deus* äquivalent mit *deitas* ist, ergeben sich spezifische Hervorgehensweisen inner-

50 Soweit ich sehe, wird die volle Wendung nur in Gothescalcus *Opusc. theol. XIX*, ed. cit. 266,8f. zitiert; jedoch geht es hier um das textgeschichtlich wie sachlich relevante (und vielfach begegnende) *deus de deo*.

51 Gothescalcus *Opusc. gramm.* 108, ed. cit. 417,14–19: »Habet enim sapientia ›contubernium dei‹ [Sap 8,3], quia reuera secundum diuinitatem per omnia consubstantialis coaeterna coaequalis ei, utpote ›deus de deo lumen de lumine‹ dominus de domino uita de uita salus de salute uirtus de uirtute maiestas de maiestate potestas de potestate«; ähnlich in Gothescalcus *Opusc. theol. XXII*, 6, ed. cit. 309,12. Auch in den Exzerpten aus Alkuin findet sich diese Wortverbindung: Alcuinus *Fid. trin.* I 8; II 13, ed. cit. 27,10; 71,18 = Gothescalcus *Opusc. theol.*, ed. cit. 110,17; 112,4f.

52 Gothescalcus *Opusc. theol. XIX*, ed. cit. 270,18–28: »Ecce claret denuo quod pater est deus non tamen de deo, et filius deus non a se tamen sed a patre deo, et spiritus sanctus deus non a se sed procedens ab ingenito simul ac genito deo. Verum tamen non sunt tres ullo modo dii sicut perfidi deierant arriani nec unus personaliter deus uelut impii peierant sabelliani sed naturaliter unus et personaliter trinus est deus. Ideo prorsus ipsa trinitas non tres quod absit dii sed naturaliter unus est deus, quia in harum trium personarum natura substantia uel essentia uel in sapientia uel in gloriae seu maiestatis excellentia nulla est nec umquam potest esse differentia.« Ähnlich auch Gothescalcus *Schedula*, ed. cit. 22,17–21 = Hincmarus *Una deitate*, ed. cit. 477C; Gothescalcus *Opusc. theol. I*, ed. cit. 83,12–15; Gothescalcus *Opusc. theol. III*, ed. cit. 98,17–99,1; Gothescalcus *Opusc. theol. XXII*, ed. cit. 301,2–9.

halb der Gottheit: *ingenita deitas – genita deitas – procedens deitas*.[53] Nur so meint Gottschalk, Inkarnation und Kreuz des Sohnes Gottes aussagen und zugleich einer Vervielfältigung der Gottheit wehren zu können:[54]

> Wenn das Fleisch durch die Annahme Gott ist, wird gänzlich deutlich, dass die Gottheit des gezeugten Gottes von Natur Gott ist. So auch die Gottheit des ungezeugten Gottes und die Gottheit des hervorgehenden Gottes. Die ungezeugte Gottheit und die gezeugte Gottheit und die aus der ungezeugten Gottheit und aus der gezeugten Gottheit hervorgehende Gottheit war also niemals, ist nicht und wird nicht sein, ja sogar konnte und kann in personaler Weise eine Gottheit sein und wird dies auch nicht sein können, weil nämlich der dreiartige Gott und die Dreiheit selbst gänzlich drei Personen sind, nicht eine Person.[55]

Die *trina deitas* dient hier der möglichst engen Verklammerung des ewigen und des inkarnierten Gottes, wobei die ersten beiden Sätze des zitierten Textes genau dann »arianisch« wirken, wenn *trina deitas* als *tres deitates* oder *triplex deitas* verstanden wird.[56] Der Begriff *deitas* wird aber mit erklärenden, kontradiktorischen Attributen versehen: *ingenita* und *genita* (oder *innascibilis* und *nascibilis*). Und diesen beiden Entitäten soll eine dritte dergestalt zugeordnet sein, dass sie weder das eine noch das andere ist, sondern als »*procedens a deitate ingenita innascibili et innata et a deitate genita nascibili et nata*«[57] bezeichnet werden kann.

Mit dieser durchaus originellen Formulierung des Filioque bewältigt Gottschalk ein Problem, das sich aus der Rezeption des Nizänums ergibt: Die Wendung *deus de deo* ist *dyadisch* konzipiert, nicht *triadisch* oder *trinitarisch*. Anno 325 wurde das Verhältnis zwischen Vater und Sohn dadurch geklärt, dass der μονογενής (*unigenitus*) als γεννηθέντα ἐκ τῆς οὐσίας τοῦ πατρός (*natus ex substantia patris*) bestimmt wurde. Die Zeugung aus dem Wesen wurde aufgegeben, als der Heilige Geist einbezogen wurde – der kappadozische Lösungsweg war die Unterscheidung von οὐσία und ὑπόστασις auf der Basis des

53 So paradigmatisch in GOTHESCALCUS *Opusc. theol. IV*, ed. cit. 100,11f.22; 101,4.

54 DEVISSE 1975, 161: »C'est uniquement la déité du Fils qui est en cause.«

55 GOTHESCALCUS *Opusc. theol. IV*, ed. cit. 99,16–100,1: »Ergo cum caro deus sit per adsumptionem, claret omnino quod deitas geniti dei deus est per naturam. Sic ergo et deitas ingeniti dei et deitas procedentis dei. Ergo deitas ingenita et deitas genita et deitas procedens a deitate ingenita et a deitate genita numquam fuit nec est nec erit immo nec esse potuit potest uel poterit personaliter deitas una quia scilicet deus trinus et trinitas ipsa tres omnino sunt personae non una persona.« Zu beachten ist die Rezeption des *adsumptio*-Begriffs aus dem Athanasianum, worin noch die Abwehr des spanischen Adoptianismus mitschwingt.

56 Genau das will Gottschalk aber vermeiden; vgl. *Opusc. theol. IV*, ed. cit. 101,6–13: »Ergo sicuti deus ingenitus et deus genitus et deus procedens non sunt tres quod absit naturaliter dii ceu latrant arriani heretici impii et nimis iniqui, neque unus, quod multo magis absit, personaliter deus sicuti scilicet somniat sabellianus hereticus nimis reuera reus, sed deus naturaliter unus personaliter deus et trinus, sic reuera deitas naturaliter una personaliter est omnino ceu sat liquet deitas trina.«

57 GOTHESCALCUS *Schedula*, ed. cit. 22,25f. = HINCMARUS *Una deitate*, ed. cit. 477C.

ὁμοούσιος,[58] während die lateinische Trinitätslehre im Gefolge Augustins die Vater-Sohn-Beziehung als vom ihnen wesensgleichen Geist (auch er *deus de deo*)[59] umfangen begriff. Dass der Sohn »aus dem Wesen des Vaters geboren« wurde, steht nicht im lateinischen NC, aber in vielen frühmittelalterlichen Symbolen im ›christologischen‹ Artikel, auch in dem von Gottschalk zitierten Athanasianum.[60]

Die typisch lateinische Lösung dieser trinitarischen Denkaufgabe war das ›Filioque‹, das erklären sollte, wie zwei in einer vollständigen Dyade befindlichen Personen eine dritte Größe in ihre Beziehung aufnehmen können.[61] Wie Gottschalk mit dem Hervorgang des Geistes aus dem Vater ›und dem Sohn‹ operiert, zeigt, dass das Filioque zum unhinterfragten Grundbestand dessen gehörte, was ich ›karolingische Normaltheologie‹ nennen möchte: »Der Heilige Geist ist in solcher Weise Gott, dass er aus dem ungezeugten und aus dem

58 Markschies 1997, 76.

59 Bei Gottschalk ist dies am deutlichsten in Gothescalcus *Opusc. theol. XIX*, ed. cit. 270,12f.: »Porro spiritus sanctus qui sic est deus ut sit etiam donum dei et ob id ipse *deus a deo procedens* a deo datur... .«

60 *Fides Athanasii*, DH 76,31, zit. in Gothescalcus *Opusc. theol. XXII*, 15, ed. cit. 317,19–21 zur Verteidigung der *soteriologischen* These: »Christus deus naturaliter sit deus et homo Christus naturaliter sit homo« (aaO., ed. cit. 317,18). – Weitere Belege finden sich u.a. in *Concilium Toletanum IV* a. 633 (DH 485); *Concilium Toletanum XI* a. 675 (DH 525f.); *Concilium Toletanum XVI* a. 693 (DH 571); *Concilium Arelatense* a. 813, cap. I, ed. cit. 250,1; vgl. Gemeinhardt 2002, 67–69. Zudem war die »wesensmäßige Zeugung« des Sohnes aus dem Vater dem Mönch von Orbais aus seinen Fulgentius-Exzerpten bekannt; vgl. etwa Fulgentius *Fid. Petr.* II 7, ed. cit. 716,156f. = Gothescalcus *Opusc. theol.*, ed. cit. 106,15f.: »proprium solius filii quod non genuit ipse sed de patris essentia natus est«; ähnlich in *Fid. Petr.* II 10, ed. cit. 718,201–203 = Gothescalcus *Opusc. theol*, ed. cit. 107,25–27: »Pater igitur deus de nullo genitus deo, semel de sua natura sine initio genuit filium deum sibi aequalem et eadem qua ipse naturaliter aeternus est diuinitate coaeternum.« Hinkmars Verwendung dieser Terminologie zeigt, dass der Unterschied zwischen »ex Patre« und »ex substantia Patris« seinerzeit nicht wahrgenommen oder jedenfalls nicht in seiner Relevanz erkannt wurde. Vgl. Hincmarus *Una deitate* XVI, ed. cit. 586A: »Filius solus sit de Patre, id est de substantia Patris natus«; ähnlich a.a.O., ed. cit. 553D; 601A u.ö.

61 Konsequent, aber untypisch ist die Passage aus Fulgentius *Fid. Petr.* I 4, ed. cit. 714,99–102 = Gothescalcus *Opusc. theol.*, ed. cit. 104,27–29: »Aeternum quippe et sine initio est quod filius de patris natura natus extitit, et aeternum ac sine initio est quod spiritus sanctus de natura patris filiique procedit.« Was Augustin vorsichtig andachte – nämlich die Eigenständigkeit der göttlichen Natur gegenüber den Personen bzw. die Reduktion der personalen Eigenständigkeit auf Relationen ›innerhalb‹ des göttlichen Wesens –, wird hier auf den Begriff gebracht; allerdings verwertet Gottschalk dieses Zitat nicht, ebensowenig wie das Person und Wesen kontrastierende Diktum Alkuins über Gott den Vater (Alcuinus *Fid. trin.* I 11, ed. cit. 34,6f. = Gothescalcus *Opusc. theol.*, ed. cit. 124,26f.: »Ac per hoc solus est in paternitate persona non [solus] in deitatis essentia.« Insgesamt blieb die lateinische Theologie gegenüber einer Erweiterung der Herkunft aus dem Wesen auf den Geist zurückhaltend.

gezeugten Gott zugleich hervorgeht.«[62] Der doppelte Hervorgang des Geistes, den Gottschalk ganz selbstverständlich in Anspruch nimmt, war ihm aus der Liturgie vertraut, und er fasste ihn sogar selbst in Verse:

»canam patri filioque
simul atque procedente
ex utroque«.[63]

Wie das Filioque argumentativ eingesetzt wird, zeigt Gottschalks Erklärung der mangelnden Bezeugung der *trina deitas* durch Schrift und Väter. Hier führt er das Konzept der *verisimilitudo* an: Eine Aussage kann sich implizit auf etwas Analoges beziehen, das nicht vorschnell zugunsten einer expliziten Eindeutigkeit ausgeschlossen werden darf:

> Eine solche Ähnlichkeit täuschte auch den heiligen Gregor von Nazianz, der wegen jenes Herrenwortes über den Heiligen Geist ›der aus dem Vater hervorgeht‹ (Joh 15,26) meinte, dass er nicht auch aus dem Sohn hervorgegangen sei noch hervorgehe, obwohl dieser doch ohne Zweifel, als er (den Geist) in seine Jünger hauchte und sagte: ›Empfangt den Heiligen Geist!‹ (Joh 20,22), erklärte, dass dieser offenbar auch aus ihm hervorgehe.[64]

62 Gothescalcus *Schedula*, ed. cit. 22,19f. = Hincmarus *Una deitate*, ed. cit. 477C: »Spiritus sanctus sic est deus ut procedat ex ingenito simul et ex genito deo«; vgl. weiterhin (ohne Anspruch auf Vollständigkeit) Gothescalcus *Opusc. theol. I*, ed. cit. 83,13–15; 85,4–6; 90,7–9; Gothescalcus *Opusc. theol. III*, ed. cit. 98,19–21; Gothescalcus *Opusc. theol. IV*, ed. cit. 99,19f.; 101,2–4; Gothescalcus *Opusc. theol. XIX*, ed. cit. 266,16–18; 270,20f. – Aus den Exzerpten Gottschalks seien einige Belege genannt, die die Selbstverständlichkeit dieses Theologumenons verdeutlichen mögen: Isidor *Etym.* VII 4,4 = Gothescalcus *Opusc. theol.*, ed. cit. 103,13–17; Fulgentius *Fid. Petr.* I 6, ed. cit. 715,138–716,143 = Gothescalcus *Opusc. theol.*, ed. cit. 105,30–106,3; *Fid. Petr.* II 7, ed. cit. 716,157–159 = Gothescalcus *Opusc. theol.*, ed. cit. 106,16–18; Alcuinus *Fid. trin.* I 7, ed. cit. 26,3–5 = Gothescalcus *Opusc. theol.*, ed. cit. 109,26–28; *Fid. Trin.* I 13, ed. cit. 34,10–13 = Gothescalcus *Opusc. theol.*, ed. cit. 124,30–125,3; *Fid. Trin.* I 16, ed. cit. 40,19–23 = Gothescalcus *Opusc. theol.*, ed. cit. 111,9–14; *Fid. Trin.* II 19, ed. cit. 82,7–12 = Gothescalcus *Opusc. theol.*, ed. cit. 120,14–19 mit der Pointe: »proinde totus de patre procedit et totus de filio«; *Fid. trin.* II 20, ed. cit. 84,14–85,17 = Gothescalcus *Opusc. theol.*, ed. cit. 121,24–27; *Fid. Trin.* III, ed. cit. 145,8–11 = *fidei symbolum*, Gothescalcus *Opusc. theol.*, ed. cit. 122,24–27.

63 Gothescalcus *Carmen VI* 7, ed. cit. 732,3–5. Erstaunlicherweise spielt die »Homotimie« des Geistes keine theologische Rolle, obwohl sich hier durchaus ein Ansatzpunkt für die *trina deitas* finden ließe und aus Alkuin ein entsprechendes Exzerpt vorlag (Alcuinus *Fid. trin.* II 19, ed. cit. 82,7f. = Gothescalcus *Opusc. theol.*, ed. cit. 120,14f.: »spiritus uitae qui a patre et filio aequaliter procedit et cum patre et filio aequaliter adoratur quia aequaliter est deus«). Vgl. Jolivet 1958, 146.

64 Gothescalcus *Opusc. theol. VI*, cap. 4, ed. cit. 139,5–10: »Haec uerisimilitudo fefellit etiam sanctum Gregorium Nanzanzenum arbitratum propter illud domini de spiritu sancto: ›Qui a patre procedit‹ [Joh 15,26] quasi non procederet nec procedat a filio, cum procul dubio quando insufflauit in discipulos et ait: ›Accipite spiritum sanctum‹ [Joh 20,22] de se quoque ipsum patenter procedere declarauit.« Gottschalk bezieht sich hier auf Gregorius Nazianzenus *Or.* 39,12, ed. cit. 174,10–17; wahrscheinlich

Diese Zitatkombination ist als Begründung des Filioque schon bei Augustin zu finden; in der Zeit Karls des Großen gewann sie quasi »kanonischen« Rang. Wie gesehen, war Gottschalk schon in den Augen seiner Zeitgenossen der augustinischen Trinitätslehre untreu geworden, weshalb Hinkmar von Reims gegen Gottschalk die »*trinitas inconfusa et inseparabilis*« hoch hielt.[65] Die Trinitätstheologie Augustins bot jedoch unterschiedliche Anknüpfungspunkte, so dass sich Gottschalk durchaus als »Augustinianer« fühlen durfte. Dies lässt sich an einem trinitätstheologischen Fragment demonstrieren, das in gewisser Weise »augustinischer« ist als die Trinitätslehre Alkuins, der für beide Kontrahenten als zeitgenössische Autorität galt:

> Gott ist nämlich als Vater in solcher Weise Gott, dass er nicht selbst aus Gott ist, sondern aus sich selbst Gott zeugt; und Gott, der von Ewigkeit her einen Vater und unter zeitlichen Umständen einen Menschen als Mutter hat, ist der Sohn; und Gott, der weder Gott zeugt noch von Gott gezeugt ist, sondern *in ursprungshafter Weise* aus dem ungezeugten Gott und gleichermaßen aus dem gezeugten Gott hervorgeht, den Gott im Namen Gottes sendet – das ist der Heilige Geist.[66]

Hier zeigt der Mönch aus Orbais Sensibilität für die interne Ordnung in der Trinität – und zwar im Anschluss an Augustin, der den Geist als »*principaliter a patre*« und erst daraufhin »*communiter ab utroque*« ausgehend bezeichnet hatte.[67] Innerhalb des Grundgerüsts der lateinischen Trinitätslehre bestanden also Spielräume, die bezüglich des Filioque erst sukzessive durch interne wie externe Anstöße vereindeutigt werden sollten. Wie freilich Gottschalk in seiner Auffassung des Filioque durchaus »orthodox« erscheinen mochte und auch diese Variationsmöglichkeiten im Rahmen des allgemein Denkbaren verblieben, so waren sie ihm bei seinem eigentlichen Anliegen – der Verteidigung der Formel *trina deitas* – keine Hilfe. Hinkmars Intervention im Namen der einfachen Gläubigen, die sich von dieser liturgischen Sprechweise irritiert

kannte er den Text in der Übersetzung des Rufinus (RUFINUS *Orationes Gregorii Nazianzeni*, ed. cit. 122,11–19). In dieser Übersetzung findet sich allerdings *nicht* die Passage *Or.* 31,8 (GREGORIUS NAZIANZENUS *Or.* 31, ed. cit. 290,1–23), auf die LAMBOT 1945 s.v. hinweist. – Als stützendes Argument wird im selben *capitulum* etwas später Joh 5,19 herangezogen: »Attamen uolo ut attendat appendat et ualde perpendat quod cum filius dicat quippe qui talis est qualis et pater: ›Quaecumque pater facit haec eadem et filius facit similiter‹, claret omnino sat liquido quia sicut spiritus sanctus procedit a patre sic procedit a filio« (GOTHESCALCUS *Opusc. theol.*, ed. cit.140,1–5). Vgl. JOLIVET 1958, 148.

65 So etwa im Synodalbrief der Synode von Douzy im Jahr 860 (Concilium Tusiacensis, *Epistola synodalis* = HINCMARUS *Ep.* 21, ed. cit. 122B); in ähnlicher Weise wird die »inseparabilis naturae unitas« (HINCMARUS *Vita Remigii* 18, ed. cit. 1145B) betont.

66 GOTHESCALCUS *Opusc. theol. XXII*, 7, ed. cit. 309,24–29: »Deus enim pater sic est deus ut non sit ex deo sed ex semetipso genuit deum, et deus qui sempiternaliter patrem et temporaliter habet hominem matrem deus est filius, et deus qui nec deum genuit nec a deo genitus est sed ab ingenito deo principaliter et a deo genito pariliter procedit, quem deus mittit in nomine dei, spiritus sanctus est.«

67 AUGUSTINUS *Trin. XV* 26,47, ed. cit. 528,110–529,118; vgl. auch AUGUSTINUS *Trin. IV* 20,29, ed. cit. 199,99–200,106; AUGUSTINUS *C. Maxim. II* 14,1, ed. cit. 568,6–10.

fühlen und gar häretische Vorstellungen damit verbinden könnten, war einer der zahlreichen Faktoren, die im Laufe von Jahrzehnten und Jahrhunderten zur Selektion *eines* augustinischen trinitätstheologischen Denkansatzes beitrugen, nämlich der relationalen Trinitätslehre, die Anselm von Canterbury und Thomas von Aquin entfalteten.

5. Fazit: Eine Aussenseiterposition, die in medias res führt

Es gab im Karolingerreich mehr zwischen Himmel und Erde, als Hinkmar von Reims für legitim hielt und mancher Dogmenhistoriker sich träumen ließ.[68] Die in sich differenzierten karolingischen Trinitätstheologien lassen sich als kontingente Weiterentwicklungen patristischer Ansätze verstehen; diese hatten ja keineswegs alle einschlägigen Probleme gelöst. Wie auch sonst in der Filioque-Kontroverse sind hier mehrere Diskursfelder miteinander verschränkt: Die *trina deitas* anzurufen war *liturgischer Brauch*, der eine *theologische Reflexionstradition* aufrief und auf deren Vereindeutigung drängte, die wiederum auf *autoritativen Zeugnissen* der Väter basierte. Weder das seit Karl dem Großen in der fränkischen Liturgie eingeführte Nizäno-Konstantinopolitanum – das die begrifflichen Bestimmungen der neunizänischen Theologie voraussetzt, aber nicht expliziert – noch die in sich vielstimmige Tradition der patristischen Trinitätstheologie konnten hier überzeugende Abhilfe schaffen. Insofern erscheint die These als eine Verkürzung, Gottschalk habe seine leitende Einsicht in »die Selbständigkeit der göttlichen Personen und die jeweilige Ganzheit ihrer göttlichen Natur ... nicht mit der westlichen, augustinischen Trinitätslehre vermitteln können«.[69] Vielmehr verfestigte sich die dominante Position der relationalen Trinitätslehre Augustins in der abendländischen Tradition erst im Zuge der trinitätstheologischen Debatten in karolingischer Zeit. Und nur allmählich wurde die multiple Problemkonstellation der Filioque-Kontroverse erkannt, flankiert durch ein wachsendes Bewusstsein für die

68 Gottschalk war nicht der Einzige, der im Westfrankenreich im 9. Jahrhundert originelle theologische Positionen vertrat. Gerade bezüglich der Trinität wäre auf den einzigen Theologen jener Zeit zu verweisen, der in größerem Umfang griechische Texte las und verarbeitete – Johannes Scotus Eriugena. Allerdings spielte er in der Kontroverse um die *trina deitas* und um das Filioque keine Rolle – umso erstaunlicher, als er keineswegs der große Außenseiter war, als der er in der Forschung lange gegolten hat, sondern als Leiter der Hofschule Karls des Kahlen einer der einflussreichsten Gelehrten seiner Zeit. Dass er Gottschalk terminologisch und theologisch beeinflusst habe (Tavard 1996, 76), ist eine ansprechende, aber schwer zu begründende Hypothese. Eriugenas These, der Heilige Geist gehe aus dem Vater *durch den Sohn* hervor, rezipiert ein patristisches Denkmodell, das allerdings von Photius strikt abgelehnt wurde (Gemeinhardt 2002, 295f.); daher ist Vorsicht geboten, Eriugena als möglichen Vermittler zwischen Ost und West in der Filioque-Frage anzusehen (Jeauneau 2002): Er war zwar mit der griechischen Patristik, nicht aber mit der *zeitgenössischen* byzantinischen Theologie vertraut! Eine vertiefende Studie wäre auch hier ein Desiderat.

69 Rieger 2007, 573 mit Bezug auf Tavard 1996, 80.

Subtilitäten theologischer Sprache und durch ein Interesse an grammatischen Fragen. Die Zeitläufe waren einer nachhaltigen Klärung solcher Fragen nicht günstig. Es sollte bis zum 11. Jahrhundert dauern, bis dieses Konfliktfeld in seiner Komplexität erkannt[70] und dann bis zum Ende des Mittelalters intensiv diskutiert werden würde – resultierend in Unionskonzilen ohne eine jemals wirklich tragfähige Union zwischen Ost und West.

Diese Entwicklung hat beide Protagonisten des trinitätstheologischen Streits überholt. Hinkmars Werk *De una et non trina deitate* stand auf der Höhe der Diskussion seiner Zeit – galt aber modernen Historikern als unlesbar und inhaltlich unterkomplex.[71] Der Metropolit von Reims wurde daher nicht zu einem der mittelalterlichen Referenzautoren, anders als der 804 verstorbene Alkuin, dessen systematisch-katechetisches Spätwerk *De fide sanctae et individuae Trinitatis* im 9. Jahrhundert und weit darüber hinaus beachtliche Wirkung ausübte. Während Gottschalk es mit der Prädestinationsdebatte immerhin in die handelsüblichen Dogmengeschichten brachte, war seiner Trinitätstheologie keine eigenständige Rezeptionsgeschichte beschieden. Immerhin wurden im dritten Viertel des 10. Jahrhunderts seine Traktate zur Trinität von einem Mönch der Abtei St. Remi in Reims, wofür und für wen auch immer, abgeschrieben; und dieses Manuskript gelangte im 16. Jahrhundert in die Bibliothek des Diplomaten und Bibliophilen Jacques Bongars (1554–1612) und mit dieser 1632 nach Bern, wo es dreihundert Jahre lang offensichtlich unbeachtet schlummerte. Auch dank dieses Fundes und seiner Auswertung, die hier im Blick auf die Trinitätstheologie immerhin ansatzweise geleistet werden sollte, steht uns die Vorgeschichte der ersten Ost-West-Kontroverse über das Filioque deutlicher vor Augen. Die zu beobachtende Pluralität trinitätstheologischer Vorstellungen in karolingischer Zeit lässt eine vertiefte Beschäftigung mit dieser vernachlässigten dogmengeschichtlichen Epoche ebenso lohnend wie dringlich erscheinen.

70 Hierzu ausführlich Gemeinhardt 2007b; Siecienski 2010, 87–132; Goetz 2011, 175–212; zur Filioque-Kontroverse insgesamt jetzt Gemeinhardt 2014.

71 Belege bei Tavard 1996, 89f.

Bibliographie

Quellen

ALCUINUS *Fid. Trin.*
ALCUINI EBORACENSIS *De fide Sanctae Trinitatis et de incarnatione Christi*, hg. v. ERIC KNIBBS / E. ANN MATTER (CCM 249), Turnhout 2012.

AMBROSIUS *Fid.*
AMBROSIUS MEDIOLANENSIS: *De fide (ad Gratianum Augustum)*, hg. v. OTTO FALLER (CSEL 78), Wien 1962.

AMBROSIUS *Spir.*
AMBROSIUS MEDIOLANENSIS: *De Spiritu Sancto libri tres*, hg. v. OTTO FALLER (CSEL 79), Wien 1964, 7–222.

Annales Bertiani
Annales Bertiani, hg. v. GEORG WAITZ (MGH.SRG 5), Hannover 1883.

AUGUSTINUS *C. Maxim.*
AURELIUS AUGUSTINUS: *Contra Maximinum episcopum*, hg. v. PIERRE-MARIE HOMBERT, in: *Scripta Arriana Latina II* (CCL 87A), Turnhout 2009, 491–692.

AUGUSTINUS *Trin.*
AURELIUS AUGUSTINUS: *De trinitate libri XV*, hg. v. WILLIAM J. MOUNTAIN / FRANCIS GLORIE, 2 Bde. (CCL 50/50A), Turnhout 1968.

BOETHIUS *C. Eut.*
ANICIUS MANLIUS SEVERUS BOETHIUS: *Contra Eutychen et Nestorium*, in: DERS.: *De consolatione philosophiae. Opuscula theologica*, hg. v. CLAUDIO MORESCHINI, München/ Leipzig 2000, 206–241.

Conc. aevi Karol.
Concilia aevi Karolini, hg. v. ALBERT WERMINGHOFF (MGH.Conc II/1), Hannover 1906.

Conc. Const. III
Concilium universale Constantinopolitanum III, hg. v. RUDOLF RIEDINGER (ACO^2 II/1–2), Berlin/New York 1984/1995.

Conc. Chalc.
Concilium universale Chalcedonense, hg. v. EDUARD SCHWARTZ (ACO II/1–3), Berlin 1933–1935.

Conc. Eph.
Concilium universale Ephesinum, hg. v. EDUARD SCHWARTZ (ACO I/1–5), Berlin 1927–1930.

Fides Athanasii
Fides Athanasii [Symbolum Quicumque], hg. v. CUTHBERT HAMILTON TURNER: »A Critical Text of the Quicumque Vult«, in: JThS 11 (1910) 401–411 (= DH 75f.).

FLODOARDUS *Hist. Rem.*
FLODOARDUS REMENSIS: *Historia Remensis ecclesiae*, hg. v. MARTINA STRATMANN: *Die Geschichte der Reimser Kirche* (MGH.SS 36), Hannover 1998.

FULGENTIUS *Fid. Petr.*

FULGENTIUS RUSPENSIS: *De fide ad Petrum*, hg. v. JEAN FRAIPONT, in: *Fulgentius Ruspensis Opera* (CCL 91A), Turnhout 1968, 711–760.

GOTHESCALCUS *Carmen*

GOTHESCALCI *Carmina*, hg. v. LUDWIG TRAUBE, in: *MGH Poetae Latini aevi Carolini*, Bd. 3, Berlin 1896, 707–738.

GOTHESCALCUS *Opusc. gramm. I*

GOTHESCALCUS ORBACENSIS: *Opusculum primum de rebus grammaticis*, in: LAMBOT 1945b, 353–420.

GOTHESCALCUS *Opusc. theol.*

GOTHESCALCUS ORBACENSIS: *Opuscula theologica*, in: LAMBOT 1945b, 81–350.

GOTHESCALCUS *Schedula*

GOTHESCALCUS ORBACENSIS: *Schedula Gothescalci*, in: LAMBOT 1945b, 21–26.

GREGORIUS NAZIANZENUS *Or.* 31

GREGORIUS NAZIANZENUS: *Oratio* 31, in: *Discours 27–31 (Discours théologiques)*, Einl., krit. Text, Üs. u. Anm. v. PAUL GALLAY / MAURICE JOURJON (SC 250), Paris 1978, 276–343.

GREGORIUS NAZIANZENUS *Or.* 39

GREGORIUS NAZIANZENUS: *Oratio* 39, in: *Discours 38–41*, Einl., krit. Text, Üs. u. Anm. v. PAUL GALLAY / CLAUDIO MORESCHINI (SC 358), Paris 1990, 150–197.

HARTMANN 1984

WILFRIED HARTMANN (Hg.): *Die Konzilien der karolingischen Teilreiche 843–859* (MGH. Conc III), Hannover 1984.

HINCMARUS *Ep.*

HINCMARUS REMENSIS: *Epistolae*, in: PL 126, 9–280.

HINCMARUS *Una deitate*

HINCMARI RHEMENSIS ARCHIEPISCOPI *Collectio de una et non trina deitate*, in: PL 125, 473–618.

HINCMARUS *Vita Remigii*

HINCMARUS REMENSIS: *Vita S. Remigii Rhemorum Archiepiscopi*, in: PL 125, 1129–1188.

ISIDOR *Etym.*

ISIDORI HISPALENSIS EPISCOPI *Etymologiarum sive originum libri XX*, hg. v. WALLACE M. LINDSAY, 2 Bde. (SCBO), Oxford 1911.

NICOLAUS I. *Ep.*

NICOLAI I. PAPAE *Epistolae*, hg. v. ERNST PERELS (MGH.Ep VI), Hannover 1925, 257–690.

PHOTIUS *Mystagogia*

PHOTII PATRIARCHAE *Liber de Spiritus sancti mystagogia*, in: PG 102, 263–391.

ROSCELINUS *Ep. ad Abaelardum*

ROSCELINUS: *Epistola ad Abaelardum*, hg. v. JOSEF REINERS: *Der Nominalismus in der Frühscholastik. Ein Beitrag zur Geschichte der Universalienfrage im Mittelalter, nebst einer neuen Textausgabe des Briefes Roscelins an Abälard* (BGPhMA VIII/5), Münster 1910, 63–80.

RUFINUS *Orationes Gregorii Nazianzeni*

AUGUST ENGELBRECHT (Hg.): *Tyrannii Rufini Orationum Gregorii Nazianzeni novem interpretatio* (CSEL 46), Wien 1910.

Abhandlungen

Alexopoulos 2009
Theodoros Alexopoulos: *Der Ausgang des thearchischen Geistes. Eine Untersuchung der Filioque-Frage anhand Photios' »Mystagogie«, Konstantin Melitiniotes' »Zwei Antirrhetici« und Augustins »De Trinitate«*, Göttingen 2009.

Avvakumov 2002
Georgij Avvakumov: *Die Entstehung des Unionsgedankens. Die lateinische Theologie des Hochmittelalters in der Auseinandersetzung mit dem Ritus der Ostkirche* (VGI 47), Berlin 2002.

Boynton 2005
Susan Boynton: »The Theological Role of Office Hymns in a Ninth-Century Trinitarian Controversy«, in: *In principio erat verbum. Mélanges offerts en hommage à Paul Tombeur par des anciens étudiants à l'occasion de son éméritat*, hg. v. Benoît-Michel Tock (TEMÂ 25), Turnhout 2005, 19–44.

Brunhölzl 1975
Franz Brunhölzl: *Geschichte der lateinischen Literatur des Mittelalters*, Bd. 1: *Von Cassiodor bis zum Ausklang der karolingischen Erneuerung*, München 1975.

Davis 1971
Leo D. Davis: »Hincmar of Rheims as a Theologian of the Trinity«, in: *Traditio* 27 (1971) 455–468.

Devisse 1975/76
Jean Devisse: *Hincmar, Archevêque de Reims 845–882*, Bde. 1/2 (THEP 29), Genf 1975/1976.

Ganz 1990
David Ganz: »The Debate on Predestination«, in: *Charles the Bald. Court and Kingdom*, hg. v. Margaret T. Gibson / Janet L. Nelson (CStS), Aldershot [2]1990, 283–302 [[1]1981].

Ganz 2013
David Ganz: »Gottschalk of Orbais«, in: *The Oxford Guide to the Historical Reception of Augustine*, hg. v. Karla Pollmann / Willemien Otten, Bd. 2, Oxford 2013, 1059–1061.

Gemeinhardt 1999
Peter Gemeinhardt: »Lateinischer Neunizänismus bei Augustin«, in: ZKG 110 (1999) 149–169.

Gemeinhardt 2002
Peter Gemeinhardt: *Die Filioque-Kontroverse zwischen Ost- und Westkirche im Frühmittelalter* (AKG 82), Berlin/New York 2002.

Gemeinhardt 2007a
Peter Gemeinhardt: »Anselms theologische Methode in seiner *Epistola de incarnatione Verbi*«, in: *What is »Theology« in the Middle Ages? Religious Cultures of Europe (11th–15th Centuries) as reflected in their Self-Understanding*, hg. v. Mikołaj Olszewski (AV.Subsidia 1), Münster 2007, 39–57.

Gemeinhardt 2007b
Peter Gemeinhardt: »Logic, Tradition, and Ecumenics. Developments of Latin Trinitarian Theology between c. 1075 and c. 1160«, in: *Trinitarian Theology in the Medieval West*, hg. v. Pekka Kärkkäinen (SLAG 61), Helsinki 2007, 10–68.

GEMEINHARDT 2014

PETER GEMEINHARDT: »Filioque«, in: *Encyclopedia of the Bible and Its Reception* 9 (2014) 24–35.

GOETZ 2011

HANS-WERNER GOETZ: *Gott und die Welt. Religiöse Vorstellungen des frühen und hohen Mittelalters*, Teil 1, Bd. 1: *Das Gottesbild* (Orbis mediaevalis 13,1), Berlin 2011.

GRUMEL 1927

VÉNANCE GRUMEL: »Te Trina deitas«, in: RSR 17 (1927) 324–326.

HARNACK 1910

ADOLF HARNACK: *Lehrbuch der Dogmengeschichte*, Bd. 3: *Die Entwickelung des kirchlichen Dogmas*, Tübingen ^{4}1910 [^{1}1890].

HAUCK 1912

ALFRED HAUCK: *Kirchengeschichte Deutschlands*, Bd. 2, Leipzig $^{3.4}$1912 [^{1}1890].

HAUGH 1975

RICHARD HAUGH: *Photius and the Carolingians. The Trinitarian Controversy*, Belmont, Mass. 1975.

JEAUNEAU 2002

EDOUARD JEAUNEAU: »Erigène entre l'Ancienne et la Nouvelle Rome. Le ›Filioque‹«, in: *Chemins de la pensée médiévale. Études offertes à Zénon Kaluza*, hg. v. PAUL J. M. BAKKER (TEMÂ 20), Turnhout 2002, 289–321.

JOLIVET 1958

JEAN JOLIVET: *Godescalc d'Orbais et la Trinité. La méthode de la théologie à l'époque carolingienne* (EPhM 47), Paris 1958.

LAMBOT 1945a

CYRILLE LAMBOT: »Introduction«, in: LAMBOT 1945b, IX–XXIV.

LAMBOT 1945b

CYRILLE LAMBOT (Hg.): *Œuvres théologiques et grammaticales de Godescalc d'Orbais. Textes en majeure partie inédits* (SSL. Etudes et documents, 20), Louvain 1945.

LARCHET 1998

JEAN-CLAUDE LARCHET: *Maxime le Confesseur, médiateur entre l'Orient et l'Occident* (CFi 208), Paris 1998.

MARKSCHIES 1997

CHRISTOPH MARKSCHIES: »Was ist lateinischer ›Neunizänismus‹? Ein Vorschlag für eine Antwort«, in: ZAC 1 (1997) 73–95; wieder in: DERS.: *Alta Trinità Beata. Gesammelte Studien zur altkirchlichen Trinitätstheologie*, Tübingen 2000, 238–264.

MATTER 2010

E. ANN MATTER: »Alcuin's Theology«, in: *Alkuin von York und die geistige Grundlegung Europas. Akten der Tagung v. 30. Sept. bis zum 2. Okt. 2004 in der Stiftsbibliothek St. Gallen*, hg. v. ERNST TREMP / KARL SCHMUKI (MSG 5), St. Gallen 2010, 91–105.

NIELSEN 2011

LAUGE NIELSEN: »Trinitarian Theology from Alcuin to Anselm«, in: *The Oxford Handbook of the Trinity*, hg. v. GILLES EMERY / MATTHEW LEVERING, Oxford 2011, 155–167.

Patzold 2010
Steffen Patzold: »Hraban, Gottschalk und der Traktat *De oblatione puerorum*«, in: *Hraban Maur et son temps*, hg. v. Philippe Depreux (u.a.) (CHMÂ 9), Turnhout 2010, 105–118.

Pelikan 1974
Jaroslav Pelikan: *The Christian Tradition. A History of the Development of Doctrine*, Bd. 2: *The Spirit of Eastern Christendom (600–1700)*, Chicago/London 1974.

Rieger 2007
Reinhold Rieger: »Gottschalk«, in: *Augustin Handbuch*, hg. v. Volker Henning Drecoll, Tübingen 2007, 570–574.

Schulz 1913
Walther Schulz: *Der Einfluß Augustins in der Theologie und Christologie des VIII. und IX. Jahrhunderts*, Halle 1913.

Siecienski 2010
A. Edward Siecienski: *The Filioque. History of a Doctrinal Controversy* (OSHTh), Oxford (u.a.) 2010.

Tavard 1996
George H. Tavard: *Trina Deitas. The Controversy between Hincmar and Gottschalk* (MSTh 12), Milwaukee, Wisc. 1996.

Vielhaber 1956
Klaus Vielhaber: *Gottschalk der Sachse* (BHF 5), Bonn 1956.

Archa Verbi 12 (2015) 35–65

What Is an Author? Divine and Human Authorship in Some Mid-Thirteenth-Century Commentaries on the *Book of Sentences**

by Philipp W. Rosemann

At first, the question, "what is an author?" appears to belong to the realm of literary theory. There are works falling into various genres, these works have authors, and the meaning of authorship is subject to variation according to the differences in genre, but perhaps also according to certain cultural and historical circumstances. Surely, for example, the author of a sacred text–that is to say, a prophet or an inspired writer–has a status different from the author of Shakespeare's sonnets, and again Shakespeare's authorship is unlike that of a contributor to a *Wikipedia* entry.

While this first approach to the question of authorship is not incorrect, it only scratches the surface of a deeper investigation which the German philosopher Hans Blumenberg has summarized under the title "the readability of the world". This title–the title of Blumenberg's book *Die Lesbarkeit der Welt*–introduces two new terms into the discussion: the world and its legibility.[1] The suggestion of Blumenberg's title is that the world is itself a text that can be read. Who, if anyone, wrote this text? And who could read a text that consists apparently not of words, but of things?

We are now no longer dealing with literary theory, but with ontology–with a question concerning the metaphysical structure of the world. The present paper ultimately aims to address this metaphysical question: if the world is a text with an author, and with the human being as its reader, then does a changing conception of authorship not have to affect the way in which the world itself is understood? I will attempt to formulate a hypothesis regarding this question in the conclusion, after devoting the main part of this paper to a more narrowly defined historical issue: in some *Sentences* commentaries of the 1240s and 1250s, the seemingly odd question arises as to the authorship of the work. The alternatives are God and Peter Lombard. What is the status of the *Book of*

* Versions of this paper have been presented at the *École des hautes études en sciences sociales*, Paris, in the seminars of Professors Alain Boureau and Béatrice Delaurenti, and at the Boston Colloquy in Historical Theology. My warmest thanks to my audiences in Paris and Boston for their critical reactions, in particular to Fr. Bernhard Blankenhorn, O.P., for his detailed response at the BCHT. I am grateful, as well, for helpful comments that I received from Professor Thomas Prügl and two anonymous referees for *Archa Verbi*.

1 See Blumenberg 1986.

Sentences, such that God can be regarded as its author? In order to throw into relief what is at stake in this debate, I analyze the discussion against the background of the metaphysics of the book as it is found in the works of Bonaventure.

I. The Language of the World

The idea according to which the world has a language to which humans must listen in order to grasp its structure is ancient, going back at least as far as Heraclitus. There is a Word, a *logos*, Heraclitus appears to have believed, which governs all things; the road to wisdom requires listening to this Word:

> The Word proves
> those first hearing it
> as numb to understanding
> as the ones who have not heard.
> Yet all things follow from the Word. ...
>
> For wisdom, listen
> not to me but to the Word,
> and know that all is one.[2]

Thomas Robinson has argued that Plato, most notably in the *Timaeus*, follows in Heraclitus's footsteps by articulating a vision of the world whose Soul "is rational, and is everlastingly uttering *voiceless and soundless discourse* (*logos ... aneu phthongou kai eches*, 37b3–6) ... This cosmic discourse is accessible only to one who understands the language in which it is couched."[3]

The view of reality as being structured like a language is not foreign to Judeo-Christian revelation. Indeed, for the Bible, if the world is discourse, it is so because the Creator-God himself is Word, *Logos*: "In the beginning was the Word, and the Word was with God, and the Word was God. The same was in the beginning with God. All things were made by him: and without him was made nothing that was made" (Jn 1:1–3).[4] The Creator, then, is the Author of the world. He speaks reality into existence: "And God said: Be light made. And light was made" (Gn 1:3).

But is such talk not just a mythical image? Not necessarily. Our contemporary culture has lost faith in the power of words because language has been

2 Fragments 1 and 50, quoted in the translation by Brooks Haxton: Heraclitus *Fragments*, 3 and 5. (Fragment 50 appears as no. 2 in Haxton's order, which is not that of Diels-Kranz.)

3 Robinson 2010, 48.

4 The biblical quotations in this paper are taken from the Douay-Rheims version, which, based as it is on the Vulgate, is more suitable for the discussion of medieval Latin texts than a modern translation made from the Hebrew or Greek text.

unmoored from being and truth, having become a commodity parceled out according to trademarks and copyrights.[5] And yet, even we recognize that there are sentences whose utterance does not amount to any description, true or false, of a state of affairs, but which, rather, constitute the doing of an action, such that these sentences reshape reality. The philosopher J. L. Austin has famously termed such sentences "performative." Examples he gave included utterances such as "I do" (spoken in the course of a wedding), "I name this ship the *Queen Elizabeth*," and "I give and bequeath my watch to my brother."[6] Austin noticed that performatives are effective only when they are uttered in the right set of conditions, including the "capacity" of the speaker to perform a particular action. He imagined himself walking up to a random vessel in the docks, smashing a bottle against its hull, and declaring, "I name this ship the *Mr. Stalin*."[7] Such a performative would be null and void, however, because Austin did not have the capacity—or, one might say, authority—to christen any ships. If the effectiveness of a performative speech act is tied to the authority that its speaker exercises over a particular swath of reality, then what would be the performative utterance appropriate to a speaker who had authority over, simply, everything—over being as such? It would probably be just this: "Be."

This is the scenario envisaged by Scripture. It gave rise to what one could call the "metaphysics of the book," which is the idea that reality is a book authored by the Creator. This idea was more than a metaphor: not that God was imagined like a book with pages bound into a spine; however, the Creator was conceived as an Author communicating the intelligible structures of his own *Logos* to the text of the world. To discover the Author behind the text, his creatures need to be able to read.

Although the concept of the book of nature was current throughout the patristic and medieval periods, no sustained discussion of the topic seems to have come down to us—in a treatise, say, or a scholastic *quaestio*.[8] One of the thinkers in whom the theme keeps recurring sufficiently frequently for us to piece together a fairly detailed "metaphysics of the book" is St. Bonaventure, who is also going to be a key figure in my account of changing theories of authorship. It will be useful, therefore, to provide an outline of Bonaventure's understanding of God as Author, creation as his text, and humans as its readers.

5 I have discussed this development in two previous publications: Rosemann 2008 and 2013a.

6 Austin 1962, 5.

7 Ibid., 23.

8 For an excellent introduction to the theme, see the various essays collected in Vanderjagt/van Berkel 2005. Let me draw attention, in particular, to Groh 2005 and Nauta 2005.

II. Bonaventure's Metaphysics of the Book

Bonaventure draws a distinction between two kinds of book: one, "written inside," corresponds to "God's eternal art and wisdom"; the other, "written outside," constitutes the sensible world.[9] The distinction between *liber scriptus intus* and *liber scriptus foris* is biblical in origin, occurring in a remarkable passage in Ezekiel where God commands the prophet to ingest a book he hands him:

> And I looked, and behold, a hand was sent to me, wherein was a book rolled up: and he spread it before me, and it was written within and without (*et erat scriptus intus et foris*): and there were written in it lamentations, and canticles, and woe. And he said to me: Son of man, eat all that thou shalt find: eat this book, and go speak to the children of Israel (Ez 2:9–3:1).[10]

Here, Ezekiel's calling to prophesy to his people involves the total, physical assimilation of God's book: the prophet *becomes* God's word. The idea is stunning, but not without parallel: it indicates a relationship of the prophet to God's word not unlike that later found in Christian monks, who would pursue the spiritual goals of *lectio divina* by "ruminating" on sacred texts and "digesting" them.[11]

At any rate, for Bonaventure the "book written without" possesses two dimensions: in the *liber creaturae*, God reveals himself as efficient principle, while in the *liber Scripturae*, he speaks as reparative principle. Another way of putting this distinction is to say that the book of creation points to the uncreated Word, whereas the book of Scripture testifies to the Word Incarnate.[12] These two aspects are complementary, however, insofar as God cannot be known as Redeemer unless he is first recognized as Creator: "since the reparative principle cannot be known unless the efficient one is known as well, therefore Sacred Scripture, although it treats principally of the works of reparation, must nonetheless treat of the work of creation, insofar as it leads to knowledge of the first efficient and restorative principle."[13]

9 Bonaventura *Breviloquium* II.11 (*Opera omnia* 5:229): "... duplex est *liber*, unus scilicet scriptus *intus*, qui est aeterna Dei ars et sapientia; et alius scriptus *foris*, mundus scilicet sensibilis." (Unless otherwise indicated, all translations are my own.) For a discussion of the *duplex liber*, one may consult Mercker 1971, 86–88. Rauch 1961 offers a systematic treatment of Bonaventure's notion of God's book.

10 In the New Testament, the distinction between the writing within and without is echoed in Rv 5:1–5.

11 For references, see Illich 1993, 54–57.

12 See Bonaventura *Commentarius in evangelium S. Lucae* XVIII.60 (*Opera omnia* 7:470): "Omnes hae creaturae, secundum quod loquuntur nobis per librum *creaturae*, respondent nobis de *Verbo increato* ... Secundum autem quod loquuntur nobis per verbum *Scripturae*, respondent nobis de *Verbo incarnato* ... ."

13 Bonaventura *Breviloquium* II.5 (*Opera omnia* 5:222): "... et quia principium reparativum non potest cognosci, nisi cognoscatur et *effectivum*: ideo sacra Scriptura, licet

We can summarize our discussion so far in the following simple diagram:

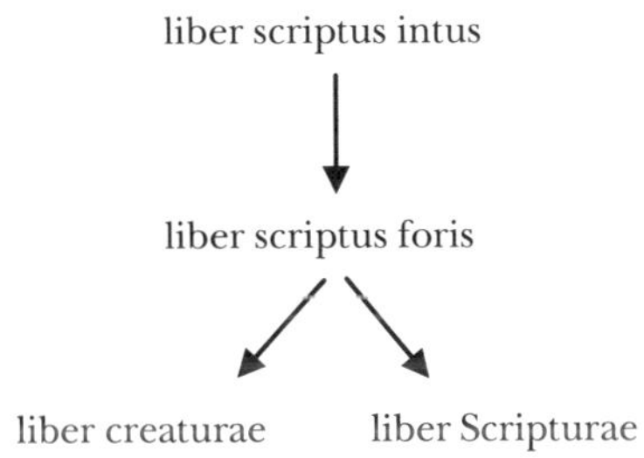

As we have seen, the distinction between the book of creation and the book of Scripture reflects the difference between the uncreated Word and the Word Incarnate. This relationship to the Word also makes it clear that the metaphysics of the book is anchored in the second person of the Trinity.

Despite the fact, however, that the words God has spoken through creation refer back to the Word, there nonetheless obtains a chasm between the words and the Word. One can try to characterize this chasm by invoking the distance between the infinite Creator and his finite creation—or one can, as Bonaventure does in the *Hexaëmeron*, frame the situation in terms of the metaphysics of the book. Quoting Augustine, Bonaventure points out that "every creature is a lie," in that it is not a perfect "adequation" of the Word.[14] The "mendacious," or potentially misleading, character of the book of creation requires a reader who is spiritually alert and therefore capable of interpreting God's text correctly. Unfortunately, sin has made the proper reading of the book of creation all the more difficult, indeed impossible. Bonaventure explains:

> It is certain that, as long as man remained standing [that is to say, before the Fall], he had knowledge of created things and was carried toward God by what they represented, so as to praise, worship, and love him. That is what creatures are for, and thus are they reduced[15] to God. Once man had fallen, however, there was no one who could reduce them to God, since man lost that knowledge. Hence this book—that is to say, the world—was like dead and effaced. So, then, another book was necessary, one through which the first would be illuminated, so as to take on the metaphors of things. But this book is the one of Scripture, which establishes the similarities, properties, and metaphors of the things that are written in the

principaliter agat de operibus *reparationis*, agere nihilominus debet de opere *conditionis*, in quantum tamen ducit in cognitionem primi principii efficientis et reficientis."

14 Bonaventura *Hexaëmeron* III.8 (*Opera omnia* 5:344): "... omnis creatura *mendacium* est." Johnson 2002 explores the apophatic dimension of Bonaventure's metaphysics of the book.

15 This literal translation of *reduco* harks back to an older usage of the English verb "to reduce," which until the mid-seventeenth century carried the meaning "take back or refer (a thing) *to* its origin, author, etc." (*The New Shorter Oxford English Dictionary*, ed. Lesley Brown, Oxford 1993, *s. v.* "reduce," I.3).

book of the world. The book of Scripture, then, restores the whole world toward knowledge, praise, and love of God.[16]

The purpose of Scripture, according to this passage, is to provide a kind of dictionary for the language of the world that postlapsarian man no longer has the knowledge to read. Created things are metaphors whose properties and similarities are meant to reveal their Author. Our natural key to their interpretation having been lost, Scripture represents God's second attempt to teach us the language of his creation. The goal is not simply understanding, however, but "reduction," a more dynamic concept. Only if man is able to "reduce" reality to its Author, will he be able to recognize God and, consequently, worship and love him. There is a cosmic dimension here, in that the human being's journey to God involves the return to God of the entire created universe through human interpretive activity. Microcosm and macrocosm belong together.[17]

The following second diagram summarizes our interpretation so far:

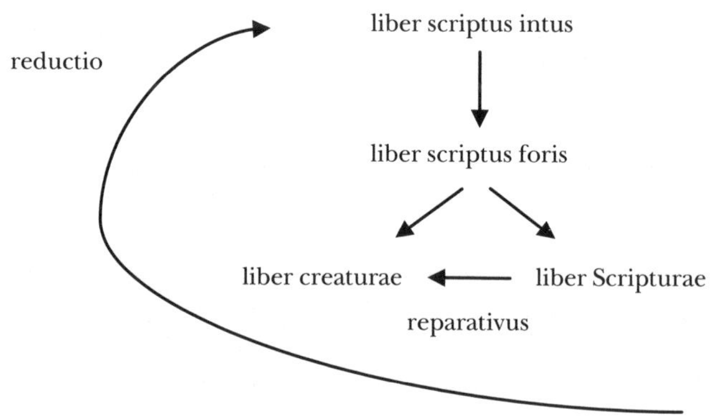

There is a further complication. The illiteracy of the human being after the Fall goes so far that we are incapable not only of reading the book of creation, but even the book of Scripture–and this, although God gave it to us in three languages!

16 Bonaventura *Hexaëmeron* XIII.12 (*Opera omnia* 5:390): "Certum est, quod homo stans habebat cognitionem rerum creatarum et per illarum repraesentationem ferebatur in Deum ad ipsum laudandum, venerandum, amandum; et ad hoc sunt creaturae et sic reducuntur in Deum. Cadente autem homine, cum amisisset cognitionem, non erat qui reduceret eas in Deum. Unde iste liber, scilicet mundus, quasi emortuus et deletus erat; necessarius autem fuit alius liber, per quem iste illuminaretur, ut acciperetmetaphoras rerum. Hic autem liber est Scripturae, qui ponit similtudines, proprietates et metaphoras rerum in libro mundi scriptarum. Liber ergo Scripturae reparativus esttotius mundi ad Deum cognoscendum, laudandum, amandum."

17 On this theme, one may read McEvoy 1974.

> *Wisdom preaches abroad; she uttereth her voice in the streets* [Prv 1:20]. And yet we do not find her, like an unlearned, illiterate man who owns a book but doesn't care about it—we are just like that. That is why this Scripture, which was made for us in Greek, Latin, and Hebrew, remains utterly unknown in its source.[18]

Whether in the original languages or in translation, the human readers of Scripture fail to penetrate to its source, that is, to its Author—just as we all perceive the created, sensible world around us but, given the effects of the Fall, do so without "reducing" it to its Creator. The book written within would thus remain tragically hidden, if God had not taken the ultimate step to rescue the human race from its analphabetism: he has rendered the Word itself visible, merging the book written within with the book written without. As Bonaventure explains, "And since in Christ, eternal Wisdom and its work join in one person, therefore he is called *the book written within and without*, for the restoration of the world."[19] The third diagram summarizes the final step in Bonaventure's book metaphysics:

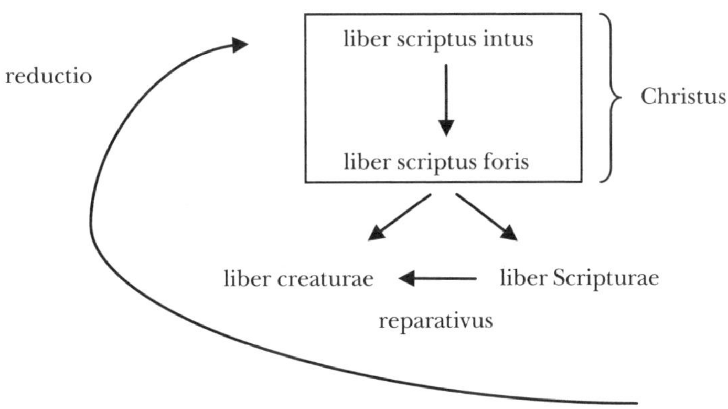

Even the Incarnation of the book written within does not, however, abolish the need for human interpretation. After the Fall, even Christ's immediate followers were frequently unable to "read" him correctly. Only God's grace will ultimately open our blind hearts to the light.[20]

18 Bonaventura *Hexaëmeron* II.20 (*Opera omnia* 5:340): "*Sapientia foris clamitat, in plateis dat vocem suam.* Et tamen nos non invenimus eam, sicut laicus nesciens litteras et tenens librum non curat de eo; sic nos; unde haec scriptura facta est nobis Graeca, barbara et Hebraea et penitus ignota in suo fonte."

19 Bonaventura *Breviloquium* II.11 (*Opera omnia* 5:229): "Et quia in Christo simul concurrit aeterna Sapientia et eius opus in una persona; ideo dicitur *liber scriptus intus et foris* ad reparationem mundi." On Christ's mediating function in man's "reduction" to God, see Ciampanelli 2010.

20 See, for instance, Bonaventure's commentary on Lk 18:34 ("And they understood none of these things, and this word was hid from them, and they understood not the things that were said"): "Ex quo apparet caecitas cordis humani, quae mysteria suae

In conclusion, the fruits of our discussion of Bonaventure's book metaphysics are twofold. First, we have established the metaphysical background for the debate that is going to occupy us in the following section, namely, the debate among Bonaventure and some of his contemporaries over the authorship of the *Book of Sentences*.[21] Secondly, we have seen how a particular instantiation of the book metaphysics articulates the relationship among world, text, author, and reader. To sum this up: God is the Author. At the same time, he is the original text, the Word, the "book written within." God has also composed another book, an external one in addition to the internal one, which he is. This is the world, which has the structure of a divine language that needs to be deciphered. Since this is difficult, the Author has, for the sake of human salvation, added yet another level of textuality: the book of Scripture. This descent of the Word into the world culminates in the Incarnation.

The human being has a twofold task in all this: to read–to read the text of the world, to read Scripture, and to read the Word Incarnate–and to reduce these texts to their Author by interpreting them correctly.

III. The Debate over the Authorship of the *Book of Sentences*

1. Bonaventure

Bonaventure lectured on the *Book of Sentences* in the years 1250–1252, when he was *baccalaureus Sententiarum* in Paris.[22] By that time, the *Sentences* (the second redaction of which Peter Lombard completed in 1158)[23] had established themselves as an integral part of theological instruction at the University of Paris. Although the Lombard's work appears to have been a successful teaching tool ever since its original dissemination (at least if one judges the matter from the existence of glosses and commentaries), it was Alexander of Hales, the first Franciscan master of theology at Paris, who gave the *Sentences* decisive institutional endorsement by adopting the work as the textbook for his ordinary lectures, thus displacing Scripture. Alexander's decision proved controversial, however, and within a few years the question was resolved by making lecturing on the Lombard's text the task of bachelors.[24] For centuries, this division of labor would remain the typical arrangement throughout the theology faculties of Europe.

redemptionis non intelligit, nisi Deus tanquam caeco lumen ostendat suae lucis et reddat contuitum veritatis" (Bonaventura *Commentarius in evangelium S. Lucae* XVIII.57; *Opera omnia* 7:469).

21 The failure to consider the larger metaphysical background of the scholastic theories of authorship is a notable lacuna in the otherwise excellent, and justly admired, study by Minnis 1988.

22 See Bougerol 1988, 188.

23 See Rosemann 2004, 55.

24 See Alexander de Hales *Glossa*, vol. 1, 65*–66*.

Bonaventure, who composed his *Sentences* commentary just a few years after Alexander's death (1245), writes in full awareness of the legacy of his great Franciscan predecessor.[25] Nevertheless, his commentary is quite different from Alexander's, which one can even see in the organization of his prologue. Whereas Alexander offers a deduction of the contents of the four books of the *Sentences* from a biblical passage, thus emphasizing the continuity between Scripture and the theological tradition, Bonaventure adds to this biblical approach a much more "scientific" prologue that draws on the conceptual resources of Aristotelian philosophy. This type of prologue, which became current in the thirteenth century, applies the Aristotelian four causes to the text commented on, inquiring into its efficient, formal, final, and material causes.[26]

One of the questions Bonaventure asks, then, concerns the efficient cause of the *Book of Sentences*: "What is the efficient cause or author of this book?" Given the four-cause approach, it is not surprising that this question should arise; the length of the answer, however, seems unusual–for, who could be the author of the *Book of Sentences*, other than Peter Lombard? Let us read what the Seraphic Doctor has to say:

> Finally, for greater clarity it is possible to ask about the efficient cause. And it is said that it was Master Peter Lombard, bishop of Paris. However, it seems that he should not be called the author of this book.
> 1. Only he who is a teacher or the author of a teaching should be called the author of a book; however, as Augustine says in the *De magistro*, "Only Christ is teacher": hence he alone should be called the author of this book.
> 2. Likewise, as the Philosopher says in the old *Ethics*, "Not just anyone who makes grammatical or musical things should be called a grammarian or musician, namely, if he does so by accident or by chance, or when someone else is supplying [the material] or is dictating"; however, the Master has composed this work from the teaching of others, as he himself says in the text: "in this work you will find the examples and teaching of greater men." Therefore, he should not be called author.
> *If you say* that there is not only the teaching of the saints here, but also his own, for which reason he should be called author; *against* [this position one could argue]: A name should be derived from what is greater and more worthy; however, the Master says that "his own voice has only resounded for a little while, and then he

25 See Bonaventura *Commentaria in IV libros Sententiarum* II, praelocutio (*Opera theologica selecta* 2:1): "Salvatoris opitulante gratia, ex quo perventum est ad completionem primi, Fratrum pariter interveniente instantia, oportet inchoare secundum. Et quemadmodum in primo libro sententiis adhaesi Magistri Sententiarum et communibus opinionibus magistrorum, et potissime patris et magistri nostri bonae memoriae fratris Alexandri, sic in consequentibus libris ab eorum vestigiis non recedam. Non enim studeo novas opiniones adinvenire, sed communes et approbatas retexere. Nec quisquam aestimet, quod novi scripti velim esse fabricator; hoc enim sentio et fateor quod sum pauper et tenuis compilator." The text of the *praelocutio* that is printed in the manual edition is superior to the one found in the older edition of 1882–1902. For a fuller discussion of the *praelocutio*, see Rosemann 2007, 70–72.

26 On the Aristotelian prologue, see Minnis 1988, 28–33.

has not departed from the paths of the Fathers." Therefore, this book should not be said to be the Master's.[27]

The counterarguments in the *videtur* are theological and philosophical in nature. The theological argument bases its authority on a passage from Augustine where the Bishop of Hippo invokes Matthew 23:10 to show that Christ alone is able to teach us: "Neither be ye called masters; for one is your master, Christ."[28] This argument is puzzling in several ways. First, the sentence Bonaventure quotes does not literally occur in the *De magistro*. More importantly, neither Augustine nor Matthew employs the language of authorship–and authorship is what is at stake in Bonaventure's *Sentences* prologue. Finally–and it is difficult to imagine that Bonaventure did not see the irony of this point–in the verse from Matthew, Christ himself admonishes us not to lay claim to the title of *magistri*, "masters." Well, lecturing on the *Book of Sentences* was a crucial step in one's career at the medieval university toward becoming precisely that: a master of theology.

The second, philosophical argument uses a quotation from Aristotle[29] to present Peter Lombard as a kind of accidental cause of the *Book of Sentences*. Just as one would not call a learner capable of speaking grammatical English as long as he or she was only repeating sentences after someone already fully in command of grammatical English, so Peter Lombard's extensive reliance on the teachings of the tradition makes it inappropriate to regard him as the author of the *Sentences*.

Neither of the two arguments relies on Bonaventure's metaphysics of the book that we outlined in the previous section. We cannot here enter into a discussion regarding the evolution of Bonaventure's thought; let us just point out that the writings on the basis of which we have reconstructed the book metaphysics all postdate the *Sentences* commentary. Indeed, the text that develops this idea most fully–namely, the *Hexaëmeron*–represents the Seraphic Doctor's

27 BONAVENTURA *Commentaria in quatuor libros Sententiarum*, vol. 1, prooemii quaestio IV (*Opera omnia* 1:14): "*Quae sit causa efficiens sive auctor huius libri.* Postremo ad maiorem evidentiam potest quaeri de causa *efficiente*. Et dicitur fuisse Magister Petrus Lombardus, Parisiensis Episcopus. Sed quod non debeat dici *auctor* huius libri, videtur. 1. Ille solus dicendus est auctor libri, qui est doctor sive auctor doctrinae; sed, sicut dicit Augustinus in libro de Magistro: 'Solus Christus est doctor': ergo solus debet dici huius libri auctor. 2. Item, sicut dicit Philosophus in Ethica veteri: 'Non quicumque facit grammaticalia vel musicalia, debet dici grammaticus vel musicus, utpote si faciat casu, vel fortuna, vel alio supponente sive dicente'; sed Magister hoc opus composuit ex aliena doctrina, sicut ipse dicit in littera, quod 'in hoc opere maiorum exempla doctrinamque reperies'; ergo non debet dici auctor. *Si tu dicis*, quod non tantum hoc est doctrina Sanctorum, sed etiam sua, ratione cuius debet dici auctor; *contra*: 'A maiori et digniori debet fieri denominatio'; sed Magister dicit, quod 'pau[l]isper vox sua insonuit, et tunc a paternis limitibus non discessit'; ergo non deberet iste liber dici esse Magistri."

28 The passage occurs in *De magistro*, chap. 14, no. 46.

29 *Nicomachean Ethics*, Book II, chap. 4.

thought toward the end of his life, when he preached to the Parisian university community against the dangers of Aristotelianism.[30] So, Bonaventure's later thought not being the most immediately relevant context in which to read our question from the *Sentences* commentary, we should situate it where it belongs: in the University of Paris at the beginning of the 1250s, when—the question and its length suggest—the authorship of the *Book of Sentences* was the subject of a real academic debate, with arguments exchanged pro and con.

We have heard some of the arguments con; what about those in favor of the Lombard's authorship? Bonaventure's text continues:

> Against: It is a fact that God did not write this work with his own finger: so, it had another, created author. But there is no reason to give anyone else but the Master [as author].
> Likewise, if the authority of the Master is accepted in this matter, he himself says in the text: "With much labor and sweat have we composed this volume, by the grace of God." Therefore, it seems that he himself was the author of the present book.[31]

Both arguments are quite interesting. The second pits a quotation from Peter Lombard's prologue against another text, derived from the same source, which was used in the *videtur*. The Lombard's own testimony regarding his authorship of the *Sentences* thus appears ambiguous, in need of clarification. And the first argument could undermine the very cause that it intends to defend: to be sure, God did not compose the *Book of Sentences* by his own hand. However, if that is the criterion for authorship, then he did not author the Scriptures either! The argument overshoots its goal. We are in need of some distinctions. Bonaventure provides them in his response:

> I reply: To understand what has been said, it should be noted that the manner of creating a book is fourfold. Namely, [1] someone writes what belongs to someone else, adding or changing nothing; and that person is called purely a scribe. [2] Someone writes what belongs to someone else, adding [to it], but not from his own [material]; and that person is called compiler. [3] Someone writes what belongs both to someone else and to himself, but the other's [material] is paramount as it were, and his own is like an addition for clarity; and that person is called commentator, not author. [4] Someone writes what belongs both to himself and to someone else, but his own [material] is paramount as it were, the other's is like an addition for confirmation; and such a person should be called author.

30 See Bougerol 1988, 235–241.

31 Bonaventura *Commentaria in quatuor libros Sententiarum*, vol. 1, prooemii quaestio IV (*Opera omnia* 1:14): "Contra: Constat quod Deus hoc opus non scripsit digito suo, ergo habuit alium, creatum auctorem; sed non est dare alium nisi Magistrum. Item, si auctoritas Magistri in hac causa recipitur, ipse dicit in littera: 'In multo labore et sudore hoc volumen, Deo praestante, compegimus'; ergo videtur, quod ipse fuit auctor praesentis libri."

> Such was the Master, who states his own sentences and confirms them through sentences of the Fathers. Hence he must truly be called the author of this book.[32]

The fourfold distinction contained in this passage is relatively well known since Alastair Minnis commented on it in his study on the *Medieval Theory of Authorship*.[33] It is also very lucid. And yet, it gives rise to some questions. Is it really the case that the Master makes his own authoritative statements, or *sententiae*, and confirms them through patristic *sententiae*? On many occasions in the *Book of Sentences*, Peter Lombard proves extremely reluctant to formulate views of his own. Even on such central doctrines as the Incarnation, scholars continue to wonder which of the positions that he laid out he may have wished to endorse.[34] Secondly, given the terminological precision that Bonaventure deploys in the fourfold distinction, it is odd that he explicitly calls himself a compiler in the *praelocutio* to Book II.[35] One could argue that his statement, according to which he is merely *pauper et tenuis compilator*, must not be read literally, but as an expected and conventional protestation of humility. That is possible, but the phrase could also mean that Bonaventure was still unclear about the status of authorship in the genre of the *Sentences* commentary.

We still have to read the conclusion of Bonaventure's *quaestio* on authorship, namely, the response to the objections:

> [1.] As to what is objected, then, [namely,] that Christ alone is teacher and author, it is to be said that, as Augustine says in his book *De doctrina christiana*, teaching is of a twofold manner, just as one says that somebody makes [someone] see in a twofold manner. For someone who restores vision makes see in one way, someone who points out a visible object with his finger in another; and God does the first, man the second. Similarly, someone who, through word or writing, offers or points to knowledge that he has in the soul teaches in one way, someone who impresses the habit of knowledge [does so] in another; yet both are called teacher and author, though God more originally so. Thus it is in the question at hand.
> [2.] As to what is objected, [namely,] that he made the book although someone else supplied [the material], it is to be said that someone is not said to make [something] with someone else supplying [the material] because he learned from the other–for then few would be teachers or grammarians–but if his knowledge

32 Ibid., 14f.: "Respondeo: Ad intelligentiam dictorum notandum, quod quadruplex est modus faciendi librum. Aliquis enim scribit aliena, nihil addendo vel mutando; et iste mere dicitur *scriptor*. Aliquis scribit aliena, addendo, sed non de suo; et iste *compilator* dicitur. Aliquis scribit et aliena et sua, ed aliena tamquam principalia, et sua tamquam annexa ad evidentiam; et iste dicitur *commentator*, non auctor. Aliquis scribit et sua et aliena, sed sua tamquam principalia, aliena tamquam annexa ad confirmationem; et talis debet dici *auctor*. Talis fuit Magister, qui sententias suas ponit et Patrum sententiis confirmat. Unde vere debet dici auctor huius libri."

33 See Minnis 1988, 94f. Minnis and Scott have translated Bonaventure's *quaestio* in their anthology, Minnis/Scott 1988, 228–230.

34 I am referring to the famous three positions presented in the *Book of Sentences*, Book II, dist. 5–7, which I have briefly discussed in Rosemann 2004, 125–130.

35 Quoted in note 25 above.

> totally depends on the other, in such a way that he does not possess the inner habit; such as those who make good Latin because others have told them, but they ignore the art. The Master was not that way. For he composed this work from knowledge that he acquired through a long time or labor, and confirmed his sentences through teachings of the Fathers. And the fact that there are many sayings of others there—that does not take away the authorship of the Master, but rather confirms his authority and does credit to his humility.[36]

The response to the first objection introduces another crucial distinction into the discussion. It is a distinction between divine and human authorship. The human author teaches us knowledge about particular things; the Author creates the conditions for the possibility of such knowledge. The analogy of vision suggests that the Author does this by "restoring" a capacity previously lost—through the Fall, no doubt. This is the only place in our *quaestio* where God is considered as author, and only in a somewhat theoretical way, because, even though God may be author *principalius*, this fact does not change Bonaventure's answer to the question: Peter Lombard is "truly" (*vere*) the author of the *Sentences*.[37]

The response to the second objection ends with a sentence that requires some commentary, both philological and historical: "And the fact that there are many sayings of others there—that does not take away the authorship of the Master, but rather confirms his authority and does credit to his humility." I have translated the word *auctoritas* in the Latin text in two different ways, first as "authorship" and then as "authority." There is no doubt that Bonaventure's discussion is devoted to the question of Peter Lombard's authorship of the *Book of Sentences*; after all, his question is entitled, *Quae sit causa efficiens sive*

36 Bonaventura *Commentaria in quatuor libros Sententiarum*, vol. 1, prooemii quaestio IV (*Opera omnia* 1:15): "Quod ergo obicitur, quod solus Christus est doctor et auctor; dicendum, quod sicut dicit Augustinus in libro de Doctrina christiana, docere est dupliciter, sicut dicitur dupliciter aliquis facere videre. Aliter enim facit videre qui visum restituit, aliter, qui visibile digito ostendit; et primum facit Deus, secundum homo. Similiter aliter docet qui scientiam, quam habet in anima, verbo vel scripto offert vel ostendit, aliter, qui habitum scientiae imprimit; uterque tamen dicitur doctor et auctor, sed Deus principalius; sic in proposito. Quod obiicitur, quod fecit librum, alio supponente; dicendum, quod non ideo dicitur facere aliquis, supponente alio, quia ab alio didicit—tunc enim pauci essent doctores vel grammatici—sed si omnino scientia eius dependet ab alio, ita quod non habet habitum intra, sicut illi qui faciunt bonum latinum, quia alii eis dixerunt, sed ipsi ignorant artem; hoc modo non fuit Magister. Nam a scientia, quam acquieserat longo tempore vel labore, hoc opus composuit et per doctrinas Patrum sententias suas confirmavit. Et quod sunt ibi multa dicta aliorum, hoc non tollit Magistro auctoritatem, sed potius eius auctoritatem confirmat et humilitatem commendat."

37 Minnis 1988, 95, points to a distinction among three levels of authorship in the commentary on Wisdom (though the reference he provides [vii, 108] is inaccurate). The passage in question is germane to the discussion, yet it addresses the issue at hand through the terminology of efficient causality, not authorship: Bonaventura *Commentarius in librum Sapientiae*, prooemium, nos. 4–6 (*Opera omnia* 6:108).

auctor huius libri? The second occurrence of the term, however, in the part of the sentence after *sed*, suggests the idea that Peter Lombard's authoritative standing is enhanced by his reliance upon the tradition, as well as by his personal humility.

The latter aspect of our interpretation–the importance of humility for the authority of a master–is corroborated by a recent study that Cédric Giraud has devoted to Anselm of Laon and the development of his school in the twelfth century. Giraud shows that humility functioned as much more than a mere cliché in the context of prologues, where the author had to protest the insignificance of his knowledge and insist that he composed his work only reluctantly, because his confrères just would not stop pressuring him. On the contrary, authorial humility was considered a guarantee for the reliability and soundness of a master's teaching. About Anselm, Giraud writes: "The master asserts himself inasmuch as others ensure his reputation, which is based upon humility. The sentences seek to establish a balance in the patristic tradition in accordance with a measured hermeneutics. The collections form a literature without apparent author, but not without authority. The nature of magisterial authority manifests itself but in a hidden manner, as though obliquely, with a kind of reserve that is its distinctive characteristic."[38]

To sum up. Bonaventure's treatment of the authorship of the *Book of Sentences* remains largely insulated from his later reflections on the metaphysics of the book. There are several reasons for this lack of connection. One surely is the Aristotelian, "scientific" approach that Bonaventure implements in his questions on the *Sentences* prologue. Another is the related fact that his *Sentences* commentary belongs to the early years of Seraphic Doctor's intellectual life, whereas many elements of his book metaphysics appear only in his later writings, especially the *Hexaëmeron*. Still, the metaphysics of the book forms an important background to the larger debate to which Bonaventure's question in the *Sentences* contributes. For, as we are going to discover presently, there were those who did not at all agree with the thesis that Peter Lombard authored the *Book of Sentences*, and their reasons were theological.

2. Richard Fishacre

The Dominican Richard Fishacre lectured on the *Sentences* at Oxford just a few years before Bonaventure did so in Paris, namely, between 1241 and 1245.[39] Like Alexander of Hales, Fishacre composed his *Sentences* commentary–the first known one from Oxford–while he was already a master. This caused some controversy, just as Alexander's initiative had in Paris. But it is noteworthy that, after initial criticism from Bishop Robert Grosseteste, Fishacre's decision to treat the *Sentences* in his ordinary lectures received papal endorsement.[40]

38 Giraud 2010, 499. I have reviewed this book in Rosemann 2013b.

39 See Long/O'Carroll 1999, 39–41.

40 For further information on the controversy and additional literature, see ibid., 43f.

Nevertheless, at Oxford too the matter was ultimately resolved by assigning the classes on Peter Lombard to bachelors.

Fishacre's goal in his prologue is to situate the *Book of Sentences* within the realm of wisdom as a whole. He opens his discussion by distinguishing two kinds of wisdom, one "from above" (*desursum*), another "from below" (*deorsum*). The one from below is composed of three parts–Fishacre gathers from a passage in the Epistle of St. James–namely, "earthly, sensual, devilish" (Jas 3:15).[41] But we are not concerned with any of these "secular sciences" in the present context. Let us therefore turn to the division of the wisdom that comes from above:

> Now this one [namely, the wisdom and science of God] is threefold, as though it were written in a threefold book, that is to say, in the book of life, in the book of Scripture, [and] in the book of creation. Hence Proverbs 22[:19]: "I have shewn it to thee this day," that is to say, in the present time. See, I have described it to you in a threefold way. But we attend to this [wisdom], not insofar as it is written in the divine mind, nor as it is written in creation, but insofar as it is written in Sacred Scripture. For the blessed spirits in heaven read in the book of life. Adam read in the book of creation before the Fall, in paradise. But to read in the book of Scripture is our task in this exile. So, it is of the wisdom which is from above [and] according to the fact that it is written in Sacred Scripture that we intend to speak.[42]

Unlike Bonaventure, who chose to sidestep the metaphysics of the book almost completely in his *Sentences* commentary, Fishacre explicitly and forcefully invokes its categories. Let us note, as well, that he speaks in his *Sentences* prologue as though he were introducing the commentary on a book of Scripture. We will discover that this seeming oddity is no accident.

After these initial remarks, Fishacre structures the remaining pages of his prologue according to the questions raised by the Aristotelian four causes. Consequently, he treats the necessity or utility of the wisdom sought (its final cause), then considers its author (efficient cause), subject matter (material cause), and structure (formal cause). The efficient cause is what interests us most; however, it will be useful to dwell for a moment on Fishacre's conception of the finality that guides his project, for this will shed light on his understanding of the place which the study of the *Sentences* occupies in the quest for wisdom.[43]

41 Ricardus de Fishacre *Commentarium in libros Sententiarum*, prologus, 79.

42 Ibid., 80: "Haec autem tripliciter est, quasi in triplici libro scripta: scilicet in libro vitae, in libro Scripturae, in libro creaturae. Unde *Prov.* 22: 'Ostendam tibi eam hodie,' id est in praesenti tempore. Ecce descripsi eam tibi tripliciter. De hac ergo non ut scripta est in mente divina, nec ut scripta est in creatura, sed secundum quod scripta est in sacra Scriptura intendimus. In libro enim vitae legunt beati spiritus in caelo. In libro creaturae legit Adam ante peccatum in paradiso. In libro vero Scripturae legendum nobis est in hoc exilio. De hac ergo quae desursum est sapientia secundum quod scripta est in sacra Scriptura intendimus."

43 This part of the prologue is the subject matter of a detailed study by Brown 1988.

Fishacre's disquisition begins with an Aristotelian premise: *desiderium sciendi omnia innatum est homini.* But "everything is written in the divine mind."[44] So, all we have to do is consult this blessed book! If things were only so easy: "But, alas, although the Lamb who was killed opened this book that had previously been sealed and closed with seven seals (Rv 6), nonetheless the bleary human eyes cannot bear contemplating the splendor of its letters."[45] Thus, either our desire to know is all for naught, or perhaps everything is written in another book, albeit a more obscure one.

Now, again according to the Philosopher, "all our intellectual cognition takes its beginning in the senses"[46]–especially vision and hearing, Fishacre specifies. These two faculties complement each other in helping us grasp aspects of reality that would otherwise remain inaccessible. Fishacre offers an example: although the wisdom of the stars is most excellently present in the heavenly bodies themselves, we do not have access to them. The same wisdom, however, is also conveyed in Ptolemy's *Almagest*, which we can read (and hear), as well as in wooden models of the heavenly spheres, which we can see. Fishacre uses this analogy to explain the relationship between the book of life in God's mind, on the one hand, and the book of Scripture and the book of creation, on the other: the book of life is hidden from us in this life, but God has revealed its wisdom to us both in Scripture (which we can hear) and in creation (which we can see). There is a clear hierarchy: "And this wisdom is the most noble as it exists in the book of life, least noble in the book of creation, and in Sacred Scripture [it exists] in an intermediate way."[47] Fishacre's hierarchy is incomprehensible in our age of experimental science; in the age of the book, however, when theologians took seriously the notions that God is Word and that God has spoken to us in his Scriptures, it made sense to view the physical world as the most remote expression of the cosmic *logos*. "No wonder," Fishacre writes, "that those studying physics only in the book of creation have erred, not knowing of what [aspect] in the Creator something in creation was [meant to be] an example."[48] Fishacre's preference for the clearer text of the book of Scripture does not exclude, however, a genuine commitment to the study of creation: "From this it is clear, furthermore, that someone approaching this [science of Scripture] needs to have prior knowledge of the other

44 Ricardus de Fishacre *Commentarium in libros Sententiarum*, prologus, 81: "Sed omnia scripta sunt in mente divina."

45 Ibid.: "Sed, heu, quamvis hunc librum prius signatum et clausum sigillis 7 aperuit Agnus qui occisus est (*Apoc.* 7), tamen fulgorem litterarum huius libri lippientes oculi humani non sustinent intueri." Although the Latin text reads *Apoc.* 7, the reference is to Apocalypse 6.

46 Ibid.: "Omnis enim nostra cognitio intellectualis incipit a sensu."

47 Ibid., 82: "Et haec sapientia sicut in libro vitae est nobilissima, sic in libro creaturae ignobilissima, et in sacra Scriptura medio modo."

48 Ibid., 83: "Et ideo in libro creaturae tantum studentes physici nec mirum erraverunt, nescientes quid in creatura cuius esset exemplum in Creatore."

[sciences], either all of them generally or [at least] for the most part."[49] Fishacre invokes a biblical analogy: Abraham, too, had to have his first son with the Egyptian handmaiden Hagar, before he was able to conceive with Sarah, his wife. And the imagery becomes even starker: the attempt to study the Sacred Scriptures without prior knowledge of the physical universe, which provides *exampla* for the scriptural text, "is as though someone who furtively enters the [room of] the lady of the house, without talking to the handmaidens, attempts to seize her by force."[50]

With an appreciation of the central role that the metaphysics of the book plays in Fishacre's conception of wisdom, we now approach his question on the efficient cause: "But who can be the author of this Scripture or wisdom?" he asks.[51] Answer: it has to be either God or an angel.[52] The first reason provided is that Scripture contains *omnis veritas*; no human is capable of that. Indeed, given the infinity of truths found in the sacred text, no angel can have authored it either. So, we must conclude: *Ergo Deus huius est auctor*.[53]

Fishacre is not done with his argumentation. He adds an argument that draws on the metaphysics of the book:

> Again, what is not capable of a lesser thing is not capable of a greater thing. But the universe of all things is greater and nobler insofar as it exists in the book of Scripture than insofar as it exists in the book of creation. For, in the first case it has its being properly in the soul; in the second case, in matter. Matter, however, is by far inferior and less noble than the soul. Therefore, since no creature was capable of writing everything in matter (which means to be the author of the whole worldly machine), but God alone [was capable of that]–whence Genesis 1 [says], "In the beginning God created heaven, and earth"–even more so, no [creature] was able to be the author of Sacred Scripture, but God alone. Thus, although it seems that Moses composed a part of Sacred Scripture, likewise the prophets another part, another the evangelists, [yet] another the apostles–nonetheless it is not they but God who wrote and spoke through them, like the principal efficient [cause] through an instrument.[54]

49 Ibid., 85: "Hinc insuper patet quod accedentem ad hanc oportet alias praecognoscere vel universaliter omnes vel pro magna parte."

50 Ibid.: "Quod si aliquis quasi furtim intrans ad dominam non allocutus ancillas, vi conatur eam opprimere."

51 Ibid., 87: "Sed quis potest esse auctor huius Scripturae vel sapientiae?"

52 See ibid.: "Constat quod Deus vel angelus."

53 Ibid., 88.

54 Ibid.: "Item quod non potest minus, non potest maius. Sed maius est et nobilius universitas omnium secundum quod est in libro Scripturae quam secundum quod est in libro creaturae. Sic enim proprie habet esse in anima; illo autem modo in materia. Multo autem est inferior et ignobilior materia quam rationalis anima. Ergo cum nulla creatura potuerit scribere omnia in materia, quod est esse auctorem totius machinae mundanae, sed solus Deus–unde *Gen.* 1: 'In principio creavit Deus caelum et terram'–multo fortius nulla poterat esse auctor sacrae Scripturae, sed solus Deus. Licet ergo aliquid sacrae Scripturae videatur Moyses scripsisse, aliquid similiter prophetae,

We must now address the "oddity" to which I referred earlier on: the fact that, in this prologue to his commentary on Peter Lombard's *Book of Sentences*, Fishacre writes as though he were introducing a biblical commentary. Surely, Fishacre does not wish to imply that God inspired the *Book of Sentences*, of which Peter Lombard was only an instrumental cause? What is the confusion here?

There is no confusion, just the absence of a distinction that we have come to take for granted, namely, the distinction between Scripture and theology. Bonaventure, in asking, "What is the efficient cause or author *of this book*?" already makes this distinction, simply by suggesting that the *Book of Sentences* is just *a* book, and not a part of "wisdom" or Scripture. In Fishacre's prologue, on the other hand, *Sentences* and Scripture are run together. This does not happen as though through an unfortunate oversight; Fishacre explicitly justifies what he is doing. God, he explains, is both the highest good and the highest truth. These two aspects of the supreme being respectively correspond to the motive and apprehensive powers of the human mind, which Fishacre terms *affectus* and *aspectus*.[55] The ultimate goal of our pilgrimage in this life is to attain to an affective union with God's supreme goodness and to an apprehensive union with his supreme truth. The knowledge that is the subject matter of the prologue possesses two corresponding parts:

> ... the part which is about the union of *affectus* with the supreme goodness in this life applies itself to the teaching of morals; the other part, however, which is about the union of *aspectus* and the supreme truth in this life, [pursues] the discussion of difficult questions surrounding the articles of the faith. ... Both these parts, I say, are contained in the canon of sacred Scripture, albeit indistinctly. Yet only the first part—that is to say, the one concerned with the teaching of morals—is taught by the modern masters when they read the sacred books. The other one, inasmuch as [it is] more difficult, is reserved for disputation. But it is that more difficult part, excerpted from the canon of the sacred Scripture, which is placed in the book that is called "of the Sentences." That is why reading [or lecturing] and disputing do not differ here.[56]

aliquid evangelistae, aliquid apostoli, tamen non ipsi, sed Deus per eos et scripsi et locutus est tamquam principalis efficiens per instrumentum."

55 Fishacre imports the *affectus/aspectus* distinction from Robert Grosseteste's thought, as McEvoy 2000, 168, explains.

56 Ricardus de Fishacre *Commentarium in libros Sententiarum*, prologus, 96f.: "Ideo huius scientiae pars illa, quae est de unione affectus cum summa bonitate in via, insistit moribus instruendis; pars vero alia, quae est de unione aspectus et summae veritatis in via, quaestionibus difficilibus circa articulos fidei discutiendis. ... Utraque fateor harum partium in sacro Scripturae sacrae canone—sed indistincte—continetur. Verumtamen tatum altera pars, scilicet de moribus instruendis, a magistris modernis cum leguntur sancti libri docetur. Alia tamquam difficilior disputationi reservatur. Haec autem pars difficilior de canone sacrarum Scripturarum excerpta in isto libro qui Sententiarum dicitur ponitur. Unde non differt hic legere et disputare."

Marie-Dominique Chenu interpreted this position as a kind of naïveté on Fishacre's part: the Oxford master failed to distinguish within sacred doctrine, Chenu believed, "that which is scientific construction from that which is simple scriptural exposition." As a consequence, he was unable to grasp the distinct character "of a theology, a rational speculation starting from what is given scripturally."[57] But perhaps this Thomistic interpretation misses the pedagogical intention that motivates Fishacre's unified view, namely, his desire to avoid the division of theological instruction into two parts: morals, based on Sacred Scripture, treated in ordinary lectures in the morning, and disputations regarding doctrinal difficulties occurring at a later hour. Against this developing practice, Fishacre affirms the unity of the field of revealed truth.[58]

It is in keeping with this unified conception that Fishacre does not regard the *Book of Sentences* as a work of theology separate from Sacred Scripture but, rather, as a set of excerpts (*pars excerpta*) from the latter. The fact that the *Sentences* are also replete with quotations from the Church Fathers–above all, Augustine–as well as other authoritative voices from the tradition does not contradict Fishacre's view, as long as one considers such non-scriptural quotations to be wholly at the service of scriptural interpretation–much as study of the book of creation is wholly at the service of interpreting Scripture. Now we can finally understand why, in the prologue to his *Sentences* commentary, Fishacre asserts that the author "of this Scripture or wisdom" is none other than God. The reason is that the *Book of Sentences* is not a work independent of Scripture.

3. Robert Kilwardby

Robert Kilwardby, also a Dominican friar, was one of Richard Fishacre's successors at Oxford, and possibly even one of his students. Chenu felt that there was a "manifest dependence" of Kilwardby's prologue upon that of his predecessor.[59] Kilwardby's commentary, composed around the year 1255,[60] has a straightforward structure, being divided simply into a series of questions. Roughly the first ten cover the subject matter that one would expect to be treated in the prologue to a *Sentences* commentary.

As was customary, Kilwardby opens his commentary in question 1 with a derivation of the contents of the four books of the *Sentences* from a biblical quotation. The remaining nine questions are structured according to the four Aristotelian causes, albeit with the addition of a lot of topical material. More so than Fishacre's work, Kilwardby's *Quaestiones* reflect a genre that is in the process of being rethought. (Bonaventure's commentary, although contemporaneous with Kilwardby's, already gives the impression of belonging to a much

57 Chenu 1969, 46.
58 This is the interpretation Brown 1988, 31f., suggests.
59 Chenu 1969, 50.
60 See Leibold 2010, 184f.

more settled genre.) In many of his questions, Kilwardby seems interested in determining what exactly a *Sentences* commentary is and what place it occupies in the theological curriculum. Here are some headings to illustrate this claim:

> Question 5: But then a question arises regarding those magisterial disputations, whether it is legitimate to inquire into anything that is not contained in the canon.
> Question 6: But then the question arises as to whether it is legitimate to inquire into these things by means of disputations–in particular matters that pertain to the faith.
> Question 7: Next, the question arises concerning the formal cause, which consists in two aspects, namely, in the manner of treating and in the manner of teaching.[61]

Question 9 asks what the efficient cause of the work is–but even before we get there, the answer is easy enough to infer from a passage in question 7:[62]

> But then the question arises, since this *Book of Sentences* is part of that Scripture, to what end does the Master use definitions here, divisions, and compilations?
> I respond: He does not do this because of a necessity of [or, better, inherent in] this knowledge, but by reason of the weakness of others, that is to say, in order to aid and strengthen the *affectus* of the faithful who are weak, and to shape the *affectus* of those who are corrupted by at least enlightening their *aspectus*. He does this, then, not because this mode is necessary for Sacred Scripture, but [because it is] for us.[63]

As we can see, just as for Fishacre, for Kilwardby the *Book of Sentences* forms part of Scripture, of which it is a sort of remedial extension made necessary by human weakness. In the categories of the metaphysics of the book, one could say that the *Book of Sentences* represents a further layer of mediation for the fallen human mind: being unable to decipher the book of creation, we were given the book of Scripture; being unable to read even the latter, further help was

61 Robertus Kilvarbius *Quaestiones in primum librum Sententiarum*, 7*–8*: "Q. 5: Sed tunc quaeritur de illis magistralibus disputationibus, utrum liceat inquirere aliud quam in canone continentur. Q. 6: Sed tunc quaeritur utrum liceat de his inquirere disputando, praecipue quae spectant ad fidem. Q. 7: Consequenter quaeritur de causa formali quae consistit in duobus scilicet in modo tractandi et in modo docendi."

62 Question 1 already treats the efficient cause, albeit briefly: "Licet igitur huius libri possit Magister dici compilator vel promulgator, auctor tamen esse debet dici Deus. Quod et testatur ipse in Prologo, ubi dicit quod 'compegit librum ex testimoniis veritatis'" (Ibid., qu. 1, 3^{15-17}).

63 Ibid., qu. 7.1, 19^{46-52}: "Sed tunc quaeritur, cum iste liber Sententiarum sit pars huius Scripturae, ad quid Magister utitur hic diffinitionibus, divisionibus et collectionibus? Respondeo: Hoc facit non propter huius scientiae necessitatem, sed propter aliorum infirmitatem, videlicet ut iuvetur affectus infirmorum fidelium et roboretur, et informetur affectus perversorum saltem mediante aspectus illuminatione. Unde non facit hoc, quia ille modus sit necessarius Sacrae Scripturae, sed nobis."

necessary–and writers like Peter Lombard provided it as part of God's continuing effort to help us understand his saving mysteries.[64]

It is logical, then, that Kilwardby cannot regard Peter Lombard as an author. He is so certain of this conclusion that it figures in the very title of question 9: "Next, the question arises regarding the efficient cause, which is God, as has already been said."[65] The *videtur* protests that, with this conclusion, the titles of the various biblical books would be erroneous, attributing as they do books to Moses, Isaiah, Jeremiah, and so forth. To which Kilwardby responds as follows:

> And this is to be conceded. But angels and human beings are those who promulgate this teaching, or who write it down, or even who compile it, just like the Master of the *Sentences*, the angels as on Mount Sinai and elsewhere in the Old Testament. Of which Hebrews 2[:2 speaks]: "For if the word, spoken by angels, became steadfast," etc. Gloss: "To Moses and the others, like the law." Humans like the patriarchs, prophets, apostles and evangelists, and others inspired by God.[66]

... *et alii a Deo inspirati*: this category includes Peter Lombard, who in compiling the *Book of Sentences* functioned like an instrumental cause, a harbinger of God's word. Kilwardby does not distinguish, as we would now, between the inspired writers of the canonical books of Scripture, and later ecclesiastical writers who endeavored to clarify the scriptural message by means of definitions, distinctions, and compilations. In Kilwardby's scenario, there is no room for human authorship *in theologicis*.

At least that is what one would think. There is one final note at the end of question 9. *Nota quoque*, Kilwardby remarks as though in passing,

> Note, too, that although God is the author of the truth transmitted in the *Sentences*, nevertheless the Master is well and truly called the efficient [cause] of the compilation, or its author insofar as it is a compilation. Hence, it should be noted that he is the principal efficient [cause]. A twofold charity, however, moves him to this [activity, acting] like a disposition that assists him (as the prologue of the book testifies); that is to say, he is the efficient [cause] insofar as he is moved and pushed to this [activity] out of a twofold charity.[67]

64 Père Chenu writes, quite correctly but with a tone of regret: "L'élaboration rationnelle reste donc une fonction toute accidentelle et quasi extrinsèque" (Chenu 1969, 51).

65 Robertus Kilvarbius *Quaestiones in primum librum Sententiarum*, qu. 9, 22[1].

66 Ibid., 22[17-22]: "Et hoc concedendum. Angeli autem et homines sunt huius doctrinae promulgatores vel scriptores vet etiam compilatores, ut Magister Sententiarum, angeli ut in Monte Sina et Veteri Testamento alibi. De quo *Hebr.* 2: ›Si enim qui per angelos factus est sermo, factus est firmus etc.‹ *Glossa*: ›Ad Moysem et ceteros ut lex.‹ Homines ut patriarchae, prophetae, apostoli et evangelistae et alii a Deo inspirati.«

67 Ibid., 25[33-38]: "Nota quoque quod licet veritatis traditae in Sententiis Deus auctor sit, compilationis tamen efficiens vel auctor secundum quod compilatio est bene et vere dicitur Magister. Ubi notandum quod ipse est efficiens principalis. Sed gemina caritas eum movet ad hoc tamquam dispositio iuvans, sicut Prologus libri testatur, hoc est dictu: Ipse est effciens secundum quod motus et promotus ad hoc ex gemina caritate."

This note contradicts everything Kilwardby has maintained up to this point. Indeed, in asserting Peter Lombard's authorship of the *Book of Sentences*, he goes beyond Bonaventure by claiming that the Master is the *principal* efficient cause of the work. Despite his otherwise unambiguous position regarding the Lombard's authorship of the *Sentences*, Bonaventure had reserved the role of principal efficient cause for God. Apart from the fact that it contradicts everything preceding it in *quaestio* 9, there is another problem with Kilwardby's little note: if it is true that the *Sentences* are part of Scripture, then how can Peter Lombard be the principal efficient cause?

But then again, perhaps the *Sentences* are not part of Scripture, after all. At the end of question 10, which is devoted to the final cause of "this Scripture," the reader finds another note:

> It should be noted, though, that the teaching of this *Book of Sentences* has one end in common with all of Sacred Scripture–[an end] that has already been taught earlier on. There is [, however,] another end that is specific to it, and that is two-fold, namely, [1] its usefulness for the students in the schools in the first place and immediately, but not principally (that is to say, so that they may have the sentences of the Fathers [available] in some easy and plain compendium); and [2] its usefulness for the entire Church secondly and mediately (though not principally), so that the Catholic truth may be praised and error overcome ... .[68]

I am convinced that both notes are later additions by Kilwardby–or even someone else (I have not done the manuscript research necessary to confirm such a hypothesis). The first note, in question 9, corrects Kilwardby's consistently held position according to which God is the author of the *Book of Sentences*, probably because that position seemed increasingly untenable and dated at a time when Bonaventure, in Paris, was already teaching the opposite, unambiguously and vigorously. The second note–equally contradicting other passages in the same work–then gestures toward a distinction between the *Sentences* and Scripture, because one cannot have a human efficient cause–and a principal one at that–of a divinely inspired text. In these two notes, we see the human author of theological texts *in statu nascendi*, just as these same texts migrate away from the sacred page, to assert themselves in the limited autonomy of *sacra doctrina*. To the broader significance of these developments we now turn in the concluding section of this paper.

68 Ibid., qu. 10, 27$^{83–88}$: "Notandum vero quod doctrinae libri *Sententiarum* est unus finis communis totius Sacrae Scripturae, qui scilicet iam proximo traditus est. Alius est finis sibi specialis et hic duplex, scilicet utilitas studiosorum scholasticorum primo et immediate, sed non principaliter, scilicet ut haberent sententias Patrum in quodam facili et evidenti compendio, item utilitas totius Ecclesiae secundo et mediate, sed [non] principaliter, ut scilicet exaltetur veritas catholica, et convincatur error, ..."

IV. Conclusion

The discussion that we have analyzed in this paper, regarding the authorship in the *Book of Sentences*, appears to have occurred within a very limited span of time. Fishacre lectured on the *Sentences* in 1241–1245, Bonaventure in 1250–1252, and Kilwardby's commentary is assumed to have been completed before 1255. However, not even all bachelors who read the *Sentences* during this brief period addressed the question. Albert the Great, for example, who became master of theology in Paris in 1245 and must therefore have lectured on Peter Lombard in the preceding years, does not take up the question of authorship in his commentary. Neither does his student Thomas Aquinas, who composed his work on the *Sentences* over the years 1252–1256. Alexander of Hales also does not treat the matter in his *Glossa*, which he completed between 1223 and 1227 but may have used in his teaching until much later (he died in 1245). It would be interesting to undertake a more comprehensive study of the *Sentences* commentaries from the period of the 1240s and 1250s, but it does not appear too daring to suggest that the question of authorship flared up at a specific point in the history of theology, then quickly lost its interest once the issue was deemed to have been resolved.

The issue at stake was, as we have seen, the status of theology in relation to Sacred Scripture. Before the birth of theology as a *scientia* with its own methodology–or *modus procedendi*, to use a more historically accurate term[69]–thinkers did not possess the conceptual resources to distinguish theology from what we would now call biblical studies. They employed terminology such as *sacra pagina*, *sacra Scriptura*, *haec scientia*, or *sapientia* to designate theological inquiry. To be sure, each of these terms has different connotations. *Sacra pagina* is perhaps the most suggestive.[70] For to subsume all theological studies under the rubric of *sacra pagina* implies that the human reflections upon Scripture which constitute the point of departure for all theology are still "on the same page" as Scripture itself. It is not a mistake in this context to imagine a manuscript page of scriptural text with glosses added in the margins and between the lines. Peter Lombard constructed his *Book of Sentences* from elements of his own glosses on the Psalms and the Pauline epistles, glosses that were in turn revisions and expansions of the *Glossa ordinaria*, which itself resulted from an effort by Anselm of Laon and his school to assemble the tradition of biblical commentary into an easily navigable resource for instruction and study. Christopher de Hamel has brilliantly demonstrated how the evolution of the *Glossa ordinaria*, in particular after Peter Lombard's revisions in the so-called

69 This is the term both Bonaventure and Thomas Aquinas employ in their commentaries on the *Sentences*. See Bonaventura *Commentaria in quatuor libros Sententiarum*, vol. 1, prooemii quaestio II (*Opera omnia* 1:9): "Quae causa formalis quive modus procedendi sit in his libris Sententiarum"; Thomas de Aquino *Scriptum super libros Sententiarum*, vol. 1, prologus, qu.1, art. 5, p. 16: "Utrum modus procedendi sit artificialis."

70 On the term *sacra pagina*, one may consult the learned and still useful study by de Ghellinck 1947.

Magna glosatura, led to a gradual marginalization of the biblical text in relation to its glosses. The *Book of Sentences* is really the logical end-point of this development: born from glosses that acquired increasing internal consistency and autonomy at their various stages of revision, the *Sentences* are a sophisticated set of glosses that have migrated onto their own pages, separate from the text of Scripture.[71]

But the material presentation of theological text was ahead of the conceptual articulation of the nature of the theological project, which continued to be referred to as *sacra pagina*–or, as in Fishacre and Kilwardby, *sacra Scriptura*, *scientia*, and *sapientia*. As long as the material distinction of systematic theology from Scripture was not reflected in a conceptual one, there could be no human author of the *Book of Sentences*.

And what does the birth of this author indicate when it finally occurred in the 1250s? It indicates something rather dramatic, namely, the acknowledged effort on the part of human beings to transform the narrative[72] structure of Scripture into a logical and systematic[73] one. It is neither possible nor necessary here to retell the historical background in which this decisive movement from "story" to "system" took place: it was facilitated by a reconfiguration of the entire educational environment in which theology was studied and taught, from the rise of the secular master and the creation of new schools, in which urban religious orders almost immediately started playing a central role, to the invention of systems and institutions for the efficient dissemination of texts (such as the *pecia* and the *stationarius*). Let me only mention one, perhaps slightly less appreciated intellectual practice that functioned as an indispensable tool in the hands of theological authors, namely, the extensive use of tables and diagrams that made possible the creative rearrangement of themes and citations from authoritative sources. In fact, two of the theologians whom we have discussed in this paper provide excellent examples in this regard.

Richard Fishacre's *Sentences* commentary incorporates *arbores ramificatae*, "ramified trees," to visualize the logical structure of the material on which he comments. Book III, distinction 23, for instance, opens with the words, "The division of this [distinction] can be depicted as follows by means of a ramified

71 I have summarized these developments in Rosemann 2004, 42–53. For de Hamel's work, see de Hamel 1984.

72 The term "narrative" may seem like an anachronism, but it occurs in Thomas's *Sentences* commentary: Thomas de Aquino *Scriptum super libros Sententiarum*, vol. 1, prologus, qu. 1, art. 5, resp., p. 17: "... oportet etiam quod modus istius scientiae sit narrativus signorum ... ."

73 "Logical" and "systematic" are modern terms. Bonaventure speaks of *modus perscrutatorius*, *ratiocinativus*, and *inquisitivus* (Bonaventura *Commentaria in quatuor libros Sententiarum*, vol. 1, prooemii quaestio II (*Opera omnia* 1:9)). Aquinas uses the term *argumentativus* (Thomas de Aquino *Scriptum super libros Sententiarum*, vol. 1, prologus, qu.1, art. 5, p. 18).

tree."[74] Fishacre then offers an elaborate diagram of the structure of distinctions 23 to 36, which are devoted to Christ as model of the virtues. In the body of his treatment of this subject, further diagrams complement the main one by illustrating subordinate topics, such the organization of individual distinctions or the various senses of key terms. Fishacre does not just want his readers to grasp his theological points; he wants them to *see* the structure of the system that he lays out before their eyes. *Arbores ramificatae* were not at all uncommon in manuscripts containing glosses and commentaries on the *Sentences* (and indeed in other contexts), but Fishacre's commentary is unique—as far as I know—in employing such diagrams on such a massive scale and in making them an integral part of the work.[75]

Robert Kilwardby, for his part, was a master tabulator who created something like a medieval database of the theological tradition. He prepared short summaries, section by section, of a large body of authoritative texts that ranged from (principally) Augustine to the *Book of Sentences*. On that basis, he proceeded to create alphabetical subject indices (*tabulae*) for each of these works, which he finally merged into one large alphabetical concordance.[76] The point of this exercise, which was characteristic of the "new attitudes to the page" that established themselves in the twelfth and thirteenth centuries, was not just to read authoritative sources, to memorize and internalize them, but rather to master texts, to manipulate and rearrange them.[77] An alphabetical index allows its user to look up texts on a similar topic from a variety of sources, combine them, and insert them into a larger argument—perhaps even into a system conceived by means of a real or imagined diagram. It is no wonder that, with these tools of literary agency at their disposal, scholastic theologians came to an awareness of their role as authors.

But—to return to our question from the beginning—is the emergence of the author of the *Book of Sentences* in the 1240s and 1250s not just an interesting episode in the history of literary theory? Just as the thirteenth century saw an increasing awareness of the role of human agency in the creation of biblical texts—as Alastair Minnis has argued[78]—so we witness a parallel movement toward the recognition of human authorship in the creation of systematic theology.

74 Ricardus de Fishacre *In tertium librum Sententiarum*, dist. 23, p. 1: "Huius divisio ad modum arboris ramificatae sic depingitur." The diagram follows on pp. 1–3.

75 Marcia Colish has discovered many *arbores ramificatae* in the margins of manuscripts of the Pseudo-Peter of Poitiers gloss; see both the text and the illustrations in Colish 2010. For a broader treatment of the use of diagrams in medieval manuscripts, see Murdoch 1984.

76 I have briefly described Kilwardby's *tabulae* in Rosemann 2007, 85, where one will also find references to relevant secondary literature.

77 I borrow the phrase "new attitudes to the page" from an article by Richard and Mary Rouse, whose research has done much to help us understand the scholarly techniques of the twelfth and thirteenth centuries: Rouse/Rouse 1991.

78 See Minnis 1988.

This is true, but it seems to me that there is more at stake here. Peter Lombard's authorship of the *Book of Sentences* is recognized at the precise moment when the *Sentences* dissociate themselves from Scripture. Scripture, as Fishacre claims, contains *omnis veritas*. The *Book of Sentences* and its commentaries have a goal that is analogous, albeit at the lower level of human capacity: to lay out a complete system of revealed truth in the *modus procedendi* that is appropriate to human reason–namely, the *modus perscrutatorius*, *ratiocinativus*, and *inquisitivus*. The system of dogmatic theology resulting from this effort represents a parallel universe of truth, constructed by human authors from elements of Scripture. These human authors are no longer simply the readers of God's words; they methodically construct a comprehensive discourse *on* God, his creation, and his saving work. In this way, they derive another, human book from the book of Scripture–one that cannot rival the latter in the sublimity of its truth, but surpasses it in accessibility to the human mind:

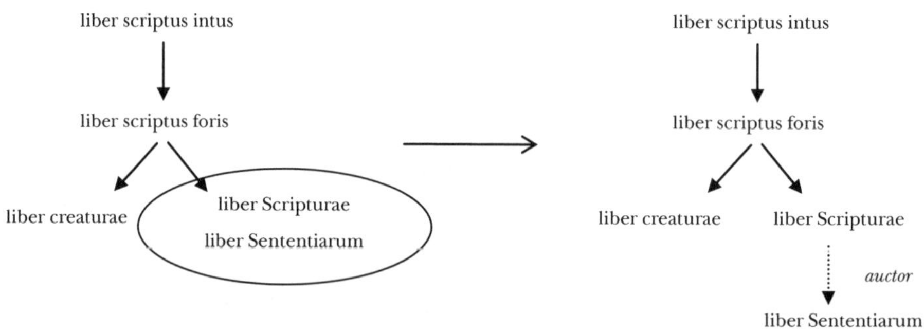

At the time when the development of systematic theology came to fruition in the twelfth and thirteenth centuries, the book of creation underwent a similar transformation. The book of creation, in which man was meant to read in order to discover therein the signs of his creator, turned into the object of natural science, which interpreted natural beings not as symbols of the divine, but as elements in a system of nature accessible through a different, scientific *modus procedendi*.[79]

The result of the developments discussed in this paper is that man becomes less of a reader and more of an agent restructuring material received from on high. For the time being, the change remained subtle. Eventually, however, human authorship would creep more and more deeply into the texture of reality, until the collapse of the metaphysics of the book in modernity. Kant's so-called "Copernican revolution" is particularly instructive in this regard. For Kant, the human understanding is constitutive of reality as we experience it; it injects intelligibility into a chaos of sensory input that we receive from the world around us.

79 This topic cannot be treated meaningfully in the conclusion of a paper devoted to another subject. For further reading, I refer to Speer 1995.

Or, to use the language of writing and reading that Kant has turned on its head, we ourselves become the authors of the world:

> Hence if the pure concepts of the understanding leave objects of experience and are intended to refer to things in themselves (*noumena*), they have no signification whatsoever. They serve, as it were, only to spell out appearances, so that we may be able to read them as experience. The principles that arise from their reference to the sensible world only serve our understanding for empirical use. Beyond this they are arbitrary combinations, without objective reality, and one can neither know their possibility *a priori*, nor verify their reference to objects, nor even make it intelligible by any example. For examples can be borrowed only from some possible experience; consequently, the objects of these concepts can be found nowhere but in a possible experience.[80]

The concepts of the human understanding "serve ... only to spell out appearances," that is to say, the way in which the world appears to us, "so that we may be able to read [these appearances constituted by our own minds] as experience." This quotation from Kant's *Prolegomena* (1783) provides the horizon, it seems to me, against which to interpret the developments in the conception of authorship that we have discovered in three *Sentences* commentaries from the middle of the thirteenth century. These developments form a small but crucial step toward a modern understanding of the legibility of the world.

80 Kant *Prolegomena*, § 30, A101: "Daher haben auch die reine Verstandesbegriffe ganz und gar keine Bedeutung, wenn sie von Gegenständen der Erfahrung abgehen und auf Dinge an sich selbst (noumena) bezogen werden wollen. Sie dienen gleichsam nur, Erscheinungen zu buchstabieren, um sie als Erfahrung lesen zu können; die Grundsätze, die aus der Beziehung derselben auf die Sinnenwelt entspringen, dienen nur unserm Verstande zum Erfahrungsgebrauch; weiter hinaus sind es willkürliche Verbindungen, ohne objektive Realität, deren Möglichkeit man weder a priori erkennen, noch ihre Beziehung auf Gegenstände durch irgendein Beispiel bestätigen oder nur verständlich machen kann, weil alle Beispiele nur aus irgendeiner möglichen Erfahrung entlehnt, mithin auch die Gegenstände jener Begriffe nirgend anders, als in einer möglichen Erfahrung angetroffen werden können."

Bibliography

Primary Sources

Alexander de Hales *Glossa*

Magistri Alexandri de Hales *Glossa in quatuor libros Sententiarum Petri Lombardi*, 4 vols., ed. PP. Collegii S. Bonaventurae (BFSMA 12–15), Quaracchi 1951–1957.

Bonaventura *Breviloquium*

Bonaventura: *Breviloquium*, in: Bonaventura *Opera*, vol. 5, Quaracchi 1891, 201–291.

Bonaventura *Commentaria in quatuor libros Sententiarum*

Bonaventura: *Commentaria in quatuor libros Sententiarum Magistri Petri Lombardi*, in: Bonaventura *Opera*, vols. 1–4, Quaracchi 1882–1889.

Bonaventura *Opera*

Doctoris seraphici S. Bonaventurae Opera omnia, edita studio et curia PP. Collegii S. Bonaventurae, 10 vols., Quaracchi 1882–1902.

Bonaventura *Commentaria in IV libros Sententiarum*, II, praelocutio

Bonaventura: *Commentaria in IV libros Sententiarum Magistri Petri Lombardi*, in: *S. Bonaventurae Opera theologica selecta* (editio minor), vol. 2, Quaracchi 1938, 1–4.

Bonaventura *Commentarius in evangelium S. Lucae*

Bonaventura: *Commentarius in evangelium S. Lucae*, in: Bonaventura *Opera*, vol. 7, Quaracchi 1895, 1–604.

Bonaventura *Commentarius in librum Sapientiae*

Bonaventura: *Commentarius in librum Sapientiae*, in: Bonaventura *Opera*, vol. 6, Quaracchi 1893, 139–171.

Bonaventura *Hexaëmeron*

Bonaventura: *Hexaëmeron*, in: Bonaventura *Opera*, vol. 5, Quaracchi 1891, 329–449.

Heraclitus *Fragments*

Fragments: The Collected Wisdom of Heraclitus, trans. Brooks Haxton, New York 2001.

Kant *Prolegomena*

Immanuel Kant: *Prolegomena zu einer jeden künftigen Metaphysik, die als Wissenschaft wird auftreten können*, in: *Werke in sechs Bänden*, ed. Wilhelm Weischedel, vol. 3, Darmstadt [7]2011, 109–264 [[1]1783].

Ricardus de Fishacre *Commentarium in libros Sententiarum*, prologus

R. James Long: "The Science of Theology according to Richard Fishacre: Edition of the Prologue to his *Commentary on the Sentences*", in: *Mediaeval Studies* 34 (1972) 71–98.

Ricardus de Fishacre *In tertium librum Sententiarum*

Richard Fishacre: *In tertium librum Sententiarum*, part 2: *Dist. 23–40*, ed. Klaus Rodler (BAdW, VKHuTmG 23), Munich 2003.

Robertus Kilvarbius *Quaestiones in primum librum Sententiarum*

Robert Kilwardby: *Quaestiones in primum librum Sententiarum*, ed. Johannes Schneider (BAdW, VKHuTmG 13), Munich 1986.

Thomas de Aquino *Scriptum super libros Sententiarum*
S. Thomae Aquinatis *Scriptum super libros Sententiarum*, 4 vols., ed. Pierre Mandonnet / Marie-Fabien Moos, Paris 1929–1947.

Studies

Austin 1962
John Langshaw Austin: *How to Do Things with Words*, Oxford 1962.

Blumenberg 1986
Hans Blumenberg: *Die Lesbarkeit der Welt* (STW 592), Francfort on the Main 1986.

Bougerol 1988
Jacques Guy Bougerol: *Introduction à saint Bonaventure* (À la recherche de la vérité), Paris 1988.

Brown 1988
Stephen F. Brown: "Richard Fishacre on the Need for 'Philosophy'", in: *A Straight Path: Studies in Medieval Philosophy and Culture. Essays in Honor of Arthur Hyman*, ed. Ruth Link-Salinger (et al.), Washington 1988, 23–36.

Chenu 1969
Marie-Dominique Chenu: *La théologie comme science au XIIIe siècle* (BiblThom 33), Paris [3]1969 [[1]1927].

Ciampanelli 2010
Filippo Ciampanelli: *"Hominem reducere ad Deum." La funzione mediatrice del Verbo incarnato nella teologia di San Bonaventura* (AnGr 310), Rome 2010.

Colish 2010
Marcia L. Colish: "The Pseudo-Peter of Poitiers Gloss", in: Rosemann 2010, 1–33.

de Ghellinck 1947
Joseph de Ghellinck: "Pagina et sacra pagina. Histoire d'un mot et transformation de l'objet primitivement désigné", in: *Mélanges Auguste Pelzer. Études d'histoire littéraire et doctrinale de la Scolastique médiévale offertes à Monseigneur Auguste Pelzer à l'occasion de son soixante-dixième anniversaire* (RTHP, 3e série, 26), Louvain 1947, 23–59.

de Hamel 1984
Christopher F. R. de Hamel: *Glossed Books of the Bible and the Origins of the Paris Book-trade*, Woodbridge 1984.

Giraud 2010
Cédric Giraud: *Per verba magistri. Anselme de Laon et son école au XIIe siècle* (BHCMÂ 8), Turnhout 2010.

Groh 2005
Dieter Groh: "The Emergence of Creation Theology: The Doctrine of the Book of Nature in the Early Church Fathers in the East and the West up to Augustine", in: Vanderjagt/van Berkel 2005, 21–34.

Illich 1993
Ivan Illich: *In the Vineyard of the Text: A Commentary to Hugh's "Didascalicon"*, Chicago 1993.

Johnson 2002
Timothy J. Johnson: "Reading between the Lines: Apophatic Knowledge and Naming the Divine in Bonaventure's Book of Creation", in: *Franciscan Studies* 60 (2002) 139–158.

Leibold 2010
Gerhard Leibold: "Robert Kilwardby's Commentary on the *Sentences* of Peter Lombard", in: Rosemann 2010, 175–225.

Long/O'Carroll 1999
R. James Long / Maura O'Carroll: *The Life and Works of Richard Fishacre OP: Prolegomena to the Edition of his Commentary on the "Sentences"* (BAdW, VKHuTmG 21), Munich 1999.

McEvoy 1974
James McEvoy: "Microcosm and Macrocosm in the Writings of St. Bonaventure", in: *S. Bonaventura 1274–1974. Volumen commemorativum anni septies centenarii a morte S. Bonaventurae doctoris seraphici*, cura et studio Commissionis Internationalis Bonaventurianae, vol. 2, Rome 1974, 309–343.

McEvoy 2000
James McEvoy: *Robert Grosseteste* (Great Medieval Thinkers), New York 2000.

Mercker 1971
Hans Mercker: *Schriftauslegung als Weltauslegung. Untersuchungen zur Stellung der Schrift in der Theologie Bonaventuras* (VGI, N.F. 15), Munich (et al.) 1971.

Minnis 1988
Alastair J. Minnis: *Medieval Theory of Authorship: Scholastic Literary Attitudes in the Later Middle Ages*, Aldershot [2]1988 [[1]1984].

Minnis/Scott 1988
Alastair J. Minnis / A. Brian Scott (eds.): *Medieval Literary Theory and Criticism c. 1100–c. 1375: The Commentary Tradition*, Oxford 1988.

Murdoch 1984
John E. Murdoch: *Album of Science*, vol. 1: *Antiquity and the Middle Ages*, New York 1984.

Nauta 2005
Lodi Nauta: "A Weak Chapter in the Book of Nature: Hans Blumenberg on Medieval Thought", in: Vanderjagt/van Berkel 2005, 135–150.

Rauch 1961
Winthir Rauch: *Das Buch Gottes. Eine systematische Untersuchung des Buchbegriffes bei Bonaventura* (MThS, II. Systematische Abteilung, 20), Munich 1961.

Robinson 2010
Thomas M. Robinson: "Heraclitus and Plato on the Language of the Real", in: Id.: *Logos and Cosmos: Studies in Greek Philosophy*, Sankt Augustin 2010, 41–52.

Rosemann 2004
Philipp W. Rosemann: *Peter Lombard* (Great Medieval Thinkers), New York 2004.

Rosemann 2007
Philipp W. Rosemann: *The Story of a Great Medieval Book: Peter Lombard's "Sentences"* (RMA 2), Toronto 2007.

ROSEMANN 2008
PHILIPP W. ROSEMANN: "'Where America Takes It's Pictures™'; Only Theology Saves Language", in: *Pragmata: Festschrift für Klaus Oehler zum 80. Geburtstag*, ed. KAI-MICHAEL HINGST / MARIA LIATSI, Tübingen 2008, 170–177.

ROSEMANN 2010
PHILIPP W. ROSEMANN (ed.): *Mediaeval Commentaries on the "Sentences" of Peter Lombard*, vol. 2, Leiden 2010.

ROSEMANN 2013a
PHILIPP W. ROSEMANN: "Vernacularity and Alienation", in: *Existentia* 23 (2013) 139–154.

ROSEMANN 2013b
PHILIPP W. ROSEMANN: Review of GIRAUD 2010, in: *Speculum* 88 (2013) 520f.

ROUSE/ROUSE 1991
MARY A. ROUSE / RICHARD H. ROUSE: "*Statim invenire*: Schools, Preachers, and New Attitudes to the Page", in: ID.: *Authentic Witnesses: Approaches to Medieval Texts and Manuscripts* (PMS 17), Notre Dame, Ind. 1991, 191–219.

SPEER 1995
ANDREAS SPEER: *Die entdeckte Natur. Untersuchungen zu Begründungsversuchen einer "scientia naturalis" im 12. Jahrhundert* (STGM 45), Leiden (et al.) 1995.

VANDERJAGT/VAN BERKEL 2005
ARJO VANDERJAGT / KLAAS VAN BERKEL (eds.): *The Book of Nature in Antiquity and the Middle Ages* (GSCC 16), Louvain 2005.

Archa Verbi 12 (2015) 66–107

Konrad von Mure und die Dominikanertheologie seiner Zeit. Studien zum *Libellus de sacramentis*

von MARTINA WEHRLI-JOHNS

Konrad von Mure (ca. 1210–1281),[1] Kanoniker am Großmünsterstift in der Reichstadt Zürich, der Forschung bekannt als Leiter der Stiftsschule und erster Inhaber des Kantorenamtes, hat ein reiches und vielfältiges Werk hinterlassen, das lange in Vergessenheit geraten war, in den letzten beiden Jahrzehnten jedoch erneut auf Interesse gestoßen ist. Im Jahr 2006 erschien die kritische Edition des bislang nur in einem Basler Frühdruck greifbaren *Fabularius* von Tom van den Loo, 2009 stellte Alexandru N. Cizek mit der Erstedition des sogenannten *Novus Grecismus* ein wichtiges Frühwerk Konrads vor, das eine Neubearbeitung des alten *Grecismus* von Eberhard von Bethune († um 1210) darstellt. Zusammen mit der bereits 1968 von Walter Kronbichler herausgegebenen Edition der *Summa de arte prosandi* sind damit die Hauptwerke Konrads auf dem Gebiet der Rhetorik, der Lexikographie und der Grammatik allgemein zugänglich geworden und erlauben eine differenzierte Beurteilung seines Beitrags zur älteren Schulliteratur. Nicht weniger bedeutsam ist die kommentierte Herausgabe des von Konrad kurz nach seiner Ernennung zum Kantor zusammengestellten *Liber Ordinarius* durch Heidi Leuppi und andere Spezialisten (1995). Es handelt sich dabei um die älteste Gottesdienstordnung am Großmünster, die bis zum Jahre 1520 in Kraft war.[2] Leider sind viele der naturkundlichen, historiographischen und hagiographischen Schriften Konrads verloren oder nur fragmentarisch erhalten. Deshalb darf die Wiederentdeckung eines umfangreicheren Fragments seiner in Reimen verfassten *Passio* der Stadtheiligen Felix, Regula und Exuperantius in der Ratsschulbibliothek von Zwickau als besonderer Glücksfall bezeichnet werden. Diese Handschrift wurde 2001 anlässlich einer von der Universität Zürich veranstalteten Tagung über Konrad von Mure in Zürich erstmals vorgestellt und wird seither am Lehrstuhl für Mittellateinische Philologie an der Universität Erlangen für eine künftige Edition der *Passio* ausgewertet. In der Zwickauer Handschrift be-

1 Zu Konrad von Mure vgl. den Forschungsüberblick bei KLEINSCHMIDT 1985, sowie MOREL 1865; BENDEL 1909; HEINEMANN 1913; GABATHULER 1997, 137–139.

2 CONRADUS DE MURE *Fabularius*; CONRADUS DE MURE *Novus Grecismus*; CONRADUS DE MURE *Summa de arte prosandi*; CONRADUS DE MURE *Liber Ordinarius*. Vgl. ferner CIZEK 2000; CIZEK 2008; STOTZ 2014.

findet sich außerdem ein Fragment des verloren geglaubten *Libellus de naturis animalium*.[3]

Mit Theologie hatte sich Konrad nur ein einziges Mal beschäftigt: Sein *Libellus de sacramentis*, eine Sakramentenlehre in gereimten Hexametern, wurde laut Aussage des Autors nach dem *Novus Grecismus* und dem verlorenen *Libellus de naturis animalium* noch in seiner Stellung als *rector puerorum* in Angriff genommen und wohl kurz nach der Übernahme des Kantorenamtes (1259) vollendet.[4] Er dürfte also etwa gleichzeitig wie der *Liber Ordinarius* entstanden sein.[5] Das Werk galt lange als verloren, bis Georg F. Rettig (1803–1897), Bibliothekar der Berner Stadtbibliothek, bei der Versteigerung der Bibliothek von Schloss Tschugg (1879) auf eine Handschrift im Besitz der Berner Familie Steiger aufmerksam wurde, die den *Libellus de sacramentis* enthielt und aus diesem Grund der Stadtbibliothek Zürich weitervermittelt wurde und heute in der Zentralbibliothek Zürich unter der Signatur C 84 aufbewahrt wird.[6] Abgesehen von der Zürcher Handschrift C 84,[7] die noch aus der zweiten Hälfte des 13. Jahrhunderts stammt, kennt man mittlerweile einen weiteren, allerdings unvollständigen Textzeugen, der über die Basler Kartause in die Universitätsbibliothek Basel (A XI 51, 15. Jh.) gelangte.[8] Der *Libellus* bildet dort den letzten Teil eines Sammelbandes mit Texten zur Unterweisung in der Seelsorge, als deren Schreiber im Kolophon ein sich ›Pädagoge‹ nennender Fridericus Burkardi de Ysemburg erwähnt wird.[9] Schließlich überliefert ein Kodex der Bayerischen Staatsbibliothek München (Clm 9885, 14. Jh.) als kleinen Auszug

3 Siehe Schipke 1990, 19–21 (Ms. XLVIII). Zur *Passio* vgl. auch Dolbeau 2002; Ferrari 2002, 269–272; Ferrari 2013.

4 Vgl. *Libellus de sacramentis*, Prolog, Zürich, Zentralbibliothek C 84, f. 1r, Z. 4–9 (Anhang Z. 4–9). Dort findet sich (f. 86v) am Rand der mit dem Anruf Christi endenden Bitte »cantor cantoribus associetur/ Summis« der Vermerk des Glossators: »Non obstat, quod in principio libri appellat se canonicum et in fine cantorem, quia precedentia librum componendo fuit canonicus, sed circa finem libri factus fuit cantor istius libri auctor.« Vgl. Fiala 1878/81, 209.

5 Das unter dem Namen *Liber Ordinarius* bekannte *Breviarium chori* enstand 1260, vgl. Ladner 1995, 33. Zur Datierung des *Libellus* siehe unten Anm. 18.

6 Fiala 1878/81, 205. Zur Versteigerung der Bibliothek von Tschugg siehe Haeberli 1967, 744, und Bern, Burgerbibliothek, Mss.h.h.L Familienarchiv von Steiger (schwarz), 16. Jh.–19. Jh. (Teilbestand / Kapitel), freundliche Auskunft von Dr. Denise Wittwer und Dr. Marlies Stähli, denen beiden an dieser Stelle herzlich gedankt sei. Die Handschrift ist laut Stähli mit einem Wappenexlibris des Vorbesitzers Christoph Steiger (1694–1765) versehen.

7 Beschreibung bei Mohlberg 1951, 47f., Nr. 115. Vgl. unten die Beschreibung der Handschrift im Anhang sowie Marlies Stähli: *Konrad von Mure in Handschriften und Frühdrucken. Mit besonderer Berücksichtigung der in Zürich aufbewahrten Codices.* Unveröffentlichtes Manuskript eines anlässlich der Konrad von Mure-Tagung 2001 abgehaltenen Vortrages. Ich danke Frau Stähli für die Einsicht in ihr Manuskript.

8 Beschreibung bei Binz 1907, 276–278.

9 Vgl. Scarpatetti 1977, 242 u. 257, Nr. 677, Abb. 718. Die Handschrift befand sich im Besitz von Prior Jacobus Louber (1440–1513), der 1477 in die Kartause Basel eingetreten war, siehe Scarpatetti 1977, 261f.

die Paternoster-Auslegung des *Libellus*.[10] Konrads Sakramentenlehre ist 1879 anlässlich ihrer Wiederentdeckung von Ferdinand Fiala erstmals vorgestellt worden.[11] Weitere Untersuchungen sind seither aber nicht unternommen worden. Die folgenden Überlegungen dienen deshalb dem Ziel, das Dossier des gelehrten Zürcher Kantors auch unter dem Gesichtspunkt seiner theologischen Bildung neu zu öffnen. Um auf die Besonderheiten dieses Werkes aufmerksam zu machen, wird im Anhang der einleitende Teil des *Libellus* mit Konrads Ausführungen zur allgemeinen Sakramentenlehre nach der Leithandschrift C 84 erstmals ediert.[12]

1. Predigerkonvent und Propstei

Die spärlichen Nachrichten über Konrads Bildungsgang lassen nicht auf ein reguläres Theologiestudium an der Universität Paris schließen.[13] Gleichwohl ist der *Libellus de sacramentis* ein Werk, das beachtliche Kenntnisse in Theologie voraussetzt – Kenntnisse, die sich Konrad natürlich auch über Bücher und persönliche Kontakte zu wissenschaftlich gebildeten Theologen angeeignet haben konnte.[14] An welchen Personenkreis hier zu denken ist, gibt Konrad selber an zwei Stellen seines *Libellus* klar zu erkennen. Gleich auf der ersten Seite wendet sich Konrad nämlich freundschaftlich an einen »Bruder H. Subprior, einstmals Prior Hugo« und fordert ihn mit folgenden Worten zur Mithilfe auf:

> »Hugo, einst Prior, jetzt Subprior, sei Helfer bei den Mühen und vertreibe die Wolken der Zweifel, damit ich so die Angriffe der bösen Neider leichter vereitle«.[15]

10 Kleinschmidt 1985, 239; Bendel 1909, 68, Anm. 2.

11 Fiala 1878/81; Bendel 1909, 68f., folgt Fiala.

12 Die Edition im Anhang wurde von der Verfasserin in Zusammenarbeit mit Charlotte Bretscher-Gisiger erstellt. Für weitere Hilfe bei der Transkription danke ich auch Herrn Dr. David Vitali.

13 Zu Konrads Bildungsgang vgl. Kleinschmidt 1985, 237 und Bendel 1909, 53–57. Es wird angenommen, dass er um 1240 in Bologna den Magistergrad erworben hatte; auf ein Artes-Studium in Paris könnte die Rezeption des Johannes de Garlandia hinweisen, cf. Bendel 1909, 53; Kronbichler 1968, 15f. sowie Worstbrock 1983, 613. Konrad war 1245–1247 neben seiner Tätigkeit als *rector puerorum* auch Inhaber der Leutpriesterpfründe von Gösslikon und Eggenwyl, seine theologischen Interessen schlagen sich literarisch jedoch erst im *Libellus de sacramentis* nieder.

14 Konrad soll um 1249/1250 in Paris Bücherkäufe getätigt haben, vgl. Lehmann 1918, 456 u. 462; Bruckner 1938, 87–89; Germann 1994, 146–149.

15 Zürich, Zentralbibliothek C 84, f. 1^r, Z. 15–18 (im Folgenden wird nach der Zeilenzählung im Anhang zitiert): »Apostrapha ad fratrem H. suppriorem / Hugo prior quondam, nunc subprior, esto laborum / Alleviator et elidas nubes dubiorum, / Ut melius morsus eludam sic reproborum.«

Bereits Fiala hatte vermutet, dass es sich dabei um den ersten Prior des 1230 gegründeten Zürcher Predigerklosters handeln könnte.[16] Georg Boner gelang es dann 1954, diesen Prior und Subprior Hugo als den bekannten Dominikaner Hugo Ripelin aus Straßburg zu identifizieren. Zugleich erbrachte er den Nachweis, dass der Genannte auch der Verfasser des unter dem Namen *Compendium theologicae veritatis* überlieferten theologischen Handbuches war, das sich im Spätmittelalter großer Beliebtheit erfreute.[17] Hugo Ripelin bekleidete in Zürich zwischen 1232–1259 mehrere Male das Amt des Priors und Subpriors.[18] Um 1260 kehrte er wieder in seinen Heimatkonvent Straßburg zurück, wo er 1261 erneut als Prior amtete. Danach verlieren sich seine Spuren. Laut Johannes Meyer OP († 1485), dem aus Zürich stammenden Historiographen der dominikanischen Observanzbewegung, soll er 1268 gestorben sein.[19]

Unter Hugo Ripelin hatte sich der Zürcher Predigerkonvent sehr rasch zu einer anerkannten Institution im geistlichen Leben der Stadt entwickelt. Mit Hilfe des Papstes konnte der anfängliche Widerstand der beiden Chorherrenstifte gegen die Ansiedlung der Dominikaner im Niederdorf überwunden werden. Eine von Gregor IX. dekretierte Regelung der Pfarrrechte vom 14. Mai 1231 erlaubte den Predigern das Messelesen erst nach der regulären Messe in der zuständigen Pfarrkirche, wo im Fall von Bestattungen auch die Exequien abgehalten werden sollten. Außerdem hatten die Prediger für jede Beerdigung in ihrer Kirche einen bestimmten Beitrag an den Pfarrklerus abzuliefern.[20] Dieses Abkommen mit dem Großmünsterstift entsprach im Wesentlichen der Regelung, die 1219 in Paris zwischen dem neugegründeten Predigerkonvent St.-Jacques und dem Kathedralkapitel getroffen worden war.[21] Wie in Paris wurde die Seelsorge der Prediger damit faktisch derjenigen des Weltklerus gleichgestellt und für die Zukunft eine Lösung gefunden, die ein weitgehend friedliches Nebeneinander von Propstei und Predigerkonvent ermöglichte.[22] Im Konflikt der Kurie mit Kaiser Friedrich II. vertraten die Zürcher Chorherren und insbesondere auch Konrad von Mure überdies den gleichen päpstlichen Standpunkt wie die Dominikaner.[23] Spätestens 1260 verfügten die Prediger zusammen mit den Franziskanern, den Chorherren von St. Martin auf dem Zürichberg und den Chorherren am Fraumünster über das

16 Fiala 1878/81, 206.

17 Boner 1954, 282; zum Stand der Ripelin-Forschung siehe Steer 1983, 252–266; Wehrli-Johns 1999a, 484–488; Burger 2003.

18 Hugo erscheint 1232–1242, 1252 sowie 1255–1259 als Zürcher Prior; sein Subpriorat ist 1253 belegt, siehe Wehrli-Johns 1999a, 484f. Demnach wurde der *Libellus* von Konrad 1253–1255 begonnen und vor 1263, dem Todesjahr Hugos von St.-Cher, vollendet.

19 Steer 1983, 253.

20 Wehrli-Johns 1980, 12f.

21 Cf. Schenkluhn 1985, 51f. Die Pariser Regelung schränkte das Messelesen etwas stärker ein als in Zürich.

22 Wehrli-Johns 1980, 67–71.

23 Zu diesem Konflikt Wehrli-Johns 1980, 78–81, zur Haltung Konrads siehe Bendel 1909, 56.

Recht, am öffentlichen Altar im Großmünster Messe zu lesen.[24] Besonders seit der Jahrhundertmitte scheint die wachsende Beliebtheit der beiden Bettelorden die Propstei aber auch unter Druck gesetzt zu haben. Aufschlussreich dafür ist eine von Konrad redigierte Klageschrift an den Bischof von Konstanz vom 4. Juli 1252, mit der sich die Propstei gegen die Einsetzung des Kyburger Notars Friedrich als Leutpriester zur Wehr setzte. In der Begründung heißt es, dass dieser wegen häufiger Abwesenheit seinen Pflichten als Leutpriester nicht nachkommen könne. Daraus erwüchse der Propstei großer Schaden, denn schon jetzt würden zahlreiche Personen unter dem Vorwand, ein religiöses Gewand zu tragen, ungefragt von den Predigern und anderen Bettelmönchen die Sakramente empfangen. Deshalb sei zu befürchten, dass die Propstei im Falle seiner Berufung nicht nur Einkünfte, sondern alle Pfarruntertanen verlieren würde.[25] Wohl im Bewusstsein, selber einen Beitrag zur Verbesserung der Seelsorge am Großmünster leisten zu müssen, wagte sich Konrad wenig später an sein theologisches Erstlingswerk.

Neben dem Zürcher Prior erwähnt Konrad noch einen weiteren Dominikaner, dessen Werk er offenbar mit großem Gewinn benutzt hatte. Wie Fiala bereits erkannte, handelt es sich um den berühmten französischen Dominikanerkardinal Hugo von St.-Cher († 1263),[26] auf den Konrad anlässlich des Sakraments der Eucharistie mit geradezu überströmender Verehrung zu sprechen kommt:

> »Hugo, Blüte des Klerus, Stimme des Gerechten, Richtschnur des Wahren,
> Leuchte der Kirche, Zierde des Ordens, Schrein der Weisheit,
> Wächter des wahrhaftigen Lebens, mit dem Titel
> von Sancta Sabina bekränzt, bringst Du Heil allen, die Gewalt erleiden«.[27]

Dieser bedeutende Vertreter der älteren Dominikanerschule lehrte 1231–1235 als Nachfolger Rolands von Cremona als *magister regens* für Theologie am Pariser Konvent St.-Jacques; er amtete zuvor und danach als Provinzial der französischen Ordensprovinz (1227–1230, 1236–1244) und wurde 1244 von Innozenz IV. zum Kardinal erhoben. In seiner Eigenschaft als Kardinallegat in Deutschland gewährte Hugo von St.-Cher am 11. Juli 1251 den Schwestern von Oetenbach bei Zürich einen Ablassbrief zum Bau ihrer Kirche am

24 Dieses Recht ist festgehalten im *Liber Ordinarius*, siehe Conradus de Mure *Liber Ordinarius*, 162, § 9.

25 UB Zürich 2, 300–302, Nr. 840. Es handelt sich hier um den ersten Beleg der Beginen in Zürich, siehe dazu Wehrli-Johns 1980, 68 u. 107. Nach Rieger 1939, 373 ist die Urkunde von Konrad verfasst worden.

26 Fiala 1878/81, 206; zur Biographie Mangenot 1930; Kaeppeli 1975, 269–281; Paravicini 1972, 256–272; Verger 2004; Gy 2004.

27 Fiala 1878/81, 206, und Zürich, Zentralbibliothek C 84, f. 26^r, Z. 10–13: »Hugo flos cleri, vox recti, regula veri, / Lucifer ecclesie, decor ordinis, archa sophie, / Sincere vite custos, titulo redimite / Sancte Sabine, passis vim spes medicine.«

Zürichhorn.[28] Zur Zeit der Abfassung des *Libellus* war der Kardinallegat unter anderem mit der Regelung der Cura-Frage im Dominikanerorden befasst. Da diese Angelegenheit auch für die Dominikanerinnenklöster Oetenbach und Töss von existentieller Bedeutung war,[29] ist es möglich, dass die Zürcher Prediger zu ihm Kontakt pflegten. Als Theologe ist Hugo von St.-Cher vor allem durch seine grundlegenden Werke zum Bibelstudium bekannt. Für die Sakramentenlehre bedeutsam hingegen ist in erster Linie sein während der Pariser Lehrzeit verfasster Sentenzenkommentar.[30] Hugo Ripelin hatte ihn für sein *Compendium* ausgiebig benutzt und könnte demnach ein Exemplar an Konrad weitervermittelt haben.[31]

Ob das *Compendium* von Hugo Ripelin in der uns überlieferten Fassung dem Verfasser des *Libellus* schon zur Verfügung stand, ist allerdings unwahrscheinlich, obwohl das Werk nachweislich sehr früh im Kreis der Zürcher Chorherren rezipiert wurde. So besaß der Zürcher Chorherr und Leutpriester von Altdorf, Rudolf Schwerz († 1298), der Konrad von Mure selber noch gekannt haben mochte, eine der ältesten lateinischen Handschriften des *Compendium* (datiert um 1270–1280). Rudolf Schwerz vermachte sie testamentarisch dem Kloster Wettingen; sie befindet sich heute im Besitz der Aargauischen Kantonsbibliothek (MsWettF 15).[32] Das Schreiberkolophon der von Boner zum Beweis der Autorschaft Hugos herangezogenen Wettinger Handschrift überliefert zusammen mit einer inhaltlich gleichen, etwas jüngeren Schwesternhandschrift (MsWettF 14) die wichtige Nachricht, dass das Werk vom langjährigen Zürcher Prior Hugo aus den ›Sentenzen‹ verschiedener Theologen zusammengestellt und später durch zwei ›berühmte‹ Lektoren des Ordens redaktionell überarbeitet worden sei.[33] Das könnte bedeuten, dass Hugo eine erste Fassung

28 UB Zürich 2, 280f., Nr. 817. Der Ablassbrief wurde vermutlich von den Zürcher Predigern erbeten.

29 Decker 1935, 101–109, zur Cura-Frage in Oetenbach und Töss siehe Wehrli-Johns 1999b, 903f., und Wehrli-Johns 1999c, 1020f.

30 Verzeichnis der Handschriften und Teileditionen bei Kaeppeli 1975, 271f.; Faes de Mottoni 2004; Bieniak 2010a, 146f.; zur Bedeutung seines Sentenzenkommentars für die Theologie seiner Zeit cf. Van den Eynde 1951; Fisher 1956; Quinto 1999; Quinto 2004; Trottmann 2004; Boureau 2004; Bieniak 2010a; Bieniak 2010b. Für das Folgende wurde herangezogen die Teiledition des Kommentars von Stegmüller, zit. Hugo de sancto Caro *Commentarius*, sowie die Handschrift Basel UB B II 20, zit. Hugo de sancto Caro *Commentarius* (B II 20).

31 Steer 1983, 250 vermutet einen Einfluss der *Postilla* Hugos von St.-Cher. Die Untersuchung des *Libellus* hat weitere Übereinstimmungen zwischen dem *Compendium* und dem Sentenzenkommentar Hugos ergeben. Siehe unten Anhang.

32 Siehe Lehmann 1918, 417f.; Bruckner 1938, 90; Steer 1981, 48 und 218–223.

33 Steer 1981, 48. Beschreibung der Handschriften bei Bretscher-Gisiger/Gamper 2009, 118f. Kolophon von MsWettF 15 (datiert um 1270–1280) danach wie folgt: »Explicit compendium veritatis theologyce ex diversis t[h]eologorum sentenciis a quodam fratre Hugone ordinis Predicatorum tunc temporis Turegi priore compilatum ac postea a duobus eiusdem ordinis famosis lectoribus ad rectitudinis lineam lima correctionis deductum.« Das gleiche Kolophon in: Aarau, Aargauische

seines Werkes möglicherweise noch in seiner Zürcher Zeit erstellt hatte und demnach sein Wissen an Konrad auch schriftlich weitervermittelt hatte. Diese frühe Redaktion ist aber nicht erhalten.[34] Die Untersuchungen von Georg Steer zur frühesten Textgeschichte des *Compendium* haben vielmehr ergeben, dass die Wettinger Handschriften (mit Varianten) den gleichen Text bieten wie die übrigen frühen Handschriften, was heißt, dass nur die redigierte, postume Version in Umlauf gelangte.[35] Sie lässt nach neueren Erkenntnissen bereits deutlich den Einfluss der neuplatonischen Richtung der Schule von Albertus Magnus erkennen und kann deshalb frühestens Ende der 60er Jahre entstanden sein.[36]

Die hohe Wertschätzung, die Konrad den beiden Dominikanergelehrten entgegenbrachte, ist bezeichnend für die Bildungssituation des Stiftsklerus in der zweiten Hälfte des 13. Jahrhunderts.[37] Das 4. Laterankonzil hatte mit seinen Dekreten zur Verbesserung der Ausbildung des Klerus den Anstoß zu einer weitreichenden Bildungsreform gegeben, deren Auswirkungen für den Stiftsklerus an der Karriere des Zürcher Kantors unmittelbar ablesbar sind. Konrads erstes Amt als *rector puerorum* des Großmünsterstiftes kann zweifellos als unmittelbare Folge von Kanon 11 angesehen werden, mit dem allen Stiftskirchen zwingend vorgeschrieben wurde, einen Lehrer für den Unterricht in Grammatik und anderen Fächern einzustellen.[38] In Erfüllung dieser Aufgabe verfasste Konrad offenbar den *Novus Grecismus* und seinen *Liber de natura animalium*. Hingegen war in Kanon 11 die Anstellung eines Theologen für die dringend notwendige Ausbildung des Klerus nur für die Kathedralschulen vorgesehen. Da dies selbst am Diözesanhauptort selten der Fall war, mussten die neuen Bettelorden für diese Aufgabe herangezogen werden. Im Dominikanerorden waren dazu die besten Voraussetzungen vorhanden.[39] Wie der Begriff *Ordo Praedicatorum* in seiner ursprünglichen Bedeutung besagt, verstanden sich die Dominikaner als Inhaber des öffentlichen Predigt- und Lehramtes

Kantonsbibliothek MsWettF 14 (Anfang 14. Jh.). Nach Steer 1981, 223 liegt beiden Aarauer Handschriften eine gemeinsame Vorlage vor.

34 Boner 1954, 282–284 geht davon aus, dass Hugo sein Werk nach seiner Rückkehr nach Straßburg vollendet hatte, sein Straßburger Autograph aber verloren ist. Zur Textgeschichte vgl. Steer 1981, 215–224.

35 Diesen Schluss zieht Boner 1954, 285, während Steer 1981, 223 die Frage der Bearbeitung offen lässt.

36 Vgl. de Libera 1994, 73–98; Steer 1995, 133–145. Hinweise zu Ulrich von Straßburg finden sich in den Glossen von MsWettF 15, siehe Boner 1954, 270, Anm. 2.

37 Dazu Berg 1984, 421–425.

38 García 1981, 59f. Zur Tragweite dieser bereits 1179 vom 3. Laterankonzil erhobenen Forderung in Verbindung mit den anderen Pastoralkanones 10, 21 und 22 siehe Oberste 1999, 246 u. 250.

39 Vgl. Frank 1998, 13–34; Frank 1999, 578f.; Mulchahey 1998, 10f. und 20f. Eine solche Zusammenarbeit zwischen dem Diözesanvorstand und den Dominikanern lässt sich unter Erzbischof Federico Visconti (1253–1277) in Pisa nachweisen, vgl. Bériou 2004, die den Erzbischof aufgrund des Einflusses von Hugo von St.-Cher auf sein Predigtwerk geradezu als dessen Schüler bezeichnet.

der Bischöfe. Sie kamen als Helfer der Bischöfe in die Städte, ihre Konventsschulen waren allgemein zugänglich und übernahmen stellvertretend die Funktion der vom Konzil geforderten Diözesanschulen.[40] Jeder Konvent verfügte über eine eigene Bibliothek, in der die Pariser Standardlehrbücher wie das Sentenzenwerk des Petrus Lombardus, die *Historia scholastica* des Petrus Comestor und natürlich die Bibel, einschließlich der zu ihrem Studium notwendigen Hilfsmittel, jederzeit greifbar sein sollten.[41] Die hohe Mobilität des Ordensnachwuchses und der Lektoren sorgte überdies für einen raschen Wissenstransfer zwischen den einzelnen Konventen und den europäischen Wissenschaftszentren.[42] In Zürich ist ein Dominikanerlektor erstmals 1243 nachgewiesen.[43] Bei der ersten Klosteranlage aus der Zeit um 1250–60, die noch von Hugo Ripelin verantwortet worden war, war offenbar ein ca. 29 m^2 großer Raum über der Sakristei der romanischen Kirche für Bibliothekszwecke vorgesehen.[44] Dass Konrad von Mure mit den Dominikanern Bücher austauschte, wissen wir durch ein Bücherlegat zugunsten des Predigerklosters, mit dem er sich für die Überlassung von Augustins Johanneskommentar mit einer Handschrift der *Imago mundi* des Honorius Augustodunensis dankbar erweisen wollte.[45] Es ist also nicht ungewöhnlich, wenn Konrad bei der Abfassung seines theologischen Erstlingswerkes die Mithilfe des Zürcher Predigers in Anspruch nahm. Er qualifizierte sich damit nicht nur für die Übernahme des neugeschaffenen Kantorenamtes, sondern legte gleichzeitig die Grundlage für eine umfassende Bildungsreform am Großmünsterstift. Durch diese Reform wurde das Bibliotheks- und Schulwesen völlig neu geordnet, sodass das Großmünsterstift hinsichtlich der Gestaltung des Gottesdienstes und der Klerikerbildung den Kathedralstiften von Basel und Konstanz ebenbürtig wurde. Die Reform wurde in den Jahren 1259/1260 eingeleitet und fand ihren Abschluss 1271/73 mit der Neuordnung der *scholastria*.[46]Als Leiter der Stiftsschule wurde Magister Berthold, Schulherr des Domstiftes zu Konstanz, bestimmt, womit auch der in Kanon 11 des 4. Laterankonzils erhobenen

40 Mulchahey 1998, 50f.

41 Nach den Konstitutionen von 1236 waren die zum Studium nach Paris geschickten Ordensmitglieder verpflichtet, die Standardlehrbücher mitzubringen, siehe Mulchahey 1998, 67. Laut der Bibliotheksordnung von Humbertus de Romanis aus der Zeit um 1257–1267 sollten diese Bücher in jeder Bibliothek vorhanden sein, siehe Humbertus de Romanis *Opera*, 265.

42 Vgl. Frank 1999, 581.

43 Wehrli-Johns 1999a, 499.

44 Wehrli-Johns 1999a, 480 und Wild 1999, 234.

45 Wehrli-Johns 1999a, 480.

46 Vgl. Brunner 1899, 274–277. Auf das Vorbild von Basel weist die Bestätigungsurkunde von Bischof Eberhard von Konstanz (1259), auf das Vorbild von Konstanz die Tatsache, dass der *scholasticus* Berthold und Propst Heinrich von Klingenberg enge Beziehungen sowohl zum Domstift wie zum 1268 gegründeten Stift St. Johann unterhielten, siehe Brunner 1899, 276 und Schwarz 1952, XXXII. und 36, Anm. 1.

Forderung nach einem theologischen Lehrer Genüge geleistet wurde.[47] Die ganze Reform war eingeleitet worden von Propst Otto Manesse, der offenbar so sehr vom intellektuellen Vorbild der Dominikaner angezogen wurde, dass er Ende 1259 sein Amt niederlegte und dem Predigerkloster beitrat.[48]

2. Der *Libellus de sacramentis*: Aufbau und allgemeine Sakramentenlehre

Inwieweit aber hatte Konrad die Dominikanertheologie seiner Zeit tatsächlich rezipiert? Zur Beantwortung dieser Frage soll im Folgenden der erste Abschnitt des *Libellus*, in dem die allgemeine Sakramentenlehre behandelt wird, näher in den Blick genommen werden. Als Textgrundlage dient der Zürcher Kodex, Zentralbibliothek C 84.

Der Gesamtplan des *Libellus* folgt dem 4. Buch der Sentenzen des Petrus Lombardus († 1160), dem Standardlehrbuch der Theologie, das seit etwa 1230 den Ausgangspunkt aller theologischen Studien bildete.[49] D. h. an die allgemeine Sakramentenlehre schließt sich in der Reihenfolge Taufe, Firmung, Eucharistie, Buße, letzte Ölung, Priesterweihe und Ehe die Behandlung der sieben Sakramente des Neuen Testaments an. Konrad von Mure übernimmt hier selbstverständlich die durch die Autorität des Lombarden festgesetzte Siebenzahl, ohne den Meister jedoch zu nennen. Bis auf die beiden Dominikanertheologen werden überhaupt keine Autoren namentlich erwähnt, verzichtet wird auch auf theologische Erörterungen und Fragen. Konrad hatte also nicht den Ehrgeiz, einen Kommentar zum 4. Buch der Sentenzen vorzulegen. Sein Ziel war es, den neuesten Stand der Sakramentstheologie für den Gebrauch der Seelsorge in leichtfasslichen Merkversen wiederzugeben. Dass die schwierige Materie durch die Umwandlung in gereimte Hexameter schon damals einige Verständnisprobleme bot, wird ersichtlich aus dem umfassenden Apparat des unbekannten Glossators zum Sakramentsbegriff in der Zürcher Handschrift.

47 Zu dem 1261 erwähnten ›Magister Bertholdus canonicus Turicensis dictus scholasticus de Constantia‹ vgl. UB Zürich 3, Nr. 1165; laut Brunner 1899, 275, Anm. 3, ist er vermutlich identisch mit dem 1256 genannten Konstanzer Domscholaster Berthold, vgl. Degler-Spengler 1993, 849; Gabathuler 1997, 116–118. Ob Berthold Magister der Theologie war, muss offen bleiben. Entscheidend ist, dass mit der Neudotierung des Amtes und mit der Wahl des Amtsinhabers durch das Kapitel den Vorschriften von Kanon 11 des 4. Laterankonzils entsprochen wurde. Laut Statuten wurden in der Stiftsschule auch Kleriker unterrichtet, siehe Brunner 1899, 281.

48 Wehrli-Johns 1980, 241 und Gabathuler 1997, 162f. u. 201f.

49 Petrus Lombardus *Sententiae*. Zur Sakramentenlehre des Petrus Lombardus siehe Colish 1994, Bd. 2, 528–531; zum Sakramentsbegriff siehe Van den Eynde 1949/50, (1949) 222–228; Van den Eynde 1951/52; Landgraf 1954/55, Bd. 3,1, 19–158; Finkenzeller 1980, 86–89 u. 123; Messner 1995.

Der Sakramentsbegriff, der beim Lombarden und in den Sentenzenkommentaren gewöhnlich mit der Frage *Quid sit sacramentum* eingeleitet wird,[50] folgt in der Zürcher Handschrift (Z. 19–24) ziemlich unvermittelt auf die Anrede an den Bruder H. Subprior. Konrads Umschreibung besteht aus drei Teilen, die man mit Hilfe der Marginalglossen leicht als die klassischen Definitionen der Frühscholastik identifizieren kann. Sie sind hier mit den Ziffern I–III kenntlich gemacht:

I. »Sacramenta rei sunt sacre signa, vel hec sunt
II. Sacramenta, quibus est gratia spiritualis
Ac invisibilis sub forma materiali
Visibilique, vel hec dic sacramenta vocari,
III. Per que secreto virtus divina salutem
Est operans forme rerumve sub integumento«.

I. (Sakramente sind Zeichen einer heiligen Sache, oder: Das sind
II. Sakramente, in denen die geistige und unsichtbare Gnade in
materieller und sichtbarer Gestalt enthalten ist,
III. oder: Sag, die werden Sakramente genannt,
durch welche die göttliche Kraft
unter der Hülle von Gestalt oder von Sachen im Verborgenen Heil
wirkt.)

Wie aus der Marginalie des Glossators zum Stichwort *sacramenta rei* hervorgeht,[51] handelt es sich bei den Definitionen I und II um zwei Formulierungen aus dem 2. Kapitel der 1. Distinktion des Lombarden, das sich mit der Zeichenlehre Augustins auseinandersetzt. Sie lauten dort:

I. »Sacramentum est sacrae rei signum.
II. Sacramentum est invisibilis gratiae visibilis forma«.[52]

50 Lombardus *Sententiae*, Sent. IV, d. 1, c. 2 (ed. cit. 232); Van den Eynde 1949/50, (1950) 46.

51 Die Marginalglosse lautet vollständig: »Sacramenta rei, quia ›sacramentum est sacre rei signum‹, vel aliter: ›sacramentum est invisibilis forme visibilis gratia, cuius similitudinem gerat nec non causa existat‹, vel aliter: ›sacramentum est corporale vel materiale elementum, oculis extrinsecus expositum, ex similitudine representans, ex institutione significans et ex sanctificatione gratiam spiritualem et invisibilem continens‹// vel ›sacramentum est, in quo sub integumento rerum visibilium divina virtus salutem secretius operatur‹.« Der Glossator zitiert hier die verschiedenen Definitionen aus Hugo Ripelin *Compendium*, Lib. VI, c. 2 (ed. cit. 201), siehe unten Anm. 58 und 63.

52 Lombardus *Sententiae*, Sent. IV, d. 1, c. 2 (ed. cit. 232): »Quid sit sacramentum. – Augustinus in libro X De civitate Dei: ›Sacramentum est sacrae rei signum‹. Dicitur tamen sacramentum etiam ›sacrum secretum‹, sicut dicitur sacramentum deitatis: ut sacramentum sit sacrum signans et sacrum signatum. Sed nunc agitur de sacramento

I. (Das Sakrament ist Zeichen einer heiligen Sache.
II. Das Sakrament ist sichtbare Gestalt der unsichtbaren Gnade.)

Beide Definitionen stehen in der augustinischen Tradition, wenngleich die erste eine zu Beginn des 12. Jahrhunderts vorgenommene Neuformulierung der augustinischen Bestimmung des Sakraments als ein *sacrum signum* darstellt und die zweite Formel auf Berengar von Tours († 1088) zurückgeht.[53] Beide durften, allein wegen der Autorität des Kirchenvaters, in keiner Sakramentsbestimmung fehlen. Beide galten aber den Theologen der Frühscholastik als unzureichend und ergänzungsbedürftig: Einerseits, weil sie keine Unterscheidung der Sakramente im engeren Sinn von Zeichen heiliger Sachen im weiteren Sinn ermöglichten, und zum anderen, weil sie die Wirksamkeit der Sakramente nicht adäquat erfassten. Petrus Lombardus hatte deshalb für die Bestimmung des Sakraments im eigentlichen Sinn zusätzliche Kriterien aufgestellt. Er forderte, dass das sakramentale Zeichen der bezeichneten Sache ähnlich sein müsse und auch das bewirke, was es bezeichne. Er prägte dafür in Ergänzung der Formel Berengars folgende Definition:

> »Sacramentum enim proprie dicitur, quod ita signum est gratiae Dei et invisibilis gratiae forma, ut ipsius imaginem gerat et causa existat. Non igitur significandi tantum gratia sacramenta instituta sunt, sed et sanctificandi«.[54]

> (Als Sakrament wird eigentlich bezeichnet, was Zeichen der Gnade Gottes und Gestalt der unsichtbaren Gnade ist, in der Weise, dass es zugleich Bild und Ursache dieser Gnade sei. Denn die Sakramente sind nicht allein dazu eingesetzt, um zu bezeichnen, sondern auch, um kraft der Gnade zu heiligen.)

Gestützt auf diese Definition konnte Petrus Lombardus die Zahl der Sakramente auf die sieben Sakramente des Neuen Testaments festlegen. Auch Hugo von St.-Viktor, dessen Sakramentenlehre fast gleichzeitig mit den Sentenzen des Lombarden entstanden ist, kam es darauf an, präzise Kriterien zur Unterscheidung der Sakramente im engeren Sinn von heiligen Zeichen im weiteren Sinn aufzustellen.[55] Seiner Definition zufolge wird das Wesen des Sakraments durch drei Dinge bestimmt: Es sind dies 1. das körperliche, materielle Element, das die geistige Gnade in einer gewissen Ähnlichkeit vergegenwärtigt, 2. die Fähigkeit des Bezeichnens kraft der Einsetzung durch Christus und 3. die

secundum quod est signum. Item, sacramentum est invisibilis gratiae visibilis forma.« Siehe Van den Eynde 1949/50, (1949) 222–224.

53 Van den Eynde 1949/50, (1949) 185–190; Finkenzeller 1980, 79.

54 Lombardus *Sententiae*, Sent. IV, d. 1, c. 2; Van den Eynde 1949/50, (1949) 223f.

55 Hugo de sancto Victore *De sacramentis* wurde um 1136–1141 abgefasst, für die allgemeine Sakramentenlehre siehe Lib. I, Pars IX, ed. cit. 209–222; dazu Weisweiler 1932; Van den Eynde 1949/50, (1949) 214–219; Finkenzeller 1980, 84–86. Zur Vorstellung vom Sakrament als Gefäß siehe Blessing 1997, 73–78.

im Sakrament enthaltene heiligende Gnade selber.[56] In der Interpretation des Viktoriners ist das Sakrament ein Gefäß der Gnade, das, einem Medizingefäß gleich, dem sündenkranken Menschen Heilung bringt. Nicht das Sakrament heiligt, sondern die in ihm dargereichte göttliche Gnade.[57]

Im Unterschied zum Glossator der Zürcher Handschrift zitiert Konrad weder Petrus Lombardus noch Hugo von St.-Viktor,[58] er verwendet aber weiter unten (Z. 29–34) bei der Unterscheidung der Sakramente des Alten und des Neuen Gesetzes die gleichen Kriterien der Ähnlichkeit, der Heiligung, der Kausalität und der Einsetzung:

»Sacramenta nove legis distant veterisque,
Ut per subscripta poterit cognoscere quisque.
Nam spondent vetera signantque, sed illa secuntur
Hec nova, que simulant, dant, causant, instituuntur,[59]
Sic serpens, aqua, crux proprie si perspiciuntur,
Apponi sacramentis non inveniuntur«.[60]

(Die Sakramente des Neuen und des Alten Gesetzes unterscheiden
sich voneinander,
wie durch das Untenstehende ein jeder wird begreifen können.
Die Alten nämlich verheißen und bezeichnen,
aber jene Neuen, die ihnen folgen, die bilden ab, geben, verursachen [das Heil]
und werden [von Christus] eingesetzt.
So sind die [eherne] Schlange, das [geweihte] Wasser und das Kreuz
bei genauer Betrachtung nicht den Sakramenten zuzuordnen.)

Wenn nun Konrad anstelle dieser beiden, ihm offenbar wohlbekannten Definitionen schreibt, man pflege als Sakramente diejenigen zu bezeichnen, »mittels derer die göttliche Kraft unter der Hülle der Form der Dinge im Geheimen das Heil wirkt«, so bezieht er sich auf eine Formulierung Isidors von Sevilla († 636),[61] die in der Hochscholastik vor allem durch die dominikanische

56 Hugo de sancto Victore *De sacramentis*, Lib. I, Pars IX, ed. cit. 209,21–210,2: »Si quis autem plenius & perfectius quid sit sacramentum diffinire uoluerit. potest dicere quia sacramentum est corporale. uel materiale elementum. foris sensibiliter propositum ex similitudine representans. & exstinctione significans. & ex sanctificatione continens aliquam inuisibilem & spiritualem gratiam.« Vgl. Weisweiler 1932, 44–46; Finkenzeller 1980, 85f.

57 Finkenzeller 1980, 100f.

58 S. oben Anm. 53. Der Glossator zitiert die Definition des Lombarden in einer Textvariante, die auf Wilhelm von Auxerre zurückgeht, siehe Van den Eynde 1949/50, (1950) 11. Sie wurde auch von Hugo Ripelin *Compendium* übernommen (s. unten Anm. 63).

59 Cf. Petrus Lombardus *Sententiae*, Sent. IV, d. 1, c. 6 (ed. cit. 236,3f.) unter Berufung auf Augustinus *Enarrationes in Psalm.* 73, n. 2, PL 36, Sp. 931: »... ›quia illa promittebant tantum‹ et significabant, ›haec autem dant salutem‹.«

60 Cf. Hugo de sancto Caro *Commentarius*, Sent. IV, q. 1 (ed. cit. 60f.).

61 Der Glossator (s. oben Anm. 51) zitiert sie korrekt: »... vel sacramentum est, in quo sub integumento rerum visibilium divina virtus salutem secretius operatur«, während

Sakramentsbestimmung neue Aktualität erhalten hatte. Dies gilt noch nicht für Hugo von St.-Cher. Es gilt aber für Albertus Magnus († 1280) und dessen Schüler Thomas von Aquin († 1274),[62] ebenso wie für das *Compendium* Hugo Ripelins bis hin zum Sentenzenkommentar des Johannes von Sterngassen († nach 1336).[63] Verbunden mit der Definition Hugos von St.-Viktor dient die Formel Isidors, die alle genannten Dominikaner jetzt Augustin zuschreiben,[64] nämlich dazu, den instrumentalen Charakter des Sakraments gegen die Annahme seines bloßen Zeichencharakters zu unterstreichen. Sie ist aus diesem Grund für Thomas von Aquin diejenige Definition, welche die eigentliche ›raison d'être‹ des Sakraments, d. h. Wirkursache der Heiligung zu sein, am klarsten zum Ausdruck bringt,[65] oder wie es der Glossator des Zürcher Kodex C 84 formuliert: Jene Definition, d. h. *sacramentum sacre rei signa*, ist nur eine Bezeichnung (*notificatio*), während »die andere Definition gemäss Tullius

Konrad bezeichnenderweise das ›in quo‹ ersetzt durch ›per que‹. Zur Rezeption der Definition aus Isidorus *Etymologiarum libri*, VI, 19,39–42 (ed. cit. Bd. 1, 250,10–12) vgl. Van den Eynde 1949/50, (1949) 185–190 u. (1950) 8; Finkenzeller 1980, 68–71.

62 Albertus Magnus *De sacramentis*, tract. I, q. 2, 2 u. 5. Der Traktat *De sacramentis* bringt (cf. S. 2) die vier Definitionen in der gleichen Reihenfolge wie der Glossator der Zürcher Handschrift C 84. Die *Summa de sacramentis* wurde vor dem Sentenzenkommentar (1249) Alberts verfasst, cf. Simonin/Meersseman 1936, V. Siehe dort, 46f., den Text von Albertus Magnus *In IV Sent.*, Sent. IV, d. 1, a. 5; Thomas de Aquino *De sacramentis*, Sent. IV, d. 1, q. 1, a. 1, qc. 4 (ed. cit. 28) und ad 4 (ed. cit. 36). Der Sentenzenkommentar des Thomas wurde 1256 fertiggestellt.

63 Das *Compendium* Hugo Ripelins ist ediert in Bd. 34 der unkritischen Ausgabe der Werke des Albertus Magnus von Steph. Caes. Aug. Borgnet, siehe Hugo Ripelin *Compendium theologicae veritatis*. Über die Unzulänglichkeiten dieser Ausgabe cf. Steer 1981, 215–217. Der Text von Borgnet wurde deshalb mit dem Text der Handschrift Zürich, Zentralbibliothek Car. C 174 (cf. Steer 1981, 144) verglichen. Die Sakramentenlehre bildet den Inhalt des 6. Buches, zur Sakramentsbestimmung siehe Lib. VI, c. 2 (ed. cit. 201). Johannes de Sterngassen *In Sent. I–IV*, Sent. IV, d. 1, q. 1 (ed. cit. Bd. 2, 308).

64 Nach Van den Eynde 1949/50, (1950) 8 erfolgte die Zuschreibung der Definition Isidors an Augustin erstmals bei Alexander von Hales in dessen Quaestio *De sacramentis*. Alexander hatte sie dem Werk von Paschalis Radbertus († um 850) *De corpore et sanguine Domini* entnommen, das von den Zeitgenossen für ein Werk Augustins gehalten wurde. Alexander von Hales macht von dieser Definition aber im Zusammenhang seiner Sakramentsbestimmung keinen Gebrauch, siehe Alexander de Halis *Glossa*, Sent. IV, d. 1, 3–5 (ed. cit. 10f.). Bonaventura verwendet sie auch nicht, siehe Bonaventura *In Sent. IV*, Sent. IV, d. 1, c. 2–4 (ed. cit. 8).

65 Thomas de Aquino *De sacramentis*, Sent. IV, d. 1, q. 1, a. 1, ad 4 (ed. cit. 36): »Ad quartam quaestionem dicendum, quod definitio illa Augustini, si tamen in verbis illis sacramentum definire intendit, datur de sacramento quantum ad id quod est principale in ratione ipsius, scilicet causare sanctitatem. Et quia sacramenta non sunt primae causae sanctitatis, sed quasi causae secundariae et instrumentales; ideo definiuntur sacramenta, sanctificationis instrumenta. Actio autem non attribuitur instrumento, sed principali agenti, cuius virtute instrumenta ad opus applicantur, prout sunt mota ab ipso: et ideo sacramenta non dicit esse sanctificantia, sed quod in eis divina virtus occulta existens sanctificat.«

[Cicero], Oratio, diejenige ist, die auf kurze und absolute Weise die Eigenschaft einer jeden Sache umfasst«.[66]

Hinter der kommentarlosen Aneinanderreihung der drei genannten Definitionen steht also ein bestimmtes Sakramentsverständnis, das bereits den Diskussionsstand der beginnenden Hochscholastik reflektiert und in seinen Grundzügen maßgeblich von der Dominikanertheologie seiner Zeit geprägt wurde. Dieser erste Eindruck wird durch Konrads weitere Ausführungen zur allgemeinen Sakramentenlehre bestätigt.

Generell übernimmt Konrad wiederum die wichtigsten Fragen aus der 1. Distinktion des 4. Buches der Sentenzen, hält sich aber nicht immer an sein Vorbild. In der Frage der Einsetzung der Sakramente beispielsweise, die unmittelbar nach dem Sakramentsbegriff berührt wird, heißt es zunächst wie bei Petrus Lombardus: »das Sakrament wird aus drei Gründen eingesetzt«. Die von Hugo von St.-Viktor übernommene Begründung des Lombarden, dass die Sakramente zur Demütigung, zur Unterweisung und zur Übung des Menschen (*propter humiliationem, eruditionem, exercitationem*) eingesetzt wurden,[67] wird dann aber im *Libellus* ausgespart. Stattdessen fügt Konrad einen Merkvers an, den er offensichtlich aus dem Sentenzenkommentar Hugos von St.-Cher entlehnt hatte:

> »Denn durch sie wächst das Verdienst des Glaubens, der Müßiggang wird unterdrückt und der die Seele beschädigende Hochmut vernichtet«.[68]

In der bereits erwähnten, noch als Teil der Sakramentsbestimmung anzusehenden Frage der Unterscheidung der Sakramente des Alten und des Neuen

66 »Difinicio est notificacio, vel aliter diffinitiva est secundum Tullium oracio, que uniuscuiusque rei proprias amplectitur potestates breviter et absolute«; cf. [Ps. Cicero] *Rethorica ad Herennium*, Lib. 4, 35 (ed. cit. 144,4). Das *Compendium* Hugo Ripelins erwähnt die erste allgemeinste Definition nach Augustin nicht, cf. Hugo Ripelin *Compendium theologicae veritatis*, Lib. VI, c. 2 (ed. cit. 201), in der Handschrift Zürich, Zentralbibliothek Car. C. 174, f. 186, findet sich jedoch im Anschluss an den Satz »Tertium est spiritualis sanctificatio, ex qua habet virtutem efficiendi illud significatum« folgender Hinweis: »Item dicit Augustinus quod sacramentum est sacre rei signum. Istud autem non est diffinicio sed pocius ethymologya sacramenti.« Ebenso bei Hugo de sancto Caro *Commentarius*, Sent. IV, d. 1 (ed. cit. 75): »›Sacramentum est rei signum‹ [Lombardus Sent. IV, d. 1, c. 2, 2]. Non est definitio, sed est quasi etymologia, quia non omne sacre rei est sacramentum. Proprie tamen sacramentum dicitur illud, quod ita signum est alicuius, quod eius similitudinem gerit et eius causa existit. Et secundum hoc hostiae veteris testamenti non erant sacramenta, sed tantum signa rei sacrae, cuius non erant causa. Sed potest sumi large hoc nomen ›sacramentum‹ pro quolibet signo rei sacrae…«.

67 Petrus Lombardus *Sententiae*, Sent. IV, d. 1, c. 5, 1–4 (ed. cit. 234f.).

68 Siehe Anhang, Z. 25–28: »Sacramenta tribus ex causis instituuntur. / Namque per hec fidei crescit meritum, reprimuntur / Ocia, quique nocent anime fastus perimuntur.« Der Vers lautet bei Hugo de Sancto Caro *Commentarius*, Sent. IV, d. 1 (ed. cit. 78): »›Triplici autem‹ [Lombardus *Sententiae*, d. 1 c. 5, 6] etc. Versus: Ut meritum fidei crescat, fastusque fugetur, otia ne regnent, sunt sacramenta statuta.«

Gesetzes teilt Konrad die Auffassung Hugos von St.-Cher, wonach sich der Begriff des Sakraments im engeren Sinn (d. h. entsprechend der Kriterien Hugos von St.-Viktor und des Lombarden) nur auf die Sakramente des Neuen Testaments bezieht und keine Geltung hat sowohl für die Sakramente des Alten Testaments wie für andere Zeichen heiliger Sachen und Symbole des kultischen Gebrauchs wie die eherne Schlange (Num. 21,7–9), das Weihwasser und das Kreuzeszeichen.[69] Darauf folgt ein Einschub über den Unterschied zwischen dem *opus operans et operatum*, d. h. dem wirkenden und dem gewirkten Werk, dessen Herkunft aus dem Sentenzenkommentar Hugos von St.-Cher unschwer zu erkennen ist.[70] Hugo behandelt diese Lehre im Rahmen der *Quaestio* [II] zur Frage der Verdienstlichkeit der Sakramente des Alten Testaments. Sie besagt, dass das *opus operatum* der Sakramente des Alten Bundes keine Rechtfertigung verleiht, während das aus Liebe gewirkte *opus operans* verdienstlich ist. Erst die Sakramente des Neuen Testaments rechtfertigen sowohl aus dem *opus operans* wie aus dem *opus operatum*, da in ihnen Gott selbst die Rechtfertigung bewirkt.[71]

Konrads anschließende Ausführungen zur vieldiskutierten Frage nach der Wirkung der Beschneidung, die beim Lombarden sehr ausführlich behandelt wird, beschränken sich auf die Wiedergabe einer bekannten Sentenz von Beda. Sie besagt, dass die Beschneidung einstmals das gleiche bewirkte wie später die Taufe, jedoch (im Unterschied zu dieser) das Tor zum Paradies nicht öffnete.[72] Nach Hugo von St.-Cher, dem Konrad zuzustimmen scheint, entspricht diese Sentenz einer bestimmten Lehrauffassung, wonach die Beschneidung aus eigener Kraft Gnade mitteilt, jedoch nur hinsichtlich ihrer schuldtilgenden Wirkung und nicht hinsichtlich ihrer das ewige Leben verleihenden positiven

69 Siehe Hugo de sancto Caro *Commentarius*, Sent. IV, q. 1 (ed. cit. 60f.). Van den Eynde 1949/50, (1950) 41; Finkenzeller 1980, 130f.

70 Siehe Anhang, Z. 35–41: »*Differentia inter opus operans et operatum.* / ›Est duplex opus, aut operans opus aut operatum‹ / Sacrificans opus est operans, sed sacrificatum / Contra gramaticam passive dic operatum. / Ergo quamvis lex non reddat iustificatum, / Salvat legis opus operans et non operatum. Sed nova lex salvans causat per utrumque beatum.«

71 Hugo de sancto Caro *Commentarius*, Sent. IV, d. 1, q. 2 (ed. cit. 63); Hugo hatte diese Lehre von Stephan Langton († 1228) übernommen, siehe Landgraf 1954/55, Bd. 3,1, 56f., und Van den Eynde 1951/52, (1951) 142–148. Sie findet sich auch bei Hugo Ripelin *Compendium*, Lib. VI, c. 8 (ed. cit. 206B).

72 Siehe Anhang, Z. 42–44: »*De differentia et convenientia inter circoncisionem et baptismum.* / Quod modo baptismus, hoc circumcisio solvit / Quondam, non tamen hec paradysi claustra resolvit.« Das Zitat aus Beda *Homilia*, lib. I hom. 10 in Cirumcis. bei Petrus Lombardus *Sententiae*, Sent. IV, d. 1, c. 7 (ed. cit. 236): »Item Beda: ›Idem salutiferae curationis auxilium circumcisio in Lege contra originalis peccati vulnus agebat, quod baptismus agere revelatae gratiae tempore consuevit, excepto quod regni caelestis ianuam necdum intrare poterant, tamen in sinu Abrahae post mortem beatae requie consolati, supernae pacis ingressum spe felici exspectabant‹.« Siehe Hugo Ripelin *Compendium*, Lib. IV, c. 12 (ed. cit. 136A).

Wirkung.[73] Landgraf zufolge hatte Hugo diese Lehre von Wilhelm von Auxerre übernommen und weiterentwickelt.[74] Auch was die Gründe für die Einsetzung der Beschneidung anbelangt, hält sich Konrad an die Aufzählung des Dominikaners und betont mit diesem die Bedeutung der geistigen Beschneidung.[75]

Etwas unvermittelt kommt Konrad dann nochmals auf den Anfang seiner Überlegungen zurück, um im Sinne des Dominikanertheologen den Sakramentsbegriff generell auf die Sakramente des Alten und Neuen Testaments zu beschränken.[76] Diese Passage bildet zusammen mit einem kleinen Abschnitt über den Nutzen des Weihwassers sozusagen den Abschluss der ersten Distinktion.

In der Behandlung des Stoffes der 2. Distinktion des Lombarden erlaubte sich Konrad noch größere Freiheit gegenüber der üblichen Anordnung der Sentenzenkommentare. Er übergeht vollständig die Frage der Taufe Johannes des Täufers, die erst beim Sakrament der Taufe diskutiert wird,[77] um sich umso ausführlicher den verschiedenen Reihenfolgen der sieben Sakramente des Neuen Testaments zuzuwenden. Deren Anordnung war zu Beginn der Hochscholastik noch nicht genau festgelegt, und Konrad bemühte sich um eine möglichst umfassende Übersicht über alle vertretenen Ansichten. So bringt er die auf Petrus von Poitiers († 1205), einen Schüler des Lombarden, zurückgehende Unterscheidung der sieben Sakramente in die fünf zum Heil notwendigen Sakramente (Taufe, Firmung, Buße, Eucharistie und letzte Ölung) und in die beiden freiwilligen Sakramente Priesterweihe und Heirat,[78] oder er betont in Übereinstimmung mit Hugo Ripelin die auf Wilhelm von Auxerre († 1231) zurückgehende Vorstellung der medizinischen Heilkraft

73 Hugo de sancto Caro *Commentarius* (ed. cit. 88f.).

74 Landgraf 1954/55, Bd. 3,1, 87–89.

75 Conradus de Mure *Libellus*, C 84, f. 1v, Z. 21–2r, Z. 1–10 nennt die gleichen sechs Gründe wie Hugo de sancto Caro *Commentarius* (ed. cit. 83 u. 86). Die ersten vier (»in exemplum oboedientiae, in signum fidei Abrahae, in signaculum populi Dei, in remedium originalis peccati«) stimmen überein mit denen des Petrus Lombardus *Sententiae*, Sent. IV, d. 1, c. 9 (ed. cit. 237f.), das Motiv der Rettung des ›guten Räubers‹ (»in curativum latronis«) bringt nur Hugo, ebenso das von Konrad in freier Form übernommene »mysterium cirumcisionis spiritualis«, cf. Hugo de sancto Caro *Commentarius* (ed. cit. 86): »mysterium circumcisionis animarum in praesenti a vitiis, et in futuro corporum ab omni corruptione.« Vgl. auch Hugo Ripelin *Compendium*, Lib. IV, c. 12 (ed. cit. 136A).

76 Siehe Anhang, Z. 63–66: »Omne sacramentum sacrum, sed sunt sacra quedam, / Que sacramenta nec dicam, nec fore credam. / Sicut crux et aqua benedicta solent numerari / Inter sacra, tamen non sacramenta vocari.« In diesem Abschnitt unterscheidet Konrad zwischen der Definition I (»sacramenta sacre rei signa«), die auch andere Zeichen heiliger Sachen mit einschließt, und der Definition II (»sacramenta, quibus est gratia spiritualis ac invisibilis sub forma materiali visibilique«), die im Sinne Hugos von St.-Cher nur auf die Sakramente des Alten und Neuen Testaments Bezug nimmt, siehe oben Anm. 66 und Van den Eynde 1949/50, (1950) 10 u. 41.

77 Cf. Zürich, Zentralbibliothek C 84, f. 8v.

78 Siehe Finkenzeller 1980, 124, und unten Anhang, f. 3v.

der neutestamentlichen Sakramente.[79] Mit dem Zürcher Prior gemeinsam ist ihm auch die Vorliebe für eine Parallelsetzung der sieben Sakramente mit den sieben Tugenden und anderen biblischen Septenarien,[80] während die Zuweisung der einzelnen Sakramente an verschiedene Kategorien von Gläubigen möglicherweise aus der 2. Distinktion des Sentenzenkommentars von Hugo von St.-Cher übernommen wurde.[81] Dieser zweite Teil der allgemeinen Sakramentenlehre im *Libellus* wird wiederum beendet mit einer knappen Aussage zum Sakramentsbegriff. Sie betrifft die Frage der Zusammensetzung des Sakraments, die nach Petrus Lombardus gewöhnlich in der 1. Distinktion bei der Einsetzung der Sakramente behandelt wird,[82] bei Konrad aber gleichermaßen den Auftakt zur Behandlung des Sakraments der Taufe bildet. Da hier der dominikanische Einfluss besonders evident ist, soll zum Schluss noch etwas näher darauf eingegangen werden.

3. Form und Materie

Der kleine Abschnitt (Z. 152–153, die Überschrift ist in roter Schrift) lautet wie folgt:

> »*Quod forma sit et materia in omni sacramento*
> Omne sacramentum verbum facit ac elementum
> Et sic fit si sit intencio recta loquentum«.
>
> (Dass Form und Materie in jedem Sakrament sei.
> Jedes Sakrament macht ein Wort und ein Element aus.
> Und so geschieht es, wenn die Absicht des Sprechenden richtig ist.)

Der zweite Satz bezieht sich, wie uns der Glossator belehrt,[83] auf das bekannte Augustinuswort aus dem Johanneskommentar: »Accedit verbum ad elemen-

79 Cf. Guillelmus Altissiodorensis *Summa Aurea*, 62f.; Hugo Ripelin *Compendium* (ed. cit. 204).

80 Hugo Ripelin *Compendium* (ed. cit. 204). Auch in der Aufzählung der verschiedenen Bezeichnungen der Sünde folgt Konrad dem Zürcher Prior oder einer gemeinsamen Quelle, cf. Hugo Ripelin *Compendium*, Lib. III c. 9 (ed. cit. 99).

81 Siehe unten Anhang, f. 3^r, Z. 125: »*Quibus ecclesia personis adaptentur singula sacramentorum*«, vgl. dazu die 2. Distinktion des Sentenzenkommentars von Hugo von St.-Cher, die nicht ediert ist. Herangezogen wurde hier die Handschrift Basel, Universitätsbibliothek B II 20 aus dem ehemaligen Dominikanerkloster (Anf. 14. Jh.), cf. die Beschreibung bei Meyer/Burckhardt 1960, 179–185. Hugo de sancto Caro *Commentarius* (B II 20), Sent. IV, d. 2, f. 108ra–108vb, hier f. 108rb: »... quod VII sacramenta praeter VII diversitates hominum in ecclesia ...«.

82 Petrus Lombardus *Sententiae*, Sent. IV, d. 1, c. 5, 6 (ed. cit. 235).

83 Siehe Anhang, Z. 153 (Glosse): »Omne sacramentum: unde Augustinus: ›detrahe verbum, quod est aqua, accedat verbum ad elementum et fit sacramentum‹; unde Augustinus: ›est ista tanta virtus aque, ut corpus tangat et cor abluat, nisi efficiente verbo, non quia dicitur, sed quia creditur, in ipso enim verbo aliud est sonus

tum, et fit sacramentum« (Das Wort kommt zum Element und das Sakrament entsteht).[84] Das gleiche Augustinuswort findet sich auch im *Compendium* Hugo Ripelins, jedoch mit dem erklärenden Zusatz »et est ibi elementum pro materia, et verba pro forma«.[85] Konrad verwendet also wie der Zürcher Prior die *materia-et-forma* -Terminologie für die Begriffe *elementum et verbum* als den beiden Bestandteilen des Sakraments. Nun waren die Ausdrücke Form und Materie in der synonymen Bedeutung von *verbum et res/elementum* schon seit dem 12. Jahrhundert in Gebrauch. Noch bis ins 13. Jahrhundert stellte man sich dabei aber unter *forma* die äußere Gestalt oder den Ritus des Sakraments vor und unter *materia* die *res* oder das physische Element wie beispielsweise das Wasser bei der Taufe.[86] Erst Hugo von St.-Cher hat unter diesem Begriffspaar eine Zusammensetzung des Sakraments im Sinne des aristotelischen Hylemorphismus verstanden. Form und Materie gelten nun als die korrelierenden Teile des Sakraments, wobei Form nach der hylemorphen Theorie das Bestimmende und Materie das Bestimmungsfähige ist. Das Prinzip der hylemorphen Zusammensetzung galt für das Sakrament im Allgemeinen und wurde von Hugo von St.-Cher auf jedes der sieben neutestamentlichen Sakramente angewendet.[87] Wie die Überschrift des zitierten Abschnittes zeigt, ist Konrad ihm darin gefolgt. Im *Libellus* konstituiert sich das Sakrament der Taufe aus Wasser (*materia*) und der Anrufung der Trinität (*forma*). An der Verwendung von Wasser (durch die Taufe Christi geheiligte Materie) muss deshalb festgehalten werden, an der Tauffomel »Ich taufe Dich im Namen des Vaters und des Sohnes und des heiligen Geistes« darf nichts geändert werden, denn das die Materie bestimmende Wort ist nach dieser Theorie die eigentliche Wirkursache des Sakraments.[88] Das gilt in analoger Weise ebenso für das Sakrament der

transiens, aliud est virtus permanens‹.« Der Glossator zitiert hier offensichtlich Petrus Lombardus *Sententiae*, Sent. IV, d. 3, c. 1 (ed. cit. 243).

84 Augustinus *In Johannem*, 80,3 (ed. cit. 529,4–7): »Detrahe verbum, et quid est aqua nisi aqua? Accedit verbum ad elementum, et fit sacramentum.«

85 Hugo Ripelin *Compendium*, Lib. VI, c. 3 (ed. cit. 202A).

86 Dazu Van den Eynde 1951/52, (1951) 15–20.

87 Dazu Van den Eynde 1951/52, (1952) 12–22; ferner bezogen auf das Sakrament des Matrimoniums Boureau 2004, 455–462.

88 Vgl. *Libellus* C 84, f. 7v, Z. 23–25, f. 8r, Z. 1–6: »*De quadruplici institutione baptismi.* / Hoc baptista die Christe dedit illius anni, / Cum baptizatus fuit in Iordane Iohani. / Vimque renativam tribuit baptismatis unde. / Sic quod in hac anime fiunt a crimine munde. / Materialiter hunc dedit in Iordane luendo. / In se nos effectiveque dedit moriendo. / Et formaliter hunc dedit ne suos faciendo / Ad baptizandum gentes sacra verba serendo / Sed finaliter hunc tecum Nycomede loquendo.« Zu Hugo von St.-Cher vgl. Van den Eynde 1951/52, (1952) 13f., und Hugo de sancto Caro *Commentarius* (B II 20), f. 109vb, Sent. IV, d. 4 »De institutione baptismi«: » haec institutio fuit facta in baptismo domini, quando vim generativam contulit aquas ... secunda in passione fuit factam effective, formaliter vero fuit institutus baptismus cum deus dixit ... finaliter vero cum dixit Nichodemo non queris re Jo IIII [Joh. 3,4].«

Firmung wie für das Sakrament des Altares.[89] Die Eucharistie setzt sich nach Hugo von St.-Cher zusammen aus der Materie von Brot und Wein und aus der Form der Konsekrationsworte. Erst das Sprechen dieser Worte bewirkt die Wandlung von Brot und Wein in Leib und Blut Christi.[90] Bei der Behandlung dieser Fragen beruft sich Konrad ausdrücklich auf Hugo von St.-Cher. Gemäß der Meinung des Kardinals könne beim Vollzug dieses Mysteriums keinesfalls auf die Verwendung von Wein verzichtet werden. Konrad benützt diese Stelle für seine bereits erwähnte Laudatio auf den gelehrten Dominikaner und paraphrasiert anschließend eine Passage aus der 11. Distinktion des 4. Buches von Hugos Sentenzenkommentar. In ihr wird ausgeführt, dass in entfernten Gegenden, in denen kein Wein zur Verfügung stehe, oftmals Wasser mit Hilfe von in Wein getränkten Tüchern rot gefärbt würde, was für die Darreichung des Sakramentes gänzlich abzulehnen sei. Hingegen sei es gestattet, das Sakrament unter der Gestalt des Brotes zu spenden.[91]

Wir haben hier also einen eindeutigen Beweis für den Einfluss Hugos von St.-Cher auf das theologische Denken des Zürcher Kantors. Der *Libellus* reflektiert aber zugleich auch die Weiterentwicklung der aristotelischen Form-Materie-Lehre in der nachfolgenden Periode. So folgt Konrad in der Transsubstantiationslehre nicht mehr Hugo von St.-Cher, sondern seinem Mentor Hugo Ripelin, der in dieser Frage offenbar von Alexander von Hales († 1245) und möglicherweise von Albertus Magnus beeinflusst war. Alexander von Hales hatte in seiner Glosse zu den Sentenzen des Petrus Lombardus, die er noch vor seinem Eintritt in den Franziskanerorden als Professor in Paris verfasst hatte (vor 1230), in der Eucharistielehre neue Wege beschritten. Im Unterschied zu Hugo von St.-Cher vertrat er nicht die Auffassung von der

89 *Libellus*, C 84, f. 12r, Z.16–23: »*De verbis confirmantis.* / Confirmans dicit verbis ex ore solutis: / Signo te signo crucis et confirmo salutis / Krismate quod tamen valet ac si dicat: ego te / hoc signans cruce confirmo baptismate lote ... Balsamus ac oleum sunt cause materiales / Krismatis hiisque ter res dantur spirituales...«.

90 Vgl. Van den Eynde 1951/52, (1952) 15.

91 Hugo de sancto Caro (B II 20), f. 118ra: »Quid ergo dicendum de illis, qui sunt in partibus remotissimis ubi non est vinum, sed tingunt pannum in vino rubeo, unde transducunt et fricant in aqua donec rubea fit et de illa conficiunt et constat, quod ibi plus est de aqua, sed sane dicendum, quod sub illa specie non conficiunt, sed sub specie panis possunt.« Hugo von St.-Cher bezieht sich hier auf ein Schreiben von Papst Julius († 352), das im Dekret Gratians aufgenommen wurde, vgl. Gratianus *Decretum*, III, c. 7, d. II de cons., ed. cit. 1315f. Im *Libellus* lautet die Stelle (C 84, f. 26, Z. 8–21): »*Sententia seu opinio domini Hugonis cardinalis inter sancte Sabine / de ordine predicatorum de hiis qui in suis partipus in conficiendo non possunt habere vinum.* / Hugo flos cleri, vox recti, regula veris / Lucifer ecclesie, decor ordinis, archa sophie / Sincere vite custos, titulo redimite / Sancte Sabine, passis vim spes medicine. / Tu dicis, quod nullomodo possim sine vino / Istud mysterium complere, quod ergo propino / Illis in calicem quibus audio vina deesse, / Quos de longinquo pannos deferre necesse / Vino contínctos rubeo, quod ab inde colorem / Vini conficiant in aqua referente ruborem, / Hic dicis, quod in hac forma nil conficiatur, / Sed sola specie panis sacramentum peragatur.«

hylemorphen Zusammensetzung aller Sakramente. Hingegen trug er mit seiner vom aristotelischen Substanzbegriff ausgehenden ontologischen Deutung der Transsubstantiation entscheidend zur Klärung dieses Begriffes bei. Sowohl Albertus Magnus wie Thomas von Aquin haben später seine Lehre übernommen und weiter vertieft.[92] Danach ist der Begriff Transsubstantiation so zu verstehen, dass die ganze Substanz von Brot und Wein in die ganze Substanz des Leibes und Blutes Christi verwandelt wird, und zwar gemäß der hylemorphen Theorie hinsichtlich substantieller Form und Materie. Zurück bleiben nur die subjektlosen Akzidentien, d. h. die Wesenseigenschaften von Brot und Wein. Bereits Alexander war sich bewusst, dass die Akzidenz nach Aristoteles ihr Sein von der Substanz erhält und infolgedessen nur im Subjekt existieren kann. Die Transsubstantiation lässt sich deshalb mit der aristotelischen Lehre von der natürlichen Veränderung der Substanzen bzw. der Akzidentien nicht begründen und gehört aus diesem Grund in den Wirkungsbereich der übernatürlichen Gnade Gottes.[93] Diese Frage wird im Sentenzenkommentar von Albertus Magnus aus dessen Pariser Lehrzeit (1245–1249) ausführlich erörtert.[94] Es ist denkbar, dass Hugo Ripelin Kenntnis davon hatte. In der uns vorliegenden Fassung des *Compendium* geht er aber nicht explizit auf die neuen Elemente im theologischen Denken des Kölner Gelehrten ein,[95] sondern beschränkt sich auf eine Wiedergabe des Transsubstantiationsbegriffes im Sinne Alberts und Alexander von Hales.[96] Zu den *mirabilia* dieses Sakraments gehört für ihn auch, dass die Akzidentien die gleiche Wirkung wie früher entfalten, d. h. sättigen und trunken machen, obgleich Brot und Wein aufgehört haben zu sein.[97] Um dieses Wunder zu erklären, unterscheidet er zwischen drei Arten der Veränderung, um darzulegen, dass die Transsubstantiation im Lichte der (von Aristoteles) vorgesehenen natürlichen Möglichkeiten substantieller

92 Alexander de Halis *Glossa*, in Sent. IV, d. 11f. (ed. cit. Bd. 4, 168–198). Zum Verhältnis der Glosse Alexanders zum Sentenzenkommentar Hugos von St.-Cher siehe *Glossa*, Introductio, 36*–37*, und Van den Eynde 1951/52, (1952) 2–12. Vgl. ferner Macy 1994, 28; Laarmann 1999, 126–129; Jorissen 2002; Jorissen 2001, 177–182; Jorissen 1965, 150–154.

93 Cf. Alexander de Halis *Glossa*, Sent. IV, d. 12 (ed. cit. 186f.).

94 Albertus Magnus *In IV Sententiarum*, d. 11f. (ed. cit. 264–331); vgl. Jorissen 2002, 4–12.

95 Nach Jorissen 2002 vertrat Albert im Laufe seiner Lehrtätigkeit zwei verschiedene Lösungen. Im Sentenzenkommentar (1249) berief er sich auf den neuplatonischen Aristotelismus des arabischen Philosophen Avicenna († 1037). Die von ihm übernommene Unterscheidung eines »esse in subjecto« und eines »esse essentiae«, aufgrund derer die Akzidentien zwar kein »Sein im Subjekt«, aber ein »Sein der Wesenheit« hätten, in dem sie kraft der Allmacht Gottes gehalten seien, kann bei Hugo Ripelin *Compendium* nicht nachgewiesen werden, cf. ibid. Lib. VI, c. 14 (ed. cit. 212B–213B).

96 Siehe oben Anm. 95. Zur Bestimmung bei Albertus Magnus siehe Jorissen 2002, 5 und Albertus Magnus *In IV Sent.* d. 11, a. 2 (ed. cit. 268B–271A).

97 Hugo Ripelin *Compendium* (ed. cit. 212B–213A): »Nonum, quod cum non sit ibi panis vel vinum, tamen accidentia eumdem effectum habent, ut prius, scilicet satiare, inebriare, et huiusmodi.«

Veränderungen eine *mutatio supernaturalis* darstellt. Denn bei der Wandlung von Brot in den Leib Christi wird ein Seiendes in ein bereits existierendes Seiendes verwandelt, was in der Natur nichts Vergleichbares hat oder ihr sogar zuwiderläuft.[98]

Die genau gleiche Argumentationskette findet sich *mutatis mutandis* auch im *Libellus*.[99] Konrad war also ausgesprochen interessiert an der Aristotelisierung der Sakramentstheologie, wie sie in der beginnenden Hochscholastik vor allem von den Dominikanern vermittelt wurde. Dies ist mit ein Grund dafür, sich dieses weitgehend vergessenen Werkes des Zürcher Kantors anzunehmen.

98 Hugo Ripelin *Compendium*, Lib. VI, c. 14 (ed. cit. 213A): »De mirabili transsubstantiatione nota, quod triplex est mutatio. Una est artificialis, ut quando fit vitrum de cineribus. Alia naturalis, et haec duplex est, scilicet accidentalis, et substantialis. Accidentalis est, quando idem subjectum manet sub diversis accidentibus sibi invicem succedentibus. Substantialis est, quando eadem materia manet sub diversis formis substantialibus, sicut patet in transmutatione elementorum ad invicem. Tertia est mutatio supernaturalis, ut quando nec materia, nec subjectum manet, sed tantum accidentia sine subjecto: et talis mutatio est in transsubstantiatione corporis Christi ... Mundus distinguit quadruplicem mutationem substantialem. Prima est a non ente in ens, et haec dicitur generatio. Secunda est ab ente in non ens, ut corruptio. Tertia est ab ente in ens, quod modo non est, sed jam erit, ut productio. Quarta est ab ente in ens jam existens, et talis est conversio panis in corpus Christi. Haec mutatio non habet similitudinem in natura, sed est in alteratione quasi contraria: quia hic mutatur una substantia in aliam, et manent eadem accidentia...«. Vgl. Albertus Magnus *In IV Sent.*, Sent. IV, d. 11, a. 7, ad. 1 (ed. cit. 285A): »Sed in ista mutatione quae est de tota natura et substantia subiecti in totam substantia alterius subiecti, manet quidem accidens, sed nihil de substantialibus.« Alexander de Halis *Glossa*, Sent. IV, d. 11 (ed. cit. 169) und d. 12 (ed. cit. 185–187).

99 Zürich, Zentralbibliothek C 84, f. 28r, Z. 7–24: »*De triplici mutacione artificiali, naturali, supernaturali.* / Tripliciter mutacio fit, sed prima per artes / Sicut de cinere vitri facio tibi partes. / Duplex nature mutacio, namque necesse, / Ut cadat in substans hec sive quod accidit esse, / Que fert nomen ab inde, quod accidit esse, notatur, / Cum natura quod accidit alterat, ut memoratur, / Siquod idem numero subiectum sic variatur, / Quod successive per qualia disperiatur. / Est mutacio, quam patitur substantia, quando / Fit generatio / vel corruptio, sic aliquando / Res eadem manet in plures se disperiando, / Formas atque per hanc quando mutabilitatem / In vinum transit aqua, tunc per confluitatem / Ipsam transiet aqueitas in vineitatem. / Ista supernaturalis mutacio detur, / Quando subiectum cum materia removetur, / Forma sed accidua tamen remanere videtur.« Zum Begriff ›forma accidentalis‹ in diesem Zusammenhang vgl. Albertus Magnus *In IV Sent.*, d. 12, a. 16 (ed. cit. 331B).

Anhang

Konrad von Mure: *Libellus de sacramentis*

Edition des Prologs und der allgemeinen Sakramentenlehre

von Charlotte Bretscher-Gisiger, Martina Wehrli-Johns

Zur Handschrift und Edition

Die Pergamenthandschrift Zürich, Zentralbibliothek C 84 umfasst 90 Blätter im Quartformat (18 x 12 cm) und ist auf die zweite Hälfte des 13. Jahrhunderts zu datieren. Der Pappeinband mit Lederrücken und -ecken stammt aus dem 19. Jahrhundert und trägt auf dem Rücken ein Papierschild mit der Aufschrift *Lateinisches Manuscript in Versen auf Pergament sehr alt.* Die Spiegel- und nicht foliierten Vorsatzblätter sind aus Papier; auf dem vorderen Spiegelblatt findet sich das Exlibris der Familie Steiger von Bern mit den Initialen *C: ST:*; auf den Vorderdeckel ist das Wappen der Stadtbibliothek Zürich des 19. Jahrhunderts eingeprägt.

Die in Textualis, wohl von einer Hand geschriebene Handschrift weist wenige Korrekturen auf und scheint wenig benutzt. Bemerkenswert sind die interlinearen und marginalen Glossen 1^v–5^v, die von einer Hand des späten 13. / frühen 14. Jahrhunderts stammen. Die gleiche Hand fügte auch auf 86^r–87^r dem Text marginale Glossen hinzu.

Die Edition folgt dem Grundsatz der buchstabengetreuen Wiedergabe der Handschrift; Kürzungen werden aufgelöst, eingefügte Einzelbuchstaben, die offensichtliche Auslassungen beheben, durch eckige Klammern gekennzeichnet. Die Zeilenzählung verbindet Text und Glossen: Marginalglossen sind direkt dem Text zugeordnet, die Interlinearglossen sind durch Buchstabenexponenten im Text gekennzeichnet. Der am Ende angefügte Apparat verzeichnet die Quellen zu Text und Glossen.

<Conradi de Mure *Libellus de sacramentis*>

(1r) *Incipit prologus de sacramentis.*
De sacramentis dicturo[a] conditor horum,
Flos florum, fons ortorum[b], riget arida mentis.
Dictus[c] de Mure[d] Chuͦnradus,[i] canonicorum
Turegi minimus, vix sufficiens puerorum[ii]
Divitis eiusdem castri[e] rector, viciorum
Grecismi veteris primus corrector[iii] et horum
Factor metrorum seu maius versiculorum,
Qui dicunt, quales animalibus, auctor eorum,[iv]
Rex regum, mundi lux vera deusque deorum,
Naturas[f] dederit; te preduce[g], quo meritorum
Cognitor es, qui corpora dinumeras[h] athomorum,[v]
Qualicumque[i] metro sine scemate[j] rethoricorum[k]
Parvis versiculorum hic de virtute sacrorum[l].

Apostrapha ad fratrem H[ugonem] suppriorem.
Hugo prior quondam, nunc subpriorum,[vi] esto laborum
Alleviator et elidas nubes dubiorum[m],
Ut melius morsus eludam sic reproborum[n].

2 Conditor horum: ut communiter per mutacionem relationum et sui antecedentis eo modo: Conditor sacramentorum riget mentis arida dicturo de hiis sacramentis arida et cetera. a] volenti dicere. **3** unde flos florum lilium convallium.[vii] b] Unde fons ortorum puteus aquarum vi[ventium][viii] et cetera. **4** c] ego. d] proprium nomen loci. **5** vix sufficiens: in hoc evitat arrogantiam. **6** e] eius Turegi. **9** Et iterum per mutacionem relationum et sui antecedentis. **11** f] phisiologi. g] existentia. **12** h] divisione numeras. **13** i] In hoc etiam C[unrat] evitat arrogantiam. j] id est ornatu. k] id est magistrorum, qui locuntur ornate. **14** l] id est sacramentorum. **17** Sacramenta rei, quia sacramentum est sacre rei signum, vel aliter: sacramentum est invisibilis forme visibilis gratia, cuius similitudinem gerat nec non causa existat,[ix] vel aliter: sacramentum est corporale vel materiale elementum, oculis extrinsecus expositum, ex similitudine representans, ex institutione significans et ex sanctificatione gratiam spiritualem et invisibilem continens[x]// vel sacramentum est, in quo sub integumento rerum visibilium divina virtus salutem secretius operatur.[xi] m] id est obscuritates. **18** n] id est invidorum.

Sacramenta rei sunt sacre signa,[xii] vel hec sunt
Sacramenta, quibus est gratia spiritualis
Ac invisibilis sub forma materiali
Visibilique,[xiii] vel hec dic sacramenta vocari,
Per que secreto[o] virtus divina salutem
Est operans forme rerumve sub integumento.[xiv]
Sacramenta tribus ex causis instituuntur,[xv]
(1v) Namque per hec fidei crescit meritum, reprimuntur
Ocia, quique nocent anime fastus[p] perimuntur.[xvi]

De differentia sacramentorum veteris et nove legis.[xvii]
Sacramenta nove legis distant veterisque,
Ut per subscripta poterit cognoscere quisque.
Nam spondent[q] vetera signantque, sed illa[r] secuntur
Hec nova[s], que simulant, dant, causant, instituuntur.
Sic serpens, aqua, crux, proprie si perspiciuntur,
Apponi sacramentis non inveniuntur.[xviii]

Differentia inter opus operans et operatum.
Est duplex opus, aut operans[t] opus aut operatum,
Sacrificans opus est operans, sed sacrificatum
Contra gramaticam passive dic operatum.
Ergo quamvis lex non reddat iustificatum,
Salvat legis opus operans et non operatum,
Sed nova lex salvans causat per utrumque[u] beatum.[xix]

De differentia et convenientia inter circumcisionem et baptismum.
Quod modo baptismus, hoc circumcisio solvit
Quondam, non tamen hec[v] paradysi claustra[w] resolvit.[xx]

19 Diffinicio est notificacio, vel aliter diffinitiva est secundum Tullium oracio, que uniuscuiusque rei proprias amplectitur potestates breviter et absolute.[xxi] **23** o] adverbium. **27** p] superbie. **31** illa s[ecuntur] sacramenta id est sacramenta vetera. q] scilicet salutem s[pondent] sacramenta. r] accusativus casus. **32** s] nominativus casus. **35** Contra grammaticam: et hoc bene dixit, quia est operor [opera]ri verbum deponens et deponat passivam significationem, secundum gramaticam; operatus non potest esse passive significationis, quantum theologici dicunt, quod theologia non subiacet regulis gramatice. Ergo quamvis quia in veteri testamento sacrificans non per sacrificatum, sed per bonam cogitacionem salvabatur. **36** t] actio dicitur opus operans. **39** Nova lex sal[vans] scilicet in eucharistia. **41** u] per utrumque scilicet per opus operans et operatum. **43** Circumcisio legis, quia circumcisio data et instituta primo fuit a deo, cum diceret ad Abraham, ut filium suum Ysaac octava die cum petrino cutello circumcideret.[xxii] **44** v] scilicet circumcisio. w] quod facit baptismus.

Quibus ex causis data sit circumcisio.
Lex[xxiii] fuit ex causis celestis munere regis.
Quondam Iudeis data circumcisio legis,[xxiv]
Ut sit in exemplum parendi[x],[xxv] sit quoque signum
Egregie fidei patriarche[y],[xxvi] sit quoque signum,
A reliquis[z] ut distinguat populum[xxvii] mage dignum[a],
(2r) Utque sit antidotum[b] peccati primicialis[c],[xxviii]
Sit quoque latronis tanquam nota cauterialis[d].[xxix]
Nam fit cauterium medicine vel specialis
Culpe vel signi causa menbris animalis,
Estque secans prepucia[e] circumcisio talis
Mysterium circumcisure spiritualis,[xxx]
Namque fidelis homo precidere lubrica[f] queque
Debet, id est carnis proprie sordes animeque.
Petra secans puero prepucia reddit apella,
Christus petra malum secat illecebreque procellam.[xxxi]

Differentia inter sacramentum et sacrum, quia sacrum est genus, sed sacramenta sunt quasi species.
Omne sacramentum sacrum, sed sunt sacra quedam,
Que sacramenta nec dicam nec fore credam.
Sicut crux et aqua benedicta solent numerari
Inter sacra, tamen non sacramenta vocari.[xxxii]

48 Bene dixit parendi, ut sicut constaret Adam per inobedientiam demeruisse, ergo constaret Abraham per obedientiam meruisse. x] obediendi. **49** Patriarche: quod satis patuit, dum Abraham vellet ad mandatum domini dilectum suum Ysaac immolare.[xxxiii] y] Abrahahe. **50** z] scilicet nasci quibus. a] scilicet iudaicum. **51** b] id est medicina vel remedium. c] id est originalis quantum contraximus a primis parentibus. **52** d] cauterium id est ferrum, quod imprimitur frontibus dampnatorum et quandoque causa medicine utitur et dicitur quasi caute comburens non ad mortem.[xxxiv] **55** e] id est anterioritatem pellis, quod in circumcisione absciditur Iudeis et dicitur a prepositione pre, quod ut ante, et puto, [pu]tas quod est reseco, quia in anteriori parte resecatur. **56** Mysterium proprie est actus visibilis, cum tantum subest virtus secreta et invisibilis vera gratia. In altari in manibus sacerdotis est visibiliter panis et vinum, sed invisibiliter est ibi verum corpus et sanguis Christi: ecce misterium, quod grece dicitur secretum.[xxxv] **57** Lubricus quandoque idem quod labilis unde anguilla dicitur lubrica.[xxxvi] f] id est immunda. **59** Appella dicitur ab a, quod est sine, et pellis, quia sine pellis anterioritate utpote circumcisus. Appella est Iudeum incircumcisum iuxta illud in aurora de Moise factus appella puer. Item in Oratio cum dicebatur de quadam ara, quod tus superpositum sine igne liquefieret, unde dicitur iudeus; appella nomen est et tunc priorem corripit; poterit etiam esse imperativus appella, a[p]pellas et tunc priorem producit; possunt etiam esse due distinctiones a prepositio et Pella, [Pel]le civitas, unde natus fuit Alexander, unde in Alexandria sepe dicitur Pelleus iuvenis.[xxxvii]

De aqua benedicta.[xxxviii]
Si conspergis aqua benedicta te reverenter,
Hoc prodest, quamvis conspergeris inde frequenter.
Namque frequentia cui reverentia consociatur,
Hic prodest, sed obest ea[g], dum sibi dissociatur.[xxxix]

De nominibus et triplici ordine sacramentorum.
Baptizo, confirmo[h], cibo, fleo[i] vel duo iungo[j],
(2v) Ordino[k], preterea te, si sis eger, inungo. [xl]
Aut super id cor do, quod in istis iste stet ordo:
Baptizo, confirmo, cibo, sum flens[l] et inungo
Ordino, preterea prolis causa duo iungo,[xli]
Aut dicens aliter seriem permuto taliter:
Baptizor, confirmor, peniteo, cibor, ungor,
Ordinor et causa prolis cum coniuge iungor.[xlii]

De ordine quinque sacramentorum necessitatis secundum ordinem morborum spiritualium et postmodo de ordine sacramentorum voluntatis.[xliii]
Sicut corporibus morbi sunt exiciales[m],
Sic animam morbi corrumpunt spirituales.
Primus in hiis nomen prefert ab origine tactum,
Ad mala pronificat alter, sed tercius actum
Fert quartusque boni defectum spiritualis
Nec non languorem cuiusvis exicialis
Corporis ac anime; virtutibus ergo lavetur,
Crimen originis in baptismate postmodo detur.
Confirmatio[n] que peccandi proneitatem
Reprimat, inde[o] dolor terat actus[p] in probitatem,

71 g] scilicet reverentia. **73** Matrimonium est indivisibilis maris et femine coniunctio, individuam vite continens consuetudinem.[xliv] Et ibi ordo sacramentorum est eventus. h] coniunco. i] id est peniteo. j] id est celebro matrimonium. **74** k] id est sacris ordinibus. **76** Iste ordo est aliorum the[o]logorum sacramentorum est magister Petrus in[xlv] libro sententiarum. l] id est penitens. **78** iste ordo est theologorum. **82** Exiciales: exitio idem est quod mors, quod est exitus omnium rerum. Unde quondam mors ultima linea rerum;[xlvi] hic et hec exicialis et hoc [exicia]le. **83** m] id est mortales. **86** Deuteron idem est quod secundum, unde lectio liber deuteronimii: id est liber secunde legis.[xlvii] **90** crimen originis et hoc tangit quod premisit: primus in hiis nomen prefert et cetera. **91** et hoc tangit, que premisit: ad mala pronificat alter. n] quod facit omnipotens. **92** o] id est penitentia. p] unde supra, scilicet tercius actum fert.

Post[q] cibum altaris[r], qui spiritualia[s] plene
Perdita restauret, postrema sed unctio lene
Languentis medicamen et utile debet adesse.
Sic sacramenta preferri quinque necesse.
Inde voluntatis duo debent rite subesse,
Ordo[t], coniugium, sed in hiis prior ordinis esse,
Coniugiique sacer debet locus ultimus esse.
Nam[u] bene si penses[v], fit[w] in ordine spirituali,
Coniugio fit multiplicatio[x] materialis. [xlviii]

(3r) *De diversis nominibus originalis peccati.*[xlix]
Peccatum[y], quod Ade primi transgressio dura
In nos transmisit, habet in se nomina plura:
Fomes,[l] origo[z] mali, fons mortis spiritualis,
Languor,[li] lex carnis[a],[lii] contagio primicialis;
Estque tyrannus[b] [liii] et est stimulus[c] carnis[d] specialis
Et pravi concupiscentia predominalis[e]
In magnos[f] et adultos; sed si dictio talis
Flectitur, inb[ec]i[l]litas[g] erit in pueris venialis
Proneitasque[h] remota, vel si dicere malis[i],
Dic, quod membrorum lex[liv] est vere generalis.

93 Necesse quandoque idem est quod expediens; quandoque idem est quod inevitabile, quandoque idem quod utile et dicitur necesse quasi non cessas esse. q] adverbium. r] id est eucharistia. s] unde supra, scilicet quartusque boni defectum spiritualis. **95** necessitatis premissa sine quibus vix animas potest salvari. **96** contagio [contagio]nis vel contagium [conta]gii est morbus, qui provenit ex contactu, sicut nos originale peccatum contraximus ab Adam, et ita v inficiunt aliquando ex contactu, unde versus // Lippus, lepra, scabies, strages et febris acuta, ista tibi quinque contagione nocent. **98** t] quod debet fieri per pontificem. **100** u] hac ratione. v] id est tractas. w] scilicet multiplicatio: quia spirituales persone multiplicantur per ordines. **101** x] scilicet multiplicatio, quia ex coniugio generantur aliqui homines et illa materialis multiplicatio. **103** y] id est originale peccatum, quod contraximus ab Adam. **105** z] quia ante ipsum non aliquod malum. **106** a] quia nullus in carne nascitur sine hoc peccato. **107** b] quia sepe in regem. c] contra carnem. d] natura. **108** e] valde dominalis. **109** f] et tunc est mortale. **110** g] ut dicatur concupiscibilitas. **111** h] peccandi. i] magis vis. **113** Quia medicina est curantia, servantia, preservantia et meliorantia.[lv] Curativa, que curat a morbo, quem quis patitur. Conservativa, que hominem in bono statu conservat, preservativa, que precavet homini a morbo, quem posset incidere. Meliorativa, que meliorat statum hominis.

Adaptacio sacramentorum secundum IIII virtutes medicinales.
Theologi credunt hoc firmiter atque locuntur,
Quod medicinale vim sacramenta secuntur.
Curant, conservant, preservant et meliorant,[lvi]
Ut metra subscripta bene declarare laborant.
Baptizans[j] curo, confirmans ac mala[k] plorans
Conservo[l] iungensque[m] duo preservo[n], decorans
Ordine[o] vel corpus morbo seu morte laborans
Unguendo melioro[p], sed omnia nobiliorans.
Viva caro[q],[lvii] cibus omnibus omnis in ore saporans,
Sex sacramenta[r] preit et quasi subteriorans,
Est curans, conservans, preservans, meliorans.

Quibus in ecclesia personis adaptentur singula sacramentorum.
Intrans ecclesiam[s] baptismum querit ibique[lviii]
(3v) Pugnanti[t] prodest sacra confirmatio cuique,[lix]
In pugna[u] vivens celesti[v] pane cibetur.[lx]
Lapso surgenti[w] contricio[x] cordis ametur,
Ordo[y] ministrantis sit, coniugium recitetur
Esse laborantis, extrema sed unctio detur
Huic[z], qui de mundo moriens[a] exire iubetur.

Adaptatio sacramentorum ad VII virtutes, quarum tres sunt th[e]ologice et IIII[or] cardinales, scilicet fides, spes, caritas, iusticia, fortitudo, temperantia, prudentia.[lxi]
Credit, sperat, amat, dat cuique suum, pacienter

118 j] ecce virtus curativa. k] id est penitens. **119** l] virtus conservativa. m] matrimonium. n] preservativa. **120** o] ordinans. **121** p] meliorativa. **122** iuxta habentes delectamentum et omnem suavitatem odoris.[lxii] q] eucharistia. **123** quia eucharistia continet in se virtutes omnium sacramentorum. r] accusativus casus. **126** s] id est christianitatem. **127** t] contra carnem, mundum et demonem. **128** u] contra carnem et cetera. v] id est eucharistia; nemo enim diu potest pugnare sine cibo. **129** w] de peccatis. x] penitentia. **130** quia ipsum oportet curare pro uxore, familia et filiis. y] nemo in ecclesia ministrare potest nec ordinati. **132** z] et ita per baptismum intratur. a] per unctionem vero exitur. **135** Credit: et ecce fides per quam notatur baptismus, ut sepius dicitur credis et cetera. Sperat: et ecce virtus spes per [hoc] intelligitur confirmatio. Qui eam habet, tanto confidentius poterit aggredi pugnam. Amat: et per hoc intelligitur caritas, per quam intelligitur eucharistia. Dat cuique suum: et ecce virtus iusticia, quia iusticia est, que unicuique tribuit, quod suum est, et per hoc notatur penitentia; qui enim penitet omnibus satisfacit. Patienter dura subit: et ecce virtus fortitudo, per quam notatur matrimonium unde supra: et coniugium recitetur esse laborantis. Se temperat: ecce temperantia, per quam notatur ordo, ordinari debent et continentes. Gerit sapienter: ecce sapientia, per quam notatur extrema unctio; provide enim facit et sapienter, qui moriturus se poscit inungi.

Dura subit, se temperat atque gerit sapienter.

Per quos septenarios VII signentur sacramenta.
Ecce dies septem librum genesis dare cernis,[lxiii]
Totque candelabrum[b] Moysi fulgere lucernis,[lxiv]
Destructam Iericho tot circumductibus arche,[lxv]
Tot vicibus lote Neaman lepram procul arce
In Iordane,[lxvi] tuam totidem fulcita domus stat
Illa columnis, quam sapientia summa venustat;[lxvii]
Tot candelabra, tot stellas totidemque sigilla[lxviii]
Totque tubas apocalipsis tibi porrigit illa,[lxix]
Que sensu valde gravis[c] est textuque pusilla;
Turba fuit Christo per tot panes saciata.[lxx]
Omnibus hiis septem sunt sacramenta notata.

Quibus modis committitur symonia in sacramentis.[lxxi]
Sacra preces[d] et adulator[e] servus[f] caro nummus
Vendunt, hec emere[g] prohibet seu vendere summus[h].

(4r) *Quod forma sit et materia in omni sacramento.*
Omne[i] sacramentum verbum facit ac elementum,
Et sic fit si sit intencio recta loquentum.

De sacramentis in specie et primo de baptismo.

138 Quia in genesi legitur de VII diebus quibus deus creavit omnia. Destructam, quia dum[lxxii] quidam rex obsideret Iericho, dictum fuit sibi, quod non posset debellare nisi ipsam VII vicibus circuiret cum archa, in qua fuit tabula Moisi, virga Aaron, que floruerat, et manna; quo facto muri ceciderunt. Tot vicibus: legitur enim in historia,[lxxiii] quod propheta dixit ad Naamam, quod ad VII vices lavaretur in Iordane et sic sanaretur a lepra; quod factum est.[lxxiv] Et per VII vices intelliguntur sacramenta, vel per Naamam intelligitur peccatum et per Iordanem intelligitur baptismus; per VII vices intelligitur VII dona spiritus sancti totidem, scilicet sapientia edificavit sibi domum ex columnis VII.[lxxv] **139** b] quod ad mandatum domini fulget. **142** Iordanis dicitur a duobus fluviis Ior et Dan qui duos confluentes faciunt Iordanem.[lxxvi] **145** Apocalipsis dicitur a greca prepositione apo, quod notat privationem, et calipso, quod est velo. In apocalipsis quasi numine revelatus; vel a greca prepositione apo, quod notat re-, et calipso, quod est velo, apoca[lipsis] quasi liber revelationis.[lxxvii] **146** c] id est obscura. **150** Emere est aliquid de tuo meum facere, sed vendere id est de meo tuum facere. d] id est penitens. e] id est adulans. f] serviens. **151** g] largitor esse vult gratis. h] deus. **153** Omne sacramentum: unde Augustinus *detrahe verbum, quod est aqua, accedat verbum ad elementum et fit sacramentum*;[lxxviii] unde Augustinus: *est ista tanta virtus aque, ut corpus tangat et cor abluat, nisi efficiente verbo, non quia dicitur, sed quia creditur, in ipso enim verbo aliud est sonus transiens, aliud est virtus permanens*;[lxxix] unde O[vidius]: quid prohibeatis aquis? Usus communis aquarum est.[lxxx] i] quia verbum et elementum accedit ad esse sacrum. **154** Intencio: non enim esset iniusta intentio, si aliquis crederet quod posset baptizari in vino et oleo et debeat fieri in aqua.

Anmerkungen zur Edition

i CONRADUS DE MURE *Novus Grecismus*, Recommendatio lectoris, 2, (ed. cit. 318): »Dictus de Mure Cuonradus«.

ii CONRADUS DE MURE *Novus Grecismus*, Prolog, (ed. cit. 7): » quod ego, Cuonradus de Mure, canonicus et pro tempore rector puerorum in ecclesia Thuricensis prepositure, licet insufficiens.«.

iii CONRADUS DE MURE *Novus Grecismus*, begonnen 1244 und vollendet um 1250, cf. Einleitung des Herausgebers Alexandru N. Cizek (CONRADUS DE MURE *Novus Grecismus*, XVI) sowie KLEINSCHMIDT 1985, 238.

iv Diese Stelle wurde von der älteren Forschung auf den »*Libellus de naturis animalium*« bezogen, der ursprünglich Konrad von Mure zugeschrieben wurde, jedoch jetzt nicht mehr zu seinen Werken gezählt wird, während das hier genannte Werk als verschollen gilt, vgl. CONRADUS DE MURE *Novus Grecismus*, XVI.

v Möglicherweise Anspielung auf die Atomistik Hugos von St. Viktor, cf. HUGO DE SANCTO VICTORE *De sacramentis* I, VI (ed. cit. 167). Zu ihr PABST 1994, 145–151.

vi So *Hs.* statt subprior. Zu Hugo Ripelin von Straßburg OP, dem langjährigen Prior und Subprior des Zürcher Predigerkonvents, cf. STEER 1983, 251–266; WEHRLI-JOHNS 1999, 484–488.

vii lilium convallium] Cant. 2,1.

viii fons ... viventium] Cant. 4,15.

ix quia ... existat] PETRUS LOMBARDUS *Sententiae*, Lib. IV, d. 1, c. 4 (ed. cit. II, 233, 13–16).

x sacramentum[3] ... continens] HUGO DE SANCTO VICTORE *De sacramentis* I, 9 (ed. cit. 209, 10f.; 209, 22–210, 2).

xi sacramentum[4] ... operatur] Cf. ISIDORUS *Etymologiarum libri* VI, 19, 40 (ed. cit. I, 250, 10–12).

xii sacramenta ... signa] PETRUS LOMBARDUS *Sententiae*, Lib. IV, d. 1, c. 2 (ed. cit. II, 231, 2). PETRUS LOMBARDUS kennzeichnet die Definition »Sacramentum est sacrae rei signum« als Zitat aus AUGUSTINUS *De civitate Dei*, lib. X (ed. cit. 452). Cf. CONRADUS DE MURE *Novus Grecismus*, X, 154 (ed. cit. 317): »Sacramenta rei fore sacre signa feruntur.«

xiii Cf. PETRUS LOMBARDUS *Sententiae*, Lib. IV, d. 1, c. 2 (ed. cit. II, 231, 6f.). Auch diese zweite Definition führt PETRUS LOMBARDUS auf Augustinus zurück, cf. AUGUSTINUS *Quaestiones in Heptat.* III, q. 84 (ed. cit. 305).

xiv Cf. ISIDORUS *Etymologiarum libri*, Lib. VI, 19, 40 (ed. cit. I, 250, 10–12).

xv Cf. PETRUS LOMBARDUS *Sententiae*, Lib. IV, d. 1, c. 5 (ed. cit. II, 234, 18).

xvi namque ... perimuntur] HUGO DE SANCTO CARO *Commentarius*, Sent. IV, d. 1 (ed. cit. 78).

xvii de ... legis] HUGO DE SANCTO CARO *Commentarius*, Sent. IV, d. 1, q. 3 (ed. cit. 64); PETRUS LOMBARDUS *Sententiae*, Lib. IV, d. 1, c. 6 (ed. cit. II, 235, 26).

xviii sic ... inveniuntur]: Cf. HUGO DE SANCTO CARO *Commentarius*, Sent. IV, q. 1 (ed. cit. 60f.).

xix est duplex ... beatum]: cf. HUGO DE SANCTO CARO *Commentarius*, Sent. IV, q. 2 (ed. cit. 63) sowie ibid. d. 1 (ed. cit. 78).

xx quod ... resolvit]: cf. PETRUS LOMBARDUS *Sententiae*, Lib. IV, d. 1, c. 7 (ed. cit. II, 236, 12–16). Die Aussage im »Libellus« bezieht sich auf BEDA *Homilia*, lib. 1, hom. 10 in

Circumcis. (ed. cit. 54). Cf. auch Hugo de Sancto Caro *Commentarius*, Sent. IV, d. 1 (ed. cit. 81).

xxi *Rhetorica ad Herennium* IV, 25, 35 (ed. cit. 144, 4): »Definitio est, quae rei alicuius proprias amplectitur potestates breviter et absolute.« Auf diese Stelle hat mich freundlicherweise Prof. Dr. Michele Ferrari hingewiesen.

xxii Cf. Gen. 21,4.

xxiii Korr. aus Rex *Hs.*

xxiv Cf. Gen. 17,10–14.

xxv Cf. Petrus Lombardus *Sententiae*, Lib. IV, d. 1 c. 9 (ed. cit. II, 237, 19f.).

xxvi Cf. Rom. 4,11 und Petrus Lombardus *Sententiae*, Lib. IV, d. 1 c. 7 (ed. cit. II, 236, 10).

xxvii a ... populum]: cf. Hugo de Sancto Caro *Commentarius*, Sent. IV, q. 4, art. 1 (ed. cit. 83 und 86).

xxviii antidotum ... primicialis]: cf. Petrus Lombardus *Sententiae*, Lib. IV, d. 1, c. 9, unter Berufung auf Beda *In evangelium* I, hom. 10 (ed. cit. II, 237f.) sowie Hugo de Sancto Caro *Commentarius*, Sent. IV, q. 4, art. 1 (ed. cit. 84).

xxix sit ... cauterialis]: Zur Errettung des Räubers cf. Hugo de Sancto Caro *Commentarius*, Sent. IV, d. 1 (ed. cit. 86). Den Begriff »cauterium« verwendet in diesem Zusammenhang Stephanus Langton *In IV Sententiarum* (ed. cit. 149).

xxx Zum Begriff »mysterium circumcisure spiritualis« cf. Hugo de Sancto Caro *Commentarius*, Sent. IV, d. 1 (ed. cit. 86).

xxxi Cf. 1 Cor. 10,4; Petrus Lombardus *Sententiae*, Lib. IV, d. 1, c. 9 (II, 238, 16–18); Hugo de Sancto Caro *Commentarius*, Sent. IV, d. 1, q. 4 (ed. cit. 83).

xxxii Cf. Hugo de Sancto Caro *Commentarius*, Sent. IV, d. 1, q. 1 (ed. cit. 60f.) und d. 1, Erläuterungen zur Sakramentsbestimmung »Sacramentum est sacrae rei signum« (ed. cit. 75).

xxxiii Cf. Gen. 22,10.

xxxiv Cf. Conradus de Mure *Novus Grecismus*, VIII, 620f. (ed. cit. 265): »Cauteriumque notans homines et equos medica vi / Aut causam signi.«

xxxv Cf. Conradus de Mure *Novus Grecismus*, X, 160–162 (ed. cit. 317): »Actus visibiles ad sacramenta decenter / Appliciti, sub quis secreta recondita virtus / Est seu dispensatio, sunt mysteria dicta.«

xxxvi Cf. Hugo de Folieto (Incertus) *De bestiis et aliis rebus*, Lib. 3, c. 40. De serpentum generibus (ed. cit. 0100B): »Nam lubricum dicitur quidquid labitur dum tenetur, ut anguilla, serpens.« Zitiert aus der Datenbank: *Corpus Corporum, repositorium operum apud universitatem Turicensium* (URL: http://mlat.uzh.ch/MLS/).

xxxvii Conradus de Mure *Fabularius*, Lemma ›Apella‹ (ed. cit. 131): »Apella vero nomen appellatiuum est Iudeus circumcisus. Oratius: ›credat Iudeus Apella, / Non ego.‹ Item in Aurora de Moyse: ›factus Apella puer.‹ ›Apella‹ poterit etiam uerbum imperatiui modi a verbo ›apello, apellas‹. Possunt etiam esse due dictiones: ›a‹ prepositio, ›Pella‹ nomen. Nam ›Pella, Pelle‹ est ciuitas, ubi fuit Magnus Alexander, unde etiam ipse dicitur Pelleus. Iuuenalis: ›Vnus Pelleo iuueni non sufficit orbis‹.« Horatius *Sermones* I, 5, 96–101 (ed. cit. 153, 97–101).

xxxviii Titel am Rand zugefügt *Hs.*

xxxix Der Interlinearglosse 71 g] zufolge bezieht sich diese Bemerkung auf den »*Ordo de sacrisordinibus*«. Sie verdeutlicht nochmals die Auffassung, dass die »caeremonialia« des alten Testaments nur verdienstvoll sind, wenn es sich um ein »opus operans« »ex caritate« handelt, cf. HUGO DE SANCTO CARO *Commentarius*, Sent. IV, d. 1, q. 2 (ed. cit. 63).

xl Diese Reihenfolge der Sakramente ist bei Praepositinus von Cremona (c. 1150–1210) nachgewiesen, cf. FINKENZELLER 1983, 124.

xli Der Marginalglosse zufolge handelt es sich hier um die Reihenfolge der Sakramente bei PETRUS LOMBARDUS *Sententiae*, Lib. IV, d. 2, c. 1 (ed. cit. II, 239, 19f.).

xlii Diese dritte Reihenfolge (Taufe, Firmung, Buße, Eucharistie, Letzte Ölung, Priesterweihe, Ehe) wird in der Marginalglosse als »ordo« der Theologen bezeichnet. DAHNIS 1930, 926 nennt den *Tractatus de septem Sacramentis* aus dem frühen 13. Jahrhundert mit dieser Reihenfolge.

xliii Zu dieser Unterscheidung, die nach DHANIS 1930, 595–597 im *Tractatus de sacramentis* des Magisters Simon und bei Petrus von Poitiers († c. 1215) anzutreffen ist, cf. FINKENZELLER 1983, 124. Zur heilenden Wirkung der Sakramente cf. HUGO DE SANCTO VICTORE *De sacramentis*, lib. I, pars 9 (ed. cit. 219) und GUILLELMUS ALTISSIODORENSIS *Summa*, Lib. IV, tr. 4 (ed. cit. 62).

xliv matrimonium ... consuetudinem] CIC Inst. 1.9.1; X 2.23.11 (ed. FRIEDBERG, II, 355).

xlv Dahinter sententiarum gestrichen *Hs.*

xlvi mors[2] ... rerum[2]] HORATIUS *Epistulae* I, 16, 79 (ed. cit. 228).

xlvii CONRADUS DE MURE *Novus Grecismus* II, 1633f. (ed. cit. 168): »Dic Deutronomium legem signare secundam / Namque secundam dat deutron, nisi vera retundam.«

xlviii ALBERTUS MAGNUS *De sacramentis*, tr. 1, q. 5, 17, 15–21 (ed. cit. 13): »Ultima autem duo sunt ordo et matrimonium, eo quod illa non sunt generalia sicut alia quinque, sed sunt sacramenta in personis quibusdam et in his etiam ordo praecedit matrimonium, quia ille est ad multiplicationem spiritualem, quae principalior est in ecclesia quam multiplicatio materialis.« Cf. CONRADUS DE MURE *Novus Grecismus* X, 155f. (ed. cit. 317): »Suntque voluntatis duo sacramento notanda – / Ordo, coniugium, sed haberi quinque necesse.«

xlix Zum Folgenden HUGO DE ARGENTINA *Compendium*, III, c. 9 (ed. cit. 99).

l Cf. Gen. 37,8; Jac. 1,15.

li Cf. Os. 5,13.

lii Cf. Rom. 7,23.

liii Cf. Rom. 6,12.

liv Cf. Rom. 8,2.

lv Cf. HUGO DE ARGENTINA *Compendium*, VI, c. 5 (ed. cit. 204): »Medicina vero corporalis quadruplex est, scilicet curativa, conservativa, praeservativa, et meliorativa.«

lvi Cf. GUILLELMUS ALTISSIODORENSIS *Summa aurea*, Lib. IV, tr. 4 (ed. cit. 62, 12–14; 63, 36–41); cf. FINKENZELLER 1983, 158f. HUGO DE ARGENTINA *Compendium*, VI, c. 5 (ed. cit. 204).

lvii Cf. Lev. 13,10 und 15.

lviii Cf. HUGO DE ARGENTINA *Compendium*, VI, c. 9 (ed. cit. 206).

lix Cf. HUGO DE ARGENTINA *Compendium*, VI, c. 11 (ed. cit. 209): »Confirmatio sacramentum est pugnantium«.

lx Cf. Sap. 16,20.

lxi Cf. HUGO DE ARGENTINA *Compendium*, VI, c. 5 (ed. cit. 204).

lxii Cf. Sap. 16,20.

lxiii Cf. Gen. 2,1.

lxiv Cf. Ex. 37,17–24.

lxv Cf. Ios. 6,3–4.

lxvi Cf. 4 Reg. 5,8–10.

lxvii Cf. Prov. 9,1.

lxviii Cf. Apoc. 5,1.

lxix Cf. Apoc. 8,6.

lxx Cf. Mt. 15,34f.; Mc. 8,5f. und 20.

lxxi Cf. X 5. 3. 9 (ed. Friedberg II, 751): Auf dem 3. Laterankonzil (1179) wurde die Spendung der Sakramente gegen Geld verboten und als Simonie gebrandmarkt.

lxxii Dahinter Iericho gestrichen *Hs.*

lxxiii Cf. Petrus Comestor *Historia scholastica*, Lib. 4 Regum c. 8 (ed. cit. 1391 CD).

lxiv Cf. 4 Reg. 5,8–10.

lxv sapientia ... VII.] Prov. 9,1.

lxvi Cf. Isidorus *Etymologiarum libri*, XIII, 21, 18 (ed. cit. II, 107, 5f.).

lxxvii Conradus de Mure *Novus Grecismus*, II, 1503 (ed. cit. 163): »Privat apo, sicut tibi denotat apocalipsis« und II, 1562f. (ed. cit. 165): »Apocalipsis habet, quod sit velare calipso / Nam secreta libro quedam reserantur in ipso.«

lxxviii detrahe ... sacramentum] Augustinus *Tractatus in Iohannem* 80, 3 (ed. cit. 529,4–7).

lxxix est[2] ... permanens] Augustinus *Tractatus in Iohannem* 80, 3 (ed. cit. 11–12f).

lxxx quid ... est] Ovidius *Metamorphoses* VI, 349 (ed. cit. 165, 349).

Bibliographie

Handschriftliche Quellen

Aarau, Aargauische Kantonsbibliothek
MsWettF 14
MsWettF 15

Basel, Universitätsbibliothek
A XI 51
B II 20

München, Bayerische Staatsbibliothek
Clm 9885

Zürich, Zentralbibliothek
C 84
Car. C 174

Hugo Ripelin *Compendium theologicae veritatis* (Car. C 174)
[Hugo Ripelin de Argentina]: *Compendium theologicae veritatis*, in: Zürich Zentralbibliothek Cod. C 174 (Ende 13. Jahrhundert).

Hugo de sancto Caro *Commentarius* (B II 20)
Hugo de Sancto Caro: *Commentarius in sententiarum libros* 1–4, in: Basel UB B II 20 (Anfang 14. Jahrhundert), f. 1ra–163vb.

Gedruckte Quellen

Albertus Magnus *De sacramentis*
Albertus Magnus: *De sacramentis*, in: Sancti doctoris ecclesiae Alberti Magni *Opera Omnia*, Bd. 25, hg. v. Albertus Ohlmeyer, Münster 1958, 1–170.

Albertus Magnus *In IV Sent.*
Albertus Magnus: *Commentarii in IV librum Sententiarum*, hg. v. Stephanus C. A. Borgnet (Alberti Magni Opera omnia, 29), Paris 1894.

Alexander de Halis *Glossa*
Magistri Alexandri de Halis *Glossa in quatuor Libros Sententiarum Petri Lombardi*, hg. v. PP. Collegii S. Bonaventura, Bd. 4 (BFSMA 15), Quaracchi/Florenz 1957.

Augustinus *De civitate Dei*
Sancti Aurelii Augustini *De civitate Dei libri XXII*, hg. v. Emanuel Hoffmann (CSEL 40,1/2), Wien 1899/1900 [ND New York 1962].

Augustinus *Quaestiones in Heptat.*
Sancti Aurelii Augustini *Quaestiones in Heptateuchum*, in: Ders., *Quaestiones in Heptateuchum, Adnotationes in Job*, hg. v. Joseph Zycha (CSEL 28,2), Wien 1895, 233–313.

Augustinus *In Iohannem*

Sancti Aurelii Augustini *In Iohannis Evangelium tractatus CXXIV*, hg. v. Radbodus Willems (CCL 36; Aurelii Augustini Opera, 8), Turnhout 1954.

Beda *Homilia*

Beda Venerabilis: *Homilia 10 in die festo Circumcicionis Domini*, in: PL 94, 5453–5458.

Bonaventura *In Sent. IV*

Sanctus Bonaventura: *Commentaria in quatuor libros sententiarum Magistri Petri Lombardi*, 4 Bde., hg. v. PP. Collegii S. Bonaventura (S. Bonaventurae Opera omnia 1/2/3/4), Quarrachi/Florenz 1889.

Conradus de Mure *Fabularius*

Conradi de Mure *Fabularius*, hg. v. Tom van de Loo (CCM 210), Turnhout 2006.

Conradus de Mure *Liber Ordinarius*

Conradus de Mure: *Liber Ordinarius*, hg. v. Heidi Leuppi: *Der Liber Ordinarius des Konrad von Mure. Die Gottesdienstordnung am Grossmünster in Zürich* (SpicFri 37), Freiburg/Schweiz 1995.

Conradus de Mure *Novus Grecismus*

Konrad von Mure: *Novus Grecismus*, auf der Grundlage aller vorh. Handschriften erstmals hg., eingel. und mit Reg. vers. v. Alexandru N. Cizek (MMAS 81), München 2009.

Conradus de Mure *Summa de arte prosandi*

Conradus de Mure: *Summa de arte prosandi*, hg. v. Walter Kronbichler: *Die Summa de arte prosandi des Konrad von Mure* (GWZ 17), Zürich 1968.

García 1981

Antonius García y García (Hg.): *Constitutiones Concilii quarti Lateranensis una cum Commentariis glossatorum* (MIC.G 2), Vatikanstadt 1981.

Gratianus *Decretum*

Emil Friedberg (Hg.): *Decretum magistri Gratiani* (CIC(L) 1), Leipzig 1879 [ND Graz 1955].

Guillelmus Altissiodorensis *Summa Aurea*

S. Magistri Guillelmi Altissiodorensis *Summa Aurea*, Bd. 4, hg. v. Jean Ribaillier (SpicBon 19), Paris 1985.

Horatius *Epistulae*

Quinti Horatii Flacci *Opera*, hg. v. Heathcode W. Garrod (SCBO), ed. alt., Oxford 1997, 225–228.

Horatius *Sermones*

Quintus Horatius Flaccus: *Opera*, hg. v. Heathcode W. Garrod (SCBO), ed. alt., Oxford 1997, 150–153.

Hugo de Folieto (Incertus) *De bestiis et aliis rebus*

Hugo de Folieto: *De bestiis et aliis rebus libri quatuor*, in: PL 177, 9–164.

Hugo Ripelin *Compendium theologicae veritatis*

[Hugo Ripelin de Argentina]: *Compendium theologicae veritatis*, hg. v. Stephanus C. A. Borgnet, in: *Alberti Magni Opera omnia*, Bd. 34, Paris 1895, 1–261.

HUGO DE SANCTO CARO *Commentarius*
HUGO DE SANCTO CARO: *Commentarius in primum et quartum librum Sententiarum*, hg. v. FRIDERICUS STEGMÜLLER: »Hugo de Sancto Caro OP, *Commentarius in primum et quartum librum Sententiarum* (Uppsala 1955)«, in: *Analecta Upsaliensia Theologiam Medii Aevi Illustrantia*, Bd. 1: *Opera systematica*, hg. v. DEMS. (Uppsala Universitets Årsskrift 7), Uppsala/Wiesbaden 1953, 33–95.

HUGO DE SANCTO VICTORE *De sacramentis*
HUGONIS DE SANCTO VICTORE *De sacramentis Christiane fidei*, hg. v. RAINER BERNDT (Corpus Victorinum, Textus historici 1), Münster 2008.

HUMBERTUS DE ROMANIS *Opera*
HUMBERTI DE ROMANIS *Opera de vita regulari*, 2 Bde., hg. v. JOACHIM JOSEPH BERTHIER, Turin 1956.

ISIDORUS *Etymologiarum libri*
ISIDORI HISPALIENSIS EPISCOPI *Etymologiarum sive originum libri XX*, 2 Bde., hg. v. WALLACE M. LINDSAY, Oxford [5]1971 [[1]1911].

JOHANNES DE STERNGASSEN *In sent. I–IV*
WALTER SENNER (Hg.): *Johannes von Sterngassen OP und sein Sentenzenkommentar*, Bd. 2 (QGDOD 4/5), Berlin 1995.

OVIDIUS *Metamorphoses*
P. OVIDII NASONIS *Metamorphoses*, hg. v. RICHARD J. TARRANT (SCBO), Oxford 2004.

PETRUS LOMBARDUS *Sententiae*
MAGISTRI PETRI LOMBARDI *Sententiae in IV Libris distinctae*, Bd. 2: *Liber III et IV*, hg. v. P.P. COLLEGII S. BONAVENTURAE AD CLARAS AQUAS (SpicBon 5), ed. tertia, Grottaferrata 1981.

Rhetorica ad Herennium
INCERTI AUCTORIS *De ratione dicendi ad C. Herennium libri IV*, hg. v. FRIDERICUS MARX, Leipzig 1894 [ND Hildesheim 1966].

STEPHANUS LANGTON *In IV Sententiarum*
STEPHANUS LANGTON: *Commentarium in Sententias*, hg. v. ARTUR M. LANDGRAF: *Der Sentenzenkommentar des Kardinals Stephan Langton* (BGPhMA 37,1), Münster 1952.

THOMAS DE AQUINO *De sacramentis*
S. TOMMASO D'AQUINO: *Commento alle Sentenze di Pietro Lombardo e testo integrale di Pietro Lombardo*, 10 Bde., hg. v. ROBERTO COGGI (u.a.), Bologna 1999–2002.

UB Zürich
JAKOB ESCHER (u.a.) (Bearb.): *Urkundenbuch der Stadt und Landschaft Zürich*, 13 Bde., Zürich 1888–1957.

ABHANDLUNGEN

BATAILLON 2004
LOUIS-JACQUES BATAILLON / GILBERT DAHAN / PIERRE-MARIE GY (Hgg.): *Hugues de Saint-Cher († 1263). Bibliste et théologien* (Bibliothèque d'histoire culturelle du Moyen Âge 1), Turnhout 2004.

BENDEL 1909
FRANZ J. BENDEL: »Konrad von Mure«, in: MIÖG 30 (1909) 51–101.

Berg 1986

Dieter Berg: »Bettelorden und Bildungswesen im kommunalen Raum. Ein Paradigma des Bildungstransfers im 13. Jahrhundert«, in: *Zusammenhänge, Einflüsse, Wirkungen. Kongressakten zum ersten Symposium des Mediävistenverbandes in Tübingen, 1984*, hg. v. Joerg O. Fichte / Karl Göller / Bernhard Schimmelpfennig, Berlin (u.a.) 1986, 414–425.

Bériou 2004

Nicole Bériou: »Federico Visconti, archevêque de Pise, disciple de Hugues de Saint-Cher«, in: Bataillon 2004, 253–269.

Bieniak 2010a

Magdalena Bieniak: »The Sentence Commentary of Hugh of St. Cher«, in: *Medieval Commentaries on the Sentences of Peter Lombard*, Bd. 2, hg. v. Philipp W. Rosemann, Leiden 2010, 111–147.

Bieniak 2010b

Magdalena Bieniak: *The Soul-Body Problem at Paris, ca. 1200–1250. Hugh of St-Cher and his Contemporaries* (AMP.Ser. 1, 42), Leiden 2010.

Binz 1907

Gustav Binz: *Die Handschriften der Öffentlichen Bibliothek der Universität Basel*, Abt. 1: *Die deutschen Handschriften*, Bd. 1: *Die Handschriften der Abteilung A*, Basel 1907.

Blessing 1997

Claus Ulrich Blessing: *Christus de ore ad cor transit. Die Eucharistielehre Hugo's von St. Viktor im Kontext seiner heilsgeschichtlichen Sakramententheologie und der dogmatischen Entwicklung der Frühscholastik mit einer Übersetzung seiner die Eucharistielehre betreffenden Texte* (Deutsche Hochschuledition, 60), Neuried 1997.

Boner 1954

Georg Boner: »Über den Dominikanertheologen Hugo von Straßburg«, in: AFP 24 (1954) 269–286.

Boureau 2004

Alain Boureau: »Hugues de Saint-Cher commentateur des *Sentences*. Le cas du sacrement du mariage«, in: Bataillon 2004, 427–464.

Bretscher-Gisiger/Gamper 2009

Charlotte Bretscher-Gisiger / Rudolf Gamper: *Katalog der mittelalterlichen Handschriften des Klosters Wettingen: Katalog der mittelalterlichen Handschriften in Aarau, Laufenburg, Lenzburg, Rheinfeld und Zofingen*, Dietikon-Zürich 2009.

Bruckner 1938

Albert Bruckner (Hg. u. Bearb.): *Scriptoria medii aevi helvetica. Denkmäler schweizerischer Schreibkunst des Mittelalters*, Bd. 3: *Schreibschulen der Diözese Konstanz, St. Gallen II*, Genf 1938.

Brunner 1899

Julius Brunner: »Die Ordnungen der Schulen der Propstei und der Abtei Zürich im Mittelalter«, in: Bibliothèque d'histoire culturelle du Moyen Âge 9 (1899) 269–295.

Cizek 2000

Alexandru N. Cizek: »Die Schulenzyklopädie *Novus Grecismus* Konrads von Mure: Prolegomena zu einer künftigen Ausgabe des Lehrgedichts«, in: FMSt 34 (2000) 236–258.

CIZEK 2008

ALEXANDRU N. CIZEK: »*Docere et delectare*. Zur Eigenart der *versus differentiales* im *Novus Grecismus* Konrads von Mure«, in: *Dichten als Stoff-Vermittlung. Formen, Ziele, Wirkungen. Beiträge zur Praxis der Versifikation lateinischer Texte im Mittelalter*, hg. v. PETER STOTZ (Medienwandel – Medienwechsel – Medienwissen, 5), Zürich 2008, 191–212.

COLISH 1994

MARCIA L. COLISH: *Peter Lombard*, 2 Bde. (BSIH 41,1/2), Leiden (u.a.) 1994.

DECKER 1935

OTMAR DECKER: *Die Stellung des Predigerordens zu den Dominikanerinnen (1207–1267)* (QGDOD 31), Leipzig 1935.

DEGLER-SPENGLER/KUNDERT 1993

BRIGITTE DEGLER-SPENGLER / WERNER KUNDERT: »Das Bistum Konstanz. Das Domstift. Die Dignitäre (Dompröbste, Domdekane, Domkustoden, Domkantoren, Domscholaster)«, in: *Das Bistum Konstanz. Das Erzbistum Mainz. Das Bistum St. Gallen*, red. v. BRIGITTE DEGLER-SPENGLER (HS I/1–2), Basel (u.a.) 1993, 793–850.

DOLBEAU 2002

FRANÇOIS DOLBEAU: »Un domaine négligé de la littérature médiolatine: les textes hagiographiques en vers«, in: CCMéd 45 (2002) 129–139.

FAES DE MOTTONI 2004

BARBARA FAES DE MOTTONI: »Les manuscrits du commentaire des Sentences de Hugues de Saint-Cher«, in: BATAILLON 2004, 273–298.

FERRARI 2007

MICHELE C. FERRARI: »Kult, Sakralität und Identität in Zürich 800–1800«, in: *Sakralität zwischen Antike und Neuzeit*, hg. v. BERNDT HAMM / KLAUS HERBERS / HEIDRUN STEIN-KECKS (Beiträge zur Hagiographie, 6), Stuttgart 2007, 261–274.

FERRARI/BECK 2013

MICHELE C. FERRARI / ANDREA BECK: »Martertodt in Helvetischen Landen – Die Heiligen Felix und Regula im Mittelalterlichen und Frühneuzeitlichen Zürich«, in: *Sakralität und Sakralisierung. Perspektiven des Heiligen*, hg. v. ANDREA BECK / ANDREAS BERNDT (Beiträge zur Hagiographie, 13), Stuttgart 2013, 33–51.

FIALA 1878/81

FRIEDRICH FIALA: »Conrad's von Mure Schrift *de Sacramentis*«, in: AnzSG, N.F. 3 (1878/81) 205–209.

FISHER 1956

JOHN FISHER: »Hugh of St. Cher and the Development of Medieval Theology«, in: *Speculum* 31 (1956) 57–69.

FINKENZELLER 1980

JOSEF FINKENZELLER: *Die Lehre von den Sakramenten im Allgemeinen. Von der Schrift bis zur Scholastik* (HDG IV, 1a), Freiburg (u.a.) 1980.

FRANK 1998

ISNARD WILHELM FRANK: »Die Grundlegung des intellektuellen Profils des Predigerordens in seinen Anfängen«, in: RoJKG 17 (1998) 13–34.

FRANK 1999

ISNARD WILHELM FRANK: »Mendikantenorden«, in: *Handbuch der bayerischen Kirchengeschichte*, Bd. 1: *Von den Anfängen bis zur Schwelle der Neuzeit*, hg. v. WALTER BRANDMÜLLER, St. Ottilien 1999, 557–597.

Gabathuler 1997

Martin Gabathuler: *Die Kanoniker am Grossmünster und Fraumünster in Zürich. Eine Prosopographie von den Anfängen bis 1316* (EHS.G 774), Bern (u.a.) 1997.

Germann 1994

Martin Germann: *Die reformierte Stiftsbibliothek am Großmünster im 16. Jahrhundert und die Anfänge der neuzeitlichen Bibliographie*, Wiesbaden 1994.

Gy 2004

Pierre-Marie Gy: »Hugues de Saint-Cher dominicain«, in: Bataillon 2004, 23–28.

Heinemann 1913

Barthel Heinemann: »Ein Beitrag zur Lebensgeschichte Konrads von Mure«, in: AnzSG, N.F. 11 (1913) 33–36.

Kaeppeli 1975

Thomas Kaeppeli: *Scriptores Ordinis Praedicatorum Medii Aevi*, Bd. 2: *G–I*, Rom 1975.

Kleinschmidt 1985

Erich Kleinschmidt: »Konrad von Mure«, in: VL 5 (1985) 236–244.

Kronbichler 1968

Walter Kronbichler: »Einleitung«, in: Conradus de Mure *Summa de arte prosandi*, 5–22.

Jorissen 1965

Hans Jorissen: *Die Entfaltung der Transsubstantiationslehre bis zum Beginn der Hochscholastik* (MBTh 28,1), Münster 1965.

Jorissen 2001

Hans Jorissen: »Transsubstantiation«, in: LThK[3] 10 (2001) 177–182.

Jorissen 2002

Hans Jorissen: *Der Beitrag Alberts des Großen zur theologischen Rezeption des Aristoteles am Beispiel der Transsubstantiationslehre* (Lectio Albertina, 5), Münster 2002.

Laarmann 1999

Matthias Laarmann: »Transsubstantiation. Begriffsgeschichtliche Materialien und bibliographische Notizen«, in: ABG 41 (1999) 119–150.

Ladner 1995

Pascal Ladner: »Der *Liber Ordinarius* des Großmünsters von Zürich. Handschrift und Verfasser«, in: Conradus de Mure *Liber ordinarius*, 33–40.

Landgraf 1954/55

Artur Michael Landgraf: *Dogmengeschichte der Frühscholastik*, Bd. 3, 1/2: *Die Lehre von den Sakramenten*, Regensburg 1954/1955.

Lehmann 1918

Paul Lehmann (Bearb.): *Mittelalterliche Bibliothekskataloge Deutschlands und der Schweiz*, Bd. 1: *Die Bistümer Konstanz und Chur*, München 1918.

de Libera 1994

Alain de Libera: *La mystique rhénane d'Albert le Grand à Maître Eckhart* (Points. Sagesses, 68), Paris [2]1994 [[1]1984].

MACY 1994
GARY MACY: »The Dogma of Transsubstantiation in the Middle Ages«, in: JEH 45 (1994) 11–41.

MANGENOT 1930
EUGÈNE MANGENOT: »Hugues de Saint-Cher«, in: DThC 7 (1930) 221–239.

MESSNER 1995
REINHARD MESSNER: »Sakrament/Sakramentalien. I. Westen«, in: LexMA 7 (1995) 1267–1272.

MEYER/BURCKHARDT 1960
GUSTAV MEYER / MAX BURCKHARDT (Hgg.): *Die mittelalterlichen Handschriften der Universitätsbibliothek Basel. Beschreibendes Verzeichnis*, Abteilung B: *Theologische Pergamenthandschriften*, Bd. 1: *Signaturen B I 1 – B VIII 10*, Basel 1960.

MOHLBERG 1951
LEO CUNIBERT MOHLBERG: *Katalog der Handschriften in der Zentralbibliothek Zürich*, Bd. 1: *Mittelalterliche Handschriften*, Zürich 1951.

MOREL 1865
GALL MOREL: »Conrad von Mure, Cantor der Propstei Zürich, und dessen Schriften«, in: NSM 5 (1865) 29–59.

MULCHAHEY 1998
MARIAN MICHÈLE MULCHAHEY: *»First the Bow is bent in Study...«. Dominican Education before 1350* (STPIMS 132), Toronto 1998.

OBERSTE 1999
JÖRG OBERSTE: »Predigt und Gesellschaft um 1200. Praktische Moraltheologie und pastorale Neuorientierung im Umfeld der Pariser Universität am Vorabend der Mendikanten«, in: *Die Bettelorden im Aufbau: Beiträge zu Institutionalisierungsprozessen im mittelalterlichen Religiosentum*, hg. von GERT MELVILLE / JÖRG OBERSTE (Vita regularis, Abh. 11), Münster 1999, 245–294.

PABST 1994
BERNHARD PABST: *Atomtheorien des lateinischen Mittelalters*, Darmstadt 1994.

PARAVICINI BAGLIANI 1972
AGOSTINO PARAVICINI BAGLIANI: *Cardinali di Curia e »Familiae« cardinalizie dal 1227 al 1254*, 2 Bde. (IS 18), Padua 1972.

QUINTO 1999
RICCARDO QUINTO: »Hugh of St.-Cher's Use of Stephen Langton«, in: *Medieval Analyses in Language and Cognition. Acts of the Symposium ›The Copenhagen School of Medieval Philosophy‹, January 10–13, 1996*, hg. v. STEN EBBESEN (Historisk-filosfiske meddelelser, 77), Kopenhagen 1999, 281–300.

QUINTO 2004
RICCARDO QUINTO: »Le commentaire des *Sentences* d'Hugues de Saint-Cher et la littérature théologique de son temps«, in: BATAILLON 2004, 299–324.

RIEGER 1939
ERNST RIEGER: »Conrad von Mure als Urkundenschreiber«, in: MIÖG, Ergbd. 14 (1939) 361–383.

von Scarpatetti 1977

Beat Matthias von Scarpatetti: *Katalog der datierten Handschriften in der Schweiz in lateinischer Schrift vom Anfang des Mittelalters bis 1550*, Bd. I,1: *Die Handschriften der Bibliotheken von Aarau, Appenzell und Basel*, Dietikon-Zürich 1977.

Schenkluhn 1985

Wolfgang Schenkluhn: *Ordines studentes. Aspekte zur Kirchenarchitektur der Dominikaner und Franziskaner im 13. Jahrhundert*, Berlin 1985.

Schipke 1990

Renate Schipke (Bearb.): *Die mittelalterlichen Handschriften der Ratsschulbibliothek Zwickau. Bestandsverzeichnis aus dem Zentralinventar mittelalterlicher Handschriften* (DS.H 13), Berlin 1990.

Schwarz 1952

Dietrich W. Schwarz (Hg.): *Die Statutenbücher der Propstei St. Felix und Regula (Grossmünster) zu Zürich*, Zürich 1952.

Simonin/Meersseman 1936

Henri-Dominique Simonin / Gilles Meersseman (Hgg.): *De Sacramentorum efficientia apud theologos OP*, Fasz. 1: *1229–1276*, Rom 1936.

Steer 1981

Georg Steer: *Hugo Ripelin von Strassburg. Zur Rezeptions- und Wirkungsgeschichte des ›Compendium theologicae veritatis‹ im deutschen Spätmittelalter* (Texte und Textgeschichte, 2), Tübingen 1981.

Steer 1983

Georg Steer: »Hugo Ripelin von Straßburg«, in: VL 4 (1983) 252–266.

Steer 1995

Georg Steer: »Das *Compendium theologicae veritatis* des Hugo Ripelin von Strassburg. Anregungen zur Bestimmung seines Verhältnisses zu Albertus Magnus«, in: *Albertus Magnus und der Albertismus. Deutsche philosophische Kultur des Mittelalters*, hg. v. Maarten J. F. Hoenen / Alain de Libera (STGMA 48), Leiden (u.a.) 1995, 133–154.

Trottmann 2004

Christian Trottmann: »Syndérèse et liberté dans le commentaire des *Sentences* de Hugues de Saint-Cher: éléments de théologie morale«, in: Bataillon 2004, 325–340.

Van den Eynde 1949/50

Damian van den Eynde: »Les définitions des sacrements pendant la première période de la théologie scolastique (1050–1235)«, in: Anton. 24 (1949) 183–228, 439–488; Anton. 25 (1950) 3–78.

Van den Eynde 1951/52

Damian van den Eynde: »The Theory of the Composition of the Sacraments in early Scholasticism (1125–1240)«, in: FrS 11 (1951) 1–22, 117–144; FrS 12 (1952) 1–26.

Van Den Eynde 1951b

Damian van den Eynde: »Stephen Langton and Hugh of St. Cher on the Causality of the Sacraments«, in: FrS 11 (1951) 141–155.

Verger 2004

Jacques Verger: »Hugues de Saint-Cher dans le contexte universitaire parisien«, in: Bataillon 2004, 13–22.

WEHRLI-JOHNS 1980
MARTINA WEHRLI-JOHNS: *Geschichte des Zürcher Predigerkonvents (1230–1524). Mendikantentum zwischen Kirche, Adel und Stadt*, Zürich 1980.

WEHRLI-JOHNS 1999a
MARTINA WEHRLI-JOHNS: »Dominikaner, Zürich«, in: ZIMMER/DEGLER-SPENGLER 1999, 467–488.

WEHRLI-JOHNS 1999b
MARTINA WEHRLI-JOHNS: »Dominikanerinnen, Töss«, in: ZIMMER/DEGLER-SPENGLER 1999, 901–934.

WEHRLI-JOHNS 1999c
MARTINA WEHRLI-JOHNS: »Dominikanerinnen, Zürich, Oetenbach, Geschichte«, in: ZIMMER/DEGLER-SPENGLER 1999, 1019–1029.

WEISWEILER 1932
HEINRICH WEISWEILER: *Die Wirksamkeit der Sakramente nach Hugo von St. Viktor*, Freiburg i. Br. 1932.

WILD 1999
DÖLF WILD: *Das Predigerkloster in Zürich. Ein Beitrag zur Architektur der Bettelorden im 13. Jahrhundert. Archäologie beim Neubau der Zentralbibliothek in Zürich 1990–1996* (MKZ 32), Zürich 1999.

WORSTBROCK 1983
FRANZ JOSEF WORSTBROCK: »Johannes de Garlandia«, in: VL 4 (1983) 612–623.

ZIMMER/DEGLER-SPENGLER 1999
PETRA ZIMMER / BRIGITTE DEGLER-SPENGLER (Hgg.): *Die Dominikaner und Dominikanerinnen in der Schweiz* (HS IV/5), Basel 1999.

Archa Verbi 12 (2015) 108–129

Avignon, the Armenians, and the Primacy of the Pope[1]

by IRENE BUENO

In spite of the many connections and mutual influences which one can reconstruct between polemical works compiled in the Latin West and the Christian East, only rarely are we able to hear a plurality of voices, from both the East and the West, confronting each other and directly written in response to each other on similar issues. Only rarely do we actually have at hand a series of texts that are closely related, testifying to the various viewpoints at play in a religious controversy. The theological consultation on the Armenians, which took place at the court of Avignon in the late 1330s and 1340s, represents a significant exception in this respect. Both during and after this consultation, a number of writings were produced by the various parties, not only at the papal court but also in Cilician Armenia, allowing one to trace the interactions of the different actors, and to follow the developments of the theological debate both in Avignon and overseas. What one derives from this is a complex picture, comprised of different arguments, different tones, and different textual approaches.

When Pope Benedict XII initiated a vast inquiry into the alleged 'errors' of the Armenians in the late 1330s, several factors were at play in favour of a religious interchange between the Latin and the Armenian Churches. If the separation of the Armenians from the other Christian traditions had a long history, traceable back to late antiquity,[2] the last centuries of the medieval period offered new conditions in which to establish interreligious contacts, which became the source of both convergence and hostility. The formation of an autonomous Armenian Kingdom in Cilicia (1198–1375), resulting from increasing Armenian resettlement in Anatolia since the eleventh century, ensured new waves of military, religious, and commercial contacts with the west. Formal Church union with the Latins and recognition by the German Empire accompanied the formation of this realm in 1198, together with the growth of pro-Latin sentiments among the Cilician religious and ruling elites and various Armenian communities. Moreover, new military developments in the thirteenth and fourteenth centuries–the weakening of the Mongol alliance

1 A preliminary version of this article was presented at the Research Colloquium "Confronting the Christian 'Other': East-West Relations in the Middle Ages", organised at the Institut für Historische Theologie, Universität Wien, by Thomas Prügl and Andrea Riedl. I would like to thank all participants for their precious feedback.

2 Even though it was already apparent during the Councils of Dvin of 506 and 555, the separation of the Armenian Church was officially formalised by the rejection of the Council of Chalcedon (451) by the Council of Dvin in 607. See MAHÉ 1993.

and the growing threat of the Mamluks–further contributed to orientating the Armenian Kingdom to a search for Western support. Further opportunities for interreligious contacts were given by the growing activity of mendicant missionaries in Cilician and Greater Armenia in the fourteenth century, with the impulse given by the Avignon papacy. While cultivating processes of Latinisation in the East, however, preachers also generated strong anti-Catholic concerns, especially among various groups of monastics in Greater Armenia.[3]

Just as has happened in the case of unionist movements in Byzantium, the understanding of Latin-Armenian interaction in the Middle Ages has often been biased by the denominational allegiances of modern scholars. This has resulted in apologetic or polemical readings of the same sources and events, leading to different interpretations of unionist avenues. Accordingly, some scholars have emphasised the rift between Latin and Armenian traditions, whereas others have been more inclined to demonstrate that religious and ecclesiastical unity between Rome and the Armenian Church had in fact been perfectly achieved.[4]

My contribution returns to the consultation on the Armenians, which took place at the papal court of Avignon in the 1330s and 1340s, and reframes the research questions on the resulting documents. I suggest that we abandon the search for an alleged truth about the situation of the Armenian Church, apparently hidden behind these sources. Instead of inquiring into the tenets and rituals of the Armenians, I will focus on the wider intellectual context and the textual output of this consultation. Each document in the Armenian dossier represents a different viewpoint, and was thus produced with a different approach, questioning the methods, sources, and contents of the religious confrontation from a different perspective. Not only can one detect the official accounts produced within the entourage of the pope and evaluate their shifting tenor, but it is also possible to follow the footprints of variously positioned groups and individuals from Greater and Cilician Armenia, Unitors, Franciscans, or Apostolic, who often contrasted with one another. It is precisely the plurality of voices, testified to by these records, that stands at the core of this article. Their interaction not only demonstrates how many different views were involved in the confrontation between Eastern and Western churches, it also reveals how ecclesiological positions were not always unwavering and definite, but were often blurred and confused and liable to being negotiated, updated and revised.

The various parties involved were engaged in meditations about a vast array of subjects. The large number of issues under debate is due to the fact that the consultation was aimed at scrutinizing in the most comprehensive way possible the general situation of the Armenian Church and its believers, including dogmatic convictions and religious practices.[5] I will focus, however, on just one

3 See the useful survey by Cowe 2006.

4 See, respectively, Ōrmanean 1913, no. 1293, col. 1872–1902; and Tournebize 1906.

5 On this theological consultation see Bueno 2015a; Walsh 1981, 129–181.

specific issue, which had the potential to play a significant role within the investigation organised by the pontiff at the court of Avignon: the idea of the primacy of the pope. By focusing on the different treatments produced of this specific matter, it will be possible to shed light on how it was variously received, and on how it was profoundly understood and discussed by the various actors involved.

The primacy of the jurisdiction of the bishop of Rome–a notion that had increasingly placed itself at the core of Western ecclesiology since the time of the Gregorian reform–represented one of the prominent factors of divergence between the Latin and the Eastern churches. The Western concept of papal primacy *in toto orbe* had achieved a relevant degree of theoretical development by the twelfth and thirteenth centuries, along with the transformation of the papacy into a highly-centralised monarchy. The powers of the Roman pontiff, deemed comprehensive in every way, were intended to include eastern Christendom, even as the notion of papal infallibility brought about a claim of superiority over the other patriarchates.[6] The Armenians, just like the other Christians of the East, received the Western claims for Petrine primacy with suspicion but also hesitantly, as they lacked the appropriate theological background to oppose the novelty of such arguments.[7] Unlike the Greeks, however, they repeatedly turned to the West during the second Middle Ages, their formal submission to Rome often being the consequence of geopolitical and military factors, rather than ecumenical concerns.[8] Because it was not a central issue of Armenian religious identity, the acceptance of papal authority could occasionally be negotiated due to more urgent matters, such as the need to obtain material support from the West against the Saracens.

After the union of 1198, the position of the Armenian Church with respect to Rome changed several times. In general terms, the monarchy and the upper clergy of Cilician Armenia proved more favourable to communion, if not actual unity with Rome, whereas the monastic circles were less keen on ecclesiastical convergence.[9] In 1298 catholicos Grigor VII acknowledged Pope Boniface VIII as the head of the universal Church. At the beginning of the fourteenth century, formal unity with the Latin Church was again pronounced by the local councils of Sis (1307) and Adana (1316).[10] On this occasion, the Armenian unionist clergy accepted the position of the Latins regarding the principal matters of division: the dyophysite Christology; the addition of water to the Eucharistic chalice; the *Filioque*; the date of the nativity of Christ; and the existence of purgatory. Yet, the idea of the papal primacy was barely

6 Papadakis 2011, 17–67.

7 Pogossian 2006; Pogossian 2010, 22–43.

8 Bundy 1986.

9 On the relations between the Roman and the Armenian churches in the High Middle Ages see especially Tournebize 1910, 235–400; Hamilton 1978; Halfter 1996, 189–245; Richard 1998, 195–226; Cowe 2003/04.

10 Bundy 1992.

mentioned in the proceedings of the two councils.[11] The superficial treatment of such an important subject in the documents of a union council is striking but perhaps understandable. Certainly, it was deemed as much more relevant in the Latin West than it was in the Armenian ecclesiastical context.

In the context of fourteenth-century inquiries into the Armenian 'errors', from a Western perspective the obedience to Rome was ultimately one of the principal matters under discussion. Conversely, this was an issue, which had not yet been dealt with extensively by Armenian theologians and church representatives. If it began being increasingly discussed, this was the consequence of closer interaction with Rome and of the gradual penetration of Latin theological works in the East.[12] Overall, the idea of the Petrine primacy occupied a marginal role, if any, among the religious concerns of the Armenians. Yet, this issue could no longer be ignored during the debates of the 1340s: since the discussion was rooted on a well-defined list of items, including the authority of the pope and of the Roman Church, it would have been hard to avoid the subject matter.[13]

The documents compiled in the framework of this Latin-Armenian consultation include a number of texts, which were directly related to each other. My study focuses on four texts, which prove to be particularly useful in tracing the different voices active in the debate. Not only do they cover similar topics, but they were even compiled using the same source material. They include: the renowned list of 117 errors of the Armenians; a response to this list by the Armenian Friar Minor Daniel of Tabriz; a refutation of the same articles by the Carmelite theologian Guido Terreni; and a vast *Summa de quaestionibus Armenorum* by Richard FitzRalph.

A booklet containing a list of 117 errors of the Armenians was submitted to Benedict XII in around 1338–1340, its principal author being Nerses Balientz, an Armenian convert to Catholicism and who was committed to the unionist cause. Nerses arrived in Avignon in 1338. He sought refuge at the papal court after having come into open conflict with the Armenian clergy and secular powers. Apparently, he had been excommunicated by the catholicos, and even imprisoned. Once released, he left for the papal curia in search of protection, and there he fraudulently claimed that he was the archbishop of Manazkert and had been persecuted because of his resolute commitment to union.[14] By means of a long and detailed list of alleged *errores* of the Armenians, Nerses sought to take his revenge, bringing the general situation of the Armenian

11 The proceedings of Sis simply state that: "Praeterea magnus Episcopus Mediolanensis, Sanctus Ambrosius, in suis scriptis commendatum reliquit, debere quemlibet Sanctae et Apostolicae Ecclesiae Romanae praestare obedientiam; quippe quae ab Apostolo Petro in orthodoxa fide firmata fuit, nam sicuti corporis est obedire capiti; ita debet similiter universalis Ecclesia, quae corpus est Christi, ei obtemperare." Galanus 1690, 465; for the proceedings of the two councils see ibid., 451–507.

12 La Porta 2015.

13 La Porta 2004.

14 Golubovich 1923, 338f.

Church to the attention of the pope, from the perspective of an Armenian Latiniser who was in open conflict with both unionists and anti-unionists. Yet, the only extant copy of the 117 errors list, today preserved in the Vatican Archives, is not his own original text. It is instead the product of a broader investigation, initiated by Benedict XII in Avignon, involving theologians who re-elaborated Nerses' original work, albeit remaining faithful to its structure and content.[15] As will be discussed below, one is more likely to get an accurate impression of the first version of the booklet (compiled in the first person instead of the third) by reading the refutations of Daniel of Tabriz: as they were written in direct response to Nerses' booklet, they contain open quotes from each of the errors listed.

The booklet of 117 errors reflects a religious context characterised by fragmentation. It concerns Armenian Church representatives and common believers equally, both those living in Greater and Cilician Armenia and those *uniti* and *non uniti* to the Roman Church. Their identity is occasionally specified, but they are often referred to simply as *Armeni*, suggesting that the beliefs and practices described in the booklet were broadly widespread. Indeed, the booklet aims to emphasise the discrepancy between Latins and Armenians, seeking to demonstrate that, in spite of the recent councils of Sis and Adana, the two traditions were still profoundly divergent.

However, the idea of disagreement with Rome itself occupies only a limited part of the text. Out of 117 articles, only nine refer to Armenian views of the Roman Church and the authority of the pope.[16] According to the booklet, even the upper clergy of the Armenian Kingdom, which was more markedly philo-Latin, were no longer in favour of the union with Rome. According to error no. 78, for example, the catholicos Jakob II ordered the Armenians to differentiate themselves from the Latins in a number of ways: by celebrating the Armenian, rather than the Latin, mass; by observing Armenian fasting; and by preventing the Latinisation of the Armenian people.[17] Moreover, according to the catholicos, "it was better that his people went to hell as Armenians, rather than become Latin and go to paradise."[18] For this reason, the catholicos forbade the teaching of the Latin language and preaching in Latin in his

15 Vatican City, Archivio Segreto Vaticano, Reg. Vat. 62, ff. 100^{r}–124^{v}; *De erroribus Armenorum*.

16 Articles no. 78, 84–87, 90–91, 116–117.

17 "... dictus catholicon vocavit praedictos archiepiscopos et inhibuit eis hoc: primo, quod non celebrarent Missam Latinam, sed Armenorum antiquam Missam; secundo, praecepit eis, quod non servarent ieiuna Ecclesiae Romanae, sed antiqua ieiunia Armenorum; tertio, praecepit, quod non baptizarent aliquem, qui dubitaret de suo baptismo ...; quarto, inhibuit eis ne facerent populum suum Armenorum latinum ...; quinto praecepit eis quod non docerent pueros armenos nec linguam nec litteram latinam, quia quando addiscerent litteram latinam, amitterent linguam Armenorum." *De erroribus Armenorum*, no. 78, 145.

18 "... quia dicebat ille dictus catholicon, quod melius erat quod populus suus sicut Armenus vadat ad Infernum, quam si fierent Latini et irent omnes ad paradisum." Ibid., 145.

province, and he condemned those Armenians who became *catholici et oboedientes* to the Roman Church. Most importantly, "the Armenian catholicos forbade the teaching that the pope of Rome is the head of the Church in the Eastern Lands, and he claimed he was himself the pope in the oriental lands, from the Mediterranean Sea until the great empire of the Tartars."[19]

Error no. 90 discusses even more specifically the idea of the papal primacy, as it touches upon the problem of the authority of the pope and his power of binding and loosing. According to the author(s) of the booklet, the Armenians claimed that the power of binding and loosing had been granted only to Peter, and that it was never transmitted to his successors.[20] As a result (as discussed in article no. 84), the Armenian catholicos, bishops, and priests do hold the same *potestas* of the Apostle Peter.[21] Moreover, error no. 85 adds that according to the Armenian clergymen, the superior authority of the bishop of Rome was established by the Council of Nicaea, but that after Chalcedon the pope of Rome lost this authority, and since then only the Armenians have maintained the power of binding and loosing.[22]

Elsewhere, a consideration of more recent historical developments replaces discussions about the distant history of the first ecumenical councils, in order to support antagonism towards union. Error no. 95 suggests that the union between the Armenian and Latin churches was the result of political, rather than religious motivations, and that it was in fact encouraged by the king of Armenia. Moreover, the booklet mentions a certain Vartam of the Black Mountain, who composed a treatise against the pope, describing him as an "arrogant pharaoh", whose subjects were submerged in the sea of heresy. According to the author(s), the Armenian clergy considered this treatise to be as important as the canons of the apostles.[23]

19 "Sexto, inhuibuit eis, quod non praedicarent papam Romanum caput esse Ecclesiae in Orientalibus partibus, sed ipse se dicit et facit papam in partibus Orientalibus a fine maris usque ad magnum imperium Tartarorum." Ibid., 145.

20 "Item, Armeni dicunt et tenent, quod potestas illa, quam Christus dedit b. Petro, dicendo ei *Quodcumque ligaveris super terram etc.*, sunt solum data personae Petri et pro ipso solo, ita quod haec potestas non transivit ad aliquem eius successorem." no. 90, ibid., 149.

21 "Item, Armeni dicunt et tenent, quod catholicon, episcopi et presbyter Armenorum eamdem et aequalem potestatem habent ligandi vel solvendi, quantam et qualem habuit Petrus Apostolus." no. 84, ibid., 147.

22 "Item, Armeni dicunt et tenent, quod usque ad concilium Nicaenum Romanus Pontifex non habuit potestatem maiorem, quam alii patriarchae; sed tunc de voluntate dicti concilii fuit ordinatum, quod dictus Romanus Pontifex haberet potestatem super alios patriarchas. Quam potestatem habuerunt Romani Pontifices usque ad concilium Chalcedonense." no. 85, ibid., 147.

23 "... quidam magister, vocatus Vartam de Nigromonte, composuit unum librum vocatum de *Risma*, idest *Versus pedem*, contra papam et suum Legatum et contra Ecclesiam Romanam in quo vocavit papam Romanum superbum Pharaonem, cum suis subditis in mare haeresis submersos ... Et multi ministri Armenorum et episcopi ac presbyteri dictum librum honorant tamquam canones Apostolorum." no. 116, ibid., 154.

Finally, the last article listed in the booklet, error no. 117, summarises the essence of anti-Latin resistance. It states as follows:

> Armenians do not share the true faith of the holy Roman Church, nor the sacraments, and they curse the holy Roman Church, the pope, and the cardinals, saying they are heretics ... And very few people in Armenia Minor, except for the king and some noblemen, share the faith of the Roman Church.[24]

Overall, Nerses seeks to demonstrate that church union has undeniably failed in Armenia. Not only did the majority of clerics and believers refuse the idea of the superiority of the Apostle Peter and his successors, but they also openly opposed Latinisation. Moreover, he shows that the memory of distant and recent history prompted even further criticism against submission to Rome, both in Greater and Minor Armenia. Indeed, according to his reading, most Armenians perceived early Christian history, and particularly the Council of Chalcedon (451) and the later Council of Manazkert (726), as the key moments of rupture between the two traditions. The Chalcedonian credo, rather than Western claims for Petrine supremacy, thus appears in the booklet as the prevailing factor of divergence. The antagonism towards the pope, which surfaces in the booklet, seems to be part of a general sentiment of hostility towards the Church of Rome, which includes resistance against Latinisation, and attachment to the Armenian sacramental tradition and fasting practices.

The overview designed by Nerses was undoubtedly biased by his personal vicissitudes and differences with the catholicos and the local church representatives. As the text available to us was re-elaborated by other hands at the court of Avignon, the distance between Latins and Armenians might have been emphasised even further. Whether reliable or not, Nerses' booklet brought to the West a new body of knowledge about the situation overseas, available in an accessible language. Not surprisingly, this text made waves. Benedict XII ordered a theological investigation to evaluate the content of the booklet. On this occasion, numerous witnesses and interpreters arrived at Avignon to make statements before the curia. Moreover, a number of Armenian books were brought to Avignon, in order to be translated and examined.[25]

Among the persons who examined the booklet, one can identify Daniel of Tabriz and Guido Terreni. Daniel was an Armenian Friar Minor, devoted to the cause of union, who arrived in Avignon in 1341 as a royal legate.[26] Guido was a Carmelite bishop, a renowned canonist and theologian, a strenuous supporter

24 "Item, quod Armeni non habent omnino veram fidem, quam tenet sancta Romana Ecclesia nec Sacramenta blasphemantque sanctam Romanam Ecclesiam et papam et Cardinales, dicentes eos esse haereticos; et quod catholicon Minoris Armeniae dixit, quod papa et omnes Cardinales qualibet die plures quam ipse haberet capillos in capite faciunt homines occidere ... et paucissimi sunt homines in Minori Armenia, praeter regem et aliquos nobiles, qui tenent fidem Romanae Ecclesiae." no. 117, IBID., 154f.

25 BUENO 2015a; WALSH 1981, 129–181; GOLUBOVICH 1923, 333–358.

26 GOLUBOVICH 1923, 336f.

of the papalist position in a number of debates, and the author of numerous works, including a treatise on the infallibility of the pope.[27] Just like Daniel, Guido was in Avignon during the consultation on the Armenians.[28] Both took an active role in the controversy: they examined Nerses' list carefully, and compiled their own treatises in response to this list. Yet, they looked at the booklet from very different angles: Daniel, as an Armenian catholic, who supports union and who knows very well the cultural and theological context under examination; Guido, as a Western theologian, whose knowledge of Armenia is poor and essentially based on a unique source, the list of errors by Nerses Balientz. Daniel is skilled in the Latin and Armenian languages, and he brings to the papal court the expertise of an Armenian Latiniser. Guido, on the contrary, reads the booklet through the lens of a Western teacher and interpreter of the curial intellectual tradition.

What was the output of such different readings of the same source material? Daniel of Tabriz compiled a passionate *Responsio ad errores impositos Hermenis*, addressing every single error presented in the list.[29] He bitterly denounces Nerses as a "swindler," "liar and traitor," similar to a "rabid dog," accusing him of misrepresenting Armenian doctrine.[30] As a unionist, Daniel engages in a firm apology of those Armenians who have chosen Church union, against the *Armeni non uniti*. Whereas Nerses accuses all Armenians, both in Greater and Lesser Armenia, Daniel only denounces those from Greater Armenia, regarding them as sinners and heretics. He states that, for about fifty years, there have been two anti-catholicoi in Greater Armenia, who ordained numerous bishops, creating a sort of schism.[31] In contrast, he claims that the entire clergy of Lesser Armenia, under the catholicos of Sis, is united with Rome, and that

27 On Guido Terreni, see Xiberta 1932, 1–34; on his participation in debates about the power and infallibility of the pope, see Xiberta 1926; Shogimen 1998; Izbicki 1977; Tierney 1988, 238–272; Turley 2006.

28 Bueno 2015a.

29 Daniel de Taurisio *Responsio.*

30 "Canis rabitus habet conditionem istam quod quicquid videt mordet, utrum habeat facere cum eo vel non. Ideo facit iste homo. Omnes mordet, nullum permittit sanum, ita diffamat bonos sicut malos, et unitos sicut non unitos, etc. De duobus sequitur unum necessarium, quia oportet quod vel tota ecclesia sit falsa et heretica, sicut ipse mentitur in dictis suis, vel quod ipse, pessimus contrarius veritatis fidei et sacramentorum et bonorum morum, sit falsus, et mendax traditor sicut est." Ibid., 649.

31 "Ante quinquaginta annos, non erat differencia inter Armenos, nec in fide, nec in sacramentis, nec in doctrina ... tamen in hoc erat differencia, quia duo anticatholicon, de parvo tempore citra, surrexerant in Armenia Majori, et non obediebant catholicon vero, nec obediunt. Uno de dictis duobus habet circa triginta episcopos sub se, et alius in medio circa quatuordecim; ceteri omnes alii episcopi de Armenia Majori et Minori, et qui sunt etiam per alias partes mundi, sunt sub catholico Armenie Minoris, qui tenet cum ecclesia Romana." Ibid., 597f.

they do indeed celebrate the Nativity of Christ in December, accept the Council of Chalcedon, and add water to the Eucharist, just like the Latins.[32]

To further support these ideas, Daniel also provides his own personal testimony. He repeatedly claims to have heard and read only positive things about the Latins.[33] Moreover, most statements are supported by the proof of his own direct experience: "I am sure that this is true, as I saw it myself and I was there."[34] He also heard with his own ears the catholicos preaching unity with Rome and his bishops swearing obedience to the pope; and he even brought the pope some letters from the catholicos, as further proof of the unity of Armenians with Rome.[35]

Besides mentioning his direct experience, Daniel also refers to what he heard and read. He thus concentrates on notions acquired about early Christian history, finding historical evidence for harmony and concord with the Latins. For example, he discusses ancient doctors of the Armenian Church, such as Nerses and Isaac, who took part in the Councils of Constantinople and Ephesus and who prophesised that "the Armenian Church would have been liberated by the Latin Church, and that is why the Armenians are still so much in favour of the Roman Church."[36]

However, he is unsure of what to think about another article mentioned by Nerses Balientz: namely that the superior authority of the pope over the other patriarchs was established during the council of Nicaea, and was thus not given to Peter by Christ. On this issue, he limits himself to admitting: "I have neither read this matter among the Armenians, nor have I heard it, nor believed."[37] He is also rather confused about other articles mentioned by Nerses with respect to the primacy of the pope: for example, the thesis mentioned above, that the

32 "... et facta est modo differencia inter Armenos, quia dicti uniti Ecclesie sancte ponunt aquam in sacrificio, faciunt festum Nativitatis XXV decembris, recipiunt concilium Calcedonense, ... credunt purgatorium esse, recipiunt libenter doctrinam ecclesie Romane, confitentur processionem Spiritus Sanctui a Patre et Filio." Ibid., 594.

33 "De Latinis audivi et legi semper multa bona, quod Armeni dicebant, et quasi nunquam mala. ... De ecclesia Romana non audivi aliquod malum dicere." Ibid., 591.

34 "De hoc sum certus quod verum sit, in quantum ego vidi et apud quos fui... ." Ibid., 561. The letter of the catholicos, that he brought to Benedict XII, is copied together with the *Responsio* by Daniel of Tabriz, in Ms Paris, BnF, lat. 3368, ff. 59r–70v and edited by Tăutu 1958, 156–159.

35 "Et hoc idem fatetur catholicus in littera sua quam misit per nos, nuntios Armenorum, sanctissimo patri domino Pape." Daniel de Taurisio *Responsio*, 561; "Et modo auribus meis audivi dictum catholicum predicare unitatem ecclesie Romane." Ibid., 620.

36 "Sepe audivi et in scriptis eorum legi que sunt dicta per valentissimos Armenos antiquos, sicut est dominus Nerses, qui fuit catholicus Armenorum et fuit in concilio Constantinopolitano unus de sanctis patribus, et dominus Issaac, qui recepit concilium Ephesinum; isti et aliqui alii predicaverunt prophetando quod liberatio ecclesie Armene debet esse per ecclesiam Latinam, et ideo multum afficiuntur ad istam ecclesiam." Ibid., 591.

37 "Talem questionem inter Armenos nec legi, nec audivi, nec credidi, et videtur quod non sit verum." Ibid., 626.

authority of binding and loosing was never transmitted to the successors of Peter. His arguments in this respect are again quite poor, and essentially based on a critical reading of Nerses. Conversely, by means of factual observations and counterfactual arguments, Daniel aims to prove the Armenians' obedience to Rome: he states that as a matter of fact Armenians demonstrate the contrary of what is said by Nerses, because they *are* united with the Roman pontiff. And if they ever believed that the pope was a heretic (perish the thought!), they would not be united with him and they would not care at all about him.[38] And if they did not believe that the successor of Peter has the same authority as Peter himself, they would not honour the pope as much as they do Peter, which they do not do for reasons of personality (*ratione personae*) but for reasons of office (*ratione officii*).[39]

As I have attempted to show, Daniel reads Nerses from the perspective of a fervent unionist: based on his personal experience, on the letters of the catholicos, and some other Armenian texts that were brought to the papal curia, he seeks to demonstrate that the majority of the Armenians are indeed united with Rome and obedient to the authority of the pope. However, his arguments in this respect are often weak, lacking the theoretical apparatus that had been elaborated over centuries in the West. Daniel's line of thought is often supported by the testimony of his own direct experience, rather than being embedded in the Gospel passages usually referred to when discussing the subject matter. After all, what he personally saw, heard, or read might have been even more relevant than a theological dissertation to the members of the papal curia. While a consultation was aimed at gaining a more profound knowledge about the Armenians, one's direct experience in the East might count as much as a translated book. In addition, in spite of the various Armenian texts brought to the papal court, Daniel often laments the difficulty of writing his text—and he was supposed to do it in haste—without having at hand the necessary references.[40] He was thus likely to resolve the issue of the lack of appropriate literature by resorting to what he had personally witnessed and learned overseas. Yet, both his work and personal testimony were of necessity received through the intellectual filters of the curialist tradition. The different line of

38 "De facto, ostendunt contrarium, quia uniti sunt et conjuncti dicto Summo Pontifici Romano, quia si crederent quod dictus Summus Pontifex esset hereticus, quod absit! sicut ipse mentitur, nec unirentur sibi, nec mitterent ad eum, nec curarent aliquid de eo, nec parum, nec magnum; sed cum totum faciunt in contrarium, falsum est quod ipse dicit de Armenis." Ibid., 626f.

39 "Falsum est, quia Armeni faciunt et dicunt de facto in contrarium; quia, si non crederent quod successores beati Petri haberent auctoritatem sancti Petri apostoli, tantum honorem exhiberent Pape quantum uni alteri qui non est successor beati Petri, sed cum faciunt in contrarium, exhibendo sibi honorem tanquam beato Petro, hoc non faciunt ratione persone, sed ratione officii. Ergo, ille male dicit." Ibid., 631.

40 "Non est verum, quantum ego scio. Falsum est et potest probari in contrarium per pontificale quod Dominus noster habet in armeno ... Ego ad presens librum habere non possum; ideo non possum ostendere veritatem plenam; si dabuntur michi libri, melius et clarius de quolibet ordine dicam." Ibid., 631.

argumentation and theological references used by Latins and philo-Latin Armenians at the papal court may ultimately explain Daniel's bitter frustration, when he states: "I doubt that since the time of Christ any heretic or heretical church has ever been treated in such a bad way as the Armenians are being treated at the Roman curia right now!"[41]

Not surprisingly, the perspective changes drastically when it comes to Guido Terreni and his reading of the accusations against Armenians. As mentioned above, Guido was at the papal court during the years of the Armenian consultation. He arrived, in fact, in Avignon in 1341 and remained there until his death in 1342. At the court of Benedict XII he examined the list of errors assembled by Nerses, and based on this he compiled a polemical work aimed at refuting the principal Armenian tenets. These refutations became part of a vast anti-heretical work written by Guido during the last years of his life: the *Summa de haeresibus et earum confutationibus* (ca. 1340–2).[42] This is an ambitious treatise against all heretics, from the time of Augustine until Guido's time, including ancient sects, Jews, Eastern Christians, and modern heretics such as the Cathars and Valdensians. The intention of the work was to provide a comprehensive and updated list of heresies, with the addition of specific refutations for each heretical tenet.

Following this line, Guido's treatment of the errors of the Armenians does not differ much from his refutation of ancient and modern heresies. He closely follows the original text of Nerses Balientz. However, he also reorganises the material, removing repetitions, grouping errors (in 30 articles only, instead of 117), and omitting those he considers less relevant. Most importantly, his intervention produces a fundamental shift in the original intention of the booklet, transforming the list of Armenian errors into an actual treatise about and against heresy. The denominations and arguments employed, as well as the architecture of the work, testify to the new genre of the text perfectly. Indeed, Guido seeks to demonstrate that the Armenians are nothing more than heretics, similar to all the other sects rebutted in the *Summa*–Pelagians and Donatists, Cathars and Valdensians especially. Accordingly, he often resorts to terms such as *schismaticus*, *haereticus*, *haeresis*, *secta*, and *congregatio diabolica et haeretica*, which were almost completely absent from Nerses' list.

Indeed, the memory of the recent Councils of Sis and Adana was already forgotten–if we are to believe that Guido was aware of the two church assemblies at all: whilst on those occasions the Armenian unionist representatives formalised union within the Roman obedience, this union did not leave any mark in the *Summa*. Nerses' list of 117 errors is thus examined from the perspective of a master in theology at Paris and expert in canon law, a prominent

41 "... quia taliter est tractata ecclesia Armena apud istam sanctam curiam quod a tempore Christi usque nunc non credo quod aliquis hereticus vel aliqua ecclesia, quantumcumque pessima heretica, sit ita male tractata sicut dicta ecclesia Armena." Ibid., 623.

42 Guidus Terreni *Summa*. On this text, see Xiberta 1932, 76–78; Cegna 1967; Turley 1997; Bueno 2015a and 2015b.

adviser of John XXII with poor knowledge of the Eastern context. Within such a perspective, the internal divisions of the Armenian Church lose any interest they may have had. Nerses Balientz and, especially, Daniel of Tabriz made distinctions between Armenians from Greater and Lesser Armenia, united and non-united, in line with Rome or with Byzantium. When mentioning, for example, the existence of three catholicoi, Daniel clearly describes their different views, and he even speaks of Armenian heretics, such as those who rejected the Council of Chalcedon at Dvin and Manazkert.[43] Conversely, the awareness of any distinction disappears in Guido's treatment, which simply refers to the *Armeni*, meant as a unique 'sect' or 'congregation'. His portrait of the Christians overseas is devoid of nuances and shades.

The fifteenth article contains Guido's most extensive discussion of the authority of the pope and the primacy of the Roman Church. Under this item, Guido condenses and discusses eight articles from the list of Nerses, referring to the major differences between the Armenian and the Latin Churches: the date of celebration of the Nativity, the use of water in the Eucharist, the Chalcedonian credo, etc. The original list contained no references to the authority of the pope in the relevant sections. Nonetheless, when dealing with the main topics of disagreement between Latins and Armenians, Guido takes the opportunity to define the Catholic doctrine of the Roman primacy as well.[44] The authority of the pope was a topic that the Carmelite bishop had already dealt with extensively, with a treatise on papal infallibility, a refutation of Marsilius of Padua, and various discussions in his commentaries on the *Decretum* and on the Gospels.[45] In the discussion about the Armenians, he condenses the same arguments that he had already exposed in a preceding section of the *Summa*, while dealing with the errors of the Greeks.[46]

Unlike Daniel, Guido refers first and foremost to the authority of the Scriptures to support his arguments, and he intentionally does so for three main reasons. First, because he considers heresy especially as a contradiction of Scripture.[47] Secondly, because he claims that since heretics denigrate the Church and the Church doctors, it is necessary to refer to the pure and simple truth of the Bible to counteract their arguments.[48] The third reason is more specifically related to his treatment of the papal authority, which I am

43 "Ista duo concilia, scilicet Davinense et Manasguerdense, sunt concilia heretica, que concilia pars hereticorum Armenorum celebravit contra catholicos Armenos qui recipiebant concilium Calcedonense." Daniel de Taurisio *Responsio*, 567.

44 Guidus Terreni *Summa*, 34^{v}–35^{r}.

45 Guidus Terreni *Quaestio*; Guidus Terreni *Confutatio*; Tierney 1988, chapter 7; Shogimen 1998.

46 Guidus Terreni *Summa*, 21^{r}–21^{v}.

47 "Opinio etemim illa est haeretica quae expresse et evidenter scripture sacre adversatur." Ibid., 4^{v}.

48 "Et in unaquaeque haeresi designabo errores quos continet illa haeresis. Et unumquodque contentorum in ipsa haeresi improbabo per Scripturam Sacram, quia haeretici dicta sanctorum et Ecclesiae parvipendunt." Ibid., 1^{v}.

examining here: Guido seeks to demonstrate that the Roman primacy is not the result of historical developments, but was directly established by Jesus Christ, as testified by the Gospels. For this reason, he quotes passages from Matthew 16:18 ("You are Peter and on this rock I will build my Church"), Matthew 17:27 ("Take it and give it to them for my tax and yours"), Luke 22:32 ("But I have prayed for you that your faith may not fail. And when you have turned again, strengthen your brothers"), and John 21:17 ("Feed my sheep"), in order to substantiate the idea that Peter held the universal primate, the *presidentia et preeminentia* over the apostles, that he transmitted it to his successors, and that only the popes are his successors.

As proven by the Gospel, the papal office exists by divine right, by virtue of Petrine succession. Guido concludes: "Indeed, in the Roman Church is the see of Peter, Peter who was made by Christ shepherd and head of all the apostles." And he adds: "This is the catholic Church presided over by Peter and his successors, which has one highest pontiff." On the opposite side stands the "diabolic and heretical congregation of the Armenians," which holds three catholicoi instead of one pope. Unlike Daniel, Guido makes reference to the three catholicoi not in order to specify their different views, but rather to stress the chasm between them and the one pontiff of the Roman Church, the successor of Peter.[49] Such a deep chasm cannot but be named heresy. Indeed, as Guido states more extensively a few pages before, when discussing the errors of the Greeks:

> Saying that the see of Peter and the Roman Church do not hold the primacy, and that some churches are not submitted to Peter's successors, and are not under the obedience of the Apostolic See, is a heresy; as it is to say that Peter was not the first and the head of the apostles and of all the faithful, and that the church, spouse of Christ, spread over the world, is not one ... which is against the Scriptures.[50]

Guido's intervention in the consultation on the Armenians adds new theological and ecclesiological views that did not surface in the other texts I have discussed so far. In the early 1340s, the list of errors of the Armenians could not find a more severe critic in Avignon. A staunch defender of papal primacy and infallibility, and a loyal defender of John XXII in the quarrel over the Poverty controversy, Guido maintains that the superiority of the pope and of

49 "Nam in Romana ecclesia est sedes Petri quem Christus praefecit pastorem et caput omnium apostolorum ... Ipsa enim est ecclesia catholica cui praesidet Petrus et eius successores, cuius est unus summus pontifex et non tres catholici, ut sunt in congregatione diabolica et haeretica Armenorum, qui in hoc errant contra unum articulum fidei." Ibid., 34^{v}.

50 "... dicere sedem Petri, et ecclesiam Romanam non habere primatum, aut quod ecclesie quecumque non subsint successoribus Petri, nec sub oboedientia sedis apostolicae, est haereticum: quia hoc est dicere quod Petrus non fuerit praelatus et caput apostolorum et omnium fidelium. Et quod ecclesia Christi sponsa per orbem diffusa non sit una si eius non sit unum caput cui subiciantur omnes fideles, quod est contra sacram scripturam." Ibid., 21^{v}.

the Roman Church reaches back to the Scriptures, and that to deny this truth is a heresy. Meditations on the authority of the pope had been increasing since the time of the Gregorian reform and they certainly played a major role within East-West ecclesiological confrontations. But, in the first half of the fourteenth century, the debates held at the papal court about the Armenians were in some way responsive to the focus of utterly Western discussions: those between personalities such as Marsilius of Padua, William of Ockham and Michael of Cesena, who brought into question the supreme authority of the pope, and curial intellectuals like Guido Terreni, who fiercely engaged in the defence of papalist positions.

A few years later, another Western theologian, who was also in Avignon at around the same period, developed these arguments in much greater detail. Richard FitzRalph, Irish archbishop of Armagh and renowned master of theology at Oxford, visited Avignon on several occasions between 1334 and 1351, encountering missionaries who had been in the East and taking part in the discussions with the Armenians. At the papal curia, he was able to gain information about Eastern churches and Jewish doctrines, during the encounters with representatives of the Greek and Armenian tradition. It was in Avignon, possibly after the request of his Armenian interlocutors, that he started compiling the *Summa de quaestionibus Armenorum*, a dense treatise discussing the views of Armenians and Greeks as well as Muslims and Jews.[51] The work is not conceived along the same lines as the list of 117 errors, but it makes references to a few protagonists of the Avignon debates of the preceding years. Indeed, it is addressed to the Armenian prelates whom FitzRalph confronted in Avignon on the issues concerned: Nerses Balientz ("Nersi, archiepiscopo Manasgardensis") and John of Kerna ("fratri Iohanni electo Clatensi Maioris Armenie"). FitzRalph maintains that he was called at the Roman curia in order to fight against "several ancient heresies" ("antiquas quasdam hereses") and "some new erroneous assertions against the Scriptures" ("et nonnullas contra Sacram Scripturam novellas assertiones erroneas"), widespread among the Armenians.[52]

His textual approach to combating these errors, however, differs much from that of Guido Terreni. Instead of a list of errors and refutations, conceived in the tradition of anti-heretical polemic, FitzRalph adopts the form of a courteous and constructive dialogue between himself (Richard) and an Armenian interlocutor, named John. The latter is respectable and prepared, but is, of course, represented as the weak party in the conversation, and proves liable to persuasion. Indeed, the overall intention of the work is to provide the Latins with brilliant and well-structured arguments, thoroughly based on

51 Richardus Filii Radulphi *Summa*. FitzRalph's interlocutors in Avignon include Barlaam the Calabrian, Nerses Balientz, John of Kerna, and a convert Jewish scholar; on this text and its contribution to the consultation about the Armenians in Avignon see Walsh 1981, 129–181.

52 Richardus Filii Radulphi *Summa*, 1r.

the Scriptures, in order to support them in the confrontation with the Eastern Christians. But unlike Guido, Fitzralph is fairer to the Greek and Armenian viewpoint, and more open to the prospect of a religious dialogue. His somehow softer tone, which lives alongside the 117 errors, was perhaps more appropriate for the long-lasting discussions, which continued under the pontificate of Clement VI.

The *Summa* is comprised of nineteen books, dealing with the major topics of Church division in the first half of the fourteenth century, such as the doctrine of the two natures of Christ, the *Filioque*, the sacramental theology, the beatific vision, purgatory, and the problem of grace, free will, and predestination. Book 7 is entirely devoted to the subject of papal primacy.[53] Richard seeks to provide extensive meditations in defence of the Roman ecclesiology, by making three major points: first, that Peter held the primacy over the apostles; second, that Peter's successors held the same authority as he did; and third, that the Roman pontiff is the successor of Peter.[54] Just like Terreni, the Irish theologian seeks to provide solutions for the questions under debate by relying essentially on the Scripture. Accordingly, both Richard's arguments in favour and John's arguments against the primacy of the Roman pontiff are mostly supported by references to the Gospel and the Acts.

Based on Matthew 18:18 ("Truly I tell you, whatever you [nb: plural] bind on earth will be bound in heaven, and whatever you loose on earth will be loosed in heaven"), John argues against the primacy of Peter and in defence of the equality of all the apostles: in his view, none of them obtained from Christ the primate ("nullus primatum aut principatum obtinuit"), hence Peter was just *socius et equalis* of all the apostles.[55] Moreover, he claims that if one of them had to be the superior to the others, this should rather have been James of Alphaeus.[56] But Master Richard is more prepared, and reproaches John for judging in a superficial manner, only looking at a few scriptural loci.[57] The many biblical references thus mobilised by Richard aim to substantiate the idea that Peter did hold the *officium primacie*, the *principatus* and the *summa potestas* among the apostles, thereby being *maior*, *princeps*, and *rector*, responsible for

53 Book 7 occupies IBID., 44^{v}–52^{r}.

54 "Tres articulos video ad hoc ostendendum necessario (sic) declarandos: primo quod Petrus apostolus princeps fuit et primatum tenuit inter Christi apostolos. Secundo quod apostolus Petrus habuit successores et habebit usque in finem seculi equalis pontificatus cum Petro. Tertio quod Romanus pontifex qui beato Petro successit non solum in Romano pontificato sed in summo pontificato sibi successit. Ex quibus apparebit quod Romana ecclesia sit caput totius populi Christiani." IBID., 45^{r}.

55 "Petrus apostolus inter apostolos princeps aut primus non erat, sed eis socius et equalis erat." IBID., 45^{v}.

56 "Item si quis maior fiat et princeps, ille potius princeps dici deberet qui inmediate Christo successit in ecclesia Ierosolimitana, in qua Christus pontificatum tenuit et quam sua passione glorificavit. Igitur Iacobus Alpheis potius Christi vicarius et eius successor et princeps ecclesie dici debebat quam Petrus." IBID., 45^{r}.

57 "Ad pauca respiciens nimis leviter iudicasti." IBID., 45^{v}.

the sheep of Christ and the recipient of the keys of the heavenly kingdom.[58] In particular, according to Richard he exceeded the others because of his *universalis potestas regiminis*, namely the power of regulating and governing, whereas Christ conceded to his disciples equal *potestas ordinis*, i.e. the authority to ordain, preach, confess, and absolve.[59]

Richard subsequently seeks to demonstrate that Peter's authority was transmitted to his successors, and that these successors were the Roman pontiffs. He supports the first point through eschatological perspectives, maintaining that, by Christ's will, the *potestas* of Peter will remain until the end of times ("usque ad consummationem seculi"). According to Richard, when telling Peter "feed my sheep", and "whatever you bind on earth", Christ meant Peter and his successors.[60] In order to make the second point (i.e. that the Roman pontiffs are Peter's successors), Richard explains that Peter alone had the prerogative of primacy. As nobody else shared this authority during his lifetime, his dignity must have been taken over upon his death by his direct successor, the bishop of Rome.[61] This argument is further supported by reference to the historical centrality of Rome, which held the principality over the *orbis divinus*. It was there, and not elsewhere, that Peter was crowned by the martyrdom, thereby "the most appropriate place for the primate of the universal Church".[62]

John is eventually persuaded by Master Richard. He states that once the superiority of the pope and of the Roman seat has been demonstrated, there is no doubt that the universal Church should follow Roman decrees, doctrine, customs, and traditions in the administration of the sacraments. But the conclusions drawn by demonstrating the papal primacy were much broader than that, as they also entailed all the major and minor differences between the Latin and Armenian churches, on which the Gospel did not provide an answer: the way of conferring orders; fasting practices; the separation of clergymen and laics during the Mass; the liturgy of Mass; the theological *studia*; the unity of the Armenian hierarchy to Rome; and, similarly, all the other matters on which the Armenians thought and acted differently from the Latins. With respect to

58 Ibid., 45ᵛ–47ʳ.

59 Ibid., 46ᵛ.

60 "... unde constat potestatem Petri et aliorum apostolorum in suis successoribus usque ad consummationem seculi esse mansuram, et ideo quod Dominus dixit Petro apostolo *Pasce oves meas* et *Pasce agnos meos* non dixit illos aut istos sed volens intelligere omnes in generali ... et etiam quod dixit *Quodcumque ligaveritis etc.* non solum sibi pro se dicta sed ei pro se et suis successoribus omnibus dicta accipimus." Ibid., 48ᵛ.

61 "Si Petrus apostolus primatum tenuit ita ut esset singula prerogativa pastor generalis ovium Christi ... non potuit in hac dignitate ipso eam tenente aliquem subrogare, quia tunc fuissent equales ... igitur consequitur quod Romanus episcopus sibi in hac dignitate successit." Ibid., 48ᵛ.

62 "... in Roma de precepto Domini sicut narrant fideles hystorie martirio fuit coronatus, quia ibi tamquam loco summo primati Ecclesie universalis aptissimo Dominus eum habere voluit successorem qui eius plenitudinem acciperet potestatis." Ibid., 48ʳ (nb: pages are numbered incorrectly, the reference should read 49ʳ).

all of these issues, FitzRalph states, they ought to obey the Roman Church and its shepherd, otherwise they will incur damnation.[63]

After one-and-a-half centuries from the first unification of the Latin and Armenian Churches, and a few decades after the councils of Sis and Adana, the concept of Petrine succession was a landmark in Western ecclesiology, yet it was far from being accepted on the same theoretical grounds in the East. Even Armenian unionists, such as Nerses Balientz and Daniel of Tabriz, proved hesitant in face of the idea that the pope is the successor of Peter, by divine right. Richard FitzRalph compiled his dialogue after his encounter with a philo-Latin, not with the anti-union Apostolic Armenians. Nonetheless, the *Summa de quaestionibus Armenorum* testifies to the divergence that was still separating Latins and Armenians in matters of Roman primate and ecclesiology.

However, and perhaps in consequence of the discussions held in Avignon, a new council of the Armenian Church, held in Sis in around 1345, emphasised once again the uniformity of the Armenians with Rome. After a papal request for clarification, the council authorities examined the 117 errors and, based on the responses by Daniel of Tabriz, they addressed an official document to the pope that contained a response to every single accusation contained in the list. When discussing article no. 91, concerning the authority of the pope over the universal church,[64] they declared that the pope has superior authority, not simply as a result of historical developments, but because this power was granted by Jesus to Peter and his successors:

> We hear these things for the first time; but we have well written what we want to say: that in the first and second synod of Nicaea, the fathers sanctioned that the Roman Church is the head of the other churches; similarly, the Roman pontiff too is superior to the other pontiffs. Therefore we say and hold this, not only because it was prescribed in the saint synod, but also because Christ recommended to Peter to feed his sheep.[65]

63 "Constat autem eos qui in mandatis licitis et honestis non obediunt Romano pontifici primati totius ecclesie Romane damnationem incurrere et sic quo ad formam conferendi ordines, quo ad tempora, quo ad etatem ordinandorum insuper, quo ad ieiuna observanda et quo ad separationem populi a clero et sacerdote celebrante in ecclesia, quo ad formam missarum et distinctionem ipsarum, quo ad studia theologie habenda et quo ad unitatem patriarche sui et ad cuncta similia de quibus Armeni multas faciunt questiones debet eis pro responso sufficere quod habeant decreta super hiis Romane ecclesie et sui pastoris quoniam de hiis aut pauca aut nulla exprimuntur precipue in novo testamento." Ibid., 48^{r} (nb: the reference should read 52^{r}).

64 "Item, quod Armeni dicunt et tenent, quod generalis potestas super totam Ecclesiam Christi non fuit data b. Petro nec successoribus eius a Christo, sed potestas fuit eis data per concilium Nicaenum, quam tamen potestatem postea successores Petri perdiderunt." *De erroribus Armenorum*, no. 91, 149.

65 "Haec de novo audivimus; sed nos bene habemus hoc in scriptis, quod volumus dicere, quod in prima et secunda synodo Nicaena Patres sententiam dederunt, quod Ecclesia Romana caput esset aliarum Ecclesiarum; similiter et Pontifex Romanus excellentior quam alii pontifices. Igitur nos sic dicimus et habemus non solum, quia in sancta synodo determinatum fuit, sed quia Christus oves suas Petro recommendavit pascere.

Whether the Roman pontiffs took such declarations at their face value or not, and whether they survived the collapse of the Armenian Kingdom in 1375, they are meaningful examples of the impact of East-West discussions on the shaping of different views, including unofficial as well as official statements. Although the concept of papal primacy over the universal church was received hesitantly even in Eastern pro-unionist environments, the Armenian unionist clergy could not avoid confronting such a topic in the mid 1340s. The religious confrontations of Avignon and the pope's requests for clarification ultimately pushed the hierarchy gathered at Sis into formulating their adhesion to the primacy of the Roman bishop more clearly. The *responsa*, which were formulated in this respect, tend to fill the gap left open by the two Armenian councils of 1307 and 1316. Elsewhere, however, the authorities of Sis appear more inclined to regard the superiority of the pope as the result of conciliar pronouncements, instead of as Christ's will, and they cannot hide their hesitations on ecclesiological matters: "However, if this seems inconvenient to you [i.e. to the pope], we are ready to act according to your will, in the same way that you will write to us."[66] Never mind if the agreement could not be found on the grounds of Scripture: negotiation and search for compromise were even more likely to bring forth communion.

As in the case of previous councils, Latin-Armenian union was far from being generally accepted after the meeting of Sis. A new council held in 1361 retracted some of the former decisions. Following the collapse of the Cilician Kingdom in 1375 and the consequent political and ecclesiastical crisis, union ceased being on the negotiating table until the Council of Florence. As we learn from the *Decretum pro Armenis* issued in this context (22 November 1439), the delegates of the catholicos Grigor IX accepted the Roman Creed, christological and sacramental doctrine, as well as the "fullness of power of the Apostolic See, transmitted by Christ to blessed Peter and his successors."[67] However, just as in the case of previous union agreements, this decree was received in different ways among the Armenians. Against the unionist tendencies of the Cilician clergy, anti-unionist milieus in Greater Armenia claimed that the catholicosate should return to the traditional seat of Etchmiazin. But the refusal by the catholicos of Sis to move to Greater Armenia resulted in the election of a second catholicos in Etchmiazin (1441). As testified to by this long-lasting division, the impact of late medieval discussions and negotiations did not result in a generally accepted communion between the two churches, nor within the Armenian Church itself. Undoubtedly, division and confusion became especially amplified when dealing with certain issues, such as the primacy of the pope and of

Illud vero quod dicunt, quia successores Petri auctoritatem perdiderunt, haec sunt verba rixae et non caritatis, nec veritatis et absit quod talia verba stolida per mentes nostras transierint." *Responsa Armenorum*, 220f.

66 "Tamen si vobis videatur inconveniens, parati sumus facere secundum voluntatem vestram, modo quo scribetur nobis." Ibid., 218.

67 "Item de plenitudine potestatis sedis apostolice tradita a Christo beato Petro et suis successoribus." *Conciliorum oecumenicorum decreta*, 558. See also Gill 1959, 305–308.

the Roman Church, which had not previously been dealt with by Armenian religious leaders, but which became increasingly crucial within the Latin-Armenian ecclesiological confrontation.

Bibliography

Manuscripts

Vatican City, Archivio Segreto Vaticano, Reg. Vat. 62, ff. 100r–124v.

Paris, Bibliothèque nationale de France, lat. 3368, ff. 59r–70v.

Printed Sources

Conciliorum oecumenicorum decreta
Conciliorum oecumenicorum decreta, ed. Giuseppe Alberigo / Hubert Jedin, Bologna 1991.

Galanus 1690
Clemens Galanus: *Conciliationis Ecclesiae Armenae cum Romana*, vol. 1, Rome 1690.

Daniel de Taurisio *Responsio*
Daniel de Taurisio: *Responsio fratris Danielis ad errores impositos Hermenis*, in: *Recueil des historiens des croisades. Documents arméniens*, vol. 2: *Documents latins et français relatifs à l'Arménie*, Paris 1906, 559–650.

De erroribus Armenorum
De erroribus Armenorum, in: Tăutu 1958, 119–155.

Guidus Terreni *Confutatio*
Guiu Terrena: *Confutatio errorum quorundam magistrorum*, ed. Almudena Blasco / Alexander Fidora / Celia López Alcalde, Santa Coloma de Queralt 2014.

Guidus Terreni *Questio*
Guidus Terreni: *Quaestio de magisterio infallibili Romani pontificis*, ed. Bartolomeu M. Xiberta: *Guidonis Terreni quaestio de magisterio infallibili Romani pontificis* (OTHE, Ser. Scholastica et mystica, 2), Münster 1926.

Guidus Terreni *Summa*
Guidus Terreni: *Summa de haeresibus et earum confutationibus*, Paris 1528.

Responsa Armenorum
Responsa Armenorum, in: Tăutu 1958, 160–229.

Richardus Filii Radulphi *Summa*
Richardus Filii Radulphi: *Summa de quaestionibus Armenorum*, ed. Johannis Sudoris, Paris 1512.

Tăutu 1958
Aloysius Tăutu (ed.): *Acta Benedicti XII (1334–1342)*, Vatican City 1958.

Studies

Bueno 2015

Irene Bueno (ed.): *The Papacy and the Christian East: Intellectual Exchange and Cross-Cultural Interaction, 1274–1439* (special issue of Medieval Encounters 21,2–3), Leiden 2015.

Bueno 2015a

Irene Bueno: "Guido Terreni at Avignon and the 'Heresies' of the Armenians", in: Bueno 2015, 170–190.

Bueno 2015b

Irene Bueno: "Les erreurs des Orientaux chez Guido Terreni et Alvaro Pelagio", in: *Guido Terreni, O. Carm. (†1342): Studies and Texts*, ed. Alexander Fidora (TEMÂ 78), Barcelona/Madrid 2015, 241–268.

Bundy 1986

David Bundy: "Armenian Relations with the Papacy after the Mongol invasions", in: PBR 5 (1986) 19–32.

Bundy 1992

David Bundy: "The Trajectory of Roman Catholic Influence in Cilician Armenia: An Analysis of the Councils of Sis and Adana", in: AR 45,3 (1992) 73–89.

Cegna 1967

Romolo Cegna: "*Oportet et haereses esse.* Guido Terreni su catari e valdesi", in: RSLR 3 (1967) 28–64.

Cowe 2003/04

Peter Cowe: "The Role of Correspondence in Elucidating the Intensification of Latin-Armenian Ecclesiastical Interchange in the First Quarter of the Fourteenth Century", in: JSAS 13 (2003/2004) 47–68.

Cowe 2006

Peter Cowe: "The Armenians in the Era of the Crusades, 1050–1350", in: *The Cambridge History of Christianity*, vol. 5: *Eastern Christianity*, ed. Michael Angold, Cambridge 2006, 404–429.

Gill 1959

Joseph Gill: *The Council of Florence*, Cambridge 1959.

Golubovich 1923

Girolamo Golubovich: *Biblioteca bio-bibliografica della Terra Santa e dell'Oriente Francescano*, vol. 4: *Dal 1333 al 1345*, Quaracchi 1923.

Halfter 1996

Peter Halfter: *Das Papsttum und die Armenier im frühen und hohen Mittelalter. Von den ersten Kontakten bis zur Fixierung der Kirchenunion im Jahre 1198* (FKPG 15), Köln (a.o.) 1996.

Hamilton 1978

Bernard Hamilton: "The Armenian Church and the Papacy at the Time of the Crusades", in: ECR 10 (1978) 61–87.

Izbicki 1977

Thomas M. Izbicki: "Infallibility and the Erring Pope. Guido Terreni and Johannes de Turrecremata", in: *Law, Church, and Society. Essays in Honor of Stephan Kuttner*, ed. Kenneth Pennington / Robert Somerville, Philadelphia 1977, 97–111.

La Porta 2004

Sergio La Porta: "The *Filioque* Controversy in Armenia", in: SNThR 8 (2004) 85–116.

La Porta 2015

Sergio La Porta: "Armeno-Latin Intellectual Exchange in the Fourteenth Century. Scholarly Traditions in Conversation and Competition", in: *The Papacy and the Christian East: Intellectual Exchange and Cross-Cultural Interaction, 1274–1439*, in: Bueno 2015, 269–294.

Mahé 1993

Jean-Pierre Mahé: "L'Église arménienne de 611 à 1066", in: *Histoire du christianisme des origins à nos jours*, vol. 4: Évêques, moines et empereurs (610–1054), ed. Jean-Marie Mayeur (a.o.), Paris 1993, 457–547.

Ōrmanean 1913

Małak'ia Ōrmanean: *Azgapatum* [National History], vol. 2, Constantinople 1913.

Papadakis 2011

Aristeides Papadakis: "The Byzantines and the Rise of the Papacy: Points for Reflection, 1204–1453", in: *Greeks, Latins, and Intellectual History 1204–1500*, ed. Martin Hinterberger / Chris Schabel (RThPhM.B, 11), Leuven 2011, 19–42.

Pogossian 2006

Zara Pogossian: "The Armenian Reaction to the Concept of the Primacy of the Roman Church in the Twelfth and Thirteenth Centuries", in: *Frontiers in the Middle Ages. Proceedings of the Third European Congress of Medieval Studies (Jyväskylä, 10–14 June 2003)*, ed. Outi Merisalo (TEMÂ 35), Turnhout 2006, 259–290.

Pogossian 2010

Zara Pogossian: *The Letter of Love and Concord: A Revised Diplomatic Edition with Historical and Textual Comments and English Translation* (MM 88), Leiden 2010.

Richard 1998

Jean Richard: *La papauté et les missions d'Orient au Moyen* Âge *(XIIIe–XVe siècles)* (CEFR 33), Rome [2]1998 [[1]1977].

Shogimen 1998

Takashi Shogimen: "William of Ockham and Guido Terreni", in: *History of Political Thought* 19,4 (1998) 517–530.

Tierney 1988

Brian Tierney: *Origins of Papal Infallibility 1150–1350: A Study on the Concepts of Infallibility, Sovereignty and Tradition in the Middle Ages* (SHCT 6), Leiden (a.o.) [2]1988 [[1]1972].

Tournebize 1906

François Tournebize: "Les cent dix-sept accusations présentées à Benoît XII contre les Arméniens", in: ROC 9 (1906) 163–181, 274–300, 352–370.

Tournebize 1910

François Tournebize: *Histoire politique et religieuse de l'Arménie*, vol. 1: *Depuis les origines des Arméniens jusqu'à la morte de leur dernier roi (l'an 1393)*, Paris 1910.

TURLEY 1997
THOMAS TURLEY: "Guido Terreni, Heresy, and the Reconstruction of Tradition: 1317–1342", in: *Tradition and Ecstasy: The Agony of the Fourteenth Century*, ed. NANCY VAN DEUSEN (MS 62), Ottawa 1997, 51–68.

TURLEY 2006
THOMAS TURLEY: "The Impact of Marsilius: Papalist Responses to the *Defensor Pacis*", in: *The World of Marsilius of Padua*, ed. GERSON MORENO-RIAÑO (Disputatio 5), Turnhout 2006, 47–64.

WALSH 1981
KATHERINE WALSH: *A Fourteenth-Century Scholar and Primate: Richard Fitzralph in Oxford, Avignon and Armagh*, Oxford 1981.

XIBERTA 1932
BARTOMEU M. XIBERTA: *Guiu Terrena. Carmelita de Perpinyà* (EUC.SM 2), Barcelona 1932.

Archa Verbi 12 (2015) 130–177

Früher Antihussitismus. Der Traktat *Eloquenti viro* und sein Verfasser Andreas von Brod

von Christina Traxler

1. Einleitung[1]

Ab Herbst 1413 traten die kontroverstheologischen Auseinandersetzungen zwischen Hussiten und Katholiken in eine neue Phase ein. Zwei Brennpunkte rückten ab diesem Zeitpunkt ins Zentrum der Debatten: zum einen die Ekklesiologie des Jan Hus, die er in seinem im Juni 1413 abgeschlossenen Werk *De ecclesia* vorlegte, und zum anderen – ab Herbst 1414 – die Kommunion unter beiden Gestalten für die Laien, für deren Einführung in Prag Nikolaus von Dresden und Jakobell von Stříbro hauptverantwortlich zeichneten. In diesem Zeitraum entstanden auf antihussitischer Seite nicht nur zahlreiche polemische Schriften gegen Hussens Ekklesiologie und den Laienkelch, sondern auch der Traktat *Eloquenti viro*, der von einem anonymen Autor verfasst und an einen anonymen Empfänger – einen »beredsamen Mann« – gerichtet wurde.[2] Diese Schrift stellt die längste und am weitesten verbreitete Anklageliste gegen Hus und seine Anhänger aus der Frühzeit des Hussitismus dar. Mit 96 heute bekannten Abschriften ist der Brieftraktat die mit Abstand am weitesten verbreitete anti-hussitische Schrift.[3]

1 Für wertvolle Anregungen und ein reges Interesse am Entstehen dieses Aufsatzes danke ich insbesondere Thomas Prügl (Institut für Historische Theologie, Universität Wien). Weiters danke ich Jakub Jirovec für die Klärung sprachlicher Unklarheiten in der tschechischen Literatur und den anonymen Gutachtern für ihre konstruktiven Anmerkungen.

2 In den Handschriften wird der Traktat unterschiedlichen Autoren und Empfängern zugewiesen. Als Verfasser finden sich etwa Nikolaus von Dinkelsbühl, Johannes Rokycana, Briccius von Buda, Andreas von Brod, Stephan Paleč und die Universität Wien; als Empfänger Jan Hus, Jakobell von Mies, Mauritius von Prag oder der Prediger Havlik. Der Großteil der Abschriften ist anonym.

3 Vgl. Sedlák 1914, 83. Zur Überlieferung vgl. Soukup *Repertorium*; zu ergänzen sind: Wien, Dominikanerkonvent, Cod. 15/15, fol. 7r–51r; Klosterneuburg, Augustiner-Chorherrenstift, Cod. 797, fol. 1r–30v und Cod. 575, fol. 196r–212v; University of Pennsylvania, Cod. 740 (= Lat. 92), fols. 170r–193r. – Darüber hinaus wurde *Eloquenti viro* bereits 1484 im vierten Band der *Opera* des Johannes Gerson von Johann Koelhoff d. Ä. in Köln gedruckt (*Eloquenti viro* (Inkunabel), 308r–324v; vgl. GW 10713). Auf diese Ausgabe wies schon Hermann von der Hardt in seiner Edition des Traktats hin (vgl. unten S. 135 mit Anm. 33).

2. Problemstellung und Ziel dieser Untersuchung

Aufgrund ihres anonymen Verfassers und Empfängers sowie ihrer uneinheitlichen Gestalt wurde die Schrift *Eloquenti viro* in der Forschung bislang kontrovers diskutiert und interpretiert. Am ausführlichsten beschäftigte sich Jan Sedlák in seinem umfangreichen, bereits in den Jahren 1911–1914 gedruckten Aufsatz »Počátkové kalicha« [Die Anfänge des Kelchs] mit dieser Schrift und bemerkte, dass sie aus drei voneinander zu unterscheidenden Teilen besteht. Sedlák sprach sich für den Kartäuser Stephan von Dolein als Verfasser aus, der alle Verfehlungen von Hus und seinen Anhängern gegen die Kirche zusammenfassen wollte. Da er inzwischen erfahren habe, dass in Böhmen die Kommunion unter beiden Gestalten eingeführt wurde, verfasste er einen zusätzlichen Traktat gegen den Kelch – den Mittelteil des Traktats *Eloquenti viro* – und legte ihn dem Brief bei.[4] Auch František Bartoš behandelte die Schrift 1931 in seinem Werk *Husitství a cizina* [Hussitismus und Ausland].[5] Dabei stützte er sich zentral auf die ältere Untersuchung von Johann Baptist Schwab über Johannes Gerson,[6] der bereits wichtige Beobachtungen zu *Eloquenti viro* machte. So wies Schwab bereits darauf hin, dass, wie der Inhalt und die gesammelten Kontroverspunkte zeigen, der Rahmenteil des Werkes zweifelsohne an Jan Hus gerichtet sei. Andreas von Brod, den die Edition von v. d. Hardt als möglichen Autor nennt, sei jedoch als Verfasser auszuschließen, da »nach einer derartigen Sprache die Milde unseres Schreibens moralisch unmöglich«[7] sei. Der Kelchteil hingegen sei der Schrift ursprünglich fremd gewesen und erst im Nachhinein – unter der wortgetreuen Verwendung von Andreas von Brods Schrift *Nisi manducaveritis*[8] und anderer Texte – beigefügt worden. Der Text sei jedenfalls zweifelsohne von einem Böhmen verfasst. Bartoš vertiefte diese Erkenntnisse und ergänzte, dass der Kelchteil der Schrift Anfang 1415 entstanden sei, während der Rahmenteil gegen Hus im April 1414 verfasst wurde, als Hus zum letzten Mal in Prag gewesen sei.[9] Auch er bemerkte, dass der Kelchteil und der Teil gegen Hus an unterschiedliche Empfänger gerichtet sind. Entweder, so Bartoš, es stamme die ganze Schrift von einem Autor, der zwischen der Abfassung beider Teile eine längere Pause machte, oder es wurde, wie Schwab favorisierte, der ältere Teil gegen Hus später durch eine »ausländische« Kelchpolemik erweitert. Als wahrscheinlichsten Verfasser postulierte Bartoš Nikolaus von Dinkelsbühl, der aus Angst oder als Widerstand gegen zeitgenössische Angriffe der Hussiten im Sommer 1414 einen ausgleichenden und freundlichen Brief an Hus verfasste, diesen aber (höchstwahrscheinlich) nie abschickte. Erst nachdem im Herbst 1414 Hus zum Konzil auf- und in Prag der Streit um den Kelch ausgebrochen war,

4 Sedlák 1914, 80–84.
5 Bartoš 1931, 90–94.
6 Schwab 1858, 579, Anm. 3.
7 Ebd.
8 Vgl. unten S. 134–136.
9 Bartoš 1931, 96.

griff Nikolaus von Dinkelsbühl wieder zur Feder. Wahrscheinlich handelte er nicht auf eigene Initiative, sondern auf eine Aufforderung Prags hin, wo die Schwere der Verteidigung auf dem Prediger Havlik lastete.[10] *Eloquenti viro* wurde nach Bartoš von einem gewissen Meister Brikcí, möglicherweise von Peter von Hradec, mit ziemlicher Sicherheit von Stephan von Dolein und ganz gewiss von Andreas von Brod verwendet. Möglicherweise sei es es auch Andreas von Brod gewesen, der diese Schrift an den Priester Havel sandte. Dieser nutzte sie bald für einen neuen Angriff auf Jakobell von Mies. – Auch Evžen Stein wies 1932 im Anschluss an Bartoš auf die unterschiedlichen Textteile hin, die hinsichtlich Stil und Adressat zu differenzieren sind. Während der Rahmenteil auf Hus als Empfänger hindeute, spiegele der Kelchteil die Debatte mit Jakobell von Mies wider. Die Verfasserfrage ließ Stein als möglicherweise unlösbar offen, stellte aber fest, dass der Autor wohl aus Böhmen, nicht aber direkt aus Prag komme, da er das Wirken des Hus nur vom Hörensagen kenne. Nikolaus von Dinkelsbühl schloss er aus diesem Grund als Verfasser aus.[11] Während Dieter Girgensohn 1964 ebenfalls von mehreren Textschichten (und möglicherweise auch unterschiedlichen Autoren) ausging und auf die in diesem Zusammenhang noch zu leistenden Detailuntersuchungen der Handschriftenüberlieferung hinwies,[12] postulierte Alois Madre 1965 dessen ungeachtet Nikolaus von Dinkelsbühl als Verfasser des Briefes und Jan Hus als dessen Empfänger.[13] Dieser These widersprach allerdings bereits Rudolf Damerau 1969 in seinem Werk »Texte zum Problem des Laienkelchs« und verwies darauf, dass die Argumentation gegen den Laienkelch im Mittelteil des Briefes jener des Nikolaus von Dinkelsbühl nicht entspreche.[14] Bemerkenswerterweise schloss sich jedoch auch Jaroslav Kadlec 1982[15] – wie Helena Krmíčková 1997[16] – der These Madres an und führt mit Verweis auf die Autorenschaft des Nikolaus von Dinkelsbühl *Eloquenti viro* unter jenen Schriften an, die zu Unrecht Andreas von Brod zugeschrieben worden seien.[17]

Im Rahmen dieser Arbeit soll nun, basierend auf den bisherigen Forschungsansätzen und einer genauen Textanalyse, aufgezeigt werden, dass der Verfasser von *Eloquenti viro* der Prager Magister, Doktor der Theologie und Kanoniker des Prager Allerheiligenkapitels Andreas von Brod sein dürfte.[18] Andreas von Brod stand bereits seit etwa 1408 in einer intensiven Auseinandersetzung mit Jan Hus, seit Herbst 1414 darüber hinaus auch mit Jakobell von Mies um die Frage des Laienkelchs. Auf dieser Basis sollen zudem die Fragen

10 Bartoš 1931, 98.
11 Stein 1932, 366 und 373.
12 Girgensohn 1964, 160, Anm. 450.
13 Madre 1965, 252–254.
14 Damerau 1969, 14–17.
15 Kadlec 1982, 82.
16 Krmíčková 1997, 208.
17 Kadlec 1982, 82.
18 Die ausführlichste Darstellung des Lebens und Wirkens des Andreas von Brod findet sich in Kadlec 1982, 5–86.

nach den Charakteristika dieser Schrift sowie Anlass, Zeitpunkt und Zweck ihrer Zusammenstellung und dem Prozess ihrer weiten Verbreitung neu gestellt werden.

3. Die Textgestalt von *Eloquenti viro*

Werfen wir zunächst einen grundsätzlichen Blick auf die Gestalt des Traktats. Der Befund von Schwab, Sedlák und Bartoš, dass *Eloquenti viro* aus zwei ursprünglich voneinander unabhängigen Textschichten – einem Brief an Hus und einem beigefügten Kelchteil – besteht, ist in der Tat ernst zu nehmen.[19] Die Edition von Hermann von der Hardt im dritten Band seines Werkes *Magnum oecumenicum Constantiense concilium* unterteilt *Eloquenti viro* in 17 Kapitel.[20] Die Kapitel I bis VI sowie XI bis XVII sind nach Tonfall, Duktus und Inhalt eindeutig an Jan Hus gerichtet.[21] Hier spricht der Verfasser zu einem *frater dilecte*, den er gemäß einer *correctio fraterna* zurechtzuweisen beabsichtigt und den er bittet, ihm als seinem *simplex confrater* nicht zu zürnen, weil er es wage, sich in diesem Schreiben an ihn zu wenden.[22] Deutlich davon unterschieden ist der Tonfall in den Kapiteln VII bis X, in denen die Forderung des Laienkelches widerlegt wird. Die Anrede *frater mi dilecte*, die den Rahmenteil der Schrift leitmotivisch durchzieht, fehlt im Mittelteil fast völlig.[23] Der gesamte Stil entspricht keinem Brief an einen zwar kritisierten, aber dennoch als *frater dilecte* angesprochenen Gegner, sondern bedient sich dem in der Prager Kelchdiskussion typischen Modus, der in aller Regel weniger konziliant als von strikter Oppositionshaltung und scharfer Kritik geprägt ist.[24] Im Kelchteil werden jene Autoritäten, die der Gegner für eine Stärkung der Kelchforderung ins Treffen geführt hatte, der Reihe nach widerlegt. Darüber hinaus ist zu beachten, dass Hus in der Kelchdiskussion bis kurz vor seiner Verurteilung keine maßgebliche Rolle spielte. Abgesehen von seiner kurzen Schrift *Utrum*

19 Schwab 1858, 579, Anm. 3; Sedlák 1914, 80f.; Bartoš 1931, 96; vgl. auch Stein 1932, 367.

20 Die Zwischenüberschriften und Kapiteleinteilungen in den Handschriften weichen stark voneinander ab. Aus diesem Grund wird im Folgenden die Einteilung von Hermann von der Hardt beibehalten.

21 Sedlák 1914, 83.

22 *Eloquenti viro*, 391. Eine kritische Edition des Traktats ist ein Desiderat.

23 Siehe unten S. 135f., mit Anm. 34. – Vgl. auch bereits Schwab 1858, 579, Anm. 3 und Bartoš 1931, 96f., die diese Diskrepanz ebenfalls betonten.

24 Vgl. etwa *Eloquenti viro*, 360: »Quomodo tui patroni, scilicet S. Wenczeslaus, S. Ludivilla, S. Albertus, S. Procopius, et omnes S. Christiani Bohemi, secundum errorrem tuum sunt salvati? Ex quo patet dictum tuum esse horrendum et haereticum.« – Der weniger persönliche Stil des Kelchteiles, den Schwab und Bartoš als »ausländisch« charakterisieren, ist weniger auf nationale Differenzen zurückzuführen, sondern entspricht schlichtweg dem Stil der Kelchdebatten. Zu einem Überblick über die erhaltenen (anti-hussitischen) Schriften zur Kelchpolemik vgl. Soukup *Repertorium*.

expediat,[25] in welcher er auf die Anfrage Jakobells hin dem Laienkelch zwar durchaus eine Berechtigung, aber keine Heilsnotwendigkeit attestierte, rang er sich erst im Juni 1415, kurz vor seiner Verurteilung und Hinrichtung, dazu durch, sich in einem Brief an den Priester Havel[26] der Forderung nach der heilsnotwendigen Kommunion unter beiden Gestalten energischer anzuschließen. Keiner der Anklageartikel, die gegen Hus auf dem Konstanzer Konzil vorgebracht wurden, hatte den Laienkelch zum Thema.[27] Aus welchem Grund also hätte der Verfasser des Briefes eine ausführliche Widerlegung der Kelchkommunion an Jan Hus schreiben sollen? Die Protagonisten der Kelchdiskussion in Prag waren in erster Linie Jakobell von Mies auf hussitischer[28] und der Prager Magister Andreas von Brod auf katholischer Seite. Der Kelchteil entspricht sowohl hinsichtlich Stil und Wortwahl als auch hinsichtlich Argumentation und Inhalt genau der Prager Kelchdiskussion Ende 1414/Anfang 1415, wie im Folgenden gezeigt werden soll.

Diese Diskrepanz zwischen Rahmen- und Kelchteil kann nur plausibel erklärt werden, wenn wir von einer Kompilation zweier ursprünglich unabhängiger Texte zu einer neuen Gesamtschrift ausgehen, nach deren Anlass und Zweck noch zu fragen sein wird: einem Rahmenteil, der zumindest auf einem Brief (bzw. Briefen) an Jan Hus basiert, und einer zwischen den Kapiteln VI und XI eingeschobenen Abhandlung gegen den Laienkelch, die nicht Hus, sondern Jakobell von Mies als Adressat vor Augen hat.

3.1. Der Traktat *Nisi manducaveritis* als Vorbereitung des Kelchteils von *Eloquenti viro*

Die These, dass der Kelchteil ursprünglich eine eigenständige Schrift darstellte, wird durch eine weitere Beobachtung gestützt. Hermann von der Hardt edierte im Anschluss an *Eloquenti viro* einen weiteren Traktat mit den Eingangsworten *Nisi manducaveritis*,[29] den er dem Andreas von Brod zuschrieb. Die

25 Ed. in: *Historia et Monumenta Joannis Hus atque Hieronymi Pragensis*, Nürnberg 1558, Bd. 1, 52–54 [ND 1715]. Vgl. dazu v.a. Patapios 2002, hier bes. 510f. sowie Cook 1975, 25–27.

26 Vgl. Patapios 2002, 517; ed. in: Hus *Epistola*.

27 Vgl. die Liste der Irrtümer des Jan Hus in DH 1201–1230.

28 Neben Jakobell von Mies spielte auch der Deutsche Nikolaus von Dresden bei der Einführung des Laienkelchs eine zentrale und mit Jakobell durchaus vergleichbare Rolle. Im Fokus dieses Aufsatzes soll jedoch – mit Blick auf die Einordnung der Schrift *Eloquenti viro* – die Kontroverse zwischen Jakobell von Mies und Andreas von Brod stehen, ohne Jakobell dadurch die alleinige Urheberschaft des Laienkelches zuzuschreiben. Zur wichtigen Rolle des Nikolaus von Dresden bei der Einführung des Kelchs und den dazu abgefassten Traktaten vgl. etwa Krmíčková 1998a; Krmíčková 2000; Krmíčková 2002 sowie die fundamentalen Forschungen von Romolo Cegna: Cegna 1971; Cegna 1977; Cegna 1978, bes. 11–16 (jeweils mit weiteren Literaturverweisen).

29 Anon. *Nisi manducaveritis*. Vgl. dazu Zíbrt 1902, no. 14613; Sedlák 1911, 245; Potthast 1967, 586; Spunar 1995, 282f.

Forschung wies diese Schrift im Anschluss an Kadlec[30] einem anonymen Autor zu. Tatsächlich aber handelt es sich dabei ab Kapitel II (die Kapiteleinteilung ist wiederum von v. d. Hardt eingefügt) um die Kapitel VII bis X von *Eloquenti viro*, also genau den Mittelteil, in dem die Kelchfrage behandelt wird. Dass *Nisi manducaveritis* eine Vorform von *Eloquenti viro* und nicht etwa ein nachträgliches Exzerpt darstellt, kann daraus geschlossen werden, dass beide Texte über weite Strecken wörtlich übereinstimmen, *Eloquenti viro* aber im Vergleich zu *Nisi manducaveritis* diverse Passagen strafft. Der Traktat *Nisi manducaveritis* darf somit einerseits als Beleg dafür gelten, dass der Kelchteil ursprünglich eigenständig konzipiert war, dem Handschriftenbefund nach aber wohl kaum verbreitet wurde.[31] Andererseits dürften wir mit dieser Schrift eine unmittelbare textliche Vorstufe von *Eloquenti viro* vor uns haben, die dazu beiträgt, den Entstehungsprozess des Traktats zu erhellen. In der Abschrift des Helmstedter Kodex, die von der Hardt als Haupttext edierte, kommt im Kelchteil die Anrede »frater mi dilecte« nicht vor. In Kapitel IX[32] fügt von der Hardt dann einen Textzusatz aus einer 1484 in Köln gedruckten Inkunabel von *Eloquenti viro* ein, welcher im Helmstedter Textzeugen fehlt.[33] In diesem Textblock findet sich nun drei Mal die Anrede »frater mi dilecte«. Dies

30 Kadlec identifizierte den *Tractatus de sacramento eucharistiae*, der ebenfalls mit den Worten *Nisi manducaveritis* beginnt und in zwei polnischen Abschriften erhalten ist (Breslau, UB, Milich. II. 30, fols. 240r–246r und Krakau, Bibl. des Dominikanerklosters, R XV 14, fols. 149v–156v), als Schrift des Andreas von Brod und edierte sie. Dass von der Hardt unter dem Namen des Andreas die Handschrift Wien, ÖNB, CVP 4945, fols. 58r–72v edierte, gehe, so Kadlec, auf einen Irrtum von der Hardts zurück, der diese beiden Traktate verwechselte (Kadlec 1982, 82). – Tatsächlich ist Hardts Zuschreibung jedoch korrekt und bei Kadlec sowie Soukup *Repertorium* zu korrigieren. Da der Stil des von Kadlec edierten Traktats stark von den sonstigen bekannten Schriften des Andreas von Brod abweicht, wird für diesen Text wohl ein anderer Verfasser angenommen werden müssen – es sei denn, Andreas hätte seinen Stil und seine Argumentationsweise zwischen 1415 und 1418 eklatant verändert und eine zweite Schrift mit den Anfangsworten »Nisi manducaveritis« verfasst.

31 Bislang wurde nur ein Textzeuge bekannt (Wien, ÖNB, CVP 4945, fols. 58r–72v).

32 *Eloquenti viro*, 358.

33 *Eloquenti viro*, 358–366. Vgl. v. d. Hardts Anmerkung in der Edition: »In MSCto nostro Helmstadiensi nullum quidem spatium hic obvium, lacunae indicium. Contextus tamen videtur arguere aliquem defectum. Resarcire itaque quomodocunque ex altera libelli hujus editione A. 1422 prodita, ope antiqui Codicis Coloniensis, A. 1484 impressi ere, fore visum« (*Eloquenti viro*, 358; vgl. oben Anm. 3). Für den Hinweis, dass es sich bei diesem Kölner Druck um den vierten Band der *Opera* des Johannes Gerson handelt, danke ich Thomas Prügl (Wien). – Dieser Textsprung konnte bislang in keiner anderen Abschrift beobachtet werden; alle Textzeugen, die wir bisher einsehen konnten, sind vollständig. Hermann von der Hardt scheint daher mit dem Helmstädter Kodex entweder einen Text in einem sehr frühen Bearbeitungsstadium ediert zu haben, wogegen allerdings die zahlreichen eigenen Lesearten und Abschreibfehler des Textes sprechen, oder einen unvollständigen Textzeugen vorliegen gehabt zu haben. Ob dieser Teil noch in anderen Abschriften fehlt und wie viele Überlieferungsgruppen sich daraus ergeben, muss allerdings einer künftigen Analyse aller erhaltenen Textzeugen vorbehalten bleiben.

deutet darauf hin, dass Andreas von Brod den Kelchteil ursprünglich unabhängig von seiner späteren Verwendung für *Eloquenti viro* zusammenstellte, ihn dann jedoch überarbeitete – diesen Zwischenschritt haben wir in *Nisi manducaveritis* vor uns, in dem sich an einer jener drei Stellen, an denen *Eloquenti viro* »frater dilecte« liest, noch die im restlichen Kelchteil übliche neutrale Formel »si forte diceres« erhalten hat[34] – und mit dem Briefteil durch die Einfügungen der Anreden zu verbinden versuchte.

Darüber hinaus liefert dieser Traktat auch einen ersten wichtigen Hinweis auf Andreas von Brod als den Verfasser dieser beiden Werke. So stammt das erste Kapitel der Schrift *Nisi manducaveritis* (ab Zeile 18) wörtlich aus Andreas von Brods Traktat *An sufficiat*, wie folgende Synopse verdeutlicht:

Nisi manducaveritis, 392–395:	*An sufficiat*, 170–172:
Et postpositis pluribus, quid Salvator dicat, audiamus. Caro, *inquit*, mea vere est cibus, et sanguis meus vere est potus. Qui manducat meam carnem, et bibit meum sanguinem, in me manet et ego in eo.	Et postpositis pluribus, quid infra Salvator posuerit, audiamus. Caro *inquit* mea vere est cibus, et sanguis meus vere est potus. Et infra: *Qui manducat meam carnem, et bibit meum sanguinem, in me manet et ego in eo*, Ioh. 6. Quod exponens idem sanctus in eadem omelia continuans ad precedencia dicit:
Augustinus ubi supra dicit: *Hoc est ergo manducare illam escam, et illum potum bibere, in Christo manere et Christum manentem in se habere. At per hoc qui non manet in Christo, et in quo non manet Christus, procul dubio non manducat ejus carnem, nec bibit ejus sanguinem, et sic tanta rei sacramentum ad judicium sibi manducat et bibit.*	*Hoc est ergo manducare illam escam, et illum bibere potum: in Christo manere et illum manentem in se habere. Ac per hoc qui non manet in Christo, et in quo non manet Christus, proculdubio non manducat ejus carnem, nec bibit sanguinem ejus, eciam si tante rei sacramentum ad iudicium sibi manducet et bibat. (...) /171/*

34 *Eloquenti viro*, 360; ANDREAS DE BRODA *Nisi manducaveritis*, 399. – Jene drei Stellen, an denen »frater mi dilecte« im Kelchteil von *Eloquenti viro* vorkommt, sind auch in den untersuchten Handschriften nicht einheitlich. Von den 43 Abschriften, die für diese Arbeit untersucht wurden (siehe unten S. 159, Anm. 121), decken sich 22 mit der Edition von der Hardts. Zwei Textzeugen (Prag, NK, V D 7 und Prag, NK, XIX C 17) entsprechen dem Befund der Schrift *Nisi manducaveritis* und enthalten an derselben Stelle »si dicis« bzw. »si forte dicis«, in acht Abschriften fehlt dieser Satz überhaupt (München, BSB, Clm 2763; Clm 14232; Clm 16167; Clm 17500; Clm 18133; Clm 23787; Clm 23833; Rajhrad, Knihovna benediktinů, Cod. R 433). Dafür bieten vier Textzeugen direkt nach dem eben besprochenen Absatz, der in der Edition, den meisten Abschriften und *Nisi manducaveritis* »Pro quo volo te scire...« lautet, eine weitere Anrede des »frater« (»Ubi frater te volo scire...«; so in Clm 5614; Clm 16167; Clm 18133; Clm 23787). – Es bleibt einer detaillierten Kollationierung vorbehalten, zu klären, ob dies ein Hinweis auf verschiedene Handschriftenfamilien sein könnte, oder ob der Traktat möglicherweise in verschiedenen Phasen seiner Überarbeitung abgeschrieben und verbreitet wurde.

Ex hoc potest intelligi verbum Salvatoris quod dixit: *Nisi manducaveritis carnem filii hominis, et biberitis ejus sanguinem, id est, si non eritis membra corporis mei mystici, et non manseritis in me, nec ego mansero in vobis, ideo non habebitis vitam in vobis.*

Videant Christi fideles hunc sanctum Doctorem, quomodo non literaliter, sed secundum Christi sententiam spiritualiter hunc textum exponit, sequens Christum et ejus Apostolum Paulum, qui dicit: *litera occidit, spiritus autem vivificat.*

Quod autem multa verba Christi non ad literam sed spiritualiter capienda sint, patet. Nam Salvator dixit: *Si oculus tuus scandalizat te, erue et projice abs te.*

Si mille oculos, manus vel pedes haberemus, et ex eis orta frequentia scandala, a nobis abscinderemus vel erueremus?

Item, Christus: *Nisi quis renunciaverit omnibus, quae possidet, non potest meus esse discipulus.* Si verbum hoc literaliter intelligeretur, quomodo Reges, Barones, milites, nobiles, clientes, cives et alii salvarentur?

Legimus tamen Joseph Arimathia, discipulum Domini, divitem fuisse, Zachaeum, S. Carolum, S. Wenceslaum, et alios sanctos opulentissimos extitisse. Sed quis ita praesumtuosus est, ut istos omnes et singulos audeat condemnare?

Item Christus dicit Apostolis: *Qui habet tunicam, vendat, et emat sibi gladium.* Si hoc ad literam accipi voluisset, praesumtio daretur, quod non voluntarie pro nobis pati voluisset, sed potius a morte per discipulorum gladios se defendi procurasset. Quod impium est fidelibus cogitare.

Item dixit: *Nihil tuleritis in via, neque peram neque baculum, neque calceamenta, neque duas tunicas habeatis.* Si literaliter intelligi debet, quomodo Christus aut sui discipuli hoc ad literam impleverint? Utique Christus habuit vestimenta. Uti patet in Johanne XIII. *Surgit a coena et ponit vestimenta sua.* Item habetur baculus Pauli. Item sandalia habuit Bartholomaeus. Item et Petrus caligas

Ex hiis potest intelligi verbum Salvatoris quod dixit: *Nisi manducaveritis carnem filii hominis, et biberitis ejus sanguinem, id est, si non eritis membra corporis mei mystici, et non manseritis in me, nec ego mansero in vobis, ideo non habebitis vitam in vobis.* (...)

Videant Christi fideles hunc sanctum Doctorem, quomodo non literaliter, sed secundum Christi sententiam spiritualiter textum hunc exposuit, sequens et Christum et eius Apostolum Paulum, qui dicit: *littera occidit, spiritus vivificat.*

Quod autem multa verba Christi non ad litteram, sed spiritualiter capienda sint, patet. Nam dicit Salvator: *Si oculus tuus scandalizat te, erue eum et proiice abs te. Eciam si manus vel pes scandalizat te, abscide et proiice abs te.*

Si mille oculos, manus vel pedes haberemus, propter ex eis orta frequentia scandala singula, a nobis absciderems vel eciam erueremus.

Item verbum Salvatoris est: *Nisi quis renunciaverit omnibus, que possidet, non potest meus esse discipulus.* Si verbum hoc litteraliter intelligeretur, quomodo Reges, Barones, nobiles, milites, clientes, cives et alii divites salvarentur? Legimus tamen Ioseph ab Arimathia, discipulum Domini, divitem fuisse, Zacheum, sanctum Karolum, sanctum Henricum, sanctum Wenczeslaum, et alios sanctos opulentissimos extitisse. Sed quis ita presumtuosus est, ut istos omnes et singulos audeat condempnare?

Item dixit Christus apostolis Luce 22: *Et qui habet tunicam, vendat, et emat sibi gladium.* Si hoc ad litteram accipi voluisset, presumpcio daretur, quod non voluntarie pro nobis pati decrevisset, sed pocius a morte per discipulorum gladios se defendi procurasset, quod impium est fideli anime cogitare.

Item dixit Mt 10: *Nichil tuleritis in via, neque peram neque baculum, neque calceamenta, neque duas tunicas habeatis.* Si litteraliter intelligi debent, quomodo Christusmet aut sui apostoli hoc ad litteram impleverunt? Utique ipsemet Christus habuit vestimenta Ioh 13: *Surgit a cena et ponit vestimenta, sua.* Item habetur baculus Pauli, item habuit sandalia Bartholomeus, item et Petrus,

habuit, et per consequens calceamenta. Vide Actor. XII.	calligas habuit et per consequens et calceamenta. Unde Actuum XII. scriptum est: *Surge, precingere, et calcea te caligas suas.*
Nec audeat adversarius dicere, Christum hic dixisse verba praeceptive vel obligative.	Ne audeat adversarius dicere, Christum hec dixisse verba preceptive vel obligative.

Wie im Folgenden gezeigt werden soll, finden sich in *Nisi manducaveritis* und dementsprechend im Kelchteil von *Eloquenti viro* zahlreiche Spuren des Andreas von Brod; teilweise in wörtlicher Übereinstimmung mit dessen früheren Schriften gegen den Laienkelch – hier vor allem mit seinem ausführlichsten Werk gegen den Utraquismus mit den Eingangsworten *An sufficiat fidelibus sub specie tantummodo panis illud preciosum corporis et sanguinis sacramentum accipere*? (wohl 1415),[35] aber auch mit der etwas älteren Quaestio *Utrum licitum sit seu an debeat Christi populus laicalis sub utraque specie sacramentali communicare, quemadmodum sacerdos facit in altari*? (wohl 1415)[36] –, teilweise in der charakteristischen Analogie der vorgebrachten Argumente. Die im Folgenden vorgestellten Parallelstellen aus den Schriften des Andreas erheben keinen Anspruch auf Vollständigkeit, sondern sollen zum einen stellvertretend wörtliche Übereinstimmungen aufzeigen und zum anderen wichtige Weiterentwicklungen in der Kelchargumentation des Andreas herausstellen. Dies soll ermöglichen, den Zeitpunkt der Kompilation von *Eloquenti viro* durch dessen Einordnung in die Kelchdiskussion zwischen Andreas von Brod und Jakobell von Mies Ende 1414/Anfang 1415 konkreter zu bestimmen.

4. Aufbau und Inhalt des Brieftraktats *Eloquenti viro*

4.1. Teil 1 und 3: Kapitel I–VI und XI–XVII (Rahmenteile)

Laut seinen Eingangsworten ist der Brief an einen anonymen Empfänger gerichtet, der mit den Worten *Eloquenti viro Domino N. (...) fratri in Christo dilecte*[37] angesprochen wird. Im Laufe des Traktats wird der Empfänger als Prager Prediger mit zahlreichen Anhängern charakterisiert, der bereits mehrfach von seinen Prälaten zum Gehorsam ermahnt wurde. Dass damit Hus gemeint ist, kann angesichts der folgenden Liste an Vorwürfen kaum bezweifelt werden. So wird die Forderung des Hus, den Prälaten nicht zu gehorchen, wenn sie simonistisch, in Luxus, überheblich oder in anderer Sünde leben, ebenso scharf kritisiert wie sein Standpunkt, die vom Papst und anderen Prälaten voll-

35 Ed.: Andreas de Broda *An sufficiat*; vgl. Spunar 1985, 277f.; Kadlec 1982, 73; de Vooght 1972, 122–142; Borecký 1945, 20–27; Sedlák 1911, 245f. und 397f.; Krmíčková 1997, 17. Zur zeitlichen Verortung dieser Schrift in der Kelchdiskussion vgl. unten S. 152–154.

36 Ed.: Andreas de Broda *Utrum licitum sit*; vgl. Spunar 1985, 273; Kadlec 1982, 72; Bartoš 1931, 88; Sedlák 1911, 704. Zur zeitlichen Verortung dieser Schrift in der Kelchdiskussion vgl. unten S. 152–154.

37 *Eloquenti viro*, 338. Den Inhalt referiert auch knapp Stein 1932, 368–373.

zogenen Exkommunikationen – auch jene des Hus selbst – seien nichtig, da nur Christus exkommunizieren könne.[38] Dahinter stand sein theologisches Verständnis, dass ohne die gleichzeitige göttliche Exkommunikation jede menschliche Kirchenstrafe nichtig sei.[39] Gegen die Überzeugung des Adressaten, überall und immer predigen zu können und von Christus dazu gesandt zu sein – eine Reaktion Hussens auf das gegen ihn verhängte Predigtverbot von 1410 –, verweist der Verfasser auf die notwendige doppelte Sendung (*habitualis* durch die Priesterweihe und *localis* durch die besondere Beauftragung durch die Prälaten vor Ort).[40] Die Überzeugung, dass den Pfarrern und Priestern Abgaben vorenthalten werden könnten, weil aus der Schrift keine solche Verpflichtung abgeleitet werden kann, wird ebenso kritisiert wie das Bestreben, den Klerus auf den Status der Urkirche zurückzuführen, welcher sich in Besitzlosigkeit, freier Predigt und dem Kampf gegen Prunk, Geiz, Luxus und anderer Sünden manifestiert.[41] An dieser Stelle, zwischen den Kapiteln VI und XI, findet sich nun der umfangreiche Einschub zum Laienkelch, der unten im Detail besprochen wird. An den Kelchteil schließt sich der zweite Rahmenteil an. Nicht nur predige der Adressat des Briefes, so Andreas von Brod dort weiter, ohne gesandt zu sein, er verkündige darüber hinaus auch, dass jeder, wann, wo und wie immer er wolle, beichten und kommunizieren könne.[42] Der Standpunkt, dass dem Papst keine größere Würde als den einfachen Priestern zukomme, weil auch allen Aposteln dieselbe Würde und Autorität zuteil war, wird ebenso kritisiert wie dessen Aufstacheln des geistlichen und weltlichen Volkes gegen die Prälaten, Priester und den ganzen Klerus.[43] Auch die Gewohnheit, von der Kirche nicht genehmigte Lieder in Kirchen, auf Marktplätzen und in Kneipen zu singen, erfährt eine scharfe Kritik.[44] Dies dürfte eine Reaktion auf die Schmählieder und Gesänge sein, die die rivalisierenden Gruppen in Prag gegeneinander dichteten.[45] Kanones und Statuten, wie Hus es tat, als menschliche Tradition zu charakterisieren und damit göttlichem Recht unterzuordnen, verwirft der Verfasser ebenso.[46] Den Abschluss des Traktats bildet eine Ermahnung, sich gehorsam dem Vorübergehendem ab- und dem Bleibendem zuzuwenden. Sollte dieser einfache Brief,

38 *Eloquenti viro*, 340–347.

39 Soukup 2014, 154; Kejř 2005, 90–94.

40 *Eloquenti viro*, 346f.

41 *Eloquenti viro*, 346–353.

42 *Eloquenti viro*, 378f.

43 *Eloquenti viro*, 378–383.

44 *Eloquenti viro*, 384–387. Andreas von Brod wendete sich auch in seinen Predigten scharf gegen Gesang, Spiel, Pracht und pompöse Reliquien in den Kirchen (vgl. Nechutová 2006, 249).

45 Bereits 1408 hatte eine Synode jene »neuen Lieder« verboten, die von den gegnerischen Parteien durch die Stadt ziehend gesungen wurden (Soukup 2014, 111f.).

46 *Eloquenti viro*, 386–389.

so der Verfasser, den Adressaten irgendwann erreichen und ihm womöglich nicht gefallen, so solle er den Brief stattdessen anderen vorlegen.[47]

Zur zeitlichen Einordnung des Rahmenteils

Für eine genaue zeitliche Einordnung des Rahmenteils ist es notwendig, in aller Kürze einen Blick auf den Verlauf des römischen Prozesses gegen Hus in den Jahren 1410 bis 1412 zu werfen, in dem zwei weithin parallel verlaufende Phasen unterschieden werden können. Anfang Mai 1410 appellierte Hus – erfolglos – gegen die Bulle Papst Alexanders V. von Dezember 1409, die Erzbischof Zbyněk ermächtigte, gegen Wyclifs Schriften vorzugehen. Nachdem Papst Johannes XXIII. Wyclifs Werke für häretisch erklärt hatte und – unter Androhung eines Anathemas bei Zuwiderhandlung – deren Verbrennung angeordnet hatte, legte Hus bei der Kurie Protest dagegen ein. Im Februar 1411 verstrich die dem Hus gesetzte Frist zum persönlichen Erscheinen in Rom, woraufhin ihn Johannes XXIII. mit einem weiteren Anathem belegte, welches Mitte März 1411 in den Prager Kirchen verkündet wurde. Am 21. Juni 1411 wurde das Interdikt über Prag und Umgebung verkündet, welches allerdings weithin ignoriert wurde. Der Schutz des Königs ermöglichte es Hus in der zweiten Jahreshälfte 1411, trotz der Anathemata weithin unbehelligt zu predigen und zu wirken.[48]

Am Übergang zur zweiten Phase des Prozesses bildete der Ablassstreit den entscheidenden Wendepunkt. Im Mai 1412 erreichte die Ablassbulle Papst Johannes XXIII. Prag, gegen die Hus mehrfach in Predigten auftrat. Nach öffentlichen Disputationen zur Ablassfrage im Sommer 1412, die jedoch zu keiner Lösung führten, wurden im Juli 1412 die verurteilten 45 Wyclifschen Artikel um neun weitere ergänzt, die gegen Hus und Jakobell von Mies gerichtet waren. Durch Hussens Verteidigung Wyclifs in dieser Diskussion wurde der Anklage, die an Michael de Causis nach Rom geschickt wurde, der Vorwurf hinzugefügt, Hus verbreite den Wyclifismus in Böhmen. Dies führte zu einer Wende im Prozess gegen Hus, zumal die römische Versammlung zuvor bereits Wyclifs Artikel verurteilt hatte. Als Hus trotz erneuter Aufforderung nicht in Rom erschien, wurde das Anathema gegen ihn verschärft. Nachdem die Nachricht darüber Anfang Oktober 1412 Prag erreichte, appellierte Hus an Christus, bevor er schließlich im Spätherbst 1412 ins südböhmische Exil ging und dort im ersten Halbjahr 1413 sein ekklesiologisches Hauptwerk *De ecclesia* verfasste.

In *Eloquenti viro* spielt nun allerdings weder der Ablassstreit, noch Hussens Ekklesiologie eine Rolle; beide Themen werden weder erwähnt noch diskutiert. Diese Beobachtungen sprechen dafür, die Abfassung des Rahmenteils im zweiten Halbjahr 1411[49] anzusetzen, als Hus – seinem Predigtverbot und

47 *Eloquenti viro*, 388–391, hier bes. 391.

48 Vgl. Pavlíček 2015, bes. 37–61.

49 Die zentralen, in *Eloquenti viro* virulenten Themen finden sich auch in Hussens *Sermones de oboedientia* von 1410 (ed. in: Jan Sedlák: *M. Jan Hus*, Prag 1915, 127*–164*;

dem Interdikt zum Trotz – unter dem Schutz König Wenzels weiterhin in Prag wirkte. Falls der Brieftraktat erst kurz vor Hussens Gang ins Exil im Spätherbst 1412 verfasst worden ist, wäre es kaum vorstellbar, dass der Ablassstreit, der ab Frühjahr 1412 im Zentrum der Auseinandersetzung stand, in keinster Weise thematisiert worden wäre. Wie Loserth durch die Zusammenstellung und Edition zentraler Traktate dieses Zeitraums aufzeigen konnte, legten die Schriften der Gegner Hussens ihren Fokus zentral auf diesen Streitpunkt.[50] Ebenso wenig plausibel ist die Annahme, Hus wäre zum Zeitpunkt der Abfassung von *Eloquenti viro* bereits im Exil gewesen und auch sein Hauptwerk *De ecclesia* wäre bereits fertiggestellt gewesen. Die Abfassung seiner ekklesiologischen Hauptschrift änderte die Paramter der Diskussion mit seinen Gegnern maßgeblich, da nun sein Kirchenbild zum Dreh- und Angelpunkt der Auseinandersetzung wurde. So widmen sich die ersten zehn Kapitel der Schrift dem Aufweis, dass Christus das Haupt der Kirche und die Prädestinierten ihr Leib seien. Dieser Ansicht widersetzten sich Hussens Gegner – zu denen seit dem Ablassstreit auch Stanislaus von Znaim und Stephan Paleč gehörten – vehement und verteidigten stattdessen den Papst als Haupt der Kirche und das Kardinalskollegium als ihren Leib. Nicht nur in Prag, auch auf dem Konstanzer Konzil wurde insbesondere Hussens Ekklesiologie kritisiert (der Großteil jener Irrtümer, die Hus vom Konzil vorgeworfen wurden, stammte aus seinem Werk *De ecclesia*). In *Eloquenti viro* hingegen spielt eine aus Papst und Kardinalskollegium bestehende Kirche keine Rolle; vielmehr wird im Anschluss an Honorius von Autun[51] das Bild von Christus als Haupt entwickelt, dessen Leib – die Kirche –

zu weiteren Ausgaben vgl. Soukup 2015, 104 mit Anm. 25). So erörtert Hus dort etwa, dass Petrus aufgrund seiner Demut, seiner Armut und der Festigkeit seines Glaubens als Fels bezeichnet werde; falsch sei hingegen die Interpretation jener, die meinen, diesen Felsen als Haupt (*caput*) interpretieren zu können. Von einem ungerechten Priester vollzogene Handlungen und Strafen (wie auch Exkommunikationen) seien ungültig und müssten daher nicht beachtet werden; auch die Apostel verlangten keinen Gehorsam gegenüber schlechten Vorgesetzten. Gegen den Willen Gottes sei Menschen und menschlichen Geboten nicht zu gehorchen. Darüber hinaus exkommuniziere sich ein Vorgesetzter, der einen anderen unrechterweise (*iniuste*) mit Kirchenstrafen belegt, selbst. Jede Exkommunikation sei grundsätzlich nur gültig, wenn Gott den Sünder zuvor bereits exkommuniziert habe. Zu predigen sei ein Gebot Gottes; auch Christus habe vor großen Mengen gepredigt. Deshalb sei in diesem Fall Gott eher zu gehorchen als den Menschen. Zwar habe der Erzbischof die Macht, Predigten in Kapellen zu verbieten; solch schlechten Vorgaben dürfe jedoch nicht gehorcht werden, da ein Predigtverbot im Namen Christi unzulässig sei. Da Gott mehr zu gehorchen sei als den Menschen, widersetze er sich diesen Anordnungen des Erzbischofs und seiner Vorgesetzten. – Auch der Prager Erzbischof Zbyněk von Hasenburg formulierte 1409 bereits explizite Kritik an Hussens Predigten in der Betlehemskapelle, am Zelebrieren der Messe mit unerlaubten Liedern und an Hussens Auffassung, Exkommunikationen seien ungültig, wenn nicht Gott zuvor exkommuniziert hatte (vgl. die entsprechenden Artikel in: *Documenta magistri Johannis Hus vitam* (...), hg. v. František Palacký, Prag 1869, 164–169).

50 Loserth 1889.

51 Honorius Augustodunenses *Elucidarium* I, 179 (ed. cit. 393f.).

aus verschiedenen Organen (den Propheten als Augen, den Gehorsamen als Ohren, den Bescheidenen als Nase, den Häretikern als Nasenschleim, dem Mund als den Schriften usw.) besteht.[52] Das Haupt der streitenden Kirche ist der Papst als unmittelbarer Stellvertreter Christi. Hinsichtlich des Papstes wird lediglich kritisiert, dass Hus dem Papst keine größere Macht als den einfachen Priestern zugestehe. Darüber hinaus wird Hus in den Eingangsworten des Briefes als »Eloquenti viro domino n. *verbi Dei seminatori in Praga*« angesprochen, womit wohl vorausgesetzt wird, dass er zu diesem Zeitpunkt noch in Prag als Prediger tätig war.

Ziehen wir ein erstes Resümee: Der Rahmenteil des Traktats stellt in der Tat eine umfassende Sammlung von Kritikpunkten an Hussens Predigten in Prag und seinem wachsenden Konflikt mit der kirchlichen Autorität der Jahre 1409 bis 1411 dar, in dem wie in *Eloquenti viro* der eingeforderte Gehorsam und die angemahnte Demut zentrale Momente darstellten. Auf keinen anderen exponierten Prediger im Prag jener Jahre passt die vorgebrachte Kritik so gut wie auf Hus. Doch nicht nur Hus steht im Zentrum der Kritik, auch die Implikationen der Hus'schen Praxis für dessen Anhänger wird betont. So riskiere nicht nur dieser mit seinem Verhalten sein Heil, sondern auch seine Anhänger, die dem Klerus die Abgaben verweigern, an den Messen des Hus teilnehmen, von diesem Sakramente empfangen und damit das gegen Hus verhängte Interdikt missachten. Durch die Verletzung des Interdikts drohe auch den Gläubigen die Exkommunikation. Der Verfasser kannte also nicht nur die Predigten des Hus, sondern auch die Prager Praxis und Situation und wusste um die Verletzung des Interdikts. Die gelegentlichen Verweise im Text, von Anderen über die Missstände in Prag informiert worden zu sein,[53] dürfte angesichts der Tatsache, dass der ganze Rahmenteil eine überaus detaillierte Kenntnis der Prager Praxis und Hussens Predigten beweist, eher als Stilmittel denn als historisch verlässliche Information zu interpretieren sein, das dem – bewusst – anonymen Gesamtduktus des Werkes entspricht.

Stil und Ton des Schreibens deuten auf Andreas von Brod als Verfasser hin,[54] der – wie wir aus dessen Zeugenaussage im Prozess gegen Jan Hus 1410–1412

52 *Eloquenti viro*, 342f.

53 So beispielsweise: »Hoc est, frater mi dilecte, quod pervenit meam ad audientiam multorum...« (*Eloquenti viro*, 340); »Et etiam, frater mi dilecte, audivi a pluribus te in sermonibus tuis dicere...« (*Eloquenti viro*, 390).

54 Vgl. etwa den Brief, den Andreas von Brod 1414 an Hus schrieb, in dem er diesen als »magister reverende« anspricht. In einem diesem Schreiben vorausgegangenen Brief des Hus an Andreas habe ihn dieser, so Andreas, als »frater carissimus« bezeichnet (Andreas de Broda *Epistola*, 519). Auch die kurzen Sätze und der einfache Stil von *Eloquenti viro* entsprechen jenen des Andreas von Brod. – In besagtem Brief kommt Andreas auch auf seinen persönlichen Kontakt zu Hus zu sprechen: »Scribitis enim socio meo dilecto D. Petro, quod ex participatione mea vobiscum sum excommunicatus, profanus et irregularis. Bene quidem multis temporibus bibi et comedi vobiscum; sed ab illo tempore, quo processus contra vos sunt publicati, neque ego vos vidi, neque vos me vidistis« (ebd.).

in Rom[55] erfahren –, bereits in den Verhandlungen über das Kuttenberger Dekret[56] im Frühjahr 1409 mit Hus in Konflikt geraten war. Ab diesem Zeitpunkt begann Andreas auch, sich intensiv mit den Lehren des Hus auseinanderzusetzen, so wie er sich zuvor bereits kritisch mit den Lehren Wyclifs befasst hatte.[57] Der ursprüngliche Stein des Anstoßes war die Remanenzlehre, die zu vertreten Andreas Jan Hus verdächtigte.[58] 1412/1413 folgte in der Schrift *Contra obiectus Hussonitarum*[59] eine weitere ausführliche Kritik an Hus: Nicht nur, dass Hus in jeder Predigt das Volk aufhetze; der tatsächlich verderbenbringende Klerus zeige sich dadurch, dass er sich – wie Hus – der Behauptung der Theologen nicht anschließen wolle, dass der Papst das Haupt der Kirche und die Kardinäle ihr Leib seien. Wie Hus predigte auch Andreas von Brod in der Betlehemskapelle. Darüber hinaus beauftragte er einen Kleriker, die Predigten des Hus zu besuchen und auf eventuell vorgebrachte Irrlehren zu achten.[60] Somit dürfte Andreas über die Predigten des Hus hervorragend informiert gewesen sein. Noch 1414, als Andreas und Hus Prag bereits verlassen hatten,[61] sandte Andreas einen Brief an Hus, in dem er ihn zu mehr Liebe und Demut ermahnt und ihn darauf hinweist, dass dessen Ausflüchte, das über ihn verhängte Interdikt hätte vor Gott keinen Bestand, und auch das Predigtverbot sei nicht berechtigt, wenig zielführend seien.[62] Diese Aspekte spielen auch in *Eloquenti viro* eine zentrale Rolle. In der historischen Argumentation von *Eloquenti viro* zeigen sich darüber hinaus die gleichen und für Andreas von Brod typischen Merkmale, die wir später auch im Kelchteil beobachten werden. So spiegeln sich die gelegentlich unzureichenden historischen Kenntnisse des Andreas etwa auch in der Entgegnung auf die Forderung, der Klerus solle auf den Status der Urkirche zurückgeführt und wie die Apostel verpflichtet werden, besitzlos zu leben. Andreas führt dagegen nicht das – historisch kor-

55 Zum Prozess gegen Jan Hus an der römischen Kurie bis hin zu seiner Verurteilung am Konstanzer Konzil vgl. etwa ausführlich Kejř 2005, bes. 47–184, sowie knapper Fudge 2010, 118–146, jeweils mit ausführlicher weiterführender Literatur.

56 Hus war zwar im Gegensatz zu Andreas von Brod kein Mitglied der Delegation, die am 18. Jänner 1409 in Kuttenberg verhandelte, spielte aber dennoch eine so gewichtige Rolle, dass Andreas von Brod ihm Jahre später vorwarf, sogar den Anstoß zum Kuttenberger Dekret gegeben zu haben (vgl. Fudge 2010, 99 mit Anm. 23).

57 Vgl. Kadlec 1982, 21–27.

58 Kadlec 1982, 27–30; vgl. auch Fudge 2010, 106f.

59 Andreas de Broda *Contra obiectus Hussitarum*. Vgl. Spunar 1985, 275; Kadlec 1982, 72; vgl. darüber hinaus Soukup 2014, 162.

60 Kadlec 1982, 9f.

61 Hus hielt sich im Juni 1413 wieder in Prag auf, musste sich aber wegen des Interdikts bald wieder aufs Land zurückziehen (Soukup 2014, 162 und 177); vgl. Kadlec 1982, 33. – Zu den vorhergehenden Ereignissen vgl. Kadlec 1982, 32–34; Kejř 2005, 106–112.

62 Kadlec 1982, 34. – Sowohl in besagtem Brief des Andreas an Hus als auch in *Eloquenti viro* findet sich mit Mt 7,3 der Vorwurf, Hus würde den Splitter im Auge des Andreas sehen, nicht jedoch den Balken in seinem eigenen Auge (*Eloquenti viro*, 390; Andreas de Broda *Epistola*, 522).

rektere – Argument ins Treffen, dass eine solche Verpflichtung der Apostel gar nicht bestand, sondern argumentiert damit, dass Christus den Aposteln noch nicht alles offenbart habe, sondern vieles für ihre Nachfolger aufbewahrte.[63] Auf die Kritik, der Papst sei nicht würdiger als ein einfacher Priester, weil auch allen Aposteln dieselbe Würde und Autorität zukam, argumentiert der Verfasser nicht historisch mit der in Petrus begründeten besonderen Würde und Autorität der Römischen Kirche, sondern mit den besonderen Befugnissen des Papstes, schwere Sünden zu vergeben.[64]

Nachdem Hus im Oktober 1414 nach Konstanz aufgebrochen war, konnte Andreas von Brod wieder nach Prag zurückkehren. Dort entstand ihm mit Jakobell von Mies aber bald ein neuer Gegner, der als Hussens Nachfolger in der Betlehemskapelle der eigentliche Begründer der hussitischen Theologie wurde.[65]

4.2. Teil 2: Kapitel VII–X (über den Laienkelch)

Der Kelchteil von *Eloquenti viro* wurde bewusst inmitten des Rahmenteils eingefügt. Unmittelbar voraus geht ihm das sechste Kapitel, das die Forderung des Hus, den Klerus auf den Status der Urkirche zurückzuführen, behandelt. Auch die Kelchkommunion galt als liturgische Praxis der Urkirche schlechthin. Direkt an den Kelchteil anschließend behandelt Andreas den Vorwurf an Hus, zu predigen, ohne gesandt zu sein und zudem zu verkünden, dass jeder, wann, wo und wie immer er wolle, beichten und kommunizieren könne – nicht nur bei den eigenen Pfarrern, sondern womöglich auch bei geizigen, überheblichen, verschwenderischen, simonistischen Priestern, wodurch der Empfänger der Sakramente ebenfalls sein Heil verwirke. Dadurch weist der Verfasser die praktischen Konsequenzen der Kommunion unter beiden Gestalten für die Gläubigen auf und verknüpft auf diese Weise Kelch- und Rahmenteil.

Die Kapitel VII bis X stellen die eigentliche Widerlegung der hussitischen Kelchforderung dar. Andreas von Brod eröffnet das siebte Kapitel mit einer programmatischen Feststellung: So widerspreche der Laienkelch nicht nur dem Gesetz Christi und Gottes, sondern auch dem Verständnis der Schrift, den Kanones und den Vorschriften der römischen Kirche. Dieses grundlegende Argument bildet als Eingangs- und Schlusspunkt die Klammer um den Kelchteil und darüber hinaus das Fundament der gesamten Argumentation. Andreas zieht die Möglichkeit, dass in der Geschichte der Kirche die Kommunion zu gewissen Zeiten erlaubterweise unter beiden Gestalten gespendet wurde, nicht in Betracht; höchstens einzelne, nur für begrenzte Situationen gültige, aber keinesfalls wünschenswerte Ausnahmen lässt er zu.[66] Diese

63 *Eloquenti viro*, 352.

64 *Eloquenti viro*, 378f.

65 Vgl. Kadlec 1982, 34; Soukup 2014, 99.

66 So ist etwa die Aufforderung des Apostels Paulus in seinem ersten Brief an die Korinther, unter beiden Gestalten zu kommunizieren, nur an die Gemeinde von Korinth

charakteristische Haltung finden wir auch in seiner Quaestio und seiner Schrift *An sufficiat*.[67] Dass der Laienkelch dem Gebot Christi widerspreche, so Andreas weiter, zeige sich schon daran, dass beim letzten Abendmahl die Mutter Jesu – die würdiger war als alle Apostel –, die 72 Jünger und der Hausherr mit seiner Familie die Kommunion auch nur unter einer Gestalt empfingen. Wären tatsächlich beide Gestalten heilsnotwendig, wäre ein solches Vorgehen undenkbar. Lediglich die zwölf Apostel – die zuvor zu Priestern geweiht worden waren[68] – erhielten beim letzten Abendmahl die Kommunion unter beiden Gestalten; auch Judas, und zwar deshalb, um nicht den Ärger der anderen Apostel auf sich zu ziehen.[69] Diese Theorie wurde später weder von den Vätern in Konstanz noch von den Theologen in Basel aufrechterhalten. Vielmehr gestand man in diesem Punkt eine historische Entwicklung zu.

Nach einer Sammlung von Belegen aus dem Alten Testament kommt Andreas auf das zentrale Argument Joh 6,53 zu sprechen, dem in der Kelchdebatte die wichtigste Rolle zukam. Wäre mit Joh 6,53 – *Jesus sagte zu ihnen: Amen, amen, das sage ich euch: Wenn ihr das Fleisch des Menschensohnes nicht esst und sein Blut nicht trinkt, habt ihr das Leben nicht in euch* – tatsächlich die sakramentale Kommunion, d. h. die unter beiderlei Gestalten, gemeint, wie Jakobell ins Treffen führte, dann wären alle Kinder, die nach der Taufe sterben, ohne die Eucharistie empfangen zu haben, oder generell alle Menschen bis zum Leiden Christi (darunter auch Patrone wie der hl. Wenzel, Ludmilla, Albert, Prokop, und alle Heiligen Böhmens)[70] verdammt. Dies würde dem Bild eines barmherzigen und gütigen Gottes jedoch widersprechen. Auch die Kinder, die Herodes tötete, wären dann von der Kirche zu Unrecht als geheiligt angesehen worden, da sie nicht tatsächlich kommunizieren konnten, zumal das Sakrament der Eucharistie damals auch noch gar nicht eingesetzt war. Die Aufforderung Jesu, sein Fleisch zu essen und sein Blut zu trinken, interpretiert Andreas daher als Verpflichtung zur geistlichen, nicht zur sakramentalen Kommunion. Heilsnotwendig ist nur die Vereinigung mit Christus durch die drei göttlichen Tugenden des Glaubens, der Hoffnung und der Liebe. Die notwendige – regenerierende und vergebende – Gnade für eine würdige sakramentale Kommunion erhält der Mensch durch Taufe, Reue, Beichte und wahre Buße. Etwas später im Text präzisiert Andreas die unterschiedlichen Arten der Kommunion dann noch weiter: So gibt es jene, die *non manducantes non manducant*

gerichtet, die zu diesem Zeitpunkt mit Pseudopropheten zu kämpfen hatte (*Eloquenti viro*, 363).

67 In *An sufficiat* geht Andreas anfänglich sogar noch radikaler davon aus, dass es die Praxis der Kommunion unter beiden Gestalten in der römischen Kirche überhaupt nie gegeben hätte, um im zweiten Teil der Schrift zuzugestehen, dass dies womöglich doch der Fall war, keinesfalls jedoch erlaubt, da bereits der hl. Paulus beabsichtigt hätte, dies zu ändern (vgl. Kadlec 1982, 43).

68 *Eloquenti viro*, 362; vgl. Andreas de Broda *An sufficiat*, 173.

69 Vgl. Andreas de Broda *Utrum licitum sit*, 161; Andreas de Broda *An sufficiat*, 173–175. Vgl. Kadlec 1982, 39f.

70 *Eloquenti viro*, 360.

(wie die *viri contemplativi, probati et pueri innocentes baptisati, et alii, qui decesserunt in fide, spe et caritate*) – jene, die *manducantes non manducant* (die, die kommunizieren, obwohl sie sich in Todsünde befinden) – jene, die *manducantes manducant* (Gläubige, Reumütige, Bekenner und Büßer) – und schließlich jene, die *non manducantes manducant* (wie die *homines desparati*).[71] Durch ein solches wörtliches Verständnis, wie es Jakobell proklamiere, sei schließlich der schlimme Irrtum eingeführt worden, dass Kinder nach der Taufe sakramental unter beiden Gestalten kommunizierten – *quia innocentes, non superbi, non avari, non luxuriosi, nec aliis peccatis obnoxii.*[72] Dagegen wendet Andreas mit Thomas von Aquin jedoch ein, dass nicht nur die Unschuld notwendig sei, sondern auch andere Dinge wie die Einsicht in den Unterschied zwischen leiblicher und sakramentaler Nahrung (*cognitio*); dazu die nötige Hingabe (*devotio*), Unterscheidung (*discretio*) und Bekenntnis der Sünden (*peccatorum confessio*), was bei Kindern aber noch nicht vorausgesetzt werden könne. Das Heil wird schließlich nicht durch die Eucharistie, sondern durch die Taufe gegeben.

Diese Darlegung des Andreas zur geistlichen Kommunion stellt im Vergleich zu *An sufficiat* eine deutliche Weiterentwicklung und theologische Vertiefung dar. Auch in *An sufficiat*[73] nimmt Andreas den Standpunkt ein, Joh 6,53 sei als geistliche Kommunion zu verstehen. Allerdings bewegt sich Andreas dort faktisch auf exegetischer, nicht jedoch auf sakramententheologischer Ebene, wenn er erläutert, dass wie Joh 6,53 etwa auch 2 Kor 3,6 (*Littera occidit, spiritus vivificat*), Mt 18,9 (*Si oculus tuus...*), Lk 22,36 (*Et qui habet tunicam...*) oder Mt 10,10 (*Nichil tuleritis in via...*) geistlich und nicht wörtlich zu verstehen seien. Damit ist letztlich keine theologische Aussage zur geistlichen Kommunion und ihrer Wirkung gemacht, sondern lediglich die Unzulänglichkeit des wörtlichen Schriftsinns verdeutlicht. Die ekklesiologische Dimension der Eucharistie (Gemeinschaft nicht nur mit Christus, sondern auch seiner Glieder untereinander) und die Frage, wie konkret sich der Wunsch nach Gemeinschaft mit Christus (der der geistlichen Kommunion zugrunde liegt) zu den drei Tugenden Glaube, Hoffnung und Liebe verhält, bleiben jedoch auch in *Eloquenti viro* offen.

Nun geht Andreas daran, aufzuzeigen, dass unter beiden Gestalten zu kommunizieren kein Gebot Christi sei. Dazu unternimmt er einen Blick in die Tradition und postuliert, dass auch keiner der Kirchenväter das Gebot Christi so (wie nun Jakobell) auslegte, dass es zu gewissen Zeiten und an bestimmten Orten angemessen (*tempore et loco opportunis*) sein könne, unter beiden Gestalten zu kommunizieren.[74] Auf diese Weise würde nämlich, so Andreas, jeder Mensch, wann immer er wollte, die Gebote Gottes befolgen und könnte sie, wann immer er das nicht wollte, ablehnen. Die Gebote Gottes seien aber

71 *Eloquenti viro*, 362; vgl. Andreas de Broda *An sufficiat*, 217.

72 *Eloquenti viro*, 366; vgl. Andreas de Broda *An sufficiat*, 168.

73 Andreas de Broda *An sufficiat*, 168–173; vgl. Kadlec 1982, 39.

74 *Eloquenti viro*, 362.

immer zu halten. Wir sehen hier erneut, dass Andreas der kirchlichen Tradition und einer eventuellen legitimen Weiterentwicklung oder Änderung von Bräuchen in seiner Argumentation keinen Raum gibt. Während die Väter in Konstanz – beinahe zeitgleich – gerade mit der Berechtigung der kirchlichen *consuetudo* als Gewohnheit der vom hl. Geist getragenen Gemeinschaft argumentieren und mit einem realistischeren Blick auf die historische Entwicklung der Kirche aufweisen, weshalb sie das Recht hatte, diese Gewohnheiten aus guten Gründen auch wieder zu ändern, negiert Andreas diese ekklesiologische Dimension der sakramentalen Praxis vollständig.

Im Anschluss daran widerlegt Andreas von Brod Väterargumente und zeitgenössische Autoritäten, die sein Gegner Jakobell in die Diskussion für den Laienkelch eingebracht hatte. Einer Stelle aus den Dialogen des hl. Gregor,[75] an der vom Einflößen des Weines in den Mund der Gläubigen gesprochen wird, entgegnet Andreas, dass der Leib Christi nicht durch die Hand von irgendjemandem, sondern nur durch die Hand des zelebrierenden Priesters geteilt werde, und dass der Wein nur in den Mund von Kranken oder Gefangenen ausgegossen werden dürfe, nicht aber in den Mund einfacher Laien. Gegen den Einwand, dass die Laien doch auch Gläubige seien, weist er auf die Konkomitanzlehre hin: so werde mit dem Verzehr des konsekrierten Brotes nicht nur der Leib Christi, sondern auch das Blut empfangen; denn wo der Leib Christi ist, ist gewiss auch sein Blut.[76] Dem Argument des Jakobell aus der *Summa* des Thomas von Aquin,[77] dass das Brot an das Leiden Christi, der Wein hingegen an das Herausfließen des Blutes aus der Seite Christi erinnere, begegnet Andreas mit dem Hinweis, dass Jakobell Thomas falsch interpretiere. Thomas sei hier vielmehr so zu verstehen, dass die Eucharistie nur am Altar für alle Gläubigen und ihre Sünden unter beiden Gestalten dargeboten, den Laien hingegen nicht unter beiden sakramentalen Gestalten gereicht werde.[78] Die Laien können sich unter der Gestalt des Brotes beider Aspekte erinnern, auch außerhalb der eigentlichen Kommunion. Christi zweifache Einsetzung beziehe sich auf die Darbringung der Kommunion, also des eucharistischen Opfers am Altar, nicht jedoch auf die Kommunion der Gläubigen.[79] In die gleiche Richtung geht das folgende Argument des Andreas, wenn er der Autorität des Papstes Gelasius, dass eine Trennung der eucharistischen Gestalten eine Sünde darstelle,[80] entgegensetzt, dass diese Aussage, wie die Glosse zeige, auf den zelebrierenden Priester zu beziehen sei, der auf keine der beiden Gestalten verzichten dürfe, ohne sich eines Sakrilegs schuldig zu machen. Dies zeige auch die frühere Praxis, als die Priester noch in mehreren Kirchen Eucharistie feierten; dabei konsekrierte der Priester nur in der letzten Kirche beide Gestalten, in den vorhergehenden aber nur das Brot. Diesen Missstand

75 Zit. nach dem *Decretum Gratiani*, III, *De cons.*, di. II, c. 73 (ed. Friedberg I, 1343).
76 *Eloquenti viro*, 364.
77 THOMAS DE AQUINO *STh*, III, q. 80, a. 12 (ed. cit. 502f.).
78 *Eloquenti viro*, 364.
79 *Eloquenti viro*, 372; vgl. ANDREAS DE BRODA *An sufficiat*, 176 und 218.
80 *Decretum Gratiani*, III, *De cons.*, di. II, c. 12 (ed. Friedberg I, 1151).

wollte Gelasius korrigieren, nicht die Praxis der Laien.[81] Dass Andreas die Passagen aus den Vätern und dem Kirchenrecht allesamt als auf die Priester bezogen versteht, ist ein Grundmotiv seiner Argumentation, das sich durch alle seine Schriften zum Laienkelch zieht.

Die bereits angesprochene Tendenz des Andreas, jede historische Tradition der Kelchkommunion zu relativieren bzw. ganz in Frage zu stellen, zeigt sich auch bei seiner Entkräftung des 63. Briefes des Cyprian von Karthago an Caecilian,[82] den Jakobell als Autorität eingeführt hatte. Cyprian spricht hier von der Gewohnheit der Urkirche, unter beiden Gestalten zu kommunizieren. Zwar mag dies gelegentlich vorgekommen sein, so Andreas, jedoch irre Cyprian, wenn er dies für eine gute Tradition halte. Schließlich sei das auch einer jener Punkte, in denen die Kirche nicht an der Lehre des Cyprian festhielt, wie etwa auch an seiner Aussage, dass Häretiker nicht taufen können. Die Stelle Joh 6,53 wurde in der Urkirche aus Einfachheit (*ex simplicitate*) dem *nudum textum* gemäß verstanden.[83] Zur Untermauerung referiert Andreas den »Mißbrauch«, dass in früheren Zeiten die Hostie in den Kelch eingetaucht und so den Gläubigen gereicht wurde. Ebenso führt er den Brauch ins Treffen, wonach die Laien anstelle des konsekrierten Weines nur normale oder eingetauchte Trauben bei der Kommunion verzehrten. Diese Argumentation findet sich auch in *An sufficiat*:

Eloquenti viro, 366:	ANDREAS DE BRODA *An sufficiat*, 191f.:
Nam quidam intingentes hostiam, et sic illam populo laicali porrigebant. Alii uvas vineae adponebant, et sub specie vini solum sumebant. Et laicalibus communicantibus uvas intinctas dabant, et pro infirmis in sacrario reponebant. Alii pannum lineum in musto tinctum per totum annum servabant. De his erroribus et pluribus habetur *De consecratione, di. 5, cap. Cum omne.*	Nam quidam ipsam hostiam in sanguinem intingentes populo porrigebant; alii uvas vino apponebant et sub specie vini presbyteri sumebant, laycis vero communicantibus uvas porrigebant et pro infirmis in sacrario reponebant; alii vero pannum lineum musto tinctum per totum annum servabant et tempore sacrificii aqua partim lavabant; alii lac pro sanguine dabant. De hiis erroribus et forte pluribus aliis habetur in Canone *De consecratione, di. 2, cap. Dicimus* et c. *Cum onme crimen.*

Wenn man von der Praxis der Urkirche spricht, seien zudem auch die dahinterstehenden Motive zu beachten: so konnte die Kommunion unter beiden Gestalten aus frommer Verehrung, wie bei Cyprian und Donatus, empfangen werden, oder jedoch aus reiner Schlechtheit, irrend und häretisch, wie bei Nestorius, Pelagius und ihren Nachfolgern.[84]

Im Folgenden kommt Andreas erneut auf die zweifache Bedeutung in der Konsekration der beiden Gestalten von Brot und Wein zurück und betont,

81 *Eloquenti viro*, 364 und 368; vgl. ANDREAS DE BRODA *An sufficiat*, 203.
82 CYPRIANUS, *Ep. 63 Caecilio fratri*, c. 1 (ed. in: CSEL 3, 701).
83 *Eloquenti viro*, 364f.
84 *Eloquenti viro*, 364; vgl. ANDREAS DE BRODA *An sufficiat*, 194f.

dass es für das Laienvolk ausreiche, unter der Gestalt des Brotes Leib und Blut Christi zu empfangen. Es wäre sogar eine große Sünde, zu riskieren, dass das Blut Christi über die Gewänder der Frauen ausgeschüttet oder in die Bärte der Männer gegossen werde. Früher wurde das Blut Christi zwar für das Heil der Menschen über die Welt ausgegossen; heute jedoch geschieht dies unvorsichtigerweise durch deren schlechten Willen.[85] Dieser praktische Aspekt der Gefahr des Verschüttens spielt in der Argumentation des Andreas von Brod ebenfalls eine zentrale Rolle. Ausgiebig legt er – in wörtlicher Übereinstimmung mit seiner Schrift *An sufficiat* – die praktischen Gefahren dar, die mit dem Laienkelch verbunden sind:

Eloquenti viro, 370:	ANDREAS DE BRODA *An sufficiat*, 221f:
Et sic portare Christi sanguinem ad infirmos, longe ab Ecclesiis distantes, per sylvas, campos, montes et colles, eundo, equitando, esset valde incautum et periculosum, propter lapsum tam hominis quam jumenti.	Fuerunt autem cause, propter quas est ita, ut premittitur, ordinatum, primo propter infirmos longe ab ecclesia distantes. Nam pro talibus oportet nos sanguinem Domini eciam in sacrario reservare et eum per campos, montes et silvas eundo vel equitando ad egros deferre. Quod est periculosum propter lapsum tam hominis quam iumenti.
Si autem dixeris: Sufficit infirmis, tantum sub una specie scil. panis communicare. Tum etiam sufficit laicis sub una specie panis communicare tantum.	Quod si dicis, sufficeret infirmis tantum sub specie panis, sufficiat eciam laycis sanis tantummodo sub specie panis.
Si etiam servaretur sanguis Christi, prout hostiae servantur, de facili mutaretur sacramentum vini in acetum.	Eciam si sic servaretur, prout hostie reservantur, de facili in acetum transmutaretur.
Tertio, multi ponerentur in periculo salutis. Quia quam plures sunt, qui non possunt vinum bibere, nec odorare, ut patet in Rege Poloniae et in multis aliis.	
Quarto, quia pro magna plebe, praesertim tempore pestilentiae, oporteret vasa magna praeparare.	Item pro magna plebe et presertim tempore pestilencie oportet magna vasa preparari.
Quinto, in bello justo si essent multa millia hominum, qui omnes vellent sub utraque specie communicare, ubi tam magnus calix sumeretur? Quis posses elevare?	Item in bello iusto, ubi essent multa milia hominum, qui omnes vellent communicare et deberent mortem prestolantes, ubi, queso, sic magnus sumeretur calix et quis posset eum elevare?
Sexto, possent credere communicantes, quod sub specie panis non esset totus Christus, nisi sub utraque specie. Sic daretur	Item possent credere communicantes, quod totus Christus non esset sub utraque specie, et sic daretur occasio erroris, que

85 *Eloquenti viro*, 368; vgl. ANDREAS DE BRODA *An sufficiat*, 222.

causa et occasio erroris, quae non est danda simplicibus, qui manducant tantummodo secundum sensum.	non est simplicibus danda, qui iudicant tantummodo secundum sensum.
Septimo, ut veritas respondeat umbrae, id est nova lex veteri. Quia in veteri lege sanguis super altare fundebatur, ut patet *Deut.* 12 et prius de illo satis dictum est.	Item ut veritas responderet umbre, quia in Lege sanguis super altare fundebatur, Deut. 12: *Carnibus hostiarum tuarum ipse vesceris, sanguinem fundens in altari.*

Nicht nur der weite Transport des konsekrierten Weines zu den Kranken durch unwegsames Gelände, auch die Gefahr, dass der Wein verdirbt und zu Essig wird, setze das Blut Christi einer Gefährdung aus. Darüber hinaus gäbe es viele, die keinen Wein trinken oder auch nur daran riechen können, wie es etwa beim polnischen König und anderen der Fall sei.[86] Zudem bräuchte es bei großen Messfeiern mit zahlreichen Teilnehmern, wie etwa besonders zu Zeiten der Pest, große Gefäße für den Wein; ebenso im Krieg, wo viele tausende Menschen unter beiden Gestalten kommunizieren würden. Wie groß, so fragt Andreas, müsste ein solcher Kelch sein, und wer könnte diesen noch anheben? Darüber hinaus entstünde dadurch die Gefahr, die Kommunizierenden könnten glauben, dass unter der Gestalt des Brotes nicht der ganze Christus enthalten sei. Die Gefahr des Verschüttens und die Sorge, die Gläubigen könnten zu der Überzeugung gelangen, das Brot enthalte nicht den ganzen Christus, waren im 15. Jahrhundert bereits bekannte Argumente gegen den Kelch, welche auch die Theologen des 12. und 13. Jahrhunderts schon ins Treffen geführt hatten. Die Problematik des Transports zu den Kranken stellt jedoch eine neue Begründung dar, die mit der beginnenden Spendung des Kelches an die Laien in Böhmen aufkam.[87]

Kein Kirchenvater oder anerkannter Theologe, so Andreas weiter, verbiete es, unter einer Gestalt zu kommunizieren; auch schreibe keiner die Kommunion unter beiden Gestalten vor. Viele Lehrer raten jedoch den Laien, unter

86 Dieses Argument stellt im Vergleich zu *An sufficiat* eine Ergänzung dar. – Władysław II. Jagiełło, polnischer König von 1386 bis 1434, war bei seinen Zeitgenossen in der Tat dafür bekannt, keinen Wein, sondern ausschließlich Wasser zu trinken. Die erste bislang bekannte Nachricht über diese Angewohnheit lieferte – in dem Bestreben, das Bild eines idealen christlichen Herrschers zu zeichnen – Mikołaj Kozłowski, führender Theologe der Krakauer Universität und Mitglied der polnischen Delegation zum Basler Konzil, in einer berühmten Rede (zwischen 4. und 7. Juli 1434) bei der Trauerfeier für den am 1. Juni 1434 verstorbenen polnischen König in Basel: »Hic rex semper erat sobrius, quia vinam et cyceram non bibit, semper castus, quia preter uxorem actus canis non novit...« (*Codex epistolaris saeculi decimi quinti*, Bd. 1, hg. v. August Sokołowski / Anatol Lewicki, Krakau 1891, no. 221, S. 328). Für diesen Hinweis danke ich Pawel Kras (Lublin).

87 Vgl. Girgensohn 1964, 95f., 113f. und 162. – Der Vorwurf, dass in Böhmen das Blut Christi in Flaschen herumgetragen werde, wurde erstmals im April oder Mai 1415 auf dem Konstanzer Konzil durch den päpstlichen Auditor Johannes Naso vorgebracht (Girgensohn 1964, 150f.). Auch die Chronik des Peter von Mladoniowitz berichtet davon (Petrus de Mladoňovice *Narratio*, 95).

einer Gestalt zu kommunizieren.[88] Auch die Priester dürfen außerhalb der Messe und in Krankheit oder Gefangenschaft unter einer Gestalt kommunizieren; um wie viel mehr also auch die Laien![89] Darüber hinaus ist der Leib Christi ohnedies niemals ohne Blut.[90]

Am Schluss des Kelchteils bekräftigt Andreas erneut seine radikale Haltung: wer den Laien die Kommunion unter beiden Gestalten darreicht, sündige gegen das Alte Testament, das Neue Testament und gegen das, was von den Vätern der Kirche approbiert wurde. Mit der erneuten Betonung, dass der Laienkelch weder von Christus, noch von den Evangelien vorgeschrieben wurde, schließt er den Kreis zum Beginn des Kelchteiles.

Abschließend fügt er allerdings ein interessantes Moment ein: Auch die römische Kirche statuierte und bekräftigte die Kanones, Dekrete und Dekretalien, und die gute Gewohnheit (*consuetudo*) vieler hunderter Jahre, *sub poena authematis et perpetuae damnationis*,[91] dass kein Laie unter beiden Gestalten kommunizieren müsse. Die Autorität der römischen und katholischen Kirche ist die größte Autorität und nach Christus »Haupt aller Autoritäten« in der Welt. Weil die Kirche vom Hl. Geist geführt wird, sündigt man gegen den Hl. Geist, wenn man der Kirche entgegen handelt, deren Gewohnheit zu beachten ist. Die römische Kirche ist die Mutter aller Kirchen, und von ihren Regeln und Vorschriften darf keinesfalls abgewichen werden.[92]

Erst ganz am Schluss des Kelchteils kommt Andreas von Brod somit auf die kirchliche Gewohnheit (*consuetudo*) und ihre Verbindlichkeit zu sprechen. Dies ist in mehrfacher Hinsicht bemerkenswert: zum einen nimmt die Argumentation mit der kirchlichen Gewohnheit in der Kelchdebatte für gewöhnlich die entscheidende und zentrale Rolle ein, während sie bei Andreas von Brod lediglich einen Appendix darstellt. Zum zweiten gibt Andreas auf diese Weise ganz zum Schluss – entgegen dem Grundduktus seiner ganzen Argumentation – doch noch zu, dass, bevor die Kommunion unter einer Gestalt durch jahrhundertelange Praxis zur *consuetudo* wurde, die Kommunion unter beiden Gestalten Usus war; sonst hätte es keine Gewohnheit gebraucht, diese Praxis zu ändern. Diese starke Betonung der Autorität der römischen und katholischen Kirche am Schluss des Kelchteils, von deren Regeln und Vorschriften nicht abgewichen werden darf, bildet auch wieder ein Bindeglied zum Rahmenteil von *Eloquenti viro*, in dem die Einforderung des Gehorsams im Zentrum steht. Letztlich steht sie aber dennoch unverbunden neben den Hauptargumenten des Andreas im Kelchteil.

Ziehen wir ein kurzes Resümee! Wie ein Vergleich der Argumente gegen den Kelch in *Eloquenti viro* und den Schriften des Andreas von Brod zeigen konnte, darf seine Verfasserschaft als gesichert gelten. Während Andreas in

88 *Eloquenti viro*, 373.
89 *Eloquenti viro*, 374.
90 *Eloquenti viro*, 374; vgl. Andreas de Broda *An sufficiat*, 175, 179 und 207.
91 *Eloquenti viro*, 377.
92 *Eloquenti viro*, 375f.; vgl. Andreas de Broda *Utrum licitum sit*, 161.

seiner Quaestio und im ersten Teil von *An sufficiat* noch theologisch oberflächlich und zum Teil auch historisch falsch argumentierte – ein Umstand, den sein Gegner Jakobell geschickt zu nutzen verstand –, verbesserte er seine Argumente in *Eloquenti viro* merklich, wenn die letzte Konsistenz der Argumentation auch hier fehlt. Nur das letzte Kapitel des Kelchteils bringt eine ekklesiologische Komponente ins Spiel, die aber durch die Gesamtargumentation letztlich nicht eingeholt wird. Auch findet sich zu diesem Zeitpunkt der Auseinandersetzung noch kein Versuch, die theologische Hermeneutik der Hussiten, ihr *sola scriptura*-Prinzip und die normative Rolle der Urkirche grundsätzlich zu diskutieren.

Zeitliche Einordnung des Kelchteils

Um den Kelchteil von *Eloquenti viro* zeitlich konkreter verorten zu können, ist es notwendig, einen kurzen Blick auf den Verlauf der Kelchdebatte in Prag und Konstanz zu werfen. Wie die erhaltenen Traktate zeigen, wurde die Debatte um den Kelch in Prag bis zur Konzilsverurteilung im Juni 1415 vor allem von Andreas von Brod auf katholischer und Jakobell von Stříbro[93] auf hussitischer Seite bestritten. Die Chronologie der Prager Diskussion ist gut rekonstruierbar, da beide Protagonisten jene Passagen des Gegners im Wortlaut zitierten, die sie zu widerlegen beabsichtigten. Bereits kurz nachdem eine Prager Synode am 18. Oktober 1414 den Laienkelch verboten hatte, reagierte Jakobell mit einer erbosten Rede gegen Andreas von Brod, den er als Hauptverantwortlichen für diese Synodalentscheidung ausmachte.[94] Jakobells Rede ist nicht erhalten, lässt sich jedoch aus der Antwort des Andreas erschließen, die er in Form der Quaestio *Utrum licitum sit*[95] gab. Neben Andreas verfasste ein weiterer anonymer Autor eine Quaestio gegen Jakobell, welche die Aufforderung enthielt, Beweise für die Irrigkeit der Kommunion unter einer Gestalt zu liefern.[96] Jakobell kam dieser Aufforderung mit seinem Traktat *Pius Iesus diligens suos fideles* nach.[97] Nun war wiederum die katholische Seite in der Diskussion am Zug. *Pius Iesus* erfuhr gleich eine zweifache Widerlegung: zum einen durch Andreas von Brod und dessen Traktat *An sufficiat laycis*[98] in Prag, und zum anderen durch die *Confutatio Iacobi de Misa* Peters von Pulkau auf dem Konstanzer

93 Zu Jakobell von Mies vgl. Halama/Soukup 2006; Mareš 1997; Kadlec 1981; Werner 1967; Seibt 1966; de Vooght 1952; Amann 1924. – Zur ebenfalls zentralen Rolle des Nikolaus von Dresden vgl. oben Anm. 28.

94 Vgl. zum folgenden Überblick Kadlec 1982, 36–47; dazu auch Krmíčková 1997, 10–13; Brandmüller 1999, 364; Coufal 2012, bes. 39f.

95 Vgl. oben Anm. 36.

96 Prag, Universitätsbibliothek, Cod. VIII F 8, fols. 253ʳ–287ᵛ (vgl. Kadlec 1982, 37f.).

97 Der Traktat *Pius Iesus* war lange verschollen, wurde allerdings in der Handschrift Leipzig, UB, Cod. 766, fol. 208ʳ–211ʳ aufgefunden und 1981 von Kadlec ediert (Jacobellus *Pius Iesus*).

98 Vgl. oben Anm. 35.

Konzil.[99] Jakobell dürfte diese – für die Konzilsentscheidung maßgebliche – Stellungnahme des Pulkauers nicht zu Gesicht bekommen haben, da in seinen Schriften keine Reaktion darauf erkennbar ist. Während Andreas von Brod in Prag in direkter Auseinandersetzung mit Jakobell stand, arbeitete Peter von Pulkau ein konzilsinternes Arbeitspapier aus.[100] Unmittelbar nach dessen Abfassung entstanden am Konzil die sechs *Conclusiones doctorum*, die auf Peters Text basieren und fast wörtlich in das Konzilsdekret *Cum in nonnullis* vom 15. Juni 1415, welches den Laienkelch verbot, eingingen.[101]

99 Ed. in Girgensohn 1964, 217–250. – Zu Peter von Pulkau vgl. Girgensohn 1964, 9–81 sowie die Anmerkungen und Ergänzungen, insbesondere zu Peters Werken, in Uiblein 1999, 324–328.

100 Peters Traktat ist nur im Autograph, allerdings in keinen Abschriften überliefert. Dass er *Pius Iesus*, nicht aber den ausführlicheren und wohl letzten Traktat Jakobells widerlegt, lässt darauf schließen, dass sich entweder die finalen Diskussionen am Konzil und Jakobells Abfassung dieser langen Stellungnahme zeitlich überschnitten, oder, was plausibler ist, dass die sehr ausführliche Schrift *Praemissis positione* in Konstanz nicht bekannt wurde. – Bischof Johannes von Leitomischl erwähnte auf dem Konzil nur gewisse *scripta* der Hussiten, die er zum Beweis ihrer Kelchforderung gesammelt habe. Welche er genau damit meinte, wissen wir nicht. Die Schrift *Pius Iesus* dürfte Anfang Februar 1415 durch Christian von Prachatitz nach Konstanz gebracht worden sein (vgl. Girgensohn 1964, 153 mit Anm. 405).

101 Ed.: *Conclusiones doctorum* (sowie in der *Demonstratio* des Johannes von Jesenitz, der teilweise einen besseren Text bietet; vgl. Girgensohn 1964, 211, Anm. 26); *Cum in nonnullis*. Die Annahme Brandmüllers, dass Pierre d'Ailly als Verfasser der *Conclusiones* zu sehen ist, basiert auf der Überschrift der Handschrift Neapel, BN, VII D 9, fols. 120r–122r (vgl. Brandmüller 1990, 300f.; Brandmüller 1999, 364; ihm folgen Bäumer 1996, 30f. und Coufal 2012b, 45). Hier muss jedoch zumindest begründeter Zweifel erhoben werden, ob einem einzelnen von insgesamt 12 Textzeugen zu Recht so großes Gewicht zuerkannt werden darf. Auch unsere Kenntnis von den Abläufen auf dem Konzil lassen hier Zweifel aufkommen. Wie Brandmüller selbst darstellte (Brandmüller 1991, 333f.), war d'Ailly in Konstanz in erster Linie mit dem Vorgehen gegen Jan Hus und der Prüfung seiner Schriften befasst (vgl. auch Kejř 2005, 152 mit Anm. 210). Nach der Prüfung der Vorwürfe gegen Hus und dessen Verteidigung vom Herbst 1414 bis zum Frühjahr 1415 beauftragten die Väter in der 5. Sitzung am 6. April 1415 u.a. d'Ailly mit der Durchführung des Prozesses gegen Hus. Die letzte öffentliche Anhörung unter dem Vorsitz von d'Ailly fand am 8. Juni 1415 statt (Kejř 2005, 157). In der ersten Junihälfte entstanden aber auch die sechs *Conclusiones*. Abgesehen von dieser zeitlichen Überschneidung stellt sich die Frage, weshalb gerade d'Ailly, der – soweit wir aus den erhaltenen Quellen schließen können – bis Juni 1415 nicht maßgeblich an der Kelchdiskussion in Konstanz beteiligt gewesen sein dürfte, für die Verfassung jener *Conclusiones* verantwortlich zeichnen sollte, welche die wörtliche Vorlage für das Konzilsdekret bildeten und als konzise Sammlung der zentralen Argumente gegen den Kelch eine intensive Einarbeitung in die Thematik voraussetzen. Wie Girgensohn aufzeigen konnte, schöpften die *Conclusiones* aus Peter von Pulkaus *Confutatio*, allerdings in kritischer Art und Weise (Girgensohn 1964, 214). Dass Peter von Pulkau seine eigene Arbeit im Hinblick auf das Konzilsdekret präzisierte und überarbeitete, kann weder bewiesen noch ausgeschlossen werden. Da der Verfasser der *Conclusiones* eine große Vertrautheit mit Peters Text, den entsprechenden Autoritäten und der Thematik insgesamt beweist, bleibt die Autorenschaft des Pulkauers eine plausible, wenn auch

Jakobell ließ mit einer neuerlichen, sehr ausführlichen Entgegnung nicht lange auf sich warten. Diese beginnt mit den Worten *Praemissis positione scholastica*[102] und reagiert auf Andreas von Brods Traktat *An sufficiat*. Ihr Inhalt kann hier nicht im Detail besprochen werden,[103] sie entstand jedenfalls noch vor der Konzilsverurteilung am 15. Juni. Darin werden auch all jene Punkte angesprochen, auf die Andreas von Brod im Kelchteil von *Eloquenti viro* Bezug nimmt. Die Kritik des Jakobell in der Schrift *Praemissis positione* könnte der Anlass für jene Überarbeitungen und Präzisierungen gewesen sein, die wir in *Eloquenti viro* im Vergleich zu *An sufficiat* feststellen konnten.[104] Als *terminus post quem* für den Kelchteil von *Eloquenti viro* ist somit, wie gezeigt wurde, auf jeden Fall die Abfassung der Schrift *An sufficiat* anzusetzen; möglicherweise auch die Schrift *Praemissis positione*. Peter von Pulkau schloss seine *Confutatio* am 31. Mai 1415 ab.[105] Am 15. Juni 1415 verurteilte das Konzil den Laienkelch, womit sich die Parameter der Debatte grundlegend änderten. Davon sind aber in *Eloquenti viro* aber noch keine Spuren festzustellen. Der Kelchteil von *Eloquenti viro* dürfte somit am wahrscheinlichsten im Winter 1414/Frühjahr 1415 entstanden sein.

Die Frage der Datierung greift einen alten Dissens der Forschung auf, der sich in zwei unterschiedlichen Chronologien manifestierte. Mit Jan Sedlák und František Bartoš waren die beiden maßgeblichen Historiker, die sich mit der Datierung der frühen Schriften zum Laienkelch befassten, »in hopeless disagreement over the dating of utraquism and the sources therefor«, wie Kaminsky pointiert konstatierte.[106] Bartoš stützte sich bei seiner Chronologie auf einen Bericht Jan Rokycanas, nach dem Hus vor seinem Aufbruch zum Konzil im Oktober 1414 Jakobell von Mies ermahnte, mit der Einführung des Kelches auf seine Rückkehr zu warten. Kurz darauf habe man in Prag

bislang nicht beweisbare Möglichkeit. Bei der Zuschreibung der Handschrift Neapel, BN, VII D 9 könnte auch die Namensgleichheit Peter (von Pulkau) / Pierre (d'Ailly) eine Rolle gespielt haben.

102 Kadlec 1982, 43f.; vgl. Sedlák 1911, 226f. und de Vooght 1972, 135–141.

103 Vgl. dazu Kadlec 1982, 44f.

104 Kadlec identifizierte einen Traktat mit den Eingangsworten »Omnibus Christi fidelibus clericis et laicis« als Antwort des Andreas von Brod auf Jakobells Schrift *Praemissis positione* (Kadlec 1982, 74 und 45f.) und datierte diese Schrift ebenfalls in das Jahr 1415. Auch die Antwort Jakobells fand Kadlec in Cod. 3320 der Warschauer Nationalbibliothek (ebd., 46). – Der Stil der Schrift *Omnibus Christi fidelibus* ist jedoch so deutlich von den sonstigen Schriften des Andreas von Brod unterschieden, dass diese Zuschreibung in der Forschung mittlerweile bezweifelt wird (vgl. Helena Krmíčková: »Paběrky z rukopisů univerzitních«, in: *Campana codex civitas. Miroslao Flodr octogenario*, hg. v. František Novák, Brünn 2009, 193f. und Soukup *Repertorium*). Es wäre somit durchaus möglich, dass der Kelchteil von *Eloquenti viro* als Reaktion auf *Praemissis positione* konzipiert wurde. Sein vergleichsweise knapper Umfang spricht jedoch gegen eine vollständige Realisierung dieser möglicherweise vorhandenen ursprünglichen Intention.

105 Vgl. Girgensohn 1964, 210.

106 Kaminsky 1967, 108, Anm. 34.

begonnen, den Kelch zu reichen sowie Schriften für und gegen diese Praxis abzufassen. Jakobells ausführliche universitäre Quaestio *Quia heu in templis*,[107] die als Ausgangspunkt der Kelchpolemik und erste Schrift für den Laienkelch gilt, entstand demnach kurz nach der Abreise Hussens Mitte Oktober 1414. Die Kontroverse zwischen Jakobell und Andreas von Brod und das daraus resultierende Schrifttum (wie etwa Jakobells Traktate *Pius Iesus* und *Praemissis positione scholastica*) sind demzufolge in die erste Jahreshälfte 1415 zu datieren. – Sedlák, und mit ihm jüngst Helena Krmíčková und Dušal Coufal[108] attestierten Jan Rokycana hingegen keine allzu große Glaubwürdigkeit, sondern vertraten eine frühere Datierung. Unter Berufung darauf, dass die erste Anklageschrift des Michael de Causis gegen Hus auf dem Konstanzer Konzil bereits den Vorwurf enthält, in Prag werde der Laienkelch gespendet, sowie auf den Hinweis, Nikolaus von Dresden habe in seinem Traktat *De purgatorio* (wohl 1415) noch vor der Abreise des Hus nach Konstanz Vorbereitungen zur Einführung des Laienkelches erwähnt, datieren sie die Quaestio *Quia heu in templis* bereits in das erste Halbjahr 1414. Jakobells weitere Werke für den Kelch, *Pius Iesus* und *Praemissis positione*, wurden demnach schon im Spätsommer bzw. Anfang Herbst 1414 verfasst. Dafür spräche nach Krmíčková auch eine 1414 datierte Abschrift des Werks *Praemissis positione scholastica*.[109] Als weiteres gewichtiges Argument für diese frühe Datierung wird eine textliche Abhängigkeit zwischen Hussens Schrift *Utrum licitum sit*, die er Anfang November 1414 in Konstanz verfasste, sowie Jakobells Traktaten *Quia heu in templis* und *Pius Iesus* sowie Nikolaus von Dresdens *Collecta* ins Treffen geführt. Jakobell schickte im November 1414 einen Brief an Hus, als dieser in Konstanz auf seinen Prozess wartete, und bat ihn darin, die Frage des Laienkelchs in einer Schrift zu klären. Jakobell war es also daran gelegen, für seine radikale Haltung zum Laienkelch eine Bestätigung von Hus zu erlangen.[110] Dies tat Hus in seinem kurzen Werk *Utrum expediat*. Die notwendigen Quellen zur Abfassung dieses Werkes – die Schriften Jakobells und Nikolaus' – seien Hus aus Böhmen zugesandt worden, da ihm in Konstanz der Zugang zu den entsprechenden Bibliotheken verwehrt gewesen sei.[111] Auch die abgekürzte Form der Zitate, die Hus in *Utrum expediat* verwende, lasse darauf schließen, dass

107 Diese Schrift ist ungedruckt; vgl. Jacobellus *Quia heu in templis*.

108 Krmíčková 2002; Krmíčková 2000; Krmíčková 1998a; Krmíčková 1997; vgl. auch Coufal 2009; Coufal 2012a, 40 mit Anm. 4 sowie Coufal 2012b, 20–24, hier 22f. und 40, Anm. 4 mit weiterer Literatur. Siehe auch Girgensohn 1964, 127.

109 Krmíčková 1997, 209.

110 Vgl. Patapios 2002, 510f.

111 Krmíčková 2002, 102: Hus »certainly lacked the time and the reference sources so that he might set forth authorities, which moreover he had never used previously and thus could not have recalled from memory.« Nach Patapios 2002, 511 (im Anschluss an Paul de Vooght) hingegen war Hus »permitted to move freely around Constance, visit its churches, and, in general, go where he pleased, as long as he did not attend public services. (...) It was during this period of relative freedom that Hus set down in writing his views of utraquism.« (so auch Kaminsky 1967, 128).

diese Schrift aus *Quia heu in templis*, *Pius Iesus* und den *Collecta* schöpfte und somit bereits ausführliche Debatten zum Laienkelch voraussetze.[112]

Die unterschiedlichen Angaben in den zeitgenössischen Quellen machen es schwer, eine endgültige Datierung der Schriften festzulegen. Weder die frühere Einordnung Sedláks, noch die spätere Einordnung von Bartoš sind mit Sicherheit auszuschließen. Die Fixpunkte, die als gesichert gelten können, sind einerseits eine Predigt Jakobells vom April 1414, die das Thema des Kelchs erstmals nachweislich zur Sprache brachte, und die Anklage Michaels de Causis von Ende November 1414, in Böhmen werde der Kelch bereits gespendet. Dazwischen fällt der Beschluss der Prager Synode vom 18. Oktober 1414, die den Laienkelch verbot. Ein weiteres gesichertes Moment ist Hussens Abfassung der Schrift *Utrum expediat* Anfang November 1414 in Konstanz. Wie Helena Krmíčková in ihren verdienstvollen Studien aufzeigen konnte, bedienten sich die frühesten Traktate für den Kelch von Nikolaus von Dresden, Jan Hus und Jakobell von Mies sehr ähnlicher Argumente. Dies herausgestellt zu haben lieferte eine wertvolle Basis für künftige Untersuchungen der Quellen zur Frühzeit des Hussitismus.

Eine direkte literarische Abhängigkeit von Hussens Quaestio *Utrum expediat* und Jakobells Traktat *Pius Iesus*[113] – das Hauptargument für eine Datierung der Kelchpolemik in den Herbst 1414 – scheint dennoch zweifelhaft. Zum einen liegen mit Hussens Quaestio und Jakobells Traktat zwei Schriften gänzlich unterschiedlichen Charakters vor. Während Hussens Quaestio – unter offenkundigem Rückgriff auf das Dekret Gratians als Hauptquelle – eine Sammlung von Zitaten darstellt, die sich eigenen Argumenten weithin enthält,[114] ist Jakobells Traktat *Pius Iesus* gänzlich anders angelegt. Darüber hinaus ist die Reihenfolge der von beiden Texten herangezogenen Autoritäten weithin unterschiedlich, der Umfang der Zitate weicht vielfach voneinander ab; Übereinstimmungen tragen eher zufälligen Charakter. Zwar zitieren *Utrum expediat* und *Pius Iesus* in der Tat einige Passagen in ähnlicher Form, exakte wörtliche Übereinstimmungen – die man bei einer direkten Abhängigkeit erwarten würde – finden sich aber (zu) selten. Auch ist in *Utrum expediat* keinerlei Rekurs auf eine bereits laufende Debatte um den Kelch erkennbar, da diese Schrift lediglich eine Zitatensammlung bietet, allerdings in keiner Form die Argumente der anderen Schriften weiter- oder zusammendenkt oder neue Aspekte einführt. Der Duktus des Werkes lässt keine Spuren der Debatte zwischen Jakobell und Andreas von Brod erkennen. Darüber hinaus ist auch

112 »Hus's quaestio of November 1414, therefore, originated at a time, after Utraquism had already been discussed at length, and not just newly broached as a fresh topic of polemics. When Hus wrote, several mature literary works had already become extant« (Krmíčková 2002, 102).

113 Siehe dazu Krmíčková 1998b.

114 Diese Vorgehensweise ist charakteristisch für Hus und kann auch in seinen anderen Werken beobachtet werden; vgl. etwa *De sex erroribus* (dt. Übersetzung des tschech. Originals in: *Schriften zur Glaubensreform und Briefe der Jahre 1414–1415*, üs. u. hg. v. Walter Schamschula, Frankfurt 1969, 27–66).

der Umstand zu beachten, dass in *Utrum expediat* die Beschäftigung mit der wichtigsten Autorität in der Debatte – Joh 6,53 – fehlt. Joh 6,53 spielt in allen Schriften für und gegen den Kelch die zentralste Rolle, und es ist schwer vorstellbar, dass Hus darauf verzichtet hätte, sie zu thematisieren, wenn seine Quaestio tatsächlich aus Jakobells Traktat *Pius Iesus* geschöpft hätte, der Joh 6,53 breiten Raum gibt.[115]

Damit scheint es vielmehr so, als konnten beide Texte unabhängig voneinander auf Vorarbeiten zurückgreifen, in denen zentrale Autoritäten bereits gesammelt waren. Von welchen konkreten Vorlagen hier auszugehen ist, vermögen wir nicht abschließend zu beantworten.[116] Löst man Hussens *Utrum expediat* und Jakobells *Pius Iesus* von einer direkten Abhängigkeit voneinander und gesteht beiden Schriften eine unabhängige, jedoch auf gemeinsamen Vorlagen basierende Abfassung zu, erweitert dies auch den Zeitraum ihrer möglichen Datierung.

Angesichts dieses Befundes erscheint uns eine Datierung der ersten Kelchspendung auf Herbst 1414 und der polemischen Schriften für und gegen den Kelch auf Winter 1414 / Frühjahr 1415 am plausibelsten, ohne damit endgültige Verbindlichkeit beanspruchen zu wollen. Dafür sprechen folgende Argumente: 1) Hätte die Spendung des Kelches bereits im Frühsommer 1414 begonnen, stellt sich die Frage, warum Jakobell nicht schon früher eine Stellungnahme von Hus zur Kelchfrage erbat, sondern wartete, bis dieser in Konstanz nur mehr unter erschwerten Bedingungen Stellung nehmen konnte. 2) Der Vorwurf des Michael de Causis, in Böhmen werde der Kelch gespendet, lässt keine Aufschlüsse darüber zu, ob dies schon seit Früh- oder Spätsommer 1414 der Fall war. 3) Dass Nikolaus von Dresden zuerst die Vorbereitungen für den Laienkelch und erst danach Hussens Aufbruch nach Konstanz erwähnt· kann nicht nur für eine frühere, sondern genauso gut für eine spätere Datierung als Argument herangezogen werden, zumal Nikolaus nur von Vorbereitungen und nicht von einer bereits realisierten Praxis spricht. 4) Dass Hussens knapper Quaestio – welche weithin Zitate aus dem Dekret Gratians

115 Patapios 2002, 512. – Es muss auch die Frage gestellt werden, weshalb Jakobell Hus hätte bitten sollen, ein Exzerpt aus seinen eigenen Werken zu erstellen? Freilich hatte Hussens Wort in der Kelchfrage besonderes Gewicht. Ob zum Ausdruck dessen aber notwendig war, Jakobells Texte in Auszügen widerzugeben, mag bezweifelt werden. *Pius Iesus* stellt darüber hinaus offenkundig bereits eine Komprimierung und intensive Überarbeitung der Quaestio *Quia heu in templis* dar (*Quia heu in templis* umfasst 24 Folia, *Pius Iesus* nur 4 Folia). Weshalb also war es nötig, (neben anderen Quellen) sowohl *Quia heu in templis* als auch *Pius Iesus* nach Konstanz zu schicken, aus denen Hus dann abwechselnd und in völlig anderer Reihenfolge schöpfte? Dies erscheint uns wenig plausibel. Davon abgesehen berichten Quellen davon, dass die Schrift *Pius Iesus* erst Anfang Februar 1415 durch Christian von Prachatitz nach Konstanz gebracht wurde (s. o. Anm. 95).

116 Wie Krmíčková herausstellte, sind einige jener Quellen, auf die sich Hussens Quaestio bezog, auch in einer tschechischen Verssammlung zu finden (Krmíčková 2002, 103). Patapios 2002, 517, Anm. 69 bietet einen Überblick über jene Autoritäten, die *Utrum expediat* aus dem Dekret Gratians schöpft.

sammelt, in keiner Form auf eine bereits laufende Debatte reagiert und die zentrale Autorität Joh 6,53 nicht berücksichtigt – die ausführliche Polemik zwischen Jakobell und Andreas von Brod vorausgegangen ist, scheint wenig plausibel. Wie oben besprochen stützen der Textbefund von *Utrum expediat*, sein Umfang und sein Duktus diese These letztlich nicht. Falls die Kelchpolemik also erst im Herbst 1414 begann, erstreckte sich die Abfassung der o.g. Werke angesichts ihres Umfangs wohl bis zum Jahresende 1414 bzw. zum Frühjahr 1415.

5. Zeitlicher Rahmen und Grund der Kompilation von *Eloquenti viro*

Mit der eben besprochenen zeitlichen Einordnung des Kelchteils kann der *terminus post quem* der Kompilation von *Eloquenti viro* wahrscheinlich mit Ende 1414/Frühjahr 1415 angesetzt werden, während der genaue *terminus ante quem* offen bleiben muss.[117] Zwar spielt die Verurteilung des Jan Hus am 6. Juli 1415 noch keine erkennbare Rolle, dies kann aber auch gut der grundsätzlichen Intention des Textes geschuldet sein. Andreas von Brod hatte im Rahmenteil eindeutig Hus vor Augen, er spricht ihn jedoch nirgends direkt an. Diese bewusst anonym und offen gehaltene Form[118] deutet darauf hin, dass es Andreas weniger darum ging, Hus selbst seine Irrtümer vorzuhalten – was hätte in diesem Fall dagegen gesprochen, ihn direkt anzusprechen, wie er es auch in seinen anderen Werken tat? – als vielmehr Hussens Anhänger in Prag und die sich entwickelnde hussitische Bewegung. Dafür würden auch die zahlreichen Hinweise auf die schwerwiegenden Konsequenzen für seine Anhänger und die ihm folgenden Gläubigen, die den Rahmenteil durchziehen, sprechen. Es darf angenommen werden, dass das Schicksal des Hus in Prag durch dessen Briefe hinreichend bekannt war. Hätte Andreas von Brod also tatsächlich Hus ansprechen wollen, wäre zu erwarten gewesen, dass er den Rahmenteil von *Eloquenti viro* entsprechend adaptiert und mit Hinweisen auf Konzil, Prozess

117 Der Text selbst erwähnt im Kelchteil das Jahr 1415: »Quia multi patriarchae, prophetae, reges (...) sunt salvati, et post ascensionem Domini, a 1415 annis huc usque, qui non manducaverunt sub utraque specie.« In der Edition von der Hardts (*Eloquenti viro*, 360) findet sich an dieser Stelle das Jahr 1422, das er aus dem Frühdruck von 1484 übernimmt (*Eloquenti viro* (Inkunabel), 315), während die Handschriften aber (mit wenigen Ausnahmen) übereinstimmend 1415 lesen. Dieselbe Datierung 1415 findet sich auch im oben besprochenen Traktat *Nisi manducaveritis* an derselben Stelle (ed. cit. 400).

118 Der Traktat beginnt sowohl in der Edition (*Eloquenti viro*, 338), als auch in den meisten Handschriften mit einem Platzhalter anstelle eines konkreten Empfängers: »Eloquenti viro domino n.«. Selbst jene Handschriften, die in der Überschrift oder im Kolophon Jan Hus als Empfänger identifizieren, setzen seinen Namen in den meisten Fällen nicht im Text ein, sondern übernehmen den Platzhalter »n.« der Vorlage. Dies spricht für die Ursprünglichkeit dieser anonymen und offenen Formulierung. Manche Textzeugen lesen den Buchstaben »n« als »r« oder »a«, was dazu führte, dass etwa in Clm 26727 und Clm 26812 ein »Ambrosius« angesprochen wird.

und drohende Verurteilung aktualisiert hätte. Schwer vorstellbar, dass sich ein Gegner des Hus eine derartige »Steilvorlage« für seine Kritik entgehen hätte lassen! Darüber hinaus zeigt auch der Passus am Ende des Schreibens, dass der Brief, sollte er dem Empfänger nicht gefallen, anderen vorgelegt werden solle, dessen intendierten offenen Charakter.[119]

Wenn *Eloquenti viro* also eine erste Kritik der gesammelten »hussitischen Lehre« im Frühjahr des Jahres 1415 darstellt, die als Warnung an Hussens Anhänger gerichtet war, würde dies auch die Einfügung des Kelchteiles erklären, der für die Hussiten und die Bevölkerung in Prag seit Herbst 1414 bereits ein wichtiges Thema geworden war. Dass die Widerlegung des Kelches gerade zwischen den Kapiteln VI und XI eingefügt wurde, zeigt, dass Andreas von Brod damit eine gezielte Kompilation verfolgte, die zu diesem frühen Zeitpunkt bereits das hussitische Programm in Form der späteren Prager Artikel vorwegnahm.[120] In dieser frühen Bündelung des hussitischen Programms kann wohl ein Grund für dessen enorm weite Verbreitung gesehen werden.

6. Zur Verbreitung des Traktats

Zum Abschluss ist nun danach zu fragen, auf welchem Weg *Eloquenti viro* seine weite Verbreitung erfuhr. Da es im Rahmen dieser Arbeit nicht möglich war, alle 96 bekannten Textzeugen zu untersuchen, sollen hier jene 43 Abschriften kurz besprochen werden, die sich heute in München, Olmütz, Prag, Raigern und Wien befinden.[121] Diese Auswahl soll erste Aufschlüsse über die Charakteristika der Überlieferung unseres Textes ermöglichen. Wie unterschiedlich diese Schrift interpretiert und eingeordnet wurde, lässt sich gut an den zahlreichen verschiedenen Überschriften und den Kolophonen ablesen, die dem

119 *Eloquenti viro*, 391.

120 Weder Rahmenteil noch Kelchteil wurden, soweit wir aus den überlieferten Handschriften ersehen, individuell verbreitet.

121 *München*, BSB: Clm 2509, fol. 180r–197v; Clm 2763, fol. 229r–240r; Clm 5201, fol. 222v–246v; Clm 5614, fol. 247r–260r; Clm 7063, fol. 105r–154v; Clm 7440, fol. 219r–233v; Clm 12032, fol. 65r–84r; Clm 14232, fol. 245r–255v; Clm 14637, fol. 191r–225v; Clm 16167, fol. 101r–113r; Clm 16439, fol. 148r–161r; Clm 17500, fol. 106r–125v; Clm 18133, fol. 280r–291v; Clm 18406, fol. 147r–159r; Clm 18758, fol. 336r–381v; Clm 23787, fol. 133r–151v; Clm 23833, fol. 83r–99r; Clm 26727, fol. 264v–277v; Clm 26812, fol. 28r–55v. – *Olmütz*: VKOL, M II 138, fol. 235r–246v. – *Prag*, KNM: Cod. XII F 16, fol. 1r–35r; Cod. XIV E 2, fol. 183r–201v; Cod. XVIII A 5, fol. 1r–20r. – *Prag*, NK: Cod. I B 16, fol. 81r–96v; Cod. I B 29, fol. 11r–21v; Cod. I G 14, fol. 135r–163v; Cod. I G 16, fol. 1r–12r; Cod. III D 16, fol. 337r–345v; Cod. V D 7, fol. 147v–161r; Cod. VIII G 13, fol. 97r–118r; Cod. XI D 5, fol. 27r–48r; Cod. XII F 15b, fol. 1r–20v; Cod. XII F 30, fol. 1r–23v; Cod. XIII E 5, fol. 79v–99r; Cod. XIII F 16, fol. 124r–152v; Cod. XIX C 17, fol. 181r–208v; Cod. XIX C 49, fol. 140r–159r; Cod. Osek 74, fol. 145r–153r. – *Raigern*: KB, Cod. R 433, fols. 1v–22v. – *Wien*, ÖNB: CVP 3495, fol. 229r–263r; CVP 4941, fol. 119r–138v; CVP 14457, fol. 215r–228r. – *Wien*, Dominikanerkonvent: Cod. 15/15, fol. 7r–51r.

Text vorangestellt bzw. beigefügt wurden.[122] Von den untersuchten 43 Abschriften sind 26 mit Überschriften versehen, die jedoch ein äußerst disparates Bild bieten; mit Ausnahme einer Überschrift, die sich in zwei Textzeugen findet,[123] weichen alle voneinander ab. Hierbei ist zu berücksichtigen, dass viele dieser Überschriften von späteren Bearbeitern des Manuskripts oder Bibliothekaren ergänzt wurden, wie im Anhang aufgezeigt wird. Dies spricht einerseits klar dafür, dass unser Text ursprünglich mit keiner Überschrift versehen war, und andererseits dafür, dass von Anfang an von einer breit gestreuten Überlieferung ausgegangen werden kann. Entsprechend ist auch zwischen authentischen Überschriften und späteren Zuweisungen (d. h. Interpretationen) zu differenzieren. Die meisten Überschriften identifizieren *Eloquenti viro* entweder als Brief an Jan Hus (11 Textzeugen) oder als Traktat gegen die Wyclifiten und Hussiten (8 Textzeugen). Auffällig ist, dass (mit einer Ausnahme) alle Überschriften, die *Eloquenti viro* als Traktat gegen die Wyclifiten und Hussiten bezeichnen, keine späteren Zusätze sind, sondern von derselben Hand wie der Text selbst stammen. Daraus könnte geschlossen werden, dass diese Texte bereits als Traktat gegen die Wyclifiten/Hussiten abgeschrieben wurden, während die Zuschreibung an Hus ein späteres Phänomen war. Dieser Befund könnte allerdings auch einem Zufall der Überlieferung geschuldet sein.

Mit ihren heute bekannten 96 Abschriften stellt diese Schrift den am öftesten und am weitesten verbreiteten antihussitischen Traktat dar.[124] Die große Anzahl der Abschriften und ihre weite geographische Streuung sprechen dafür, dass der Text im Rahmen eines Konzils abgeschrieben und verbreitet wurde. Gegen das Konstanzer Konzil spricht mit Blick auf den Rahmenteil einerseits die Diskrepanz zwischen den Themen, die *Eloquenti viro* behandelt, und den Debatten auf dem Konzil, die sich insbesondere mit der Ekklesiologie des Jan Hus befassten, die wiederum in *Eloquenti viro* kaum eine Rolle spielt. Allenfalls Hussens Kritik an (in seinen Augen) ungerechtfertigten und daher unwirksamen Exkommunikationen und dem in Widerspruch zum Gesetz Gottes lebenden Klerus hätten hier Anknüpfungspunkte geboten. Zum Laienkelch hatte das Constantiense ohnehin die am Konzil verfasste Schrift des Peter von Pulkau vorliegen, der theologisch fundierter und historisch richtiger als Andreas von Brod die Kelchargumente Jakobells entkräftete. Weder die *Confutatio* des Pulkauers noch das Konzilsdekret selbst, das die Quintessenz aus Peters Traktat darstellt, lassen Anklänge an die Schriften des Andreas von Brod erkennen; im Gegenteil ist die »Konstanzer« Argumentation mit ihrer Anerkennung der Kommunion unter beiden Gestalten in der Vergangenheit und ihrer Fokussierung auf die kirchliche *consuetudo* und die Vollmachten

122 Eine Zusammenstellung der unterschiedlichen Überschriften und Kolophone findet sich im Anhang, S. 168–170.

123 *Epistola magistri nycolai de dincklspühel contra omnes hereticos errores magistri iohannis huss de praga in concilio constanciensi combusti* (in München, BSB, Clm 18758, fol. 336r und Clm 18133, fol. 280r).

124 Vgl. Soukup *Repertorium*.

der römischen Kirche grundsätzlich anders – letztlich der Argumentation des Andreas von Brod über weite Strecken sogar diamentral entgegengesetzt – angelegt. Bestrebungen, auch die Prager Argumentation in Konstanz zu sammeln und zu verwerten, sind nicht erkennbar. Die *Confutatio* Peters von Pulkau bot der für die Kelchfrage eingesetzten Kommission offenbar genügend Material, die Argumentation des Dekrets *Cum in nonnullis* darauf aufzubauen,[125] ohne dazu weitere Schriften heranziehen zu müssen.

Das zweite Argument, das gegen das Konstanzer Konzil als Multiplikator von *Eloquenti viro* spricht, ist die Anonymität des Verfassers. Die Auseinandersetzung zwischen Jakobell von Mies und Andreas von Brod in Böhmen dürfte auch in Konstanz hinlänglich bekannt gewesen sein, zumal Andreas bereits im Römischen Prozess gegen Hus aufgetreten und daher in dieser Causa kein Unbekannter war. Hätte die Verbreitung von *Eloquenti viro* tatsächlich vom Konstanzer Konzil seinen Ausgang genommen, wäre eine derart konsequente »Nicht-Zuschreibung« an Andreas von Brod – noch zu dessen Lebzeiten – schwer vorstellbar.

Das dritte Argument ergibt sich aus den untersuchten Handschriften, da auch die divergierenden Textüberschriften gegen Konstanz sprechen. In diesen wird *Eloquenti viro* einerseits als Gesamtprogramm gegen die hussitische Lehre – die es zu diesem Zeitpunkt in dieser komprimierten Form aber noch nicht gab –, und andererseits als Brief an Jan Hus identifiziert. Letzteres geht mit Zuschreibungen des Textes an Nikolaus von Dinkelsbühl, Stephan Paleč oder die Wiener Universität als Verfasser einher. Palečs Kritik an Hus in Konstanz zielte jedoch primär auf dessen Ekklesiologie, die in *Eloquenti viro* keine Rolle spielt; Dinkelsbühl schrieb in der zweiten Welle der Auseinandersetzung um den Kelch in Konstanz ab Juni 1417, als nach der Bekräftigung von *Cum in nonnullis* und der Kelchforderung der Prager Universität die Debatte erneut virulent wurde. Ein Charakteristikum der nach Juni 1415 entstandenen Texte gegen den Kelch ist der Verweis auf das Konstanzer Verbotsdekret, welches als synodales und damit gesamtkirchliches Dekret die Position der Kelchgegner erheblich stärkte, manifestierte sich doch der eingeforderte Gehorsam gegenüber der Kirche zentral in der Beachtung ihrer Konzilsdekrete. Die Wiener Universität trat – falls diese Zuschreibung nicht als Synonym für ihre Professoren Nikolaus von Dinkelsbühl oder Peter von Pulkau zu verstehen ist – in Konstanz nur in der Kelchfrage gegen die Hussiten auf. Von beiden Professoren gibt es keine Nachrichten, dass sie sich daneben auch mit der Causa Hus befasst hätten. Wie der Schriftbefund deutet dies darauf hin, dass diese Zuschreibungen dem Text erst nachträglich durch Schreiber beigefügt wurden, die mit den Konstanzer Abläufen nicht im Detail vertraut waren, weil das Konzil bereits einige Zeit zurücklag. Es darf angenommen werden, dass während des Konzils selbst hinlänglich bekannt war, wer in welcher Form am Kampf gegen Hus und den Kelch beteiligt war. Zudem war mit der Verurteilung des Hus die Argumentation in *Eloquenti viro* gegen ihn weithin obsolet geworden, da

125 Vgl. Girgensohn 1964, 206–214.

man mit dessen Verurteilung und Verbrennung als Häretiker nun viel gewichtigere Argumente zur Verfügung hatte. Aus welchem Grund also hätte man in Konstanz diese Schrift so weit verbreiten sollen, wenn sowohl die Argumentation gegen Hus als auch gegen den Kelch durch die Konzilsverurteilungen faktisch überholt waren?

Anders stellt sich die Situation jedoch auf dem Basler Konzil dar: Die Basler Hussitendebatten 1433 wurden intensiv vorbereitet und ihre Teilnehmer aufgefordert, antihussitisches Material zu sammeln, um aus einem möglichst umfangreichen Potpourri an Argumenten schöpfen zu können.[126] Für Basel spricht einerseits der Umstand, dass die meisten der datierten Abschriften erst auf oder nach dem Basler Konzil abgeschrieben wurden. Wie bereits besprochen, identifizieren acht der untersuchten Handschriften unsere Schrift als Traktat gegen die Wyclifiten, Hussiten oder die hussitischen Artikel. Die »articuli Hussitarum« lagen aber frühestens 1420 vor. Aus der Basler Perspektive hingegen kann *Eloquenti viro* durchaus als ausführliche und frühe Zusammenstellung zum hussitischen Programm der vier Prager Artikel gesehen werden. Neben dem Laienkelch werden auch Predigtfreiheit, Besitzlosigkeit sowie der Kampf gegen Sünde und Laster thematisiert. Es ist ein Proprium der Schrift *Eloquenti viro* in der Frühzeit der Auseinandersetzung, nicht gegen ein einzelnes Werk des Hus anzuschreiben (im Mai 1413 hatte er etwa seinen Traktat *De ecclesia* vollendet, womit seine Ekklesiologie ab diesem Zeitpunkt sowohl in Prag, als auch später in Konstanz im Zentrum der Auseinandersetzung stand), sondern die Inhalte von Hussens Predigten in Prag zusammenzufassen und seine Forderungen zu kritisieren. Für das Anliegen des Basler Konzils, Material gegen die vier Prager Artikel zu sammeln, bot sich diese Schrift daher in besonderer Weise an.

Darüber hinaus lagen die Prager Kelchdiskussionen zum Zeitpunkt der Basler Hussitendebatten schon 18 Jahre zurück. Dass die Theologen auf dem Basler Konzil Andreas von Brod, der bereits 1427 gestorben war, nicht mehr als Autor des anonymen Traktats identifizieren konnten, ist eine plausible Möglichkeit. Wir haben damit die paradoxe Situation vor uns, dass die wohl früheste (bekannte) Schrift gegen das hussitische Programm gegen Ende der Auseinandersetzung auch die weiteste Verbreitung erfuhr.

126 Zur Vorbereitung der Hussitendisputationen in Basel vgl. den *Tractatus de reductione Bohemorum* des Johannes von Ragusa in MC I, bes. 257f. (»Praedicti igitur articuli quottidie inter doctores utriusque iuris, divinis scilicet et humani, cum maxima diligentia examinabantur, semper praedictis quatuor doctoribus respondentibus ad objecta«; EBD., 258). Die Husittendebatten wurden analog zu den Disputationen mit den Griechen vorbereitet (vgl. dazu die ausführliche Schilderung in MC II, 895–897). – Der Dominikaner Heinrich Kalteisen etwa, dem auf dem Basler Konzil die Widerlegung des Predigtartikels zukam, trug als Vorbereitung zeitgenössische antihussitische Literatur in einer Materialsammlung zusammen, die sich in den Kodizes 701/183 und 701/220 des Landeshauptarchivs Koblenz findet (vgl. PRÜGL 1995, 55–86, hier bes. 55–60).

Für eine endgültige Festlegung auf diese These ist der bisherige Überlieferungsbefund jedoch zu disparat. Zwar enthält etwa die Handschrift Prag, NK, VIII G 13 neben *Eloquenti viro* auch die Basler Hussitenreden, Traktate gegen den Laienkelch und die vier Prager Artikel und stellt damit eindeutig eine Sammlung für die oder von den Basler Hussitenverhandlungen dar. Von den 43 untersuchten Textzeugen lassen sich jedoch nur acht exakt datieren (KNM, XII F 16: a. 1414 | Clm 5201: a. 1426 | CVP 14457: a. 1430 | Clm 26812: a. 1443 | Clm 7063: a. 1446 | NK, I G 16: a. 1459 | Clm 2509: ca. a. 1460 | Clm 5614: a. 1469). Wir haben somit zwischen 1414 und 1460 aus jedem Jahrzehnt einen datierten Textzeugen, wobei davon wiederum fünf erst nach dem Basler Konzil abgeschrieben wurden. Um unsere These zweifelsfrei belegen oder ggf. modifizieren zu können, wären zum einen alle erhaltenen Textzeugen zu untersuchen und etwaige Verluste zu berücksichtigen, und zum anderen die Basler Hussitenschriften auf ihren Einfluss des Traktats *Eloquenti viro* hin zu untersuchen. Dies muss allerdings einer anderen Untersuchung vorbehalten bleiben. Als Zwischenresümee bleiben diese Beobachtungen, zumindest mit Blick auf die bislang untersuchten Abschriften, aber eine durchaus plausible Möglichkeit.

7. Der anonyme Traktat *Estote sine offensione* als überarbeitete Fassung von *Eloquenti viro*

In Hermann von der Hardts Textsammlung findet sich mit dem umfangreichen Traktat *Estote sine offensione* eine weitere anonym überlieferte Schrift gegen die Hussiten. Sie besteht aus zwei deutlich voneinander unterschiedenen Teilen: einem »allgemeinen« Teil (658–690) und einem »speziellen« Teil (689–762), welcher wiederum in drei Teiltraktate unterteilt ist: I) »Generalia momenta ac fundamenta pro explicanda doctrina communione laicorum sub una specie« (691–720); II) »Proposita argumenta pro communione laicorum sub una specie« (719–742); III) »Quo examinata argumenta Jacobi de Misa, pro communione sub utraque allata« (741–762). Wie Howard Kaminsky bereits plausibel darlegte,[127] spricht vieles für Stephan Paleč als Verfasser dieser anonymen Schrift, der zum selben Kreis wie Andreas von Brod gehörte.[128]

Auffällig sind dabei nun die deutlichen wörtlichen Übereinstimmungen im ersten »allgemeinen« Teil mit dem Rahmenteil von *Eloquenti viro.* Neben den deckungsgleichen Passagen verlaufen auch die behandelten Themen weithin parallel. Die folgenden exemplarischen Beispiele sollen dies verdeutlichen:

127 Kaminsky 1967, 495–499 (Appendix I).

128 Ebd., 496f. – Als Ergänzung zu Kaminskys Argumenten kann weiters angeführt werden, dass Paleč auch ein eigenes Werk »De aequivocatione nominis ecclesia« verfasste, mit dem die Kapitel II bis V der Schrift *Estote sine offensione* korrespondieren (»De Catholica ecclesia«; »De Romana ecclesia«; »Quomodo conveniant et differant Romana et Catholica ecclesia«). Die Kapitelbezeichnungen sind wiederum von Hermann von der Hardt eingefügt.

Estote sine offensione	*Eloquenti viro*
Nam utique oculus capitis est, et extra caput oculus non est. Et sicut ad motum localem capitis oculus locatur, movetur, et econtrario: Sic quilibet oculus, qui est ecclesia membrum, ad motum capitis movetur, alias oculus ecclesiae non dicitur (660).	Nam utique oculus qui extra caput est, oculus non est. Et sicut oculus ad motum capitis movetur localiter, et non vice versa: Sic quilibet fidelis, ut membrum Ecclesiae, debet se movere ad motum sanctae matris Ecclesiae (343).
Nam tales praedicatores (...) sunt Dei limitatores, volunt, inquam, potentiam Dei infinitam limitare ad finitam, videlicet ad tempus apostolorum. Credunt tales, quod Deus aliter non possit nec debeat hunc mundum fidelium regere, quam quod rexit tempore Apostolorum. (...) Philosophum, L. t. coeli, dicentem: *Potentia infinita non terminatur ad sic esse, quia est interminabilis.*	Et vis potentiam Dei limitare, quod Deus nollet nec posset aliter, quam voluit tempore Apostolorum. Cum Philosophus dicat: *Coeli potentia infinita interminabilis est* (352).
Ita, quod fecerunt in Asia et partibus ejus, postquam laicales clerum reduxissent ad tempus apostolorum, nihil habendo, spoliato clero de possessionibus, populus gravius coepit peccare (663).	(...) sicut fuit deducta terra Asiae et partes ejus provinciales. Quia cum illuc venerunt Pseudo Prophetae, reduxerunt clerum ad tempus et statum Apostolorum, possessionibus eum privando potentia Principium et multitudine simplicium. Et cum privati fuerunt omnibus possessionibus, gravius coepit populus peccare (353).
Ecce quantum malum est, clerum nihil habere nec possidere, aut de possessionibus spoliari. Quando tamen vulgus populi, cleri potentiam respiciens, timet majora mala perpetrare (663f.).	Ecce, quam malum est, clerum nihil habere, possidere, aut eum spoliare. Nam populus quandoque adspiciens cleri potentiam, timet graviora peccata perpetrare et admittere (354).
Et Graeci per inobedientiam stant in periculosa salute a multis centenis annis, qui continue sunt et fuerunt in majori excommunicatione, in qua etiam et moriuntur (672).	Et sic Graeci propter inobedientiam stant in periculosa salute a multis centenis annorum curriculis, qui sunt et fuerunt in majori excommunicatione, in qua etiam sunt mortui multi et continue moriuntur (344).
Contra illos, qui dicunt, Papam non esse caput ecclesiae, nec majoris autoritatis quam simplex presbyter. Dicunt tales, quod sicut omnes apostoli fuerunt aequalis autoritatis cum Petro, sic omnes sacerdotes cum Papa (674).	Etiam praedicas et dicis, quod Papa non sit majoris dignitatis quam simplex sacerdos, et assignans rationem istam: Quia sicut Apostoli fuerunt ejusdem dignitatis et auctoritatis, cum S. Petro, sic etiam sacerdotes cum Papa sunt ejusdem auctoritatis (378).
Contra hos, qui dicunt, quod quilibet homo potest confiteri et communicare ubi vult, et sic populum abstrahunt, quod non confitentur, nec communicatur in propriis parochiis (677). (...)	Insuper praedicas, quod quilibet homo, quando vult, cui vult, ubi vult, potest confiteri et communicare, non advertens suum plebanum (378).
	Etiam, frater mi dilecte, non vereris dicere, in dissensionem populi, et in confusionem

Contra hos, qui dicunt, quod decimae sint purae eleemosynae, respondetur, quod non, Nam eleemosyna est libera donatio et voluntas aliquid pro peccatis exhibere. Decimae vero non sunt donationes tales voluntariae. (...) Quia decimae sunt Dei, quas Deus praecipit dare. Et sic decima non est eleemosyna, sed praeceptum Christi in antiqua lege (678f.).	Praelatorum, cum unus ex illis eras, in sermonibus tuis, quod decimae sint purae eleemosynae (...). Hoc non est verum. Quia eleemosyna est libera donatio et coluntas aliquid pro peccatis exhibere. Decimae non sunt tales donationes voluntariae, imo sunt praeceptoriae et involuntariae, ut patet 1 Paralip. 31 (348).
Pro quo sciendum est, quod duplex est excommunicatio. Quaedam occulta quae a solo Christo procedit. (...) Alia est excommunicatio manifesta, quae fertur a judice vel a jure (680).	Ubi te scire, frater mi dilecte, desidero, quod duplex est excommunicatio, quaedam occulta et impropria, quae a solo Christo procedit. (...) Alia excommunicatio est manifesta, quae fertur a judice aut a jure (345).
Contra hos, qui dicunt, quod Papa non sit summus Pontifex, nec debeat vocati Pater sed frater, quia apostoli vocabant se invicem frater, sic Papa et presbyteri debent se vocare fratres. Respondetur, quod hoc dictum tenent Graeci et haeretici, et errant. Quia licet apostoli fuerunt aequales quoad charitatem et apostolatum, quia omnes erant apostoli: Tamen quoad dignitatem et auctoritatem praelationis non erant aequales. Quia Petrus erat caput et Princeps apostolorum (683).	Et sic illi maxime peccant, qui detrahunt Papae, dicents: Quia non Papa sit majoris auctoritatis quam simplex sacerdos, nec debet vocari Summus Pontifex sed frater cum aliis sacerdotibus: Quia Apostoli vocabunt se invicem fratres. Et sic illi errant, sicut quidam haeretici de secta Graecorum (...). Licet Apostoli quoad charitatem fuerint aequales: Et hoc idem esse debet inter Papam et simplices sacerdotes: Tamen inaequales fuerunt quo ad potestatem praelationis et quoad auctoritate. Quia Petrus erat caput er praelatus generalis totius orbis, quia fuit Princeps Apostolorum (380f.).

Obwohl im ersten Teil von *Estote sine offensione* eindeutig Argumente aus dem Rahmenteil von *Eloquenti viro* übernommen werden, ist die Argumentation selbst explizit anders angelegt. Dies deutet zweifelsohne darauf hin, dass wir es in den beiden Schriften mit zwei unterschiedlichen Autoren zu tun haben. Während *Eloquenti viro* mit einer ausführlichen Betonung des nötigen Gehorsams gegenüber den jeweiligen Vorgesetzten beginnt, stellt *Estote sine offensione* einleitende Überlegungen zum Laienkelch an den Beginn. Erst in Kapitel IV kommt der Traktat auf den Gehorsam zu sprechen, fokussiert dabei jedoch auf den Gehorsam gegenüber der Römischen Kirche und den Papst, eingebettet in eine entwickelte Primatstheorie. Die unmittelbar vorgesetzten Prälaten kommen hingegen nicht zur Sprache. Am Ende des ersten Teils von *Estote sine offensione*, und dies ist ein auffälliger Unterschied zu *Eloquenti viro*, kommen nun auch die Auslegung der Schrift in der Volkssprache, das Bild des Papstes als Antichrist und – als eigenes, ausführliches Kapitel – die Ablassfrage hinzu.

Dies zeigt deutlich, dass die in *Eloquenti viro* behandelten Themen in *Estote sine offensione* aktualisiert und ergänzt wurden und die Ereignisse des Jahres 1412 bereits berücksichtigt werden. Dass dies durch einen anderen Autor geschah, wird durch die Differenzen in der Argumentation deutlich. Im zweiten Kapitel von *Estote sine offensione* etwa, das die Forderung, die Kirche auf ihre urkirchliche Form zurück- und Besitzlosigkeit einzuführen, behandelt, wird zwar ein Drittel des Textes aus *Eloquenti viro* übernommen; die Grundargumentation ist aber eine gänzlich andere. Der Autor von *Eloquenti viro* setzt dieser Forderung entgegen, dass Christus vieles für die Nachfolger der Apostel aufbewahrte, was er den Aposteln noch nicht enthüllte; zudem hieße es, die Macht Gottes begrenzen zu wollen, würde man annehmen, dass er die Gläubigen nicht anders leiten könnte, als sie auf den Status der Urkirche zurückzuführen. Das Argument, dass ein Beharren auf die Wiederherstellung des Status der Urkirche bedeuten würde, die Macht Gottes begrenzen zu wollen, führt auch *Estote sine offensione* ins Treffen. Dort wird dieses Argument jedoch in die grundsätzliche Argumentation eingebettet, dass Christus nirgends vorgeschrieben habe, dass der Klerus keinen Besitz haben dürfe, und die Apostel freiwillig darauf verzichteten.

Auch der Kelchteil der Schrift *Estote sine offensione* unterscheidet sich in Aufbau, Stil und theologischer Tiefe markant vom Kelchteil in *Eloquenti viro* und stammt eindeutig von einem anderen Verfasser. Somit dürfte Stephan Paleč den Brieftraktat *Eloquenti viro* vorliegen gehabt, ihn jedoch grundlegend überarbeitet und aktualisiert haben. Anstelle des Kelchteils von Andreas von Brod fügte er eine eigene, weitaus umfangreichere und theologisch fundiertere Abhandlung gegen den Laienkelch ein. Obwohl *Estote sine offensione* somit wie *Eloquenti viro* die zentrale Kritik der hussitischen Lehre bis 1414/1415 bündelt und insgesamt theologisch verlässlicher argumentiert, erfuhr diese Schrift dennoch keine vergleichbare Verbreitung.[129]

8. Zusammenfassung

Der Traktat *Eloquenti viro* stellt den am weitesten verbreiteten antihussitischen Traktat aus der Frühzeit des Hussitismus dar. Er besteht aus zwei verschiedenen Textschichten: einem Rahmenteil, der die Forderungen des Jan Hus und dessen Auseinandersetzung mit der kirchlichen Autorität im Prag der Jahre 1409 bis 1411 kritisiert, und einem Mittelteil, der gegen den von Jakobell von Mies geforderten Laienkelch argumentiert. Eine detaillierte Textanalyse erweist den Prager Magister Andreas von Brod als Verfasser, der bereits seit 1408 in einer Auseinandersetzung mit Hus und seit 1414 auch mit Jakobell von Mies stand. Während der Rahmenteil die Situation der Jahre 1410/1411 widerspiegelt, ist die Abfassung des Kelchteils – und somit der *terminus post quem* für die Kompilation des Gesamttraktats – mit Ende 1414/Anfang 1415 anzusetzen. Der anonym gehaltene Empfänger sowie der Gesamtduktus des Werkes deuten darauf hin, dass mit *Eloquenti viro* nicht primär Jan Hus oder Jakobell von Mies, sondern durch die bewusste unbestimmt gehaltene Adressierung die gesamte sich

129 Bislang wurden 14 Abschriften des Textes bekannt (vgl. Soukup *Repertorium*).

formierende hussitische Bewegung angesprochen werden sollte. In ihren Grundzügen sind bereits die Kernpunkte des hussitischen Programms – Laienkelch, Predigtfreiheit, Besitzlosigkeit, die Bekämpfung von Sünde und Laster – in *Eloquenti viro* thematisiert. Dies könnte ein Grund für die enorm weite Verbreitung dieser Schrift gewesen sein. Möglicherweise diente das Basler Konzil, das seine Teilnehmer anwies, als Vorbereitung auf die Hussitenverhandlungen 1433 antihussitische Schriften zu sammeln, als Multiplikator. Die ebenfalls anonym überlieferte, vermutlich von Stephan Paleč – der zum selben Kreis wie Andreas von Brod gehörte – verfasste Schrift *Estote sine offensione* basiert auf *Eloquenti viro*, überarbeitet und aktualisiert den Brieftraktat jedoch.

Anhang

Im Folgenden werden die Überschriften und Kolophone der untersuchten Handschriften[130] zusammengestellt. Die mittelalterliche Schreibweise wird beibehalten. Ein * am Ende eines Eintrags zeigt an, dass die Überschrift von einem späteren, aber zeitgenössischen Schreiber stammt und somit entweder eine Übernahme aus einer weiteren Vorlage oder bereits eine Interpretation durch den Bearbeiter darstellt. ** weist darauf hin, dass die Überschriften deutlich später als der Text selbst anzusetzen sind. Die Überschriften werden in vier Gruppen gegliedert: die ersten beiden Gruppen enthalten jene Textzeugen, die a) *Eloquenti viro* als Brief an Jan Hus oder b) als Traktat gegen Wyclifiten und/oder Hussiten interpretieren. Eine Sonderform stellt der 1414 datierte Kodex Prag, KNM, XII F 16 dar (c), während die Textzeugen der Gruppe d) die Schrift in den Überschriften einem konkreten Verfasser oder Empfänger zuweisen. 16 der 43 untersuchten Abschriften weisen keine Überschrift auf. – Nur 13 Textzeugen enthalten ein Kolophon mit zusätzlichen Informationen zur jeweiligen Abschrift. Diese sind, sofern datiert, im Folgenden chronologisch aufsteigend geordnet.

1. Überschriften

Gruppe a)

Incipit epistola ad Iohannem Huss contra suos errores (München, BSB, Clm 5614, fol. 247^{r})

Correctio Iohannis Huss contra eius scisma[m] (München, BSB, Clm 23833, fol. 98^{r})

Epistola missa Iohanni Huss condempnato heretico et conbusto in constancia a concilio eodem scilicet constanciensi (Wien, ÖNB, CVP 3495, fol. 229^{r})

Tractatus seu epistola magistri nicolai de dinkelspühl contra omnes hereticos errores magistri iohannis huss de praga in concilio constanciense combusti (München, BSB, Clm 18133, fol. 280^{r})*[131]

Epistola magistri nycolai de dincklspühel contra omnes hereticos errores magistri iohannis huss de praga in concilio constanciensi combusti (München, BSB, Clm 18758, fol. 336^{r})**

Epistola egregia magistri nycolai de dinckelspühel doctoris egregii missa iohanni huss commoranti in praga contra omnes errores suos (München, BSB, Clm 18406, fol. 147^{r})**

Epistola magistri Stephani Palecz contra Iohannem Huss in Constancia facta (Prag, NK, III D 16, fol. 337^{r})*

Reverendissimi magistri Stephani Palecz epistola contra Hussum ipsi Husso inscripto(?) (Prag, NK, V D 7, fol. 147^{v})**[132]

Epistola scole wiennensis contra Iohannem Huss in pragam etc. (München, BSB, Clm 2509, fol. 180^{r})

130 Siehe oben Anm. 121.

131 magistri ... dinckelspühl] von späterer Hand eingefügt.

132 Von einem Schreiber des 18. Jahrhunderts.

Item epistola corrigibilis misa Iohanni Huss de Vienna ad Pragam (München, BSB, Clm 23787; Überschrift laut Inhaltsverzeichnis, vorderer Innendeckel)**

Doctoris de Broda contra Magistrum Hus (Prag, NK, XIII F 16, fol. 124^{r})*

Scribit quidam predicator alteri predicatori excommunicato volens ipsum reducere ad viam rectam istis temporibus (Prag, KNM, XIV E 2, fol. 183^{r})*

Gruppe b)

*Incipitur tractatus contra wikleffistas in concilio constanciensi compositus / Iohannes Rockycana**[133] (München, BSB, Clm 5201, fol. 222^{v})

Incipit tractatus contra wyclefistas in concilio constanciense compositus (München, BSB, Clm 7063, fol. 105^{r})

Incipit tractatus sive epistola reprehensoria contra errores et opiniones hereticorum wiclefistarum et hussitarum de communione sub utraque specie (München, BSB, Clm 26727, fol. 264^{v})

*Tractatus contra Wyklephistas per Wenceslaum de Lytomericz / Epistola magistri Stephani Palecz contra Iohannem Huss in Constan. facta** (Prag, NK, XIX C 49, fol. 140^{r})

Incipit tractatus cuiusdam doctoris contra articulos hussitarum (Prag, KNM, XVIII A 5, fol. 1^{r})

Epistola tractans de multis materiis ecclesiasticis contra hussitas (München, BSB, Clm 7440, fol. 219^{r})

Incipit epistola contra articulos hussitarum etc. de obediencia et inobediencia (München, BSB, Clm 26812, fol. 28^{r})

Tractatus katholicus contra hereticos (Prag, NK, I G 14, fol. 136^{r})

Gruppe c)

Incipit tractatus optimus, communionem sub utraque specie reprobans ac contra clerum et sacerdotes modernos inobedientes suis prelatis (Prag, KNM, XII F 16, fol. 1^{r})

Gruppe d)

Epistola ad Rockyczanam (München, BSB, Clm 16167, fol. 101^{r})**[134]

Epistola Andreea de Broda (Prag, NK, I B 29, fol. 11^{r})**

Magistri Stephani Palecz (Prag, NK, XIII E 5, fol. 79^{v})

Andree de Tissnow bacc. (Prag, NK, XIX C 17, fol. 181^{r})**

Magistri Palecz (Wien, ÖNB, CVP 4941, fol. 119^{r})

133 Die (mit Bleistift ergänzte) Zuschreibung an Johannes Rockycana erfolgte durch einen Bibliothekar des 19. Jahrhunderts.

134 Im Text selbst ersetzt dieser Textzeuge jedoch die anonyme Anrede »Eloquenti viro domino n.« durch »Eloquentissimo viro domino Iohanne«, wodurch sich Überschrift und Text unmittelbar widersprechen.

2. Kolophone

»Istam epistolam scripsit mag. Petrus de Grecz Regine mag. Johanni Hus suisque sequacibus, dum adhuc vixisset in humanis. Collecta per sacram scripturam at sacros canones, ut desisteret a suis erroribus et a communione sub utraque specie laycorum de a. d. *1414* etc. Et est tractatus informa contra errores wiclefistarum et hussitarum aliorumque hereticorum etc.« (Prag, KNM, XII F 16, fol. 35r)

»Explicit tractatus in quo multa bona continentur finitus feria secunda post dominica iudica hora quarta per manus domini Procopii de Gurim/Gurinensis(?) anno domini *1426*. Iste liber scriptus est domino Echardo socio in Chuchul.« (Clm 5201, fol. 246v)

»Et sic est finis illius epistule pulchre *1430*.« (Wien, CVP 14457, fol. 228r)

»Explicit tractatus contra heresim hussitarum et eorum articulos hereticales scriptus et finitus sabbato post festum sancti Michaelis anno domini *1443*.« (Clm 26812, fol. 55v)

»Explicit tractatus in quo multa bona continentur ad salutem anime viteque melior accionem. Finitus anno domini *1446* in invencione sancti Stephani per me fratrem Hainricum Kaufringer etc.« (Clm 7063, fol. 154r)

»Ein muetr der parmn. Finivi feria secunda ante Augustini anno domini *1459* in Wlreichskirichen.« (Prag, NK, I G 16, fol. 12r)

»Per me fratrem b. Iohannem donum(?) anno domini *1469*, eterna requies sit mea merces, amen.« (Clm 5614, fol. 259v)

»Explicit epistola pulchra missa magistro Iohanni Huss.« (Clm 17500, fol. 125v)

»Explicit correccio Iohannis Huss a quodam sibi missa in emendam suorum erroris quas predicabat etc.« (Clm 23833, fol. 114r)

»Explicit epistola magistri Nicolai de Dinkelspühl.« (Clm 18133, fol. 291v)

»Explicit tractatus utilis contra hereticos wicleph et hussitas de communione duplici specie laycis non debere et non licere dari etc.« (Clm 26727, fol. 277v)

»Explicit tractatus de communicacione laycali sub utraque specie sacramentali et aliorum articulorum biclevistarum.« (Clm 16439, fol. 161r)

»Explicit tractatus optimus contra hussitas qui solus sufficeret ad eorum conversionem si non essent obstinati miseratur et super modum mirabiliter.« (Dominikanerkonvent Wien, Cod. 15/15, fol. 51r)**

Bibliographie

Abkürzungsverzeichnis

BSB = Bayerische Staatsbibliothek, München
KNM = Knihovna Národního muzea, Prag
ÖNB = Österreichische Nationalbibliothek, Wien
KB = Knihovna benediktinů, Raigern
NK = Národní knihovna České republiky, Prag
VKOL = Vědecká knihovna, Olmütz

Ungedruckte Quellen

Jacobellus *Quia heu in templis*
Jacobellus de Misa: *Quia heu in templis*, in: Prag, NK, Cod. V G 7, fol. 1r–24v.

Gedruckte Quellen

Andreas de Broda *An sufficiat*
Andreas de Broda: *Tractatus De sumptione venerabilis pretiosique corporis ac sanguinis Domini nostri Iesu Christi*, ed. in: Kadlec 1982, 167–224.

Andreas de Broda *Contra obiectus Hussonitarum*
Andreas de Broda: *Contra obiectus Hussonitarum*, hg. v. Johann Loserth: »Beiträge zur Geschichte der husitischen Bewegung IV. Die Streitschriften und Unionsverhandlungen zwischen Katholiken und Hussiten in den Jahren 1412 und 1413«, in: AÖG 75 (1889) 342–344 und Ders.: »Urkunden und Traktate betreffend die Verbreitung des Wiclifismus in Böhmen«, in: Mitteilungen des Vereines für Geschichte der Deutschen in Böhmen 25 (1887) 342–346.

Andreas de Broda *Epistola*
Andreas de Broda: *Epistola M. Iohanni Hus*, ed. in: Novotný 1920, 186–191 (Nr. 73).

Andreas de Broda *Nisi manducaveritis*
Andreas de Broda: *Tractatus de sacramento eucharistiae*, ed. in: Hardt III, 392–415.

Andreas de Broda *Utrum licitum sit*
Andreas de Broda: *Utrum licitum sit seu an debeat Christi populus laicalis sub utraque specie sacramentali communicari, quem-ad-modum sacerdos facit in altari*, ed. in: Kadlec 1982, 159–166.

Cochlaeus 1549
Johannes Cochlaeus (Hg.): *Historiae Hussitarum libri duodecim. Apud S. Victorem prope Mogunitam 1549.*

Conclusiones doctorum
ANONYMOUS: *Theologorum Constantiensium Conclusiones*, ed. in: HARDT III, 157–160.

Cum in nonnullis
CONCILIUM CONSTANTIENSE: *Decretum Cum in nonnullis*, ed. in: *Conciliorum oecumenicorum generaliumque decreta: editio critica*, Bd. II/1: *The general councils of Latin Christendom. From Constantinople IV to Pavia-Siena (869–1424)*, hg. v. GIUSEPPE ALBERIGO, Turnhout 2013, 562f.

Decretum Gratiani
Decretum magistri Gratiani, hg. v. EMIL FRIEDBERG (CIC(L) 1), Leipzig 1879 [ND Graz 1959].

Eloquenti viro
ANONYMOUS: *Epistola contra communionem sub utraque specie*, ed. in: HARDT III, 339–392.

Eloquenti viro (Inkunabel)
ANONYMOUS: *Epistola tripartita de erroribus hussitarum*, ed. in: JOHANNES GERSON: *Opera*, Bd. 4, Köln 1484, 308r–324v.

Estote sine offensione
ANONYMOUS: *Tractatus de communione laicorum sub utraque specie*, ed. in: HARDT III, 658–762.

GW
Gesamtkatalog der Wiegendrucke, online-Datenbank der STAATSBIBLIOTHEK ZU BERLIN, URL: http://www.gesamtkatalogderwiegendrucke.de/ (zuletzt abgerufen am 06.08.2015).

HARDT III
HERMANN VON DER HARDT (Hg.): *Magnum oecumenicum Constantiense concilium de universali ecclesiae reformatione, unione et fide*, Bd. 3, Frankfurt/Leipzig 1700.

HONORIUS AUGUSTODUNENSES *Elucidarium* I
HONORIUS AUGUSTODUNENSES: *Elucidarium*, hg. v. YVES LEFÈVRE: *L'Elucidarium et les lucidaires. Contribution, par l'histoire d'un texte, à l'histoire des croyances religieuses en France au Moyen Âge*, Paris 1954.

JACOBELLUS *Pius Iesus*
JACOBELLUS DE MISA: *Pius Iesus diligens suos fideles*, ed. in: KADLEC 1981, 80–87.

JACOBELLUS *Praemissis positione scholastica*
JACOBELLUS DE MISA: *Pro communione plebis sub utraque specie*, ed. in: HARDT III, 416–585.

HUS *Epistola*
IOHANNES HUS: *Epistola ad Havlikem praedicatorem*, in: NOVOTNÝ 1920, 294f. (Nr. 141).

MC I
Monumenta conciliorum generalium seculi decimi quinti: Concilium Basileense, Bd. 1, hg. v. ERNESTUS BIRK, Wien 1857.

MC II
Monumenta conciliorum generalium seculi decimi quinti: Concilium Basileense, Bd. 2: JOANNIS DE SEGOVIA, PRESBYTERI CARDINALIS TIT. SANCTI CALIXTI *Historia gestorum generalis synodi Basiliensis, Liber I–XII*, hg. v. CAESAREAE ACADEMIAE SCIENTIARUM SOCII DELEGATI, Wien 1873.

Novotný 1920

Václav Novotný (Hg.): *M. Jana Husi Korespondence a dokumenty* (Spisův M. Jana Husi, 9), Prag 1920.

Petrus de Mladoňovice *Narratio*

Petrus de Mladoňovice: *Narratio de Magistro Hieronymo Pragensi, pro Christi nomine Constancie exusto*, hg., übers. u. eingel. v. Josef Bujnoch: *Hus in Konstanz. Der Bericht des Peter von Mladoniowitz* (Slavische Geschichtsschreiber, 3), Graz/Wien/Köln 1963.

Petrus de Pulka *Confutatio*

Petrus de Pulka: *Confutatio Jacobi de Misa*, ed. in: Girgensohn 1964, 217–250.

Thomas de Aquino *STh*

Sancti Thomae Aquinatis *Summa theologiae, Pars tertia*, cum textu ex recensione leonina, hg. v. Petrus Caramello, Turin 1956.

Abhandlungen

Amann 1924

Emile Amann: »Jacobel et les débuts de la controverse utraquiste«, in: *Miscellanea Francesco Ehrle*, Bd. 1, Rom 1924, 375–387.

Bartoš 1931

František Michael Bartoš: *Husitství a cizina* [Hussitismus und Ausland], Prag 1931.

Bäumer 1996

Remigius Bäumer: »Österreich und das Konstanzer Konzil«, in: Ders. (u.a.) (Hgg.): *Konziliarismus und Humanismus. Kirchliche Demokratisierungsbestrebungen im spätmittelalterlichen Österreich*, Wien 1996.

Borecký 1945

František Borecký: *Mistr Jakoubek ze Stříbra*, Prag 1945.

Brandmüller 1990

Walter Brandmüller: *Papst und Konzil im Großen Schisma (1378–1431). Studien und Quellen*, Paderborn (u.a.) 1990.

Brandmüller 1999

Walter Brandmüller: *Das Konzil von Konstanz: 1414–1418*, Bd. 1: *Bis zur Abreise Sigismunds nach Narbonne* (Konziliengeschichte: Reihe A, Darst.), Paderborn (u.a.) ²1999 [¹1991].

Cegna 1971

Romolo Cegna: »Appunti su Valdismo e Ussitismo: La teologia sociale di Nicola della Rosa Nera (Cerruc)«, in: *Bollettino della Società di Studi Valdesi* 130 (1971) 3–34.

Cegna 1977

Romolo Cegna: »Nicolà della Rosa Nera detto da Dresda (1380?–1416?). *De reliquiis et de veneratione sanctorum: De purgatorio*«, in: MPhP 23 (1977) 1–171.

Cegna 1978

Romolo Cegna: »Początki utrakwizmu w Czechach w latach 1412–1415: W zwiazku z odnalezieniem dziela ›Plures tractatuli pullulant ... Omnibus Christi fidelibus‹ Jakoubka ze Stríbra«, in: PrzHi 69 (1978) 103–114.

COOK 1975
William R. Cook: »The Eucharist in Hussite Theology«, in: ARG 66 (1975) 23–35.

COUFAL 2009
DUŠAN COUFAL: »Die katholischen Magister Peter von Mährisch Neustadt, Johann von Königgrätz, Nicolaus von Pavlíkov und die Formierung der utraquistischen Universität in Prag 1417«, in: Acta Universitatis Carolinae. Historia Universitatis Carolinae Pragensis 49 (2009) 127–141.

COUFAL 2012a
DUŠAN COUFAL: »Der Laienkelch im Hussitentum. Neue Quellen zu Johann Rokycanas Verteidigung des Laienkelchs auf dem Basler Konzil im Januar 1433«, in: *Die hussitische Revolution. Religiöse, politische und regionale Aspekte* (FQKGO 44), hg. v. FRANZ MACHILEK, Köln/Weimar/Wien 2012, 39–56.

COUFAL 2012b
DUŠAN COUFAL: *Polemika o kalich mezi teologií a politikou 1414–1431. Předpoklady basilejské disputace o prvním z pražských artikulů* [Polemik um den Laienkelch zwischen Theologie und Politik 1414–31. Die Basler Disputationen über den ersten Prager Artikel], Prag 2012.

DAMERAU 1969
RUDOLF DAMERAU (Hg.): *Texte zum Problem des Laienkelchs. Nikolaus von Dinkelsbühl (1360–1433): Tractatus contra Errores Hussitarum. De sub utraque* (SGR 6), Giessen 1969.

DH
HEINRICH DENZINGER / PETER HÜNERMANN (Hgg.): *Enchiridion symbolorum definitionum et declarationum de rebus fidei et morum* (= Kompendium der Glaubensbekenntnisse und kirchlichen Lehrentscheidungen), Freiburg i. Br. (u.a.) [44]2014.

FUDGE 2010
THOMAS FUDGE: *Jan Hus: religious reform and social revolution in Bohemia* (International library of historical studies 73), London (u.a.) 2010.

GIRGENSOHN 1964
DIETER GIRGENSOHN: *Peter von Pulkau und die Wiedereinführung des Laienkelches: Leben und Wirken eines Wiener Theologen in der Zeit des großen Schismas* (VMPIG 12), Göttingen 1964.

HALAMA/SOUKUP 2006
OTA HALAMA / PAVEL SOUKUP (Hgg.): *Jakoubek ze Stříbra. Texty a jejich působení,* [Jakobell von Mies. Texte und ihre Wirkung], Prag 2006.

KADLEC 1981
JAROSLAV KADLEC: »Literární polemika mistrů Jakoubka ze Stříbra a Ondřeje z Brodu o laický kalich« [Die literarische Polemik der Magister Jakobell von Mies und Andreas von Brod über den Laienkelch], in: Acta Universitatis Carolinae. Historia Universitatis Carolinae Pragensis 21,2 (1981) 71–88.

KADLEC 1982
JAROSLAV KADLEC: *Studien und Texte zum Leben und Wirken des Prager Magisters Andreas von Brod* (BGPhMA, N.F. 22), Münster 1982.

KAMINSKY 1967
HOWARD KAMINSKY: *A History of the Hussite Revolution*, Eugene 1967.

Kejř 2005
Jiří Kejř: *Die Causa Johannes Hus und das Prozessrecht der Kirche. Mit einem Vorwort des Erzbischofs von Prag Miloslav Kardinal Vlk*, aus d. Tschech. us. v. Walter Annuss, Regensburg 2005.

Krmíčková 1997
Helena Krmíčková: *Studie a texty k počátkům kalicha v čechách* [Studien und Texte zu den Anfängen des Laienkelchs in Böhmen] (Opera Universitatis Masarykianae Brunensis. Facultas philosophica 310), Brünn 1997.

Krmíčková 1998a
Helena Krmíčková: »The Fifteenth Century Origins of Lay Communion *sub utraque* in Bohemia«, in: *The Bohemian Reformation and Religious Practice*, Bd. 2: *Papers from the XVIIIth World Congress of the Czechoslovak Society of Arts and Sciences*, hg. v. Zdeněk V. David / David R. Holeton, Prag 1998, 57–65.

Krmíčková 1998b
Helena Krmíčková: »K pramenům Husovy kvestie *De sanguine Christi sub specie vini*«, in: SPFFBU.C, *Řada historická*, Brünn 1998, 79–101.

Krmíčková 2000
Helena Krmíčková: »The Janovite Theory and the Renewal of the Lay Chalice«, in: *The Bohemian Reformation and Religious Practice*, Bd. 3: *Papers from the XIX World Congress of the Czechoslovak Society of Arts and Sciences*, hg. v. Zdeněk V. David/David R. Holeton, Prag 2000, 63–68.

Krmíčková 2002
Helena Krmíčková: »Utraquism in 1414«, in: *The Bohemian Reformation and Religious Practice*, Bd. 4: *Papers from the IV. International Symposium on The Bohemian Reformation and Religious Practice under the auspices of The Philosophical Institute of the Academy of Sciences of the Czech Republic held at Vila Lanna, Prague 26–28 June 2000*, hg. v. David R. Holeton, Prag 2002, 99–106.

Krmíčková 2006
Helena Krmíčková: »Jakoubkova utrakvistická díla z roku 1414« [Jakobells utraquistische Traktate aus dem Jahr 1414], in: Halama/Soukup 2006, 171–181.

Loserth 1889
Johann Loserth: »Beiträge zur Geschichte der husitischen Bewegung, IV: Die Streitschriften und Unionsverhandlungen zwischen den Katholiken und Husiten in den Jahren 1412 und 1413«, in: AÖG 75 (1889) 287–413.

Madre 1965
Alois Madre: *Nikolaus von Dinkelsbühl. Leben und Schriften. Ein Beitrag zur theologischen Literaturgeschichte*, Münster 1965.

Mareš 1997
Zdeněk Mareš: *L'ecclesiologia Calistina di Jacobello da Misa (1373–1429)*, Rom 1997.

Molnár 1965
Amedeo Molnár: »Theologie husitského kalicha« [Die Theologie des Hussitenkelches], in: KřR 32 (1965) 1–9.

Nechutová 2006
Jana Nechutová: »Reform- und Bußprediger von Waldhauser bis Hus«, in: Winfried Eberhard / Franz Machilek (Hgg.): *Kirchliche Reformimpulse des 14./15. Jahrhunderts in Ostmitteleuropa* (FQKGO 36), Köln/Wien (u.a.) 2006, 239–254.

PATAPIOS 2002
HIEROMONK PATAPIOS: »*Sub utraque specie*: The arguments of John Hus and Jacoubek of Stribro in Defense of Giving Communion to the Laity under Both Kinds«, in: JThS 53 (2002) 503–522.

PAVLÍČEK 2015
OTA PAVLÍČEK: »The Chronology of the Life and Work of Jan Hus«, in: ŠMAHEL/ PAVLÍČEK 2015, 9–68.

POTTHAST 1967
AUGUST POTTHAST: *Repertorium fontium historiae Medii Aevi: primum ab Augusto Potthast digestum*, Bd. 2, Rom 1967.

PRÜGL 1995
THOMAS PRÜGL: *Die Ekklesiologie Heinrich Kalteisens OP in der Auseinandersetzung mit dem Basler Konziliarismus: mit einem Textanhang* (VGI, N.F. 40), Paderborn/Wien (u.a.) 1995.

SCHWAB 1858
JOHANN BAPTIST SCHWAB: *Johannes Gerson: Professor der Theologie und Kanzler der Universität Paris. Eine Monographie*, Würzburg 1858.

SEDLÁK 1911
JAN SEDLÁK: »Počátkové kalicha« [Die Anfänge des Kelchs], in: Časopis katolíckého duchovenstva 52 (1911) 97–105; 244–250; 397–401; 496–501; 583–587; 703–708; 786–791.

SEDLÁK 1913
JAN SEDLÁK: »Počátkové kalicha« [Die Anfänge des Kelchs], in: Časopis katolíckého duchovenstva 54 (1913) 226–232; 275–278; 404–410; 465–470; 708–713.

SEDLÁK 1914
JAN SEDLÁK: »Počátkové kalicha« [Die Anfänge des Kelchs], in: Časopis katolíckého duchovenstva 55 (1914) 75–84; 113–120; 315–322.

SEIBT 1966
FERDINAND SEIBT: »Die *revelatio* des Jacobellus von Mies über die Kelchkommunion«, in: DA 22 (1966) 618–624.

ŠMAHEL/PAVLÍČEK 2015
FRANTISEK ŠMAHEL / OTA PAVLÍČEK: *A Companion to Jan Hus* (Brill's companions to the Christian tradition, 54), Leiden u.a. 2015.

SOUKUP *Repertorium*
PAVEL SOUKUP: *Repertorium operum antihussiticorum*, online-Datenbank, URL: http://www.antihus.eu (zuletzt abgerufen am 06.08.2015).

SOUKUP 2014
PAVEL SOUKUP: *Jan Hus* (KUTB, 737: Geschichte, Politikwissenschaft), Stuttgart 2014.

SOUKUP 2015
PAVEL SOUKUP: »Jan Hus as a Preacher«, in: ŠMAHEL/PAVLÍČEK 2015, 96–129.

SPUNAR 1985/1995
PAVEL SPUNAR: *Repertorium auctorum Bohemorum provectum idearum post universitatem Pragensem conditam illustrans*, 2 Bde. (Studia Copernicana 25/35), Warschau (u.a.) 1985/1995.

STEIN 1932
EVŽEN STEIN: »Několik poznámek na okraj listu ›Eloquenti viro‹« [Einige Randbemerkungen zur Schrift ›Eloquenti viro‹], in: ČČH 28 (1932) 364–374.

TŘÍŠKA 1968
JOSEF TŘÍŠKA: »Příspěvky k středověké literární universitě II« [Beiträge zur mittelalterlichen literarischen Universität II], in: Acta Universitatis Carolinae. Historia Universitatis Carolinae Pragensis 9,2 (1968) 5–43.

UIBLEIN 1999
PAUL UIBLEIN: *Die Universität im Mittelalter. Beiträge und Forschungen*, hg. v. KURT MÜHLBERGER (SUA, Universität Wien, 11), Wien 1999.

DE VOOGHT 1972
PAUL DE VOOGHT: *Jacobellus de Stríbro († 1429), premier théologien du hussitisme* (BRHE 54), Louvain 1972.

WERNER 1967
ERNST WERNER: *Der Kirchenbegriff bei Jan Hus, Jakoubek von Mies, Jan Zelivský und den linken Taboriten* (SPAW.PH 10), Berlin 1967.

ZÍBRT 1902
ČENĚK ZÍBRT: *Bibliografie české historie* [Bibliographie der tschechischen Geschichte], Bd. 2, Prag 1902.

Nuntii

Tagungsbericht zur Jahrestagung der IGTM
Salische Kaiserstadt und jüdisches Kulturzentrum
Speyer, 19.–20. Juni 2015

Im Speyerer Priesterseminar St. German und unter der örtlichen Organisation von Klaus-Frédéric Johannes (Billigheim-Ingenheim) sowie erstmals auch mit angebotener Kinderbetreuung fand die »kleine« Jahrestagung (19./20. Juni 2015) der Internationalen Gesellschaft für Theologische Mediävistik mit rund 40 Teilnehmerinnen und Teilnehmern aus dem In- und Ausland statt. Henryk Anzulewicz (Bonn) eröffnete die Tagung mit einem Blick auf »jüdische Exegese und Philosophie bei Albertus Magnus«. Elisabeth Mégier (Paris) erarbeitete am Beispiel von Lambert von Hersfeld mit der Frage, ob »mittelalterliche Chronistik als Theologie« zu verstehen sei, die Präsenz Gottes als »Richter in der mittelalterlichen Geschichtsschreibung« heraus. Werner Transier (Speyer) stellte die rechtlich gut gestellten und in der Bildung blühenden jüdischen Gemeinden der »SchUM-Städte« (hebräische Anfangsbuchstaben für Speyer, Worms und Mainz sowie auch Erfurt) vor, die auch nach den Kreuzzugs-Pogromen vom Jahre 1096 zumindest in Speyer noch begrenzt weiterwirkten.

Der öffentliche Abendvortrag im Historischen Ratssaal[1] in der Innenstadt wurde eröffnet mit Grußworten des Speyerer Bürgermeisters Hansjörg Eger, des Speyerer Bischofs Karl-Heinz Wiesemann und des Referenten des rheinland-pfälzischen Kultusministeriums Anton Neugebauer. Der vormalige Präsident der Monumenta Germaniae Historica, Prof. Dr. Rudolf Schieffer, stellte ausgehend von der neutestamentlichen Nachwahl des Apostels Matthias die bewegte Entwicklung der »Speyerer Bischöfe und ihrer Sukzession im Mittelalter« vom Jahre 847 bis 1552 in vielfältigen Spannungsverhältnissen dar. Ausgehend von der Bischofswahl durch »Klerus und Volk« waren die Bischofsstuhlbesetzungen der Speyerer Ortskirche dabei im Laufe der Jahrhunderte von vielfältigen Mitwirkungen von Adel, Domkapitel und salischen Kaisern sowie Päpsten und den Pfalzgrafen von Rhein geprägt.[2]

Nach der morgendlichen Mitgliederversammlung der IGTM trat in den beiden Sektionen der „Projektpräsentationen" die Förderung junger theologisch-mediävistischer Forscherinnen und Forscher in den Vordergrund. In der ersten Sektion behandelte Alessio Magoga (Padua) den Dialog zwischen einem Christen und einem Juden bei Ruppert von Deutz und Maria Lissek (Bern) lateinische Religionsdialoge. Marco Rainini (Mailand) berichtete in der

1 Vgl. Hans Ammerich: *Kleine Geschichte der Stadt Speyer*, Leinfelden-Echterdingen 2008.

2 Vgl. Hans Ammerich: *Das Bistum Speyer von der Römerzeit bis zur Gegenwart* (Schriften des Diözesan-Archivs Speyer, 42), Annweiler 2011.

zweiten Sektion u. a. am Beispiel Konrads von Hirsau über die »theologische Kultur« zwischen Hirsau und St. Emmeran/Regensburg sowie Like Borens (Nijmegen) über ihre begonnenen Studien zur theologischen Bewertung der »Judentaufe« bei Johannes Duns Scotus und anderen Autoren. Im Schlussvortrag verfolgte Prof. Dr. Theo Kobusch (Bonn) die klassische Frage, ob Gott das Gute will, weil es gut ist, oder ob das Gute gut ist, weil Gott es will. Angefangen von Platon wurde der Bogen bis in die Neuzeit gespannt, wobei die spätmittelalterlichen Philosophen (Wilhelm von Ockham, Petrus von Ailliaco, Gregor von Rimini, Andreas von Novocastro) im Mittelpunkt standen. Die Tagung wurde mit einer ökumenischen Andacht, gestaltet von Akademiedirektor Pfarrer Dr. Christoph Picker (Landau), beendet. So war diese Jahresversammlung der IGTM in Speyer zwar nur eine »kleine«, aber doch eine nicht nur regionalgeschichtlich tiefgehende Tagung.

Reimund Haas, Köln

Recensiones

Fabrizio Amerini (ed.): »*In principio erat verbum*«: *Philosophy and Theology in the Commentaries on the Gospel of John (II–XIV Centuries)* (Archa Verbi. Subsidia, 11), Münster: Aschendorff 2014. – XII, 275 pp. – ISBN 978-3-402-10226-8 – € 59, 00.

Einzelne Verse der Bibel waren nicht nur für diejenigen, die diese Texte als heilige Schriften bzw. als Offenbarungszeugnisse anerkannt haben, von eminenter Bedeutung, sondern auch für die Geschichte der Kunst oder der Philosophie. Man denke bei letzterer etwa im Alten Testament an Ex. 3, 14, Gen. 1, 1 und Gen. 1, 27 oder im Neuen Testament, um nur ein Beispiel zu nennen, an 1 Joh. 4, 8 bzw. 4, 16. Solche Sätze können auf unterschiedliche Weise Gegenstand der Orientierung, der Inanspruchnahme oder der exegetischen bzw. philosophischen Erschließung sein. All das gilt im Hinblick auf das Verständnis von Gott und der von ihm geschaffenen Wirklichkeit vielleicht von keinem anderem Vers so prägnant wie dem, mit dem der Prolog des Johannes-Evangeliums beginnt: *In principio erat verbum*. Was dies für die genannten Konzepte bedeutet, kann natürlich erst erschlossen werden, wenn genau bestimmt ist, was der Satz selbst besagt: Wieso »im Anfang« und nicht *am* Anfang, warum »war« und nicht *ist* und schließlich warum »Wort« und nicht – welches wären überhaupt die Alternativen? Eine Idee? Ein Prinzip? Und welches und warum dieses? Könnte ein »Prinzip« überhaupt etwas initiieren und nicht nur immer schon etwas aus sich hervorgehen lassen?

Die Bemühungen um diesen Text sind naturgemäß unabschließbar, selbst in der Gattung des Kommentars von der Zeit der Kirchenväter bis zu den bedeutenden Beiträgen von Rudolf Bultmann und Rudolf Schnackenburg. Wenn es, verkürzt gesagt, nicht allein darum geht, die Intention eines Autors zu eruieren, sondern die darüber hinaus gehende Bedeutsamkeit eines Textes zu erschließen, dann wird der Text auch für eine nicht im engeren Sinne exegetische Bemühung von Interesse.

In dem vorliegenden Band – hervorgegangen aus einer Tagung in Parma 2011 – geht es aber nicht nur um diesen kostbaren ersten Vers, auch nicht allein um den Prolog als Texteinheit, sondern um andere Passagen und am Ende auch um das Evangelium als Ganzes. Schon die Kirchenväter haben das Johannes-Evangelium den drei Synoptikern gegenübergestellt und versucht, den Unterschied auf den Begriff zu bringen, etwa in dem Sinne, die Synoptiker hätten das Menschsein des menschgewordenen Gottessohnes im Auge, Johannes hingegen seine Göttlichkeit. Hier nun liegt, um dies gleich vorweg zu sagen, eine ausgesprochen interessante und gewichtige Sammlung von Beiträgen vor. Diese betreffen nicht nur einen langen Zeitraum, der sich vom 2. bis zum 14. Jahrhundert erstreckt, sondern auch in sich ganz unterschiedliche Aspekte: Es geht etwa um Rezeptionsgeschichte einzelner Verstehensweisen, um Phasen der Theoriebildung bei einem Autor, um Authentizitätsprobleme, aber eben auch um das Verständnis einzelner Texte bzw. um die Herangehensweise und die Statusbestimmung des kommentierten Textes selbst. Die Beiträge sind in englischer, französischer Sprache geschrieben. Sie sind in der Chronologie der untersuchten Autoren angeordnet, eine weitere systematische Gliederung unterbleibt aus ersichtlichen Gründen.

Natürlich bemerkt man die eine oder andere Lücke: Bonaventura oder auch Johannes Peckham werden nur en passant herangezogen, jenseits der Kommentare könnte man auch an Anselms Verbum-Theorie denken. Aber dies kann man eigentlich nicht beanstanden, denn erstens weiß jeder Organisator solcher Veranstaltungen, wie kontingent das Zustandekommen entsprechender Kooperationen ist, und zweitens wäre angesichts des gewaltigen Umfangs des Materials das Ziel der Vollständigkeit ohnehin aussichtslos.

Das Johannes-Evangelium macht seinen Anfang, indem es vom Anfang spricht. Wann und wo beginnt die Auseinandersetzung damit? Der erste, jedenfalls der erste zugängliche, zumindest in Fragmenten zugängliche Kommentar ist der des Herakleon, eines Schülers des bekannten Gnostikers Valentinus, der zusammen mit Ptolemäus zum sog. italienischen Zweig des Valentianismus gehört. Erhalten sind diese Reste, weil sich Origenes mit diesem Autor kritisch befasst hat und uns in diesem Zuge 48 Fragmente aus dessen Text überliefert. Der erste Beitrag des Bandes von Domenico Devoti führt auf lehrreiche Weise diese Zusammenhänge vor.

Mit dem ebenfalls nur in Bruchstücken überlieferten Kommentar des Origenes selbst beschäftigt sich der zweite Beitrag von Domenico Pazzini. In diesem spielt vor allem der Begriff λόγος, aber auch die damit in Zusammenhang stehenden Begriffe die entscheidende Rolle, so dass die Bezüge zwischen den verschiedenen philosophischen und theologischen Perspektiven aus der Sicht des Origenes dargelegt und in ihrer Kohärenz dargetan werden können.

Wie kein anderer Evangelientext hat das Johannesevangelium nicht nur die exegetische Anstrengung herausgefordert, sondern auch die Bestimmung des Textstatus selbst unausweichlich gemacht. Die Position des Theodor von Mopsuestia, der zur antiochenischen Schule gehört, wird im Beitrag von Giovanni Salmeri zu klären und zu bestimmen versucht. Nur die Nähe zum Text scheint für Theodor die Nähe zum Wort Gottes wahren zu können. Theodor muss natürlich zeigen, dass das Prinzip der Wörtlichkeit nicht auf Kosten anderer wichtiger Anliegen – etwa der verstehenden Aneignung – geht.

Ebenso noch der Patristik ist der vierte Beitrag von Franco de Capitani zuzurechnen, der sich Augustinus zuwendet, allerdings nicht den berühmten Johannes-»Traktaten«, sondern dessen frühen Darlegungen zu Sprache und Wort. Natürlich hat in diesem Kontext insbesondere der Johannesprolog auch schon in Augustins früher Zeit eine enorme Bedeutung für die Entfaltung seines Denkens, welche bisher aber noch wenig Beachtung gefunden hat. Hier verdienstvoller Weise erstmals aber schon, wobei auch auf die augustinische Bestimmung des Verhältnisses von Glaube und Vernunft ebenfalls ein neues Licht fällt.

Unter eher rezeptionsgeschichtlichem oder doch komparatistischem Aspekt thematisiert der Beitrag von Armando Bisogno die Verbumtheorie des Augustinus und des Johannes Eriugena; dies ist aufschlussreich, denn trotz der konkurrenzlosen Bedeutung des Augustinus für das frühe Mittelalter nimmt Eriugena bekanntlich ja auch Konzeptionen der griechischen Kirchenväter auf. Die sozusagen sprachliche Form des Erscheinens Gottes gibt diesem Erscheinen eine unverzichtbare Bedeutung.

Nicht »nur« interpretatorische, sondern auch Resultate der historischen Forschung werden in den beiden folgenden Beiträgen vorgelegt. Das schwer zu durchdringende Dickicht der Glossenliteratur des 12. Jahrhunderts gewinnt nun gerade in Bezug auf das Johannes-Evangelium größere Durchsichtigkeit. Die verschiedenen Formen werden in dem Beitrag von Alexander Andrée – seine Edition von Anselms Johannes-Glosse ist mittlerweile bei Brepols erschienen – nicht nur unterschieden, sondern auch inhaltlich, naheliegender Weise ausgerichtet an der Trinitätstheologie, näher umrissen. Mark J. Clark vermag das Verhältnis zwischen den verschiedenen Textfassungen bei Petrus Comestor und Stephen Langton und damit auch das Lehrer-Schüler-Verhältnis der beiden Autoren neu und genauer zu bestimmen; er geht jetzt von einem einzigen Kommentar Langtons aus, der aber in drei Versionen vorliegt.

Der Reichtum der Aspekte wird erweitert in dem Beitrag von Abigail Ann Young, in dem der umfängliche Johannes-Kommentar des Rupert von Deutz im Blick auf die antisemitischen Entgleisungen der Exegesegeschichte auf das Verhältnis von Christus zu Moses untersucht wird. Das Deuteronomium und die Thora insgesamt werden bei Rupert wichtig für das Verständnis, aber auch für die Verteidigung dieses Verständnisses gegenüber dem Judentum.

Ebenfalls einen bisher kaum beachteten Aspekt beleuchtet der Beitrag von Marta Cristiani über Hildegard von Bingen. Hier steht – im Mittelalter nicht nur für Hildegard von Belang – im Ausgang von der Fleischwerdung des Wortes der Begriff der Körperlichkeit im Mittelpunkt. Die kosmische Dimension des Logos bekommt, so kann man sagen, hier eine neue Facette.

Der letzte Teil der Beiträge hat es nun zwar nicht mit einer anderen Textsorte zu tun, aber doch mit einer, besser mit mehreren neuen Auffassungen der Textsorte Kommentar. Die nunmehr behandelten Kommentare entstammen nämlich allesamt dem universitären Milieu. Der Beitrag von Julie Casteigt bezieht nun weniger die hermeneutischen Prinzipien als die unterschiedlichen, ja – angesichts der gemeinsamen Zugehörigkeit zur neuplatonischen Tradition erstaunlich! – gegensätzlichen Auffassungen, die Meister Eckhart einerseits und Albertus Magnus andererseits aus der Gestalt des Täufers entnehmen, ein. Die Frage ist hier freilich nicht, was dem Texte eher entspricht, das Interesse geht vielmehr darauf zu zeigen, in welch hohem Maße den sonstigen Überzeugungen entsprechend Eckhart daraus eine Theorie der Unmittelbarkeit und Albert – die aus Albert zitierten Texte werden nach Handschriften korrigiert – eine der Vermittlung daraus gewinnt.

Graziano Perillo vergleicht demgegenüber nicht zwei Autoren, sondern die unterschiedlichen und einander ablösenden Verbum-Konzeptionen eines Autors, und zwar die des Thomas von Aquin. Thomas' Johannes-Kommentar ist hier nicht nur einer seiner einschlägigen Beiträge unter anderen, sondern steht am Ende einer zwei Jahrzehnte dauernden Auseinandersetzung, die mit dem Sentenzen-Kommentar beginnt und dessen abschließende und frühere Auffassungen korrigierende Formulierung genau dieser Kommentar bringt.

Auch der Beitrag von Timothy Bellamah O.P. bezieht sich auf einen Dominikaner, nämlich auf Wilhelm von Altona. Keiner von dessen Schriftkommentaren ist bislang ediert (nur ein kleines Bruchstück aus dessen Genesis-Kommentar). Umso lehrreicher ist es, dass hier sozusagen ein unbetretenes Land gezeigt wird. Wilhelm, das macht der Autor sehr eindrücklich, interessiert sich für Johannes gerade nicht als einem bestimmten Typus, sondern unter einer historischen Perspektive als individuellen und historischen Autor. Bemerkenswert ist hier u. a., dass für die Bestimmung des Verhältnisses eines historischen Autors zu einem als Offenbarung anerkannten Text die Konzeption der Ursachen aus dem ›Liber de causis‹ eine Rolle spielt.

Gerade nicht historisch, sondern ganz theoretisch ist das Interesse des Petrus Iohannis Olivi an dem Status des Verbums. In seinem Beitrag zeigt Christian Rode, dass Olivi in kritischer Wendung vor allem gegen Thomas von Aquin zunächst unzusammenhängende und in verschiedenen Werken vorgetragene konzeptionelle Elemente entwickelt, die dann erst in die Verbum-Theorie Wilhelm Ockhams zusammengeführt werden.

Von einem anderen Franziskaner, Petrus Aureoli, stammt sowohl ein viel benutztes Bibelkompendium als auch – so jedenfalls bis dato der Stand der Forschung – ein ganz kurzer, aber eigenständiger, jedoch in nur einer Handschrift überlieferter Johannes-Kommentar. William O. Duba führt in seinem Beitrag die gewichtigen konzeptionellen Differenzen beider Texte eindrücklich vor Augen, so dass trotz der seinerzeitigen Zuschreibung des Johannes-Kommentars durch den Editor Stegmüller an Aureoli entweder der Kompatibilitätsthese höhere Hürden vorangestellt sind oder der Kommentar eben doch als nicht authentisch angesehen werden muss; da sich das auf der jetzigen Basis nicht klären lässt, muss die Authentizität nunmehr als dahingestellt gelten.

Seinen Abschluss findet der Sammelband in einem Beitrag von Alessandro Palazzo, der wiederum einer theoretischen Problemstellung gewidmet ist, aber auch einen hermeneutischen Ertrag bietet: Zum einen wird im Ausgang von einschlägigen Stellen in Eckharts ohnehin extrem selektiven Johannes-Kommentar seine Theorie des geistigen Lichts untersucht, zum anderen aber gezeigt, dass Eckharts strikte Trennung zwischen den Ebenen von Buchstabe und Geist es ihm erlaubt, mit dem Evangelientext eine stattliche Reihe von spekulativen Konzepten zu verbinden, die aber einheitlich auf die Ideebestimmtheit aller Wirklichkeit und aller Erkenntnis hinauslaufen.

An jeden Beitrag schließen sich jeweils unmittelbar die Angaben zu den benutzten Texteditionen und berücksichtigen Forschungsbeiträgen, meist auch eine Zusammenfassung des Beitrags selbst an. Am Ende steht ein Namensregister. Der Band ist sorgfältig lektoriert (Druckfehler erfreulich minimal). Angaben zu den Autoren hätte man sich zwar gewünscht, aber das, was diese jeweils vorgelegt haben, ist ausgesprochen lehrreich und ein höchst beachtlicher Schritt in der Forschung, denn nicht wenige Beiträge sind nicht nur in Kenntnis der aktuellen Forschungslage, sondern aus der eigenen Beteiligung an der Forschung geschrieben und bestimmen auf markante Weise die Lage der Forschung neu. Dass dies naturgemäß auch für solche Leser, die sich für die hier berücksichtigen Autoren unter anderen Gesichtspunkten interessieren, von Belang ist, sei am Ende noch eigens hervorgehoben. Dies gilt nicht nur für die herangezogenen Autoren, sondern auch für die Gattung »Kommentar«, die zwar seit einiger Zeit zunehmend das Interesse auf sich zieht, insgesamt aber in ihrer enormen Bedeutung für die europäische Geistesgeschichte immer noch weit unterschätzt wird.

Rolf Schönberger, Regensburg

Helen Gittos: *Liturgy, Architecture, and Sacred Places in Anglo-Saxon England*, Oxford: Oxford University Press 2013. – xix, 350 pp., 87 black-and-white figures – ISBN 978–0199270903 – £74,00.

This is an excellent book. It features in a useful series where the most interesting early contributions are, like this one, the direct outcomes of recent, high-quality doctoral theses. Unlike so many that follow the route from thesis to publication, however, it is very well written and aptly illustrated for the book it has become. Gittos is clear in her aims, confident in her material and communicates well. She draws the reader into her main themes with engaging examples and is ever alert to signalling or reinforcing the relevance of even the most specialist-seeming excursus. Little wonder that this work was short-listed for the Royal Historical Society's Whitfield prize.

Those themes are juxtaposed to explore and throw light on the creation, use and experience of sacred spaces and sacred places in pre-Conquest England. They treat, in turn, the nature of special places and their formal consecration, the phenomenon of church groups in Anglo-Saxon England, open-air processions that linked churches and sacred locales, the architecture of surviving church buildings of the period, dedication rites and the meaning of space and place to the individual. They bring together a wide reading of modern research in a range of disciplines: not by rote, but always towards the book's larger purpose. Gittos performs the admirable trick of writing an academic – and academically dense and reliable – book, which is at the same time of interest to all the disciplines she draws on. She incidentally delivers a remarkably useful research bibliography in consequence

At its simplest, Gittos stands as a knowledgeable intermediary between liturgical texts and physical evidence. Where past scholars have perhaps been deterred by the fact that liturgical sources do not generally fit surviving architectural evidence directly (and vice versa), she acknowledges that fact but proposes that her less simplistic, more oblique approach has benefits and insights to offer. And that expectation is amply justified. This is a serious and successful attempt, with care and good sense, to develop an understanding of early medieval sacred places. Its success will stimulate and encourage. A thrilling chapter on the documented rites for dedicating churches, for example, sets new standards for archaeological and architectural observation of church details and new expectations for explanation of their context and purpose.

Nor, despite its title, is the book parochially English in scope. Its discussion of church groups, for example, benefits from reference to important continental examples and their literature; and its assessment of English liturgical texts is set in wider European contexts. This simultaneously enhances the discussion in hand and signals the potential relevance of the English material to colleagues across Europe.

The book's formal 'Conclusion' – in line with its thoughtfulness throughout – is, for once, a genuine conclusion. It takes the form of a stimulating meditation on the power for creating, fixing and sharing memory that the liturgies that Gittos has studied. The reason, it suggests, lies in their focus on performance and their attachment to apposite places.

Theme after theme, example after example, page after page unfold interesting information and make relevant connexions. An index of the quality of Gittos's book for this reader and reviewer was a recurrent wish that it had been available when I was contributing to this book or writing that article. Does – to take just one instance – the evidence from liturgies of an innovative and peculiarly English phenomenon of hallowing a space for burial – a churchyard – as a practice originating in the tenth century correlate in any way with the pattern of standardized, decorated stone funerary monuments that occurs in the tenth and eleventh centuries (at least across eastern England) and has itself been taken to imply the foundation of parochial graveyards for the first time at that era? This is a publication we have been waiting for and it has been done better than we might have dared to hope.

Paul Everson, Keele

Sara Leila Husseini: *Early Christian-Muslim Debate on the Unity of God. Three Christian Scholars and Their Engagement with Islamic Thought (9th Century C. E.)* (History of Christian-Muslim Relations 21), Leiden und Boston: Brill 2014. – IX, 242 pp. – ISBN 978 90 04 27838 7 (hardback) bzw. 978 90 04 27969 8 (e-book) – € 80,00.

Im Mittelpunkt dieses Buches stehen die Bemühungen dreier christlicher Autoren des 8. bzw. 9. Jahrhunderts, die christliche Trinitätslehre verständlich zu machen und sie vor allem gegen die Kritik muslimischer Autoren an dieser spezifisch christlichen Form der Lehre von Gott zu verteidigen. Die Autorin hat für dieses Unternehmen je einen Vertreter der melkitischen, der westsyrischen und der ostsyrischen Kirche ausgewählt, nämlich Theodor Abū Qurra (ca. 750–ca. 830), Abū Rā'iṭa al-Takrītī (ca. 755–ca. 835) und 'Ammār al-Basrī. In einem ersten einleitenden Kapitel wird zunächst kurz die soziale und rechtliche Situation der Christen in den ersten hundert Jahren der Herrschaft der 'Abbāsiden-Kalifen (750–ca. 850), d. h. vor dem Zerfall des Kalifen-Reiches in eine oder mehrere Provinzen umfassende Emirate, skizziert (S. 11–17). Anschließend wird auch die allmähliche sprachliche Arabisierung der Christen und das Entstehen einer christlichen theologischen Literatur in arabischer Sprache kurz thematisiert (S. 17–20). Dann faßt die Autorin mit Schwerpunkten auf den Aussagen des Philoxenos von Hierapolis/Mabbūg (ca. 440–523) und des Johannes von Damaskus (ca. 650–vor 754) zusammen, was in den christlichen Kirchen des Nahen Ostens in spätantiker und frühislamischer Zeit über die Trinität gelehrt wurde, sodann, was muslimische Theologen in frühislamischer Zeit über das Wesen und die Einheit Gottes zu sagen hatten und mit welchen Argumenten sie ihre Ablehnung der christlichen Trinitätslehre begründeten (S. 21–46).

In den nächsten drei Kapiteln wird nach kurzen biographischen Einleitungen zunächst aus den einschlägigen Texten des Melkiten Theodor Abū Qurra (S. 47–76), dann des Westsyrers Abū Rā'iṭa al-Takrīṭī (S. 77–104) und zuletzt des Ostsyrers

'Ammār al-Baṣrī (S. 105–140), der nach Ansicht der Autorin ein Zeitgenosse der Kalifen al-Ma'mūn (813–833) und al-Mu'taṣim (833–842) war, dargelegt, was nach Ansicht dieser Autoren überhaupt von Menschen über Gott gesagt werden kann bzw. wie sie das Verhältnis von Glaube und Vernunft bestimmen, sodann mit welchen Argumentationsformen (z.B. Analogien zwischen Gott und menschlichen Verhältnissen, Zeugnisse aus der Heiligen Schrift) diese Autoren die christliche Trinitätslehre verständlich zu machen und kritische Einwände von Muslimen zu entkräften versuchen. Hier ist nach meiner Auffassung nur kritisch anzumerken, dass Husseini für 'Ammār al-Baṣrī und seine Kirche immer noch durchweg die ebenso anachronistische wie sachlich unzutreffende Bezeichnung »Nestorianer« bzw. »nestorianisch« verwendet, obwohl Sebastian Brock vor einiger Zeit noch einmal mit durchschlagenden Argumenten nachgewiesen hat, wie verfehlt diese diffamierende Bezeichnung der ostsyrischen Kirche aus der Mottenkiste konfessioneller Polemik ist (»The Nestorian Church: a lamentable misnomer«, in: *Bulletin of the John Rylands University Library of Manchester* 78/3 (1996), S. 23–35).

Im zweiten Teil des Buches, das aus den Kapiteln 5 und 6 (S. 143–186 und S. 187–211) sowie einer Zusammenfassung (S. 212–216) besteht, geht es vor allem um die Argumentationsverfahren, deren sich die drei Autoren sowie die zeitgenössischen muslimischen Theologen, die häufig Mu'taziliten waren, bedienten. Obwohl auch christliche Theologen sich darüber im Klaren waren, wie problematisch Analogien zwischen Gott und Erscheinungen in der sichtbaren Welt waren und wie wenig Muslime diese Art Argumentation schätzten, spielten sie bei allen drei Autoren eine große Rolle (S. 143–154). Schriftzeugnisse waren natürlich im Hinblick auf die islamische Lehre von der Verfälschung der Thorah und des Evangeliums durch Juden und Christen (*taḥrīf*) nur zur Überzeugung christlicher Leser brauchbar (S. 154–161). Um Muslimen, die zu dieser Zeit bereits mit den wichtigsten Texten der griechischen bzw. vor allem der aristotelischen Philosophie vertraut waren, die Trinitätslehre verständlich machen zu können, bedurfte es deshalb einer intensiven Bemühung um eine geeignete Terminologie in arabischer Sprache (S. 161–174) und vor allem um eine Argumentationsweise, die sich primär auf rationale Argumente stützte und die Dreiheit der drei Personen in der Trinität durch einen Verweis auf die Attribute Gottes zu erklären versuchte, wobei Abū Rā'iṭa al-Takrīṭī zwischen absoluten und relativen Attributen Gottes unterschied (S. 174–186).

Von entscheidender Bedeutung für ein richtiges Verständnis dieser Texte ist die Beantwortung der Frage, für wen sie geschrieben wurden. Dienten sie primär dem Zweck, die eigenen Gläubigen, die zur Zahlung einer diskriminierenden Kopfsteuer verpflichtet waren und auch mit anderen Benachteiligungen gegenüber den herrschenden Muslimen leben mussten, im christlichen Glauben und in der Treue zu ihrer jeweiligen Kirche zu festigen oder sollten sie auch Muslime von der Wahrheit des Christentums überzeugen und diese eventuell sogar für einen Übertritt zum Christentum gewinnen? Diese Frage versucht die Autorin im letzten Abschnitt des 6. Kapitels zu beantworten (S. 203–205). An Übertritte von Muslimen zum Christentum war eigentlich kaum zu denken, da diese im Herrschaftsgebiet der Kalifen mit der Todesstrafe bedroht waren. Trotzdem sind einzelne Konversionen von Muslimen zum Christentum als Ausnahmefälle in dieser Zeit belegt, z. B. in Kap. 25 der Pariser Version der Vita des hl. Timotheos von Kāḫuštā (*Patrologia Orientalis*, Band 48/4, Turnhout: Brepols 2000, S. 66–69/496–499), eines Zeitgenossen des Kalifen Hārūn ar-Rašīd (786–809). Doch wurden sie nach Angabe der Quellen nicht durch theologische Traktate christlicher Apologeten, sondern durch Wundertaten von Heiligen oder Visionen bewirkt und führten dann wie im Falle des Qurayšiten Rawḥ, der durch wunderbare Vorgänge in der Klosterkirche des hl. Theodōros in Nayrab, einem Stadtteil von Damaskus, zum christlichen Glauben kam, sich im März 799 in Jerusalem vom Patriarchen Elias auf den Namen Antonios taufen ließ und am Weihnachtstag desselben

Jahres auf Befehl des Kalifen in ar-Raqqa hingerichtet wurde, auch meist zum Martyrium (Ignace Dick, »La passion arabe de S. Antoine Ruwaḥ, néo-martyr de Damas, † 25 déc. 799«, in: *Le Muséon* 74 (1961), S. 109–133; Samir Khalil Samir, SJ, »Saint Rawḥ al-Qurašī«, in: *Le Muséon* 105 (1992), S. 343–359). Nach Husseini ist jedoch anzunehmen, dass die apologetischen Texte der drei von ihr behandelten Autoren zwar überwiegend, aber nicht ausschließlich von Christen, sondern auch von Muslimen gelesen wurden. Diese Annahme begründet sie vor allem mit der polemischen Schrift des Abū Hudhayl al-ʿAllāf (ca. 750–ca. 840) gegen das *Buch der Fragen und Antworten* des ʿAmmār al-Basrī (S. 105, 109–110 und 204). Die Traktate der drei Autoren konnten also doch zumindest als intellektuelle Herausforderungen auch auf Muslime wirken.

Eine Bibliographie (S. 217–227), ein Verzeichnis der Zitate aus der Bibel und dem Koran (S. 228) und zwei Indices (S. 229–242) runden die Darstellung ab und erschließen dem Leser den Inhalt des Buches. Zusammenfassend wird man feststellen können, dass sich das Buch von Sara Leila Husseini durch eine klare und gut verständliche Darstellung der darin behandelten Thematik auszeichnet und deshalb als eine hervorragende Einführung in das theologische Denken dreier herausragender christlicher Autoren der frühislamischen Zeit sehr zu empfehlen ist.

Klaus-Peter Todt, Mainz

Marcia L. Colish: *Faith, Fiction and Force in Medieval Baptism Debates*, Washington, D.C.: The Catholic University of America Press 2014. - 384 pp. - ISBN 978-0-8132-2611-8 - US$ 69,95.

Der vorliegende Band versammelt drei thematisch miteinander verbundene Studien zur dogmatischen Tauftheologie des Mittelalters, zu denen die vor allem durch ihre Lombardus-Studien bekannte Verfasserin bereits Vorarbeiten publiziert hat (u.a. in Archa Verbi). Sie beschäftigen sich mit der Entwicklung der theologischen Debatten über die Begierdetaufe (S. 11–90), die fingierte Spendung des Sakraments (S. 91–226) und die erzwungene Taufe (S. 227–318). Colish möchte, wie sie in der Einleitung (S. 2–10) ausdrückt, mit ihren Forschungen auch Postulate einer doktrinellen Kontinuität hinterfragen, wie sie sich bis heute in Aussagen offizieller kirchlicher Dokumente finden.

Die drei Kapitel folgen einem ähnlichen Aufbau. Nach Skizzierung der patristischen Vorgaben wird aufgezeigt, dass die entscheidenden Weichen für die scholastische Einschätzung der Themen in Kanonistik und Theologie des 12. Jahrhunderts gestellt werden, deren Resultate dann in den großen systematischen Entwürfen der Hochscholastik zur Entfaltung kommen. Alle drei Hauptteile werden mit ausführlichen Zusammenfassungen abgeschlossen, die jeweils einen guten Überblick über die Ergebnisse des Buches vermitteln. Die Analysen verwenden ausschließlich ediertes Quellenmaterial, dies allerdings in reichem Umfang und mit Berücksichtigung vieler relevanter Texte jenseits der theologischen Debatten im engeren Sinn.

Die theologische Frage nach der Möglichkeit einer Begierdetaufe wird erstmals Ende des 4. Jahrhunderts durch Ambrosius (S. 14–18) aufgeworfen und positiv beantwortet. In der Folgezeit kehrt sie bei den Vätern vor allem in der Diskussion über das Schicksal des guten Schächers wieder. Augustinus hat in seinem Fall zunächst einen außerordentlichen Heilszugang bejaht, diese Option in seinem antipelagianischen Spätwerk aber zugunsten einer strengeren Taufverpflichtung relativiert (S. 18–24). Gennadius von Marseille radikalisierte diese Position im späten 5. Jh. mit der These, dass allein im Martyrium eine heilswirksame Entsprechung zur Wassertaufe zu finden sei (S. 24f.). Das 12. Jahrhundert hat zunächst in der Kanonistik die Auseinandersetzung mit den kontradiktorischen Thesen über die Begierdetaufe aufgenommen. Colish zeigt, dass Abaelard die Position des Ambrosius wiederentdeckt hat, in der Folgedebatte aber kurioserweise unter die Gegner der Begierdetaufe gezählt wurde, die Bernhard von Clairvaux oder

Hugo von St. Viktor zu verteidigen suchten (S. 35–42). Bei Petrus Lombardus und den Magistern der zweiten Hälfte des 12. Jahrhunderts wurde dieses positive Votum rezipiert (S. 58) und mit Hilfe der sich ausdifferenzierenden sakramententheologischen Begrifflichkeit überzeugender begründet. Die von Alanus ab Insulis geprägte Formel von den drei Taufgestalten (*fluminis, flaminis, sanguinis*; S. 70f.) wurde von den Theologen des 13. Jahrhunderts übernommen. Nachdem sich die Zweifel des Wilhelm von Auxerre bezüglich der Gleichwertigkeit der Wirkungen nicht durchsetzen konnten, konzentrierten sich die folgenden Debatten auf die Umstände, unter denen eine Begierdetaufe anerkannt werden kann. Einzig Duns Scotus fällt durch Nichterwähnung des Themas auf (S. 80).

Auch die Diskussion über die Gültigkeit fiktiv gespendeter Taufen hat patristische Wurzeln seit dem 3. Jahrhundert. Sie finden sich einerseits in einigen Märtyrerlegenden, in denen berichtet wird, wie Heiden, die sich in einem Akt des Schauspiels taufen lassen, um die Christen zu verspotten, dabei auf wunderbare Weise zum Glauben finden (»Taufmime«: S. 93–97). Einen zweiten Anstoß bietet eine Episode aus der *Historia ecclesiastica* des Rufin, der davon berichtet, Athanasius habe als Knabe andere Kinder beim Spiel am Strand getauft, und diese Taufen seien durch Bischof Alexander von Alexandrien anerkannt worden. Einen entscheidenden Grund, um die Gültigkeit äußerlich korrekt vollzogener Taufen anzuzweifeln, führte Hieronymus mit dem Hinweis auf den fehlenden Glauben ihrer Empfänger an (S. 103–108). Mit diesem Argument hatte schon Cyprian von Karthago Häretikertaufen verworfen (S. 108–110). Die bekannte Gegenthese des Augustinus beruft sich auf das primäre Handeln Gottes im Sakrament. Allerdings ist seine Lehre in *De baptismo* nicht konsistent (S. 110–119). Im 9. und 10. Jahrhundert gewann die altkirchliche Debatte durch Berichte über betrügerisch empfangene Taufen im Kontext der Normannenmission Gegenwartsaktualität (126–129). Die theologische Auseinandersetzung des Mittelalters ist in diesem Punkt weit übersichtlicher als diejenige zur Begierdetaufe. Während die antiken Taufmime-Erzählungen nur punktuell rezipiert wurden, löste die Rufinus-Episode eine kontroverse Diskussion aus, die bei Befürwortern wie Gegnern der Gültigkeit des darin geschilderten Taufvollzugs durch manche tendenziöse Verzeichnung der literarischen Quelle gekennzeichnet war (S. 130–180; 219). Noch größere Probleme bereiteten den Theologen die inneren Spannungen der augustinischen Tauftheologie. Sie zwangen zur Suche nach verlässlichen Bedingungen für den Taufempfang Erwachsener, unter denen die rechte Intention besondere Relevanz erhielt. Aber auch der Debatte des 13. und 14. Jahrhunderts gelang es nicht, eine universale Kriteriologie zu entwickeln, mit deren Hilfe ein Gültigkeitsurteil hinsichtlich aller Fälle fiktiver Taufen formuliert werden könnte (S. 180–217). Umstritten blieb auch die Frage, wie die Aktivierung der Gnade eines fiktiv Getauften bei dessen späterer Bekehrung zu denken ist.

Das dritte Themenfeld des Bandes ist im Mittelalter gerne in Verbindung mit dem vorangehenden erörtert worden. Während in der christlichen Antike Zwangstaufen kaum nachweisbar sind und auch theologisch nicht legitimiert werden (S. 230ff.), finden sich aus dem 6. und 7. Jahrhundert Berichte über erzwungene Taufen von Juden aus verschiedenen Teilen Europas, etwa dem westgotischen Spanien (S. 232–245). Colish weist dabei auf generelle hermeneutische Probleme hin, die bei der Behandlung von Quellen zum Thema »Juden und Christen im Mittelalter« zu beachten sind. Obwohl Kanon 57 des 633 unter dem Einfluss Isidors von Sevilla abgehaltenen IV. Konzils von Toledo Zwangstaufen von Juden ausdrücklich untersagte (S. 245ff.), wurde das Problem zur Zeit des Ersten Kreuzzugs erneut virulent (S. 249f.). Häufiger als Juden sind europäische Heiden im Mittelalter von Zwangstaufen betroffen. Neben dem bekannten Beispiel der Sachsenmission Karls des Großen, in der die Taufe vorrangig als Zeichen der politischen Unterwerfung betrachtet wurde (S. 250–261), erwähnt Colish diesbezüglich auch die erst in der jüngeren Forschung gründlicher erschlossene Baltenmission des 12. Jahrhunderts (S. 264–279). Eine theoretische Reflexion von Zwangstaufen beginnt in der Kanonistik dieser Zeit und wird erst im 13. Jh. auch von den Theologen aufgegriffen. Bereits bei Gratian deutete sich eine zweigleisige Argumentation an: Erzwungene Taufen werden abgelehnt, aber können für gültig gehalten werden (S. 282). Um dies zu begründen, entwickelte Innozenz III. in Anknüpfung an ältere Kanonisten eine differenzierende Terminologie: Wer ohne jede eigene Zustimmung getauft wurde, hat das Sakrament nicht gültig empfangen. Wenn jemand aber die Taufe empfängt, um drohenden Schaden von sich abzuwenden, darf man eine bedingungsweise Zustimmung annehmen, auch wenn er nicht in absoluter Weise zustimmt. Er empfängt den Taufcharakter. Dies ist nach Innozenz eine hinreichende Grundlage dafür, dass Zwangsgetaufte den Vorgaben des christlichen Glaubens zu folgen haben (S. 287). Die Scholastiker des 13. Jahrhunderts seit Alexander von Hales folgten dieser Linie mit einigen Variationen (meist die Art des Dissenses betreffend, der eine Taufe ungültig macht). Die Bereitschaft zur Legitimierung erzwungener Bekehrungen wird mit Berufung auf das »bedingungsweise Wollen« eher größer. Allerdings gibt es auch einschränkende Konkretisierungen. Bekannt ist die Lehre des Thomas von Aquin, wonach jüdische Kinder nicht gegen den Willen ihrer Eltern zu taufen sind (S. 297) – eine Praxis, die Scotus verteidigte (S. 305). Die deutlichste Ablehnung erzwungener Taufen in der mittelalterlichen Theologie hat Durandus von St. Pourçain mit dem Hinweis auf die Übernatürlichkeit der Glaubensinhalte vorgelegt, deren Bejahung niemand erzwingen könne (S. 308). Angesichts des realen Vorgehens bei der Ausbreitung des Christentums in seiner Zeit blieben diese Reflexionen aber eher theoretischer Natur (311).

Die Souveränität in der Analyse theologischer und historischer Quellen, die Klarheit der Darstellung und die Präzision im Detail machen das vorliegende Buch zu einem in jeder Hinsicht mustergültigen Forschungsbeitrag zur mittelalterlichen Theologiegeschichte. Die Verfasserin erinnert damit einmal mehr an die Bedeutung der Frühscholastik für die Ausbildung einer spekulativen Sakramententheologie und an die besonderen Schwierigkeiten, vor die sich eine systematisierende Dogmatik gerade auf diesem Feld durch das Erbe der Alten Kirche gestellt sah. Daraus resultierten lebendige und kontroverse Prozesse der Aneignung und Fortschreibung, die nach dem Konzil von Trient weithin in Vergessenheit gerieten. Wer aber mit den neueren theologischen Diskussionen über das Taufsakrament vertraut ist, wird rasch erkennen, dass die im Band behandelten Kernthemen der mittelalterlichen Debatte (Bekenntnis zur Heilsnotwendigkeit der Taufe ohne sakramentalistische Verengung der Perspektive, Ringen um die Verbindung von Glaubensassens und Taufempfang) bis heute nicht an Bedeutung verloren haben.

Thomas Marschler, Augsburg

Carolyn Marino Malone, Clark Maines (eds.): *Consuetudines et regulae: Sources for Monastic Life in the Middle Ages and the Early Modern Period* (Disciplina Monastica 10), Turnhout: Brepols 2014. – 393 pp. – ISBN 978-2-503-55011-4 – € 115,00.

Der aus einer interdisziplinären Tagung erwachsene Band setzt sich zum Ziel, *Consuetudines* sowie Mönchsregeln aus frischem Blickwinkel zu betrachten. Anstatt sich darauf zu beschränken, allein die expliziten Aussagen der Quellentexte zu untersuchen, versuchen mehrere der neun Beiträge »zwischen den Zeilen« zu lesen und somit herauszuarbeiten, was sich nur angedeutet vorfindet. Der einführende Überblick in der Einleitung von Carolyn Marino Malone und Clark Maines liefert eine knappe Abhandlung bisheriger Forschungsschwerpunkte und weist zurecht darauf hin, dass *Consuetudines* und *Regulae* nicht als Beschreibung eines Status quo angesehen werden dürfen. Vielmehr heben sie den Wert dieser Quellen für die Erforschung von Identität, Ritual und Sinneswahrnehmung hervor. Die Einleitung schließt mit einem Überblick über den Aufbau des Bandes in drei Teile:

»Customary Texts as Sources for Monastic Life«, »Customary Texts and Monastic Architecture« und »Monastic and Regular Life as Revealed in Customs, Rules, and Other Texts«, sowie mit knappen Zusammenfassungen der einzelnen auf Englisch und Französisch verfassten Beiträgen.

Teil 1 »Customary Texts as Sources for Monastic Life« widmet sich ausschließlich cluniazensischen Quellen. Isabelle Cochelins Beitrag beleuchtet die Nutzung der drei ältesten cluniazensischen *Consuetudines*. Sie argumentiert, dass die Texte nicht den Zweck erfüllen sollten, Normen zu vermitteln, sondern als Reflexionshilfe zur Selbstverbesserung für geographisch oftmals weit vom Ursprungsort der *Consuetudines* entfernte Gemeinschaften dienten. Durch ihre Skizzierung des idealen Mönchslebens waren sie hierfür bestens geeignet. Da den Texten nicht immer klar zu entnehmen sei, welches Kloster sie beschrieben, sei bei der Arbeit mit *Consuetudines* zur Vorsicht gerufen, da sie durchaus das Leben einer anderen Abtei schildern können als das derjenigen, in der der Text verwahrt wurde. Cochelin untermauert ihre These damit, dass keines der mächtigen Klöster, die nachweislich cluniazensische *Consuetudines* besaßen, Teil der *ecclesia cluniacensis* war.

Catherine Bonnin-Magne hebt in ihrem Aufsatz hervor, dass man zwischen einem Sanktorale von Cluny und einem cluniazensischen Sanktorale unterscheiden kann. Die vier cluniazensischen *Consuetudines* aus der Zeit zwischen 990 und 1080 spiegeln, so ihre Annahme, den Brauch des Mutterhauses wider, wenngleich sie auch nicht in oder für Cluny geschrieben wurden. Somit lässt sich Clunys Heiligenverehrung im 11. und frühen 12. Jahrhundert nachvollziehen. Für die Zeit seit dem Abbatiat Hugos (1049–1109) weist Bonnin-Magne eine Tendenz zur Uniformierung nach, die sie direkt mit der cluniazensischen Reform in Verbindung bringt.

Den dritten und abschließenden Beitrag des ersten Teils stellt Pius Engelberts Werkstattbericht zur Edition von Wilhelm von Hirsaus *Constitutiones Hirsaugienses* dar. Hierbei handelt es sich um eine Übersetzung eines zum Zeitpunkt des Erscheinens des Bandes bereits vor sechs Jahren auf Deutsch erschienen Aufsatzes. Engelbert bespricht editionsphilologische Probleme, dabei vor allem die Tatsache, dass *Consuetudines* lebendige Texte sind, die sich in stetem Wandel befinden und lokalen Traditionen angepasst werden. Da es sich bei diesem Beitrag um die Wiederauflage eines (wenngleich erweiterten) Werkstattberichtes handelt, ist der Mehrwert fraglich.

Teil 2 »Customary Texts and Monastic Architecture« stellt den innovativsten Abschnitt des Sammelbandes dar. Die drei Beiträge, die allesamt architektonische bzw. archäologische Funde mit Textquellen verbinden, sind von zahlreichen (Farb-)Abbildungen im jeweiligen Anhang begleitet. Anne Baud und Christian Sapin untersuchen die Abtei von Cluny in der ersten Hälfte des 11. Jahrhunderts, zur Zeit also des Abbatiats Odilos und der Abfassung des *Liber tramitis*. Durch eine Zusammenführung archäologischer Funde mit der Beschreibung im *Liber tramitis* werden Nutzung und Aufbau des Klosters vor der Rekonstruktion am Ende des 11. Jahrhunderts nachvollzogen.

Carolyn Marino Malone vereinigt Aussagen in den *Consuetudines* zu liturgischen Abläufen in Saint Bénigne in Dijon mit Bemerkungen zur Architektur aus der Chronik von Saint Bénigne (1058–1065) und Grabungsergebnissen. Obgleich alle drei untersuchten *Consuetudines* auf cluniazensischen *Consuetudines* fußen, so Marino Malone, spiegeln sie trotz allem die Liturgie Saint Bénignes im frühen 11. Jahrhundert wieder. Bemerkenswert ist dabei die proaktive Nutzung der Architektur vor Ort, insbesondere mit Hinblick auf die Integration des Lichteinfalls durch das Rundfenster in der Rotunde. Ein Vergleich mit cluniazensischen *Consuetudines* zeigt, dass die architektonischen Eigenheiten Saint Bénignes Abwandlungen in liturgischen Abläufen erforderten.

Sheila Bond und Clark Maine widmen sich den Augustinerchorherren von Saint Jean des Vignes in Soissons. Untersucht wurden *Consuetudines* und Architektur auf Wandel und Kontinuität im Lauf von knapp sieben Jahrhunderten, zwischen 1098 und

1783. Ungleich den cluniazensischen *Consuetudines* wurden für Saint Jean des Vignes die liturgischen Abläufe nicht mit großer Genauigkeit beschrieben, so dass auch grundlegende architektonische Änderungen nicht zwingend zu Änderungen in den Texten führen mussten. Mit einem Umfang von nahezu 100 Seiten inklusive der Appendices nimmt dieser sehr wertvolle Beitrag fast ein Drittel des Bandes ein, was zu einem gewissen Ungleichgewicht im Vergleich zu den anderen acht Artikeln führt.

Teil 3 schließlich kehrt der Architektur den Rücken und bildet eine bunte Mischung verschiedener Themen. Éric Palazzo stellt die Sinneswahrnehmung in der monastischen Liturgie des Hochmittelalters ins Zentrum seiner Untersuchung. Auf allgemeine Überlegungen zu Rolle und Dimension der Sinne in der Liturgie folgt eine Untersuchung der Art und Weise, wie sich selbige in unterschiedlichen Quellentexten darstellen. Anschließend wird betrachtet, welchen Raum die Sinne bei monastischen Autoren spielten, und wie liturgische Abläufe auf die Sinneswahrnehmung abzielen. Obgleich eine der untersuchten Quellen die *Consuetudines* von Fleury aus Saint Benoit sur Loire sind, fällt dieser an sich interessante Beitrag doch stark aus dem thematischen Rahmen. Das Leitmotiv des Bandes, *Consuetudines et regulae*, spielt allenfalls eine Nebenrolle in den Betrachtungen Palazzos, dessen Arbeit besser in eine Sammlung zur Liturgiegeschichte gepasst hätte.

Alain Rauwel befasst sich mit den Umständen, die im 12. Jahrhundert zur Annahme der Augustinerregel führten. Dabei konzentriert sich seine Untersuchung auf die Diözesen Langres und Autun und streicht die Bedeutung Bernhards von Clairvaux heraus.

Bert Roest schließlich betrachtet die Klarissen aus der Perspektive der Einheitlichkeit der Regeln und kommt zu dem Schluß, dass der Orden bis zum Ende des Mittelalters zu Diversität tendierte, und Versuche der Vereinheitlichung scheiterten. Einige Häuser nannten sich zwar formell Klarissen, doch ist daraus keinesfalls zwingend abzuleiten, dass sie der Regel von 1263 folgten.

Die hier gegebene knappe Zusammenfassung der einzelnen Beiträge zeigt bereits ein Problem des Bandes auf, das schon in der Einleitung deutlich wird, dort aber nicht weiter thematisiert wird. Anders als der Titel verspricht, bietet die Sammlung keineswegs einen ausgewogenen Überblick über verschiedene Orden und deren Texte, sondern konzentriert sich (in immerhin fünf von neun Beiträgen) auf Cluny bzw. die Wirkung cluniazensischer *Consuetudines*. Die weiteren Aufsätze erscheinen umgekehrt wie der Versuch, durch Überkompensation ein viel breiteres Feld abzustecken, um den Band als eine Sammlung von Arbeiten über *Consuetudines et regulae* an sich ausweisen zu können. Der Kohärenz des Bandes hätte es gedient, die Sammlung rein auf Arbeiten zu cluniazensischem Material und seiner Breitenwirkung zu beschränken.

Wohl aus der Unausgewogenheit der Beitragsthemen hervorgegangen ist die nicht zwingend einleuchtende Dreiteilung des Bandes. Zwar bildet Teil 1 (»Customary Texts as Sources for Monastic Life«) eine sinnvolle Einheit. Doch der ähnlich formulierte Titel von Teil 3 (»Monastic and Regular Life as Revealed in Customs, Rules, and Other Texts«) wirft die Frage auf, worin genau die Unterschiede zwischen beiden Teilen liegen und ob Teil 1 nicht eigentlich auch in Teil 3 hätte subsummiert werden können.

Diese Kritikpunkte tun jedoch der Feststellung keinen Abbruch, dass es sich bei einzelnen Beiträgen, wie zum Beispiel bei Bert Roests und Bonds und Maines, um hochinteressante Einzelstudien handelt, und der Band an sich interessante Fragen anschneidet wie auch beantwortet.

Cornelia Linde, London

Alexander Andrée (ed.): *Anselmi Laudunensis Glossae super Iohannem* (Corpus Christianorum Continuatio Mediaeualis 267), Turnhout: Brepols 2014. – 454 pp. – ISBN 978-2-503-55013-8 – € 310,00.

Anselm of Laon is a figure traditionally known through the stereotyped account of

Peter Abelard as a master, revered by many, but who emanated more smoke than light in his commentaries on Scripture. Thanks to the careful work of Alexander Andrée, we can be much more confident about being able to turn to a text, now confidently attributed to the great master of Laon. The rehabilitation of Anselm's reputation as a theologian had already been promoted through Cedric Giraud's classic study, *Per verba magistri. Anselme de Laon et son école au XIIe siècle* (Turnhout: Brepols, 2010). Perhaps the greatest problem confronting awareness of his contribution to exegesis has been uncertainty about his contribution to the *Glossa ordinaria*. As Andrée explains in his introduction to the *Glossae super Iohannem*, there is no firm evidence that Anselm himself crafted this part of the *Glossa ordinaria*. There can be no doubt, however, that the text in the *Glossa* draws on an authentic continuous commentary of Anselm on John. It is thus quite legitimate to identify Anselm as a major contributor to the *Glossa ordinaria*, a text that became canonical in matters of exegesis by the mid-twelfth century, and thus served as a foundation for exegesis over the next three centuries. Andrée's critical edition of the *Glossae* enables us to understand why Anselm was so widely respected as an exegetical authority.

Of the fourteen manuscripts that Andrée uses in this edition, almost all date from the twelfth century, and two identify their author. Five are from England or have been brought to England from France: Durham, Dean and Chapter Library, A.IV.15 and B.III.17; Cambridge, Trinity College, B.1.10 and University Library Kk.3.28 (from Gloucester, perhaps from the second quarter of the 12th century); Lincoln Cathedral Chapter Library 122. This pattern confirms a picture of great respect for the authority of Anselm in England from a relatively early date, often in monastic as well as Augustinian libraries, as well as in northern France. Of particular interest, however, is a manuscript (Laon, Bibl. Mun. 83) from the Premonstratensian abbey of Cuissy, which had close links to Laon. The detailed description of these manuscripts provides historical insight into the diffusion of Anselm's commentary, independently of the more widely copied *Glossa ordinaria* on John.

Many claims have been made about scholastic exegesis as distinct from exegesis developed in a monastic context. Andrée argues (p. xxv) that the *Glossae* manifests "sophisticated eclecticism, standing at the crossroad of monastic exegesis and the exegesis of the schools." While the introduction focuses much more on historical and philological issues than exegetical traditions, it is evident from scrutinising the critical apparatus that Anselm's contribution was that of a systematic compiler of what he saw as the most useful commentaries rather than an original expositor of the Johannine text. Overwhelmingly, the dominant exegesis is that provided by Augustine in his commentary on the Fourth Gospel. As Andrée explains in a useful chart (on p. xxxvi), Augustine's commentary is mediated not just directly, but through the homilies of Heiric of Auxerre, Bede and Alcuin. Anselm's concern (as in the *Glossa ordinaria*) was to create a useful patchwork of patristic authorities that help explain important lemmata from the Gospel. Some idea of the relative importance of these authorities is given by the 'Index Fontium': over 22 pages for Alcuin, 23 for Augustine, 6 for Bede, 2 for Gregory, 10 for Heiric of Auxerre. The lack of original exegesis by Anselm perhaps illustrates why Abelard preferred to rely more on the authorities of the Fathers themselves, than on any external authority. Perhaps the most interesting sources accessed by Anselm are homilies of John Scotus Eriugena on the Johannine prologue, *In principio erat Verbum*, but this is evident only in the opening chapter of the *Glossae*. The dominant influence, however, is that of Augustine, with just occasional historical detail supplied by Jerome. There are no extended doctrinal digressions or reflections on the relationship between John's Gospel and insights drawn from philosophy or literature. Rather Anselm is a pedagogue, usefully making accessible to his students what he considers to be the most relevant authorities for each lemma of the text.

Such a critical edition does great service, however, in illustrating what would be the dominant reading of John's Gospel, out of which Anselm constructed a theological perspective, heavily shaped by that of Augustine. Andrée is to be congratulated for the care with which he has carried out his task.

Constant Mews, Melbourne

RAINER BERNDT SJ, MAURA ZÁTONYI: *Glaubensheil. Wegweisung ins Christentum gemäss der Lehre Hildegards von Bingen* (Erudiri Sapientia Band X), Münster: Aschendorff 2013. – 363 S. – ISBN 978-3-402-10437-8 – € 54,00.

Bei dieser Veröffentlichung handelt es sich um die überarbeitete Fassung der theologischen Kapitel III, VI und VIII der Positio im Zuge des Kanonisationsprozesses 2011/12 für Hildegard von Bingen. Bekanntlich war der mittelalterliche Versuch einer offiziellen Heiligsprechung im 13. Jahrhundert unter anderem wegen formaler Verfahrensfehler versandet. Zusätzlich zu diesen Kapiteln, die von Rainer Berndt und Maura Zátonyi im Rahmen einer Freistellung während eines knappen Forschungsjahres in deutscher Sprache erstellt wurden und für den Vatikan auf Italienisch übersetzt worden waren, arbeiteten an der Positio weitere namhafte Experten der Hildegardforschung mit, darunter Michael Embach, Monika Klaes-Hachmöller und Philippa Rath (S. 16f.).

So wie sich das Werk auf der formalen Ebene hinsichtlich der sorgfältigen Auswahlbibliographie und der übersichtlichen Register für eine Einführung in die Studia Hildegardiana eignet, so dient es ebenso dazu, sich mit Grundzügen des Denkens und Wirkens Hildegards in ihren inneren Zusammenhängen anhand prägnanter Originalzitate bekannt zu machen.

Für die vorliegende Publikation »Glaubensheil« wurden eine neue Einführung und ein Epilog verfasst, die mithin nicht als Text der Positio selbst zu interpretieren sind. Gleichwohl weist die neu hinzugefügte Einführung auf die tragende Argumentationsfigur hin: Die »Verbindung von Theologie und Heiligkeit« (S. 17) soll in der Zusammenschau von Leben und Werk Hildegards dokumentiert werden.

Bereits der einleitende Satz der Vorbemerkung bietet den Auftakt zu einer grundsätzlichen Beurteilung des Opus Hildegardianum: »Das literarische Vermächtnis Hildegards von Bingen hat im Mittelalter, schon allein vom Umfang her gesehen, keine Parallele bei anderen Autoren.« (S. 27). Dieses zunächst literaturgeschichtliche Urteil wird entsprechend der Intention einer Positio als Votum dafür verwendet, Hildegard den Rang einer Kirchenlehrerin zuzusprechen, insofern die Werkfülle durch die kirchlichen Kriterien der »Apostolizität und Kanonizität« ermöglicht worden sei: »Aufs Ganze gesehen ist Hildegards Schrifttum einer der instruktiven Belege dafür, daß Apostolizität und Kanonizität die Schaffenskraft eines Theologen bzw. einer Theologin befördern und anregen.« (S. 79). Freilich könnte außerhalb des Argumentationsduktus eines Gutachtens die oben zitierte Feststellung als petitio principi aufgefasst werden.

Auf jeden Fall ist laut der Positio auf der intertextuellen Ebene die dichte Referenz Hildegards auf kirchlich anerkannte patristische Autoren (vgl. Aufzählung anhand der Auswahltexte für die benediktinischen liturgischen Lesungen auf dem Disibodenberg, S. 93) zu konstatieren, die teilweise mit zu den heutigen westlichen Kirchenvätern gehören (vgl. S. 19). Berndt und Zátonyi nennen ferner »Rezeptionsspuren« von zahlreichen Theologen des elften und zwölften Jahrhunderts, die unterschiedlichen damaligen theologischen Schulen und Bewegungen zuzuordnen sind. Den Hinweis auf einen »tiefgreifenden Einfluss« Hugos von St. Viktor auf Hildegard (S. 98) wird das Autorenteam Berndt/Zátonyi selbst in Folgestudien in Zusammenhang mit der weiteren kritischen Edition des Corpus Victorinum durch das Hugo von Sankt Victor Institut St.Georgen/Frankfurt vertiefen, um zu zeigen, wie »es sich von selbst [versteht], daß Hildegard Hugos Werke mit geistiger Aufgeschlossenheit verarbeitet hat« (S. 98).

Derartige Detailanalysen der theologischen Texte Hildegards werden genauer dokumentieren können, inwieweit Hildegard ihre eigenen Aussagen an den kirchenamtlichen dogmatischen Äußerungen, wie sie zur Entstehungszeit ihrer Werke dekrediert und zugänglich waren, gemessen haben mag: »Hildegards visionäre Erkenntnis wird immer an das Offenbarungswissen zurückgebunden. Hildegard ist stets darauf bedacht, sich zu vergewissern, daß ihre Visionen nichts anderes enthalten als das, was die kanonischen Texte der Kirche und die kirchliche Lehre sagt. Erst, wenn sie sich davon überzeugen konnte, begann sie mit der Niederschrift ihrer Visionen.« (S. 105)

Als Deutungsansatz der Theologie Hildegards in ihrer überzeitlichen Aktualität wählen die Autoren den Werktitel ihres ersten Visionswerkes. Das »Hapaxlegomenon« (S. 192) *Scivias* sei nicht, wie weithin üblich, verbal mit einem Imperativ als »Wisse die Wege« zu übersetzen, sondern mit einem Nomen als »Wegweiser« oder als »Wegweisung« (S. 193). Denn es sei »Hildegards erstes und wichtigstes Anliegen mit ihrem Werk [...], den Menschen den Weg zum Heil zu weisen, indem sie deutlich zeigt, daß Gott bereits seine Wege zu den Menschen gegangen ist und weiterhin geht« (S. 192). Allerdings verzichtet das Autorenteam auf einen Hinweis zu der kontrovers diskutierten Frage, ob der Titel *Scivias* von Hildegard selbst stammt.

Die Deutung des religiösen Gedankenkosmos Hildegards durch die Autoren verfährt gleichzeitig von innen wie von außen her. Es soll einerseits eine »innere Ordnung« (S. 57) des Opus Hildegardianum erhoben werden. Andererseits soll hervorgehoben werden, wie grundlegende Einsichten Hildegards in den Glaubenskosmos für eine Gesamtdarstellung des Glaubens heute fruchtbar gemacht werden können. Dadurch soll, unabhängig vom Entstehungskontext des Werkes, vorgeführt werden, wie eine mögliche Aktualität Hildegards heute die Eignung ihrer Theologie als Wegweisung auf dem normativen Niveau einer Kirchenlehrerin unter Beweis stellt (vgl. S. 314).

Hinsichtlich der Bedeutung theologischer Grundeinsichten Hildegards für eine heutige Theologie lenken Berndt und Zátonyi das Augenmerk insbesondere auf zwei Gesichtspunkte: die Verschränkung von Kosmologie und Gotteslehre einerseits, kirchliche und sakramentale Themen andererseits.

Ein Scharnier für die beiden Darstellungsoptiken von innen und von außen her ist die Grundfrage von Theologie und Heiligkeit. Denn die Positio sollte ebenso die Kanonisierung als Heilige wie die Erhebung zur Kirchenlehrerin vorbereiten. Obwohl bei Kirchenlehrern prinzipiell von einer Kongruenz von persönlicher Heiligkeit und kirchlicher Dignität des literarischen Werkes im Sinne einer Kirchentreue und Glaubenstreue ausgegangen wird, sind in diesem Feld von der dogmatischen Seite aus noch nicht alle Fragen geklärt. (Grundsätzliche Erwägungen zu diesem Problemfeld legte der programmatische Aufsatz von Hans Urs von Balthasar vor: »Theologie und Heiligkeit«, in: Ders., *Verbum Caro. Skizzen zur Theologie I*, Einsiedeln 1960, 195–225). Denn aus streng dogmatischer Sicht gibt es relativierende Qualifikationen theologischer Sätze, etwa als *sententia probabilis* oder als *pia opinio*. Außerdem könnte sich gerade ein Kirchenlehrer zu Detailfragen äußern, zu denen das kirchliche Lehramt seiner Lebenszeit noch keine letztgültige Entscheidung vorgelegt hat.

Für den Konnex von Theologie und Heiligkeit rekurrieren Berndt und Zátonyi gezielt auf einen Kernbegriff der Regula Benedicti, auf die *conversatio morum* (Regula Benedicti 58,17). Da Hildegard selbst einen Kommentar zu einigen Fragen der Benediktsregel verfasst hatte (ediert in: Hildegardis Bingensis *Opera Minora*, CCM 226, Turnhout 2007, S. 65–97), nutzen die Autoren diesen Text Hildegards, um eine Übereinstimmung von benediktinischen Grundwerten, ihrer theologischen Reflexion durch Hildegard und ihre konkreten Umsetzung in ihrer eigenen Lebenshaltung, soweit sie aus den mittelalterlichen Viten und Protokollen zur damals versuchten Canonisatio erschlossen werden kann, zu zeigen. So verschränken sich über die drei hier veröffentlichten Kapitel der Positio hinweg die Hinweise auf die theologische Werkqualität einerseits und das persönliche Tugendstreben Hildegards andererseits.

Leider wird in der Darstellung der benediktinischen Tugendlehre Hildegards nur marginal Bezug genommen auf deren instruktive Analyse in der moraltheologischen Habilitation von Gabriele Lautenschläger (*Die theologische Grundlegung ihrer Ethik und Spiritualität*, Stuttgart-Bad Canstatt 1993). Entsprechend der Zielrichtung einer Positio werden zudem zwei heftige Konflikte im Leben Hildegards, das Interdikt am Lebensende und die tragische Auseinandersetzung mit ihrer Mitschwester Richardis von Stade, nur kurz gestreift und von ihrem vordergründig harmonischen Ausgang her gedeutet (S. 262; zu der Dramatik der Auseinandersetzungen in einem »eskalierenden inneren Prozeß« vgl. EBERHARD HORST, *Hildegard von Bingen. Die Biographie*, München 2002, S. 73 und 75). Denn Berndt und Zátonyi ging es nicht – wie in dem leider unvollendeten Forschungsvorhaben von Franz Staab (†2004) – »um eine historisch-kritische Biographie, sondern um eine theologische Deutung von Hildegards Person« (S. 241). Dementsprechend, so eine wissenschaftstheoretische Folgerung der Autoren, »sollte die Wissenschaft von der Kirchengeschichte die Hagiographie als eine ihrer zentralen Aufgaben neu entdecken.« (S. 312). So werden Hinweise für eine Hermeneutik in der persönlichen und wissenschaftlichen Lektüre Hildegards gegeben:

Die Schriften Hildegards seien deswegen für eine heutige individuelle Glaubensaneignung und Glaubensvertiefung geeignet, da sie den Leser unweigerlich zu einer »Selbstpositionierung« (S. 311) gegenüber ihren Darstellungsabsichten zwingen. Die akademische Auseinandersetzung seitens der interdisziplinären Mediävistik kann in der Erforschung des Opus Hildegardianum ihre Methodenvielfalt erproben: »Die Mediävistik arbeitet weitgehend komparatistisch, was in unserem Fall zu ausladender, fächerübergreifender Kontextualität führen wird. Diachrone und synchrone Untersuchungsschritte können dabei Hand in Hand gehen.« (S. 311).

Ebenfalls von einem theologisch-heilsgeschichtlichen Gesichtspunkt aus wird die Werkeinheit zwischen den religiösen und medizinischen Schriften Hildegards und ihrer praktischen heilkundlichen Tätigkeit erklärt, aus dem soteriologischen Motiv des *Christus Medicus* (S. 303). Dies ist seinerzeit die Quintessenz des Lebenswerkes des Hildegardforschers und Medizinhistorikers Heinrich Schipperges (†2003) gewesen. Denn im Motiv von Christus als Arzt bündeln sich Schöpfungslehre, Christologie und Anthropologie Hildegards, deren ethischen Ansprüche sie selbst gerecht zu werden versuchte: »Letztlich gibt es den Kosmos gemäß Hildegard nur deswegen, damit Gott Mensch werden konnte, weil er aus Liebe absolut alles heilen will.« (S. 312).

Rebecca Milena Fuchs, München

RITVA PALMÉN: *Richard of St. Victor's Theory of Imagination* (Investigating Medieval Philosophy 8), Leiden: Brill 2014. – VIII, 299 pp. – ISBN 978-90-04-27832-5 – € 126,00.

It has become something of a commonplace in recent scholarship that the medieval 'theory of imagination' has been sadly neglected, that scholars have overlooked and understudied Imagination in favour of other psychological faculties like Memory, Intention, and Reason. Indeed Palmén, like Michelle Karnes before her (*Imagination, Meditation, and Cognition in the Middle Ages*, Chicago 2011), cites only M. W. Bundy's monograph of *The Theory of Imagination in Classical and Medieval Thought* (Urbana, IL 1927) and a few aging studies of the personification named Ymaginatyf in Langland's *Piers Plowman*, as being properly about the philosophy of medieval Imagination, faulting even Jean Leclercq and Jean Châtillon for being brief and unsystematic in their remarks about it, both in Richard of St. Victor and among monastic writers more generally. '[N]o single study exists in which Richard's ideas of the imagination are thoroughly described and analysed', she states, factually (p. 2). It is Palmén's task to remedy this situation.

But of course the fundamental role of imagination in medieval psychological theories and practices, especially in medieval education, in the praxes of prayer, reading, and meditation – to say nothing of literature, music, and art – has been examined extensively by many scholars for the past century and more. These studies have indeed not been singly, systematically, exhaustively focussed just on Imagination's 'function as a psychological faculty' (p. 3). As a separate faculty, Imagination is only a theory, the conceptual product of certain philosophical ideas about human cognition that came into vogue chiefly after the medieval centuries. Implicitly and explicitly, modern faculty theories (since at least David Hume) separate Sense from Imagination from Memory from Reason, in a serial arrangement like a manufacturing assembly-line, the end product of which is a Thought. Indeed in modern English the word *faculty* itself has changed its semantic emphasis, from 'an ability' to 'a body' – a process apparent in the citations given in the *Oxford English Dictionary*, *s.v.* 'faculty'. But separating psychological *virtutes* (powers, activities) into discrete, quasi-anatomical faculties profoundly misrepresents a basic medieval principle of cognition, that the activities of mind (as *anima sensitiva*) 'cogitate', a coinage Augustine derived (correctly) from *co+ago*. Augustine's basic model, articulated beautifully in *De trinitate*, Books 9–11, is one of gestation and birth, for thoughts are not assembled but born of the cooperating activities of a single mental substrate, and his emphasis is also on the constant role of desire and appetite in thinking, even (especially?) in thinking about God. This emphasis was not lost among the Victorines, nor indeed among the university men, who stress that thought-making is a combining and cooperating set of activities occurring virtually simultaneously during the distinctly human activity of coming to know something, whether cognising something actually present or recollecting something one has experienced before, for recollection requires the instrument of imagination in re-making a memory-image for intellectual use (rememoration is never a simple process of first-memory retrieval, even during rote recitation). The emphasis is always on the actions, *virtutes animi*, not so much the products. It is this understanding of the interactive complexities of all the medieval psychological models – from Augustine through Aquinas, Duns Scotus, and even Ockham – that I miss in 'systematic' theoretical studies of single faculties, such as the one Palmén has produced.

That said, what she has done, within its strict limitations, is comprehensive, and rightly focusses on Richard of St. Victor, who was not only regarded as a master of contemplation and spiritual practice, but also (along with Hugh of St. Victor) a master of *pia memoria*, that discipline of inventive meditation during reading and prayer, a necessary concomitant of the spiritual elevation (*sublevatio*) which is the goal of contemplation. Palmén's book is entirely about the philosophical theory not the spiritual practice – but then, her book is in a series devoted to investigating medieval philosophy. The method unfortunately subtracts philosophical ideas from their full context in Richard's own corpus. Palmén observes, correctly, that Richard 'strongly emphasizes experience' and 'values signs and symbols as material guides to invisible reality' (p. 71), and that *Benjamin Major* (as she consistently refers to it) 'is a spiritual exercise' that 'supplies the necessary skills and techniques of contemplation' (p. 72), and yet she subjects this work to the same systematic lexical and theological analysis that she uses for Richard's treatise *De trintate.*

She does her own study a disservice by not paying more attention to the details of *lucubratiuncula nostra*, "our little nightworks", that Richard says are his subject (*De contemplatione* 1,1: cited from *De Contemplatione* (Sous la règle de Saint Augustin 13), éd. par Jean Grosfillier, Turnhout 2013; available online in the Library of Latin Texts-A, by subscription to Brepols). For example, it is generally accepted that Richard's so-called *Benjamin minor* (now usually called, in English, 'The Twelve Patriarchs') predates, by a decade and probably more, the so-called *Benjamin major* (*De contemplatione* in the majority of manuscripts, 'The Mystical Ark' in Grover Zinn's now standard English translation, *Richard of St. Victor: The Twelve Patriarchs, The Mystical Ark, Book Three of The Trinity*, New York 1979).

In the earlier work (in which the family of Jacob serves as allegorical personifications of aspects of spiritual/ cognitive processes), Rachel represents reason and her servant, Bilah, imagination, understood, as in standard medieval psychology, to be the mind's image-making abilities, both for primary sense-images and for images made out of memories when the senses are not consciously operating, as in dreams, 'seeings', and rationally-directed recollecting (which Richard, using the common logical term, calls *ratiocinatio*, when reasoning entails a 'recollecting search' or *investigatio rememorativa* of one's memory stock). Bilah is prone to wandering (that is, error) and needs to be fully subject to Rachel's direction. But in Richard's later work *De contemplatione*, during the final stages of mystical ascent, imagining (*imaginari*) is freed from both reason and rational recollection, as a mystic ascends to a state during which her fully rapt mind 'hides away in a dense veil of forgetfulness' beyond all imagining, and descending from which 'in remembering she cannot recall, nor in gazing can she perceive' her enraptured experiences (both quotations are from Zinn's translation, pp. 285, 306). What, in Richard's immediate context, would account for this shift? Palmén cites, without comment, the standard view that the earlier work was composed for novices, and the later one for adepts. But this is cursory, especially since Richard gives no such hint of his intent (unlike Bernard of Clairvaux, whose Sermons on the Canticles are openly addressed to his elite brothers). Was it just change of audience? Or are other factors also at work, such as the notable rivalry between the schoolmen and the Victorines, *officina Aristotelis* against *officina Salvatoris*, to use Richard's distinctly unfriendly contrast in *De contemplatione* 2, 2. Palmén's systematic analysis of philosophical content alone, eschewing literary and historical context, has no way to reveal this.

Imagination does indeed help to construct new thoughts, but it needs memory, will, and understanding to achieve anything at all. Richard's Trinitarian psychology is profoundly Augustinian, though he refreshes the traditional terms by speaking of *imaginatio*, *ratio*, and *intelligentia* (for *memoria*, *voluntas*, and *intellectus*). One may wonder why he felt a need to do this, but Palmén's method of explication cannot tell us. Grover Zinn (in what remains the best English-language introduction to Richard's imagination) focuses on the major symbolic forms that structure these works, observing that these are not just literary ornaments, but 'actually the foundation; the teaching is an elaboration' (quoted from Zinn, p. 34). Carefully imagining the Ark's wooden materials and construction, its six-winged angels, likening the process of contemplative thinking to the darting flights of birds – these exercises are the point of Richard's work on contemplation, what focusses and directs his thought. But Palmén, while acknowledging the ubiquitous presence of such devices, directs her attention to what philosophical definitions and categories she can find, while commenting frequently on how inadequate and unsystematic these are in the works under discussion. Richard's usage, Palmén apologizes, is often 'unclear', 'ambiguous', unsystematic; he 'unfortunately' does not give sufficient examples, does not 'fully define' terms (examples are on pp. 56–7, 62, 91, 119, 122). But Richard did not *have* a 'theory of imagination'— this was not his interest in the treatises Palmén considers. Instead, Richard, like Hugh of St. Victor before him, describes his experience in practicing a complex thought practice that exploited attentive mental visualizing as a technique for inventive composition, leading in stages ultimately (if divine grace is received) to the 'veil of oblivion' that conceals the enraptured soul in God. This just is not the territory of the Aristotle factory of the universities, and it is why this study, for all its systematic care, seems so often shy of the mark.

Mary Carruthers, New York and Oxford

Jay M. Hammond, J.A. Wayne Hellmann, Jared Goff (eds.): *A Companion to Bonaventure* (Companions to the Christian Tradition 48), Leiden: Brill 2014. – 588 pp. – ISBN 978-90-04-26073-3 – € 196,00.

This recent addition to Brill's prestigious series of Companions to the Christian Tradition draws together a range of scholars (mostly from the United States) who are or were involved in the research on Bonaventure. Divided into three sections: foundations, theology and spirituality and practice, the book covers all aspects of Bonaventure's life, work and legagy.

The opening chapter by Marianne Schlosser ('Life and Works', pp. 9–60) presents the biography and bibliography of Bonaventure. Her ability to combine the two is indicative of her profound expertise on Bonaventure. Schlosser covers almost his entire output, with an emphasis on some key works (such the *Breviloquium*, whereas the Commentary on the Sentences is only discussed briefly) and topics (especially spirituality and Bonaventure's activity as Minister General).

Pietro Maranesi's chapter on 'The *Opera Omnia* of Saint Bonaventure' (pp. 61–80) describes the history and current status of Bonaventure's works in collected editions. This outline allows scholars to navigate through the bewilderingly different versions of the texts. It would have been desirable, however, to include a table listing the various editions from different years and places. The chapter concludes with a short, but illuminating discussion of the philological *status quo* of individual works, which comes to a positive evaluation of work produced by the team of the Quaracchi edition.

Two articles are devoted to Bonaventure's thought. 'Bonaventure's Theological Method' by Gregory LaNave (pp. 81–120) points to the fascinating fact that Bonaventure's thought eschews simple categorizations, as it is scientific and directed to wisdom, analytical and symbolic at the same time. The affective component plays an important role for Bonaventure. Unfortunately, no clear picture emerges of how Bonaventure imagined the theologican. The Companion piece on 'Bonaventure's Philosophical Method', contributed by Christopher M. Cullen (pp. 121–163), established that Bonaventure belongs to the theological tradition of scholasticism, which meticulously distinguishes between philosophy and theology, while making use of former. Cullen discusses the historical context in which Bonaventure worked, with special attention for the development of the scholastic way of thinking.

The second section of the Companion is dedicated to Bonaventure's theology. Jacques Guy Bougerol's chapter on 'Bonaventure as Exegete' (pp. 167–188) is a republication of an article that had already appeared in 1964 and, in an expanded and revised form, 1988. The version printed in the Companion was edited and updated by Jared Goff. While Bougerol's essay offers without doubt a classic treatment of the subject, one wonders, if a re-publication does it justice. Goff's update of the bibliography is restricted to English translations of Bonaventure's Bible commentaries, but fails to mention seminal studies by Hans Mercker, Helmut Riedlinger and Pietro Maranesi, who studied major aspects of the exegesis of Bonaventure.

Another recycled contribution stems from Zachary Hayes. His chapter 'Bonaventure's Trinitarian theology' (pp. 189–245) had entered life earlier as introduction to the English translation of the *Quaestiones disputatae de mysterio Trinitatis* (New York 2000). Bonaventure's writings are permeated by his Trinitarian thought. Hayes develops a systematical perspective through a discussion of the five works in which Bonaventure elaborates on this doctrine explicitly. Like the previous article, Bonaventure's spiritual works and sermons are left out of the equation. The meaning of Trinitarian theology in spiritual life comes to the fore, for instance, in *De triplici via* (2.8), where Bonaventure describes human love (in its perfect state) as a picture of the Trinitarian love in God.

At the very heart and centre of Bonaventure's theology is Christ. Joshua Benson explores this characteristic trait in 'The Christology of the *Breviloquium*' (pp. 247–

288), with brief references to other Bonaventurian works at the end of the chapter. Benson seeks to capture the structure of the entire *Breviloquium* in the triad: *ortus – mode – fructus*. This threefold division, however, appears somewhat artificial, since these terms were not used by Bonaventure. Benson's division additionally lacks clarity – a striking contrast to Bonaventure's convention of making structural divisions eminently clear, as he does, for instance, in *De triplici via* or his biblical commentaries.

David Keck's contribution on 'Bonaventure's Angelology' (pp. 289–332) deals with a topic that has lost some of its appeal since the Middle Ages. Throughout his career, Bonaventure treated his doctrine concerning the angels in different contexts, ranging from the most schematic exposition in his Commentary on the Sentences to primary exegetical or devotional discussions in sermons. The concluding synthesis of the article, as the author himself confesses (p. 303), is therefore to some extent artificial. While not fully systematised, Bonaventure's angelology is intriguing as a very complex doctrine that touches on a nexus of exegetical, philosophical and theological questions. Notably, this doctrine was central to the competition between the secular and mendicant masters at the university of Paris. In order to convinve their opponents, the mendicant theologians had to demonstrate their ability to conduct academic arguments. This sophisticated doctrine of the Trinity gave them the opportunity to practice the required disputation skills (p. 296).

As the final contribution to the section on Bonaventure's theology, J. A. Wayne Hellmann portrays his sacramental theology, based on the fourth book of the commentary on the Sentences (pp. 333–360). Strikingly Bonaventure recognizes only three sacraments as instituted by Christ: baptism, eucharist and ordination, while elsewhere he either established before Christ (marriage and penance), or after him (confirmation and anointing of the sick). Hellmann ends his chapter with a provocative thesis (that may give new impetus to current economencial debates): As the Council of Trent cursed anyone denying that the seven sacraments were instituted by Christ, it impoverished sacramental theology and is inconsistent with the earlier and richer theological tradition, to which also Bonaventure belongs.

The final section of the Companion focuses on the practical aspects of spirituality and theology. Ilia Delio's chapter on 'Theology and Christ the Center: Bonaventure's synthesis' (pp. 361–402) proceeds from Bonaventure's belief in the inseparable unity between theology and spirituality: theology is spirituality, and spirituality is theology. Bonaventure's theological method unites the symbolic and scholastic thought in a harmonious concord. The theologian can correspondingly only search the depth of God to the extent as his life is marked by a profound spirituality. Knowledge and love are the two ways leading to God. This idea is modelled on Francis of Assisi, who integrated theology into a life of purification, illumination and union with Christ. Bonaventure also responded to the internal Franciscan controversy over the question whether the study of theology betrayed St Francis's original ideals. For Bonaventure intellectual knowledge (study) does not make someone a theologian. On the contrary, a theologian is someone whose spiritual life leads to wisdom. As Delio perceptively remarks, 'The theologian, therefore, is not simply one who reveals God, but one in whom God is revealed' (p. 402).

While preaching is essential to the Franciscan vocation, this aspect was far from uncontroversial in Bonaventure's time. Externally, rivalry with the secular clergy led the latter to contest the friar's right to preach. Internally, some Fransciscan friars were troubled by the increasing emphasis on study, as a necessary preparation for preaching. For Bonaventure, preaching was a matter of great importance, as is clear from Timothy J. Johnson's chapter 'Bonaventure as preacher' (pp. 403–434). Not only did he preach throughout his working life, many of his sermons have survived: the *Sermones dominicales* and *Sermones diversis* are transmitted in full, of the *Sermones de tempore* only outlines have survived. Of particular interest are the sermons in which Bonaventure encouraged his brothers to true service, that is: evangelical preaching, accompanied by a lifestyle congruent with preaching, life as an example.

Timothy Johnson's chapter on 'The *Legenda minor*' (pp. 435–451) evinces that the scholarly neglect of this text is unjustified. More than just a shorter version of the *Legenda major*, it constitutes an entirely new genre that played a vital role in the liturgy. Such hagiographical acounts were not to much aimed at nurturing and maintaining the cult of a saint, but rather at creating a communal identity of the Franciscan community (assembled in choir) and at implementing his reforms of the order. Correspondingly, the *Legenda minor* does not place the emphasis on Francis as miracle worker, but seeks to inspire the brothers to imitate the life of their founder. Based on its indepdenca from the *Legenda major*, Johnson argues for an earlier date than commonly accepted.

In his contribution on 'Bonaventure's *Legenda Major*' (pp. 452–508) Jay M. Hammond presents five tantalizing propositions that will make readers turn to this legend with a fresh perspective. As a theological interpretation of Francis, Hammond places it within the context of Bonaventure's reform programme, aiming at the imitation of Francis. Written (incidentally like the *Legenda minor*) with a liturgical purpose, it wants the audience to learn of the example of Francis and to live in uniformity with Christ. Both Legends use the triadic structure that is reminiscent of *De triplici via*: *purgatio*, *illuminatio* and *perfectio*.

'Bonaventure's Defense of Mendicancy' by Kevin L. Hughes (p. 509–542) is concerned with a burning issue of the late 13th century: During Bonaventure's time in Paris, the defense of mendicancy reached its decivise stage. As Franciscan theologian and later Secretary General, he had to deal with this problem immediately. Moreover, within the Order of Friars Minor itself, the discussion arose about the order's fidelity to the original intentions of Francis their founder. Both questions dealt, amongst other things, with the meaning and role of mendicancy in the lives of the brothers. Importantly, Bonaventure's views were not just a response to these problems. Instead, the ideas of evangelical perfection, begging and poverty were deeply rooted in his thought in general.

This volume concludes with the chapter 'Bonaventure as Minister General' by Dominic V. Monti (pp. 543–578). Traditionally portrayed as the second founder of the order, Bonaventure gave the Franciscans a new direction at a crucial point in their early history. This view is slightly challenged by Monti, who identifies Haymo of Faversham as the actual leader of the reformation within the order. Bonaventure's contribution consisted more in his ability to see things in a systematic way, which enabled him to give the order a 'rationale' in which the legislation, the life of the founder, and the fundamental documents concerning theology and liturgy were clearly put together and which could serve as a roadmap for the future.

The volume is firmly rooted within Anglophone literature. The neglect of French, German and Italian studies on Bonaventure in the majority of contributions creates an unfortunate blind spot. Moreover, the Companion would have benefitted from separate bibliographies for individual chapters, with specific recommendations of further reading. These reservations notwithstanding, the Companion is overall a valuable and will be of service especially to students or interested non-specialist people who require an overview of the life and work of Bonaventure.

Jan Klok, Hoeven

Florian Kolbinger: *Zeit und Ewigkeit. Philosophisch-theologische Beiträge Bonaventuras zum Diskurs des 13. Jahrhunderts um »tempus« und »aevum«*, Berlin: De Gruyter 2014. – 488 S. – ISBN 978-3-05-005666-1 – € 99,80.

Wie kaum ein anderes Grundthema der abendländischen Philosophie hat die Frage nach dem Wesen der Zeit das philosophische Denken immer wieder herausgefordert und an seine Grenzen geführt. Die Begegnung der antiken griechischen Philosophie mit der jüdisch-christlichen Offenbarungsreligion fügt dieser ohnehin schon komplexen Debatte noch weitere wichtige Aspekte hinzu. So wird die zeitliche, vergängliche Existenz des Menschen nicht mehr einfach der Ewigkeit Gottes in statischer Weise gegenübergestellt, sondern soll sich im Rahmen einer »Heilsgeschichte« aus der Beziehung zu Gott heraus entwickeln, um letztlich in der *visio beatifica* das ewige Leben zu gewinnen. In der Scholastik des 13. Jahrhunderts führt die Rezeption der aristotelischen Naturphilosophie und Metaphysik zu einem direkten Aufeinandertreffen der verschiedenen philosophischen und theologischen Zeitkonzepte. Die sich daraus ergebenden Spannungen und Widersprüche werden von den scholastischen Autoren auf durchaus unterschiedliche Weisen gelöst, in denen sich zugleich auch ihr jeweiliges Grundverständnis des Verhältnisses von Theologie und Philosophie insgesamt widerspiegelt.

Die umfassende Studie von Florian Kolbinger setzt sich das Ziel, das Verständnis von Zeit (*tempus*) und Ewigkeit (*aevum* bzw. *aeternitas*) bei Bonaventura zu untersuchen und es im Kontext der philosophisch-theologischen Debatten seiner Zeit zu verorten. Dieses Thema ist in zweierlei Hinsicht von besonderem Interesse: Zum einen zählt Bonaventura zu denjenigen Scholastikern des 13. Jahrhunderts, die dem Aristotelismus bzw. dem Gedanken einer autonomen Philosophie tendenziell kritisch gegenüberstehen und bestrebt sind, das philosophische Denken dem theologisch geprägten Ideal einer *sapientia christiana* unterzuordnen. Zum anderen spielt das Thema »Zeit« in Bonaventuras Denken unter systematischen Gesichtspunkten eine zentrale Rolle, da er in seiner Sicht des Menschen und der christlichen Heilsgeschichte dem Aspekt der historisch-faktischen Kontingenz und Individualität eine weit größere Bedeutung zumisst als die meisten seiner Zeitgenossen. Die Besonderheit der vorliegenden Studie besteht darin, dass sie das weit verbreitete Bild eines prinzipiell antiaristotelischen, philosophiefeindlichen Bonaventura korrigieren will. Aus diesem Grund wird die Frage des Verhältnisses von Zeitlichkeit und Ewigkeit unter bewusster Ausklammerung der spezifisch bonaventurianischen Geschichtstheologie in begrifflich-systematischer Hinsicht entfaltet und auf ihre naturphilosophischen bzw. metaphysischen Implikationen hin untersucht.

Da Bonaventuras Ausführungen zum Thema »Zeit« über viele seiner Schriften verstreut sind, nimmt Kolbinger sein Gesamtwerk als Textgrundlage, um von dort aus sein systematisches Verständnis von *tempus*, *aevum* und *aeternitas* zu rekonstruieren. Das Buch ist in vier Hauptteile untergliedert, von denen der erste die philosophiegeschichtlichen Voraussetzungen von Bonaventuras Zeitkonzeption, vor allem mit Blick auf die klassischen Grundansätze von Aristoteles und Augustinus, zum Thema hat. Steht bei Aristoteles vor allem die messbare, kosmologisch verankerte Zeit aus dem vierten Buch der *Physik* im Mittelpunkt, konzentriert sich Augustinus vornehmlich auf die Zeit als innere Erstreckung (*distentio*) der Seele. Dabei korrigiert Kolbinger die oft vertretene Auffassung, bei Augustinus habe die Zeit keinerlei objektive, außerseelische Realität; wahr sei allerdings, dass Augustinus die *distentio* nicht einfach als neutrale Erstreckung, sondern als Synonym der durch die Sünde bedingten Zersplitterung des Menschen gedeutet habe.

Nach diesen einleitenden Analysen widmet sich der zweite Teil des Buches einer detaillierten Untersuchung der verschiedenen Zeitbegriffe bei Bonaventura, wie sie vor allem in seinem Sentenzenkommentar entfaltet werden. Dabei wird deutlich, dass der *doctor seraphicus* die aristotelische Konzeption einer kosmologisch bzw. astronomisch verankerten Zeit keineswegs ausklammert, sie aber als unzureichend ansieht, wenn es um die innere Struktur geistig-psychischer Entwicklungsprozesse geht. Die erste und grundlegendste *mutatio*, die so etwas wie Zeit überhaupt erst ermöglicht, ist nicht die Bewegung der obersten Himmelssphäre, sondern der freie Schöpfungsakt Gottes, der vom radikalen Nichtsein der Geschöpfe zum Sein führt. Zeitlichkeit ist somit wesentlich gleichbedeutend mit Kreatürlichkeit und Endlichkeit, was auch darin zum Ausdruck kommt, dass Bonaventura die Zeit nicht als ein bloßes Akzidens und auch nicht primär als Zahl, sondern als inneres Maß (*mensura intrinseca*) eines jeden geschaffenen Seienden begreift. Somit hat jedes Ding in gewissem Sinne »seine« Zeit, doch bedeutet dies nicht, dass es bei Bonaventura überhaupt keinen einheitlichen, übergeordneten Zeitbegriff mehr gäbe. Allerdings wird dieser nunmehr an jenem Streben der Materie nach Form festgemacht, das für alles geschaffene, endliche Seiende charakteristisch ist. Letztlich wird der aristotelische Zeitbegriff von Bonaventura also nicht einfach verworfen, sondern lediglich aufgesprengt, um für den spezifisch christlich-theologischen Gedanken der Geschöpflichkeit Raum zu machen.

Der dritte Hauptteil des Buches ist dem *aevum* gewidmet, das die immerwährende Dauer geschaffener, ewiger Substanzen wie der Engel sowie die besondere Seinsart der Seligen in der *visio beatifica* zum Ausdruck bringt. Der Begriff des *aevum* birgt insofern eine gewisse Schwierigkeit, als nicht unmittelbar ersichtlich ist, ob man ihn eher als eine Spielart der göttlichen Ewigkeit oder doch als eine – wenngleich verfallsfreie – Form der Dauer und geschöpflichen Erstreckung verstehen soll. Anders als Thomas von Aquin optiert Bonaventura für die zweite Möglichkeit. Sein Bestreben, die Endlichkeit aller geschaffenen Wesen zu betonen, führt dazu, dass er selbst den reinen Geistsubstanzen in ihrem unvergänglichen Zustand (*status*) eine dynamische Aufeinanderfolge (*successio*) zuschreibt, deren Zukunftsdimension ihrer vollen Verfügungsgewalt entzogen ist und nur von Gott restlos überschaut werden kann. Letztlich ist somit das *aevum* eher ein Grenzbegriff geschöpflicher Zeitlichkeit als ein abgeschwächter Ausdruck von Gottes Ewigkeit. Damit grenzt sich Bonaventura deutlich von der aristotelisch-averroistischen These ab, der zufolge bereits die Welt als solche ewig sei.

Im vierten und letzten Hauptteil des Buches behandelt Kolbinger die Bedeutung von Bonaventuras Zeitkonzeption für die theologische Anthropologie. Dabei wird deutlich, dass der *doctor seraphicus* trotz seiner starken Betonung der Verbindung zwischen Zeitlichkeit und geschöpflicher Endlichkeit doch kein grundsätzlich pessimistisches, sondern ein optimistisches Zeitverständnis hat. Dieses gründet auf der Einsicht, dass die Schöpfung als solche auf Entwicklung und damit wesentlich auf Zukunft hin ausgerichtet ist, die der Mensch kraft seiner Freiheit gestalterisch mitbestimmen kann. Dreh- und Angelpunkt der Betrachtung ist dabei Christus als die »Mitte der Zeit«, da er als ungeschaffener, ewiger Logos Ursprung der allgemein-geschöpflichen Zeit und zugleich als inkarnierter Logos Begründer der heilsgeschichtlichen Zeit der Erlösung ist. Wird Zeit in dieser radikalen Weise von Gott her und zugleich als Medium der Bewegung des Menschen auf Gott hin verstanden, ist sie nicht mehr primär Synonym der Vergänglichkeit, sondern besitzt geradezu sakramentalen Charakter. Letztlich mündet die geschöpfliche Entwicklung des Menschen in der *beatitudo*, die das Ende der aristotelisch verstandenen Zeit, nicht aber der »immerwährenden« Zeit des Zustandes der Vollendung bedeutet. Auch in der höchsten Form der unvergänglichen Gottesgemeinschaft bleibt das Geschöpf somit von einer Dynamik gekennzeichnet, die ihm zwar eine unverlierbare Ausrichtung auf Gott verleiht, es aber dennoch nicht einfach mit ihm verschmelzen lässt.

Kolbingers Arbeit besticht durch ihre ebenso detaillierte wie fundierte Behandlung der Fragestellung, die sich auf eine umfassende Kenntnis von Bonaventuras Gesamtwerk stützt. Dem Autor gelingt es auf überzeugende Weise, das ebenso verbreitete wie holzschnittartig vergröberte Bild eines prinzipiell philosophiefeindlichen Bonaventura zu korrigieren und aufzuzeigen, dass es dem *doctor seraphicus* darum geht, das aristotelische Denken ernst zu nehmen, es aber auch in seinen Grenzen zu erkennen und in einen umfassenderen, genuin christlich-theologischen Ansatz einzubetten. Problematisch erscheinen lediglich zwei Aspekte: Zum einen betrifft dies die Entscheidung des Autors, Bonaventuras Zeitverständnis zuerst in rein philosophischer Perspektive zu behandeln und erst ganz am Schluss des Buches auf die christologisch-heilsgeschichtliche Verankerung seiner Zeitkonzeption einzugehen. Das Anliegen, Bonaventuras Verständnis von *tempus*, *aevum* und *aeternitas* mit einer naturphilosophisch-metaphysischen Begrifflichkeit zu analysieren und zu deuten, ist in sich vollkommen legitim. Für den Leser wären allerdings die spezifischen Akzentuierungen und theologischen Engführungen des bonaventurianischen Zeitbegriffs besser nachvollziehbar gewesen, wenn Kolbinger seine Ausführungen über Bonaventuras christologisch-geschichtstheologisches Grundkonzept an den Anfang der Abhandlung gestellt hätte. Vor diesem Hintergrund wäre unmittelbar verständlich geworden, weshalb Bonaventura den formal-inhaltsleeren, rein akzidentellen Zeitbegriff, wie er bei Aristoteles und den meisten Scholastikern des 13. Jahrhunderts vorherrscht, als unzureichend empfinden musste. Die grundlegende Frage ist, ob man bei einem Autor wie Bonaventura die philosophische Dimension seines Denkens tatsächlich losgelöst von ihren geschichtstheologischen Voraussetzungen betrachten kann oder ob nicht vielmehr seine theologische Grundthese vom substantiell geschichtlichen Charakter der christlichen Schöpfungs- und Erlösungslehre auch seinen naturphilosophisch-metaphysischen Reflexionen über Zeit und Ewigkeit in systematischer Hinsicht den Rahmen vorgibt.

Ein zweiter Kritikpunkt betrifft die allzu sparsame Behandlung der Thematik von Zeit und Ewigkeit im 13. Jahrhundert. Zwar weist Kolbinger wiederholt darauf hin, dass sich Bonaventura in diesem oder jenem Punkt vom Zeitverständnis Thomas von Aquins bzw. Averroes' habe absetzen wollen, doch entsteht dadurch kein zusammenhängendes Bild der kontrovers geführten Auseinandersetzungen um die Ewigkeit der Welt, die Seinsweise der verschiedenen Kontinuen (Raum, Zeit, Materie, Bewegung etc.) und ähnliche naturphilosophische Fragen, die im Gefolge der Rezeption der aristotelisch-arabischen Philosophie das 13. Jahrhundert maßgeblich prägen. Vermutlich ist diese sparsame Behandlung der übrigen scholastischen Zeittheorien auch dem Umstand geschuldet, dass der Autor den ohnehin schon beachtlichen Umfang der Arbeit nicht noch weiter ausdehnen wollte. Gleichwohl hätte zumindest eine kurze, zusammenhängende Skizze der wichtigsten Zeittheorien des 13. Jahrhunderts nützlich sein können, um das besondere Profil von Bonaventuras Ansatz noch deutlicher zu erkennen.

Die Gliederung der Arbeit ist klar und übersichtlich, der Schreibstil durchweg gut verständlich und die formale Gestaltung des Textes sehr ansprechend. Besonders nützlich sind neben den überaus sorgfältig erstellten Indices die zahlreichen griechischen und lateinischen Zitate in den Fußnoten, die dem Leser die Gelegenheit bieten, die thematisch relevanten Kernpassagen aus den Schriften der herangezogenen Autoren (Aristoteles, Augustinus, Bonaventura, Thomas von Aquin u.a.) im Original nachzulesen. Insgesamt handelt es sich um eine überaus fundiert geschriebene und sehr informative Arbeit, die das Denken Bonaventuras von einer innovativen, bislang zu wenig beachteten Perspektive aus zu erschließen vermag.

Martina Roesner, Wien

Mikołaj Olszewski (ed.): *Quaestiones disputatae 'De productione rerum' 'De imagine' et 'De anima' e schola bonaventuriana* (Bibliotheca seraphico-capuccina, 101), Roma: Istituto Storico Dei Cappuccini 2014. – LXVIII, 145 pp. – ISBN 978-88-88001-88-3 – € 28,00.

Florence, Biblioteca Nazionale Centrale, Conv. Soppr. D.4.27 has attracted scholars because it is the only manuscript known to record all of Bonaventure's authentic disputed questions. The manuscript also includes three series of questions whose authorship has been debated: *quaestiones de productione rerum*, *de imagine* and *de anima*. Mikołaj Olszewski has now offered an edition and study of these questions wherein he strongly favours Bonaventure's authorship. In this review, I will comment mainly on Olszewski's introduction and only briefly on the Latin text itself, since I have not been able to view the original manuscript.

Despite various disclaimers, Olszewski presses for Bonaventure's authorship of all three sets of questions. He offers three main arguments. First, he notes that the questions are present in the Florence manuscript with authentic questions of Bonaventure, thereby suggesting that Bonaventure authored them. This contention is supported by Victorine Doucet's observation that Assisi 172 at one time preserved three of the questions *de productione rerum* with other authentic questions of Bonaventure. Second, he believes that the 'doctrinal contents of the Florentine questions are so intensely dependent on Bonaventure's *Commentary* <*on the Sentences*> that it seems that the two works were written by the same person' (p. lxviii). His third 'argument' operates *ex negativo* (p. lviii): 'If Bonaventure didn't write them, then who?' Olszewski leaves little doubt that he ultimately favours Bonaventure's authorship. I have concerns about each of his arguments.

Olszewski's first argument has two problems: The three questions *de productione rerum* are missing (as Olszewski notes) from Assisi 172. While the question titles are known and are actually quite close to those in the Florence manuscript, we cannot know if the content is the same. Moreover, 'guilt by association' is not the best marker of authenticity. Even if the three questions from Assisi 172 were found and were identical to those in the Florence manuscript, this might at most prove that the questions were thought to be Bonaventure's. F. Delorme, in fact, edited a question from Assisi 172 that was placed after Bonaventure's authentic questions on the Trinity. The question's authenticity has not been upheld. Detailed doctrinal examination is therefore required to further assess the authenticity of the questions. Olszewski provides such an examination in support of his second argument when he compares Bonaventure's *Commentary on the Sentences* to the questions. His work here may be the most useful part of his introduction, but, in part, it clarifies what scholars have long known: that these questions depend upon Bonaventure's *Commentary* and must have been written after it. The utility of these comparisons, however, does not equate to persuasive force. Olszewski seems unaware that Steven Baldner's doctoral dissertation (Toronto, 1981) edited and carefully studied the series *de productione rerum*. After a lengthy analysis of the context and content of the questions, Baldner concluded that Bonaventure was not their author since the questions depart from three of his fundamental views concerning creation. Though Baldner's interpretation of Bonaventure on one of these issues has been challenged, he subsequently responded to his critics. As the dispute is still ongoing, any serious consideration of Bonaventure's authorship of these questions must therefore overturn Baldner's work. Olszewski has not engaged it. The other two sets of questions also significantly depart from Bonaventure's thought.

Ignatius Brady doubted Bonaventure's authorship of the series *de anima* because the author of the questions equates the agent intellect with eternal light. Olszewski dismisses Brady's observation by suggesting that the author is explaining Augustine's thought in Aristotelian terms. Though this may be true, the lack of sophistication and incautious phrasing is totally uncharacteristic of Bonaventure on a topic of such great importance to him. The series *de imagine* also includes material at variance with Bonaventure's authentic works. Those questions develop at length the analogy between a triangle and the soul's relationship to the Trinitarian persons (p. 56f.). Bonaventure mentions this metaphor in his *Commentary* and Olszewski takes it as a potential way to indicate his authorship (pp. xliii–xliv and l). However, in a text Olszewski does not consider (Book II, distinction 16, article 2, question 3), Bonaventure utilises this metaphor as a stock example which bears little weight in the determination of the question. Further, Bonaventure never uses this precise metaphor in any of his mystical works where he explores the relationship between God and the soul. The metaphor, however, does appear in a certainly spurious part of a work whose total Bonaventurean authenticity has been questioned: *Vitis mystica*. In company with Baldner and Brady, I am left concluding that Bonaventure did not author these questions. To refute this judgement would require the sort of detailed contextual work provided by Baldner, but which is ultimately missing from Olszewski's introduction. In fact his comparison of the questions to other thirteenth-century authors is only a report of less than three pages. More detailed work is required. As a further marker of Bonaventure's authorship, Olszewski also suggests that 'one can easily notice that especially the series *De scientia Christi* and our questions are structurally, formally and stylistically almost identical' (p. xlvii). He seems to mean here that the individual questions are roughly the same length and list authorities in similar ways. This, however, is too limited a notion of structure and style. These disputations (as we currently have them) bear none of Bonaventure's literary sophistication. In sum, Olszewski's introduction does not provide enough conclusive evidence in favor of even Bonaventure's probable authorship.

Moreover, Olszewski's Latin text is not without problems. Although I could not inspect the manuscript, I have compared Baldner's and Olszewski's editions of the series *de productione rerum*. The manuscript often is difficult (as realised by Olszweski, pp. lxvf.) and needs emendation. The following juxtaposition provides an extreme example of the difference between Baldner and Olszewski on the first line of the questions (bold types are provided by the author of this review):

Baldner (250): 'Omnis multitudo procedit ab unitate sicut **linea** a puncto; et **haec** est causa **vera** in naturis <**quare**> sunt differentiae entis.'

Olszewski (3): 'Omnis multitudo procedit ab unitate sicut **lineae** a puncto. Et **hoc** est causa **una <universitatis ad quam reducibiles>** sunt differentiae entis.'

Both editors worked from the same manuscript but Baldner's text is better than Olszewski's reading in at least this instance. Already this spot check suggests that the reader should approach Olszewski's text on the whole with caution. The two editors further differ in the way they form their *apparatus fontium*, at least because Baldner often references the works of Matthew of Aquasparta (who is absent from Olszewski) and Olszewski references Odo Rigaldus and Peter of Tarentaise (who are missing from Baldner). On the basis of just these comparisons, a definitive or at least authoritative edition of all these *quaestiones* is still outstanding, and Olszewski's third 'argument' for Bonaventure's authorship might be rephrased as a stimulus for further research: *since* Bonaventure did not write these questions, who did?

Joshua C. Benson, Washington, DC

MATTHEW LEVERING: *Paul in the Summa Theologiae*, Washington, D.C.: The Catholic University of America Press 2014. – XXII, 306 pp. – ISBN 978-0813225975 – US$ 65,00.

The theme of this book is clearly of great interest, tracking the use of Saint Paul by Thomas Aquinas in the *Summa Theologiae*. What seems at first to be a straightforward task turns out to be quite complex. Like trying to trace the presence of one key ingredient in a cake that has been thoroughly baked, one knows that it is essential to the finished product even when its presence is difficult to isolate, completely integrated as it is into the finished work.

One can, at least, track the explicit references to texts of Paul which we find throughout the *Summa*. This already excludes the many times where a medieval Christian theologian would spontaneously use ideas and even phrases of Paul without feeling obliged to reference them. Furthermore, because Paul is not just another Christian theologian, but one whose writings form part of Sacred Scripture, his 'influence' on later theologians will be all-pervasive, at work not only in moments of explicit reading and study, but also through the liturgy, in prayer, in pastoral care, and in all aspects of Christian living.

Matthew Levering, already well known and highly respected as a student of Aquinas, warns us that the material will be presented 'in a purposively plodding fashion' (p. xiii), and he does not warn us in vain: the book is, at times, very difficult to read. One wonders whether the facts about Aquinas's use of Paul would have been more effectively summarised in tabular form rather than as a narrative.

Levering proposes three 'interpretative methods' (p. xviii) for the task he sets himself and gives us a substantial example of each one, devoting three chapters to each method:

The first is to read through sections of the *Summa* that are clearly central for any Christian theology, gathering the citations from Paul's letters in order to evaluate how important they are to the presentation and development of Aquinas's thought. So he considers questions 2–43 of ST I on the Triune God, questions 46–49 of ST III on the passion of Christ, and questions 66–69 of ST III on baptism. After each question or set of questions he provides a summary and, at the end of each chapter, a conclusion. His aim here is to provide an answer to the question: how does Aquinas use Pauline texts within the flow of his speculative or sapiential exposition?

It will be helpful to say more about this first method before considering the second and third. The facts are presented – which texts of Paul are cited, how often they appear in a question, which articles of Aquinas contain more than one citation, where in the article the citation is used, and so on. Many citations do not automatically imply significant influence, since citations in objections, for example, may be there simply to strengthen arguments against Aquinas's own view. A citation in the body of the article, or in the replies to the objections, seems to be of more importance for Aquinas's thought. Levering regards citations in the *sed contra* as the most significant. He speaks of its 'pivotal position' (p. 97), and of its being 'the most prominent juncture' (p. 232), although it sometimes functions simply as a contrary objection, presenting what the Christian tradition seems *prima facie* to require.

There are counter-intuitive surprises, for example that the 'role of Paul in Aquinas's theology of providence is highly significant despite the paucity of Pauline quotations in Aquinas's treatment of this theme' (p. 25). Accordingly the number of citations, no matter where in the article they appear, is not by itself sufficient to show significant influence. Sometimes what is generally regarded as an important Pauline text is used by Aquinas for a rather unimportant purpose. Other conclusions are less surprising, including Aquinas's indebtedness to Paul's theology of the cross for much of what he says about the passion of Christ. This is seen from both the range of Pauline quotations and the decisive character they have in shaping Aquinas's arguments.

The questions on baptism consider issues that developed long after the time of Paul so that Aquinas's appeal to Paul's texts may seem artificial. Instead it gives us an insight into the development of Christian doctrine, how the foundational texts continue to inform later thinking and practice, even when these have taken forms radically different to what we know about first century Christianity. It opens the question of legitimate and illegitimate uses of Paul by later theology, as well as highlighting what is essential, for example in baptism, across the centuries that separate Paul and Aquinas.

The second interpretative method is a variation on the first and seeks to show how Aquinas uses each of Paul's letters within his treatises. Again Levering chooses three important treatises from ST. However, instead of working systematically through the text of Aquinas, he works progressively through the Pauline corpus, picking out which letters of Paul are most used by Aquinas, at what points in the articles they are used, and how important they seem to be in the development of the arguments. The three parts chosen this time are questions 98–104 of ST I.II on the old law, questions 109–114 of ST I.II on grace, and questions 81–89 of ST II.II on the virtue of religion. Trawling through the questions can again be quite tedious at time, but the conclusion to each chapter helpfully summarises and highlights Aquinas's explicit use of Paul's letters.

Not surprisingly the Letter to the Romans is the most important in these treatises, although other authentic letters (1 and 2 Corinthians, Galatians, Philippians) also figure significantly. The Letter to the Ephesians is particularly important for Aquinas. He knew that there were questions about the authorship of Hebrews but generally treats it as Paul's, and it too plays an important role, particularly here in his treatise on the old law. At times one loses a sense of what distinguishes this methodology from the first one. These chapters also provide interesting examples of how Paul's letters inform theological debates constructed in ways that only emerged after his time. Of course his letters were one of the key factors stimulating and guiding such developments. When Aquinas in discussing merit, for example, or vows and oaths, conceptualises things in ways that are quite foreign to anything found in Paul, Levering helps us to trace the connections and to see how the key principles of the medieval scholastic are related to their Pauline foundations.

The third method is to identify texts of Paul that are clearly of great significance for Aquinas, and to track the use of those texts through the *Summa*. The texts chosen are Romans 1:20, on God's invisible nature being clearly perceived in the things that have been made, 1 Corinthians 13, the famous hymn to love, and Philippians 2:5–11, the Christological hymn celebrating the kenosis of Christ. Here Aquinas does not confine himself to particular treatises but does a sweep through the entire work to pick out the section in which these texts of Paul are most frequently and/or most significantly used. Romans 1:20 supports Aquinas's anti-Manicheism across diverse treatises as he 'allows matter to be matter' (p. 234) in revelation, worship, incarnation and sacraments. In 1 Corinthians 13 Aquinas is as interested in the theme of perfect and imperfect knowledge as he is in the virtue of charity itself. Not surprisingly, the Philippians hymn figures more in ST III than in earlier parts of the *Summa*, helping Aquinas to present his theology of the incarnation, to talk about the One who is truly divine and truly human.

While undoubtedly a lot of effort has gone into the preparation of this book, it is also clear that none of the three interpretative lenses alone is adequate to the task. The integration of Pauline thought so completely within the Christian traditions inherited by Aquinas also makes it difficult to think that explicit references alone give anything like a full picture of Paul's influence on him. It is enough to think of Aquinas receiving Augustine's Paul to see that other lenses can be offered. To what extent is his choice and use of Pauline texts guided by his indebtedness to Augustine? For a more accurate understanding of Paul in the *Summa*, similar studies of John or Matthew in the *Summa* are needed as well. They would establish how the frequency and use of citations from Paul's writings compare with the frequency and use of citations from other New Testament authors. For an understanding of Paul's influence on Aquinas overall, his appearance and use in the *Summa* needs to be complemented by a consideration of Aquinas's commentaries on Paul's letters: it seems essential for a full understanding that one compare the doctrinal use Aquinas makes of Paul in his commentaries with his use of Paul in the *Summa*.

But that is to demand something which Matthew Levering did not set out to do here. For now, we should be grateful to him for opening up this question and for offering a first entry into it. For Aquinas, Paul is the apostle, *Apostolus*, as Aristotle is the philosopher, *Philosophus*. Why is Paul 'the apostle' and not Peter or John? Perhaps it is because, as Wilhelmus Valkenburg put it in his study of the place of Holy Scripture in the theology of Aquinas, Paul is for Aquinas 'the first and foremost of all theologians'. Levering gives us a stimulating and informed introduction to the ways in which the Apostle makes his presence felt in the best-known work of the Angelic Doctor.

Vivian Boland OP, Rome

Peter Herde: *Bonifaz VIII. (1294–1303). Erster Halbband: Benedikt Caetani* (Päpste und Papsttum 43,1), Stuttgart: Hiersemann 2015. – X, 295 S. – ISBN 978-3-7772-1508-2 – € 158,00.

Bonifaz VIII. zählt neben Gregor dem Großen, Gregor VII. und Innozenz III. zweifellos zu den bekanntesten Päpsten des Mittelalters. In der Reihe der römischen Bischöfe war er der letzte, der noch energisch und mit aller Härte einen universalen Leitungsanspruch des Papsttums durchzusetzen versuchte. Peter Herde, der sich in zahlreichen Veröffentlichungen als Experte für die Geschichte der Päpste des beginnenden Spätmittelalters und besonders Cölestins V. ausgewiesen hat, widmet sich im ersten der beiden Halbbände zu Bonifaz VIII. dessen Leben und Karriere vor seinem Pontifikat.

In seinem Vorwort weist der Autor darauf hin, dass er Benedikts Tätigkeit auf Grund seiner Bedeutung an der päpstlichen Kurie seiner Zeit »im Rahmen der politischen Geschichte und der Geschichte der Kirche im Mittelmeerraum und in Westeuropa im späteren 13. Jahrhundert dargestellt« habe (S. IX). In der Tat profitiert die Studie davon enorm und verdeutlicht die enge Verbindung von Kirchengeschichte, politischer Geschichte und Personengeschichte, die in historischen Studien nicht immer in ausreichendem Maße Berücksichtigung findet.

Das Buch gliedert sich in drei inhaltliche Kapitel, von denen nur das erste und umfangreichste (»Jugend und kirchliche Karriere«, S. 1–154) nochmals unterteilt ist. Unter dem Titel »Die Anfänge in Anagni und Todi« (S. 1–24) wertet der Autor zunächst die spärlichen Quellen zur Kindheit und Jugend Benedikts aus. Überzeugend argumentiert Herde für die Geburt des Caetani in den 1230er Jahren und vermutet Anagni als Geburtsort. Bei der Analyse der Herkunft und jüngeren Familiengeschichte Benedikts zeichnet er kurze Porträts der Angehörigen des späteren Papstes, wobei er insbesondere Pietro Caetani, den Onkel und besonderen Förderer Benedikts, in den Blick nimmt. In Hinblick auf die Ausbildung Benedikts setzt sich Herde von der älteren Forschung ab, wenn er ihn nicht als gelehrten Kanonisten, sondern vielmehr als »Praktiker des Kirchenrechts« (S. 23) charakterisiert, der sein Studium in Bologna nicht abgeschlossen, einen Gutteil seiner Kenntnisse bei weniger profilierten Lehrern außerhalb der Universität erworben und diese erst an der Kurie selbst erweitert hatte, wobei er möglicherweise den Grad eines *magister decretorum* erwarb.

Das nächste Unterkapitel ist mit »Mitglied der päpstlichen Kurie und erste politische Erfahrungen« (S. 24–48) überschrieben. Erste Belege für die Anwesenheit und Tätigkeit Benedikts am päpstlichen Hof stammen von 1264. Zunächst als Magister und päpstlicher Kaplan dokumentiert, war der Caetani nacheinander den Kardinälen Simon von Brion und Ottobuono Fieschi untergeordnet und begleitete sie auf Legationen nach Frankreich und England. Für etwa acht Jahre (April 1268 bis Dezember 1275) gibt es keine Nachrichten über Benedikt, doch Herde übergeht diese Zeit nicht einfach, sondern sorgt mit der Schilderung der Situation an der Kurie und besonders im Kardinalskolleg, vor allem während der langen Sedisvakanz von 1268–1271, die sicher nicht ohne Wirkung auf Benedikt blieb, für eine gewisse Kontinuität.

Benedikts Zeit als »Notar der Papstkanzlei« thematisiert der Autor im nächsten Unterkapitel (S. 48–76), das von längeren Abschnitten über kuriale Ämter (S. 50–55) gekennzeichnet ist. Nach drei kurzen Pontifikaten ohne Kreation wurden von Papst Nikolaus III. neun neue Kardinäle ernannt. Auch wenn Benedikt hier noch nicht zum Zuge kam, erhielt er unter dem Orsini-Papst verantwortungsvolle Aufgaben, die er neben politischen Erfahrungen auch seinen guten Beziehungen zu Karl von Anjou verdankte. Zum Kardinal wurde er erst 1281 von Martin IV. kreiert – von niemand anderem also als Simon von Brion, den er bereits 1264 bei dessen Legation nach Frankreich begleitet hatte und der ihm offenbar verbunden geblieben war. In den folgenden Unterkapiteln, »Kardinal der Römischen Kurie« (S. 76–97) und »Die großen Legationen« (S. 97–154) stellt Herde die vielfältigen und an Bedeutung gewinnenden Aufgaben dar, die Benedikt als Kardinal übertragen wurden. Diese standen oft im Zeichen der Sizilianischen Vesper und der Politik Karls II. von Anjou, aber auch des Mendikantenstreits. Herde zeichnet das Bild eines zunehmend selbstbewussten, aber auch überheblichen, unnachgiebiger auftretenden Kardinals, der sich spätestens in diesen Jahren die Feinde zu machen begann, die ihm als Papst in Frankreich entgegentreten sollten. Auch die verstärkten Bemühungen (und Erfolge) um Pfründen und eine Vermehrung des Besitzes und des Einflusses der Caetani in Rom beschreibt der Autor. Von Nikolaus IV. wurde Benedikt im September 1291 zum Kardinalpriester promoviert und erhielt die Titelkirche S. Martino ai Monti. Er konnte von diesem Papst sogar eine Bestätigung seiner bestehenden Benefizien für den Fall seiner Erhebung zum Kardinalbischof – und die der bis dahin noch zu erlangenden – erreichen. Doch kam es nie zu dieser Promotion.

Das zweite Kapitel (»Auf dem Weg zum päpstlichen Thron«, S. 155–209) befasst sich mit der Zeit nach dem Tod Nikolaus' IV. im Frühjahr 1292 bis zum Ende des Pontifikats Cölestins V. im Dezember 1294. Die lange Vakanz nach dem Franziskanerpapst hatte ihre Hauptursache in der Feindschaft zwischen zwei römischen Adelsgeschlechtern, den Orsini und den Colonna. Der Autor beschreibt die Situation an der Kurie in den zwei Jahren ausführlich. Keine der Seiten konnte die erforderliche Zweidrittelmehrheit im Kolleg erreichen, und auch Kompromisskandidaten hatten lange keine Chance. Da die Konklaveordnung Papst Gregors X. immer noch ausgesetzt war und Karl II. von Anjou im Gegensatz zu seinem Vater während der Vakanz 1280/81 keine Beschleunigung des Verfahrens erzwingen ließ, blieb der Stuhl Petri zunächst leer. Benedikt Caetani nutzte die Zeit für Besitzerweiterungen und bezog im Konflikt zwischen den Colonna und Orsini keine Stellung. Schließlich führten eine Initiative des Dominikanerkardinals Latino Malabranca und des sizilischen Königs Karl II., Unruhen in Rom und die Bedrohung des Patrimonium Petri unter anderem durch kriegerische Aktionen Orvietos im Juli 1294 zur Wahl des Einsiedlers und früheren Begründers einer eremitisch ausgerichteten benediktinischen Kongregation, Pietro del Morrone, der sich Cölestin V. nannte. Unter diesem schon über 80jährigen und in der Kirchenpolitik unerfahrenen Papst, der mit den Geschäften der Kurie schnell überfordert war, unter dem Einfluss Karls II. stand und vor allem seine eigene Kongregation förderte, gewann Benedikt enorm an Bedeutung im Kardinalskolleg. Zwar stieg er auch unter Cölestin, der bei einer Kreation von zwölf neuen Kardinälen auch die beiden vakanten suburbikarischen Bistümer Albano und Palestrina neu besetzte, nicht in den höchsten Kardinalsordo auf, aber Herde vermutet, dass er vom Papst als Berater für die Beendigung der Sizilianischen Vesper beansprucht wurde. Die wichtige Rolle des Caetani an der mittlerweile nach Neapel verlegten Kurie verdeutlicht der Autor dann für die Beratung des Papstes seit dessen ersten Rücktrittsgedanken. Er stellt allerdings klar, dass Benedikt nicht etwa allein und gegen große Widerstände im Kolleg die Abdankung vorbereitete. Hierbei waren mindestens noch zwei weitere Kardinäle stärker involviert und wenigstens die vor Ort befindlichen Mitglieder des Kollegs waren an der Erörterung der Rechtslage beteiligt. Nachdem dies geschehen war, ermutigte dann vor allem Benedikt den Papst zur Entscheidung. Nachdem die Konklaveordnung Papst Gregors X. – erweitert um die Feststellung, dass sie auch im Falle des Rücktritts eines Papstes Anwendung findet – wieder in Kraft gesetzt und eine Konstitution erlassen wurde, die den Rücktritt eines Papstes für zulässig erklärte, sprach Cölestin V. am 13. Dezember 1294 den Verzicht auf sein Amt aus, stieg vom Thron und entledigte sich der päpstlichen Gewänder und Insignien.

Das dritte und letzte Kapitel (»Wahl zum Papst, Weihe und Krönung«, S. 211–248) beginnt mit einer Analyse des kurzen Konklaves und des Wahlergebnisses. Nachdem sich die Kardinäle, entsprechend der wieder gültigen Konstitution *Ubi periculum*, am 10. Tag nach der Abdankung Cölestins V. ins Konklave begeben hatten, dauerte es nur zwei Tage, bis ein neuer Papst gewählt war. Für die schnelle Wahl Benedikts macht Herde mehrere Gründe aus, etwa Anspannungen in Neapel wegen des außergewöhnlichen Pontifikatsendes und den Wegfall früherer Blockademöglichkeiten durch die Gruppen der Orsini oder Colonna angesichts der Vergrößerung des Kollegs um vornehmlich französische Kardinäle ohne Bezug zum römischen Stadtadel. Schließlich kommt hinzu, dass Benedikt zu jener Zeit einer der erfahrensten Kardinäle war und laut Herde über die notwendigen Fähigkeiten und Charaktereigenschaften verfügte, um sich durchzusetzen. Der Autor spricht ihm unter anderem »die Mentalität eines Aufsteigers«, »die notwendige Ellenbogengewalt« und ein »gesundes Gemisch von Kooperationsbereitschaft und Skrupellosigkeit« zu (S. 221). Im Folgenden beschreibt Herde das Wirken des gewählten Papstes bis zur Weihe und Krönung, das vor allem von der Verlegung der Kurie zurück nach Rom, der Etablierung eines guten Verhältnisses zu Karl II. etwa durch den Erlass und die Stundung von Schulden, und von »Schadensbegrenzung«, also dem Rückgängigmachen einer Reihe von Verfügungen Cölestins V., geprägt war. Mit seinem Vorgänger setzte er sich auch insofern auseinander, als dass er diesen versuchte in seiner Nähe zu halten. Der abgedankte Papst starb 1296 im Kastell von Fumone, in das ihn Benedikt nach vorübergehender Flucht schließlich hatte bringen lassen. Nach einer kurzen Beschreibung der Weihe und Krönung des neuen Papstes am 23. Januar 1295 stellt der Autor Vermutungen über die Namenswahl an. Dabei scheint ihm, mit guten Gründen, am meisten für eine etymologisierende Erklärung zu sprechen: Bonifatius von *bonum facere*. Das Kapitel, und damit das Buch, schließt etwas unvermittelt, aber doch für einen ersten Halbband nicht ungewöhnlich, nicht mit einem Fazit, sondern nur mit einem vierzeiligen Ausblick auf das gut achtjährige Pontifikat.

Es folgen ein gemischtes Verzeichnis der Quellen und Literatur (S. 249–278) und ein Register der Orts- und Personennamen (S. 279–295). Dass einem gedruckten Buch ein Register beigegeben wird, ist leider nicht selbstverständlich, verdient also grundsätzlich Lob. Am vorliegenden ist überdies erfreulich, dass es oft ergänzende Angaben bei Personen (z. B. Amts- oder Funktionsbezeichnungen und Verwandtschaftsbeziehungen) und bei weniger bekannten Orten (Himmelsrichtungen von der nächsten bekannteren Stadt aus) sowie Verweise enthält, also etwa bei Päpsten zum Geburtsnamen. Lediglich die Ordenszugehörigkeiten von Personen mag mancher Leser vermissen.

Die vorliegende Biographie Benedikts Caetani ist das Ergebnis von 35 Jahren Arbeit des Autors. Doch obwohl das Manuskript zu großen Teilen bereits in den 1980er und 1990er Jahren entstanden ist, kann der Band keinesfalls als angestaubt oder veraltet gelten. Zwar erscheinen in Einzelfällen Begriffe im Text, die heute in Forschung und Lehre nicht mehr verwendet werden können/sollten – bestes Beispiel ist der vom Autor vielbemühte »Kirchenstaat« (statt »Patrimonium Petri«) –, und lassen die stellenweise etwas gewagt erscheinenden Charakterisierungen von Benedikt Caetani und Karl II. von Anjou Erinnerungen an jene von Caesar und Pompeius bei Theodor Mommsen wach werden. Aber das trübt die Qualität der vorliegenden Studie nicht nachdrücklich. Vielmehr ist festzuhalten, dass Peter Herde mit diesem ersten Halbband zu Bonifaz VIII. ein überaus fundiertes, quellennahes sowie -kritisches und dabei doch gut lesbares Standardwerk verfasst hat, das vermutlich für lange Zeit Einstieg und Referenzpunkt für die wissenschaftliche Beschäftigung mit dem Caetani sein dürfte. Die Studie lebt darüberhinaus auch von wertvollen Informationen zu einzelnen Personen im Umfeld des Protagonisten – vor allem zu Kardinälen und Karl I. sowie Karl II. von Anjou – und von unschätzbaren Einblicken in die inneren Verhältnisse an der Kurie und im Kardinalskolleg des späteren 13. Jahrhunderts, besonders bei Papstwahlen und Kardinalskreationen. Es bleibt zu hoffen, dass der zweite Teil, der sich dem Pontifikat von Benedikt-Bonifaz widmen wird, nicht allzu lange auf sich warten lässt.

Björn Gebert, Darmstadt

RAIMUNDUS LULLUS: *Opera 54–60, annis 1294–1296 composita*, ed. CORALBA COLOMBA et VIOLA TENGE-WOLF (Raimundi Lulli Opera Latina XXXV = Corpus Christianorum Continuatio Mediaeualis 248), Turnhout: Brepols 2014. – 450 pp. – ISBN 978-2-503-54762-6 – € 265,00.

Este volumen de la serie *Raimundi Lulli Opera Latina* (ROL) contiene la edición de un grupo de obras escritas por Ramon Llull durante su estancia en Nápoles y en Roma en los años 1294–1296: *Lectura compendiosa Tabulae generalis*, *Lectura super tertiam figuram Tabulae generalis*, *Liber de sexto sensu, i. e. De affatu*, *Flores amoris et intelligentiae*, *Disputatio quinque hominum sapientium*, y dos peticiones dirigidas a sendos papas: *Petitio Raimundi pro conversione infidelium ad Coelestinum V papam* y *Petitio Raimundi pro conversione infidelium ad Bonifatium VIII papam*.

Una introducción general contextualiza las obras en el marco de la producción luliana y en el de los episodios históricos que las explican, especialmente las últimas, cuya redacción está vinculada a los avatares de la elección de Celestino V como papa, su pronta abdicación y la sucesión de Bonifacio VIII en la sede apostólica. Se ha especulado bastante sobre un posible encuentro de Llull con Celestino V, considerado por algunos como el «Papa angélico» anunciado por las profecías; incluso se ha llegado a relacionar su abdicación con la del personaje de la novela luliana Blaquerna (escrita más de una década antes), que en la ficción creada por Llull llega a ser papa y abdica del cargo para retirarse a la soledad de una ermita, una vez ha establecido las bases para una reforma profunda de la cristiandad. Las coincidencias entre la ficción y la realidad histórica posterior son tan chocantes que han llevado incluso a especular sobre una posible influencia de la novela de Llull en la decisión del Papa Celestino V. Sin embargo, la única referencia a un hipotético encuentro entre el autor y el papa dimisionario es la que se desprende del colofón de la versión catalana original de dos de las obras aquí editadas: las *Flores amoris et intelligentiae* y la *Petitio* a Celestino V, donde se afirma simplemente que ambas obras se dirigen al papa Celestino y al colegio cardenalicio. Pues bien: el estudio introductorio de este volumen deja claro, a partir de la comparación de los dos textos de súplica dirigidos a los papas, que lo más verosímil es que Llull no entregara nunca tales textos a Celestino V. La *Petitio Raimundi pro conuersione infidelium ad Coelestinum V papam* fue redactada en catalán y aparece en los manuscritos como apéndice a la *Disputatio quinque hominum sapientium*. Todo apunta a que hay que entender el texto en el marco de la ficción literaria de la *Disputatio* y que si Llull tuvo intención de traducirlo al latín y de entregarlo al Papa, la dimisión de este abortó el proyecto. La otra petición, la *Petitio Raimundi pro conuersione infidelium ad Bonifatium VIII papam*, es pues el resultado de la traducción y adaptación del texto anterior, ahora dirigido al nuevo ocupante de la cátedra de San Pedro.

Queda así patente una vez más la importancia del trabajo filológico alrededor de la edición crítica de los textos de Llull. El estudio pormenorizado de los mismos, imprescindible para una correcta edición filológica, lleva a conclusiones que van más allá del ámbito estrictamente filológico. Así, otro hecho interesantísimo que se desprende del estudio introductorio a las obras editadas es la similitud de algunas propuestas lulianas con textos del *Opus tertium* de Roger Bacon, lo que apunta hacia una posible fuente.

En cuanto a la edición de cada uno de los textos, también va acompañada de un estudio individual más amplio. Los dos primeros son responsabilidad de Coralba Colomba. Se trata de dos obras relacionadas con la *Tabula generalis* (ROL XXVII) en las que se desarrolla la combinatoria inherente a esta versión del *Ars*. Son dos tratados breves que, no obstante, tienen su importancia como ejemplos del funcionamiento del método y que pueden aclarar elementos de la presentación general del mismo en el texto principal de la *Tabula generalis*.

El resto de las obras editadas son responsabilidad de Viola Tenge-Wolf. El *Liber de sexto sensu, i. e. De affatu* es importante en el catálogo luliano porque presenta una de las innovaciones más destacadas del autor: la incorporación o «descubrimiento», en palabras de Llull, del *affatus* o lenguaje como sexto sentido. Hasta ahora, los numerosos estudios sobre el tema se basaban sobre todo en las tres ediciones existentes de la versión catalana, que en el estudio introductorio a esta edición latina se demuestra que son insuficientes (por no corregir errores del testimonio manuscrito transcrito) o, incluso en algún caso, están mal hechas. El pormenorizado estudio de las relaciones entre las versiones latina y catalana ilumina el sentido de algunos pasajes oscuros y aclara un texto complejo pero fundamental en el conjunto de la producción de Llull. Si bien el texto catalán es anterior, el latino corrige y precisa en muchos aspectos el original, por lo que esta edición es un instrumento imprescindible para calibrar la evolución de la concepción luliana del *affatus*. Un solo ejemplo bastará: en la página 114 se compara la definición del nuevo sentido en ambas versiones, y lo que en catalán aparece como «affatus és aquela potència, ab la qual animal manifesta en la vou *a altre animal* la sua conceptió» se convierte en la versión latina en «Affatus est illa potentia, cum qua animal in uoce manifestat *extra* suam conceptionem». El matiz no es irrelevante, pues implica un cambio hacia una concepción del sentido del lenguaje en la que el receptor no juega el papel que antes se le otorgaba y en la que el peso de la comunicación se inclina hacia el acto de la elocución del enunciado frente al de la descodificación del mensaje.

Un estudio de la concepción luliana del lenguaje debería tener en cuenta estos y otros muchos matices que la edición crítica latina de la Dra. Tenge-Wolf pone al descubierto, gracias a la aplicación de unos criterios editoriales claros y rigurosos que suponen el estudio completo de la tradición latina y catalana y la colación de los dos manuscritos catalanes, cuyas variantes aparecen en el aparato crítico. Las referencias al término *affatus* en obras posteriores, con indicación del número de veces en que se cita en cada una de ellas, es también un instrumento muy útil que la editora ofrece en el estudio introductorio a la edición.

La cuestión de la doble versión y de la traducción en la obra de Llull adquiere también una gran importancia en las obras editadas a continuación, y es objeto de un completo análisis en los estudios introductorios (un análisis que sirve en última instancia para establecer unos criterios de edición claros y fiables que tengan en cuenta toda la tradición de la obra, tanto la catalana como la latina). En las *Flores amoris et intelligentiae* Viola Tenge-Wolf estudia exhaustivamente la traducción latina de la edición maguntina hasta establecer la hipótesis bastante verosímil de la existencia de más de un traductor. La comparación con la versión catalana primitiva, previamente editada por Salvador Galmés y por Anthony Bonner, pone de manifiesto una vez más la necesidad de corregir el texto original en algunos puntos críticos.

Pero es sobre todo en la *Disputatio quinque hominum sapientium* y en las dos peticiones que dependen de ella donde el tema de la traducción adquiere unos tintes más complejos. La exhaustiva comparación de los testimonios latinos y catalanes con la edición maguntina de Salzinger pone de manifiesto las divergencias profundas entre las dos tradiciones lingüísticas, hasta el punto de que en la cuarta parte de la *Disputatio* el editor setecentista, ante las diferencias notables entre los testimonios latinos y el catalán, que considera el original, opta por hacer su propia traducción de este al latín. Sin embargo, este caso, como el de otras obras editadas en la serie ROL con anterioridad, muestra que el concepto de «traducción» en Llull es mucho más complejo de lo que aparenta a primera vista, pues al traducir del catalán al latín el autor modifica, adapta y corrige en profundidad la obra hasta convertirla en ocasiones, como es el caso de la cuarta parte de la *Disputatio quinque hominum sapientium*, en una versión nueva del texto, que precisa mucho mejor los tecnicismos teológicos que el original. Llull aprende en el proceso de redacción de sus obras y, sobre todo, en el de traducción.

Pero el estudio introductorio a la edición, que sigue la línea metodológica de comparación exhaustiva de los testimonios tanto latinos como catalanes, no se centra exclusivamente en los aspectos lingüísticos; la relación del texto con otros diálogos lulianos como el *Liber de gentili* o el tema de las relaciones con los cismáticos ocupa un lugar destacado en la presentación de la obra. Del mismo modo, la edición de las dos *Petitiones* a los papas se acompaña de unas notas que resumen la bibliografía más reciente sobre el controvertido tema de la cruzada en Llull y que remiten, entre otros, al estudio introductorio de Fernando Domínguez al *Liber de passagio* (ROL XXVIII), fundamental para posicionar los planes de cruzada de Llull en el lugar que les corresponde como estrategia para presentar a los papas sus planes misionales, objetivo último y auténtico centro de las preocupaciones de nuestro autor. En cuanto a los textos editados, se opta aquí una vez más por una edición sinóptica que pone de manifiesto a primera vista las modificaciones que el texto de la *Petitio ad Bonifatium VIII* incorpora respecto e la *Petitio ad Coelestinum V* anterior. En esta se toma como texto base la traducción latina de la edición maguntina, colacionada con el original catalán, mientras que la versión de la petición al papa Bonifacio es el resultado del trabajo sobre los cinco testimonios manuscritos y las tres ediciones previas.

En resumen, puede decirse que este volumen sigue la línea marcada por los anteriores de la misma serie: presentación completa de las obras, planteamiento riguroso de la problemática vinculada a la pluralidad lingüística de las versiones, y rigor metodológico en la edición crítica. El resultado es un texto fiable que, incluso en el caso de obras previamente conocidas y ampliamente citadas en los estudios sobre el pensamiento de Llull (como es el caso del aquí editado *Liber de affatu*), presenta al lector el texto desde un nuevo prisma.

Josep E. Rubio, València

Kathryne Beebe: *Pilgrim and Preacher. The Audiences and Observant Spirituality of Friar Felix Fabri (1437/8–1502)*, Oxford: Oxford University Press 2014. – 270 pp. – ISBN 978-0-19-871707-2 – £ 60,00.

Der Untertitel macht klar, worum es der Autorin in ihrem Werk geht, nämlich um die richtige Deutung der vier Bücher, in denen der Predigerbruder Felix Fabri († 1502) seine beiden Reisen ins Heilige Land und auf den Sinai (unternommen 1480 und 1483/84) verarbeitet hat, auf deren Leserkreis und auf eine klar definierte Spiritualität hin, die aus der spätmittelalterlichen monastischen Observanzbewegung erwuchs. Das Besondere an Fabris Reisebüchern sei nicht, wie Beebe betont, dass er seinen Erlebnissen schriftliche Form gab, sondern dass er dies wieder und wieder tat, jedes Mal für eine andere Leser- und Hörerschaft (S. 1). Ausgehend von dieser Beobachtung entwickelt die Autorin die Leitfragen ihrer Untersuchung: Warum war das so? Wer waren diese Zielgruppen, für die Fabri schrieb? Wie näherte er sich diesen Gruppen? Wie und als was lasen diese seine Bücher? Zur Beantwortung dieser Fragen folgt die Autorin zwei Prämissen: Sie betrachtet zum einen grundsätzlich die spätmittelalterliche Pilgerliteratur als Zugang zum Verständnis der Spiritualität jener Zeit als Ganzem und deutet zum anderen das Produzieren und Konsumieren dieser Literatur als eine eigene Andachtsform (S. 2). Daraus leitet sie ihre These ab: Wenn die Pilgerliteratur aus diesen Motiven geschrieben und verbreitet wurde, kann man aus ihrem Stil und ihrer Darstellungsweise auch Rückschlüsse auf die Zielgruppen und deren Bedürfnisse ziehen, für die sie geschrieben wurde. Diese Leitlinien begründen, was man in Beebes Werk nicht vorfindet: Das Leben Fabris und seine Reisen, der Inhalt seiner Bücher, die Einordnung Fabris und seines Werks in seine Zeit und seine Lebenswelt, zu der insbesondere die monastische Observanzbewegung des Spätmittelalters gehört, werden nur kursorisch auf wenigen Seiten dargestellt (S. 3–16 und 21–25). Das Wissen darüber muss

Beebe voraussetzen, um sich ihrem eigentlichen Anliegen widmen zu können.

Im ersten Kapitel (S. 20–58) beschreibt Beebe den Hintergrund der behandelten Reisebücher in der Literatur zu Fabri, den Forschungsstand zu mittelalterlichen Pilgerfahrten und -literatur, sowie die verschiedenen Typen letzterer (Itinerarien, Karten, Ablassbücher, Prozessionalien, Tagebücher und Reiseführer) und stellt allgemeine Beobachtungen zu den Lesertypen an, die diese Literatur konsumierten.

Das zweite Kapitel (S. 59–92) widmet sie ganz Fabri selbst, seiner Biographie und seinem Lebens- und Wirkungsraum in Ulm, um Ulm und um Ulm herum. Sie gibt einen Überblick über das überlieferte Gesamtwerk Fabris, das zu seinen Lebzeiten nicht gedruckt, sondern nur in handschriftlicher Form verbreitet wurde – einschließlich seiner Predigten, geistlichen Abhandlungen, Beiträgen zu Geographie, schwäbischer Regionalgeschichte und anderer Texte, jeweils unter genauer Anführung der erhaltenen Manuskripte –, um in diesen Rahmen dann seine vier Reisebücher hineinzustellen: das »Gereimte Pilgerbüchlein« (entstanden um 1480), das »Evagatorium« (entstanden zwischen 1484 und 1488), das »Pilgerbuch« (entstanden bald nach 1484) und die »Sionpilger« (entstanden in den späten 1480er Jahren), ebenfalls unter genauer Angabe aller erhaltener Manuskripte. Um zu zeigen, dass keines von Fabris Pilgerwerken als typischer Reiseführer oder Itinerar dienen kann und will, vergleicht Beebe diese mit einer Reihe von klassischen und typischeren Vertretern dieser Literaturgattungen. Besonders geht sie auf die Reiseberichte des Ludolf von Sudheim (entstanden um 1380), Hans Tucher († 1491) und Bernhard von Breydenbach († 1497) ein, weil diese von Fabri als Quellen verwendet wurden und Beebe seine Abweichungen von den Vorbildern dadurch gut darstellen kann: Fabri ginge grundsätzlich literarischer und enzyklopädischer vor, seine Bücher trügen eher den Charakter von Handbüchern über das Heilige Land und die Bibel, belebt durch den Sinn eines Predigers für Anekdoten, die einen trockenen Lesestoff für seine Konsumenten verdaulicher machten (S. 92). Auffallend sei weiterhin, dass Fabri, obwohl er selbst sehr wohl in Kontakt mit der Buchdruckerlandschaft seiner Zeit stand, seine Pilgerwerke einem größeren Publikum vorenthielt, weil er sie nicht drucken ließ. Dies habe, laut Beebe, mit den speziellen Leser(innen)schaften zu tun, für die er seine Werke verfasst habe (ebd.).

Fabris Zielpublikum ist Inhalt des dritten Kapitels (S. 93–128), das bezeichnenderweise die Hauptüberschrift »Text as Tool« (S. 93) trägt. Da sie das »Gereimte Pilgerbüchlein« als Frühwerk betrachtet – und es aufgrund seiner Kürze für ihre Zwecke nicht taugt –, stellt Beebe hier nur die drei anderen gereifteren und v.a. umfangreicheren Werke in den Fokus: Sie möchte belegen, dass die »Sionpilger« und das »Evagatorium« für ein religiös-monastisches und das »Pilgerbuch« für ein säkulares Publikum gedacht waren (S. 94) und diskutiert detaillierter Fabris Rolle als Prediger und Schwesternseelsorger und als Vertreter der spätmittelalterlichen monastischen Observanzbewegung. Adressat des »Evagatoriums« seien Fabris dominikanische Mitbrüder gewesen; das Werk selbst wäre als Summa des Pilgerwissens über das Heilige Land gedacht, inspiriert aus Fabris Tätigkeit als Lesemeister für die Auszubildenden seines Ordens und im Stil geleitet durch Johannes von Wales »Summa collectionum« oder »Communiloquium«, einem Werk, das nachweisbar in Fabris Besitz war. Das »Pilgerbuch« habe Fabri hauptsächlich sozusagen als Souvenir für die vier adeligen Patrone geschrieben, die ihm diese Fahrt ermöglicht und die er begleitet hatte, aber als Adressaten habe er nicht nur diese vier Männer im Visier gehabt, sondern auch deren Familien, Haushaltsangehörigen und Dienerschaft, weil er davon ausgegangen sei, dass jene bei einer Lesung des Buches wohl ebenfalls anwesend waren. Daher wäre er darin auch als geschickter Prediger aufgetreten. In den »Sionpilgern« werde Fabris Aufgabe als Schwesternseelsorger sichtbar, konkret für streng klausurierte Nonnen, die den Idealen der monastischen Observanzbewegung nacheiferten, denen er mit seinem Buch eine geistliche Phantasiepilgerreise ins Heilige Land ermöglichen wollte. Diese Rücksichtnahme Fabris auf verschiedene Publika beschreibt Beebe durch inhaltliche Beispiele, die in allen drei Werken vorkommen, aber unterschiedlich geschildert werden (z. B. die erste Sichtung des Heiligen Landes). Wie sie aber eingesteht, seien diese jeweiligen speziellen Adressatenkreise zwar nachweisbar, schlössen sich aber nicht gegenseitig aus.

Von diesen vom Autor anvisierten Zielgruppen kommt sie im vierten Kapitel (S. 129–177) zu Fabris historisch nachweisbarer Leserschaft. Dafür kehrt Beebe noch einmal zu den Handschriftencodices zurück, durch die alle vier Reisebücher Fabris bis heute überliefert sind, analysiert deren Besitzer- und Benutzergeschichte und anderes, bis hin zu vorfindlichen Randbemerkungen, um zu dem Ergebnis zu kommen, dass sich Fabris Leserschaft im ersten Jahrhundert nach Abfassung seiner Bücher geändert habe: Wie die Handschriftenverbreitung schließen lasse, stammten Fabris früheste nachweisbare Leser aus lokalen Ulmer Klerikerkreisen, die seine Pilgerwerke im Zusammenhang mit anderen religiösen Schriften im Umfeld der Observanzreform weiterverbreiteten, also nicht als praktische Führer zur Begegnung mit dem Heiligen Land, sondern als Bestandteile observanter Andachtsliteratur. Unter dem Einfluss des Protestantismus und der damit einhergehenden Veränderung in der religiösen Ausdrucksweise und Andacht habe sich das Interesse an Fabris Opus gewandelt, weg von seinem spirituellen Gehalt, hin zu seinen Beiträgen für Landes-, Erd- und Entdeckungsgeschichte (vgl. Zusammenfassung S. 176–177).

Im fünften Kapitel (S. 178–210) wendet sich Beebe noch einmal dem Thema der virtuellen, geistlichen Pilgerfahrt zu, für die Fabri die »Sionpilger« verfasst hatte. Dieses Thema scheint ihr sehr geeignet zu sein, um ihren Appell zu einer neuen, sozusagen ganzheitlicheren Leseweise der Pilgerliteratur zu begründen, die nicht nur die in den Texten vorliegenden Informationen evaluieren, sondern sie auch als Quellen eines tieferen Verständnisses für Geschichte und Kultur verwenden sollte, besonders des Verhältnisses von Autor und Leserschaft (so S. 180; siehe ihre Ausgangsprämissen oben). Dies ist Beebe wichtig, weil sie zeigen möchte, dass die Obervanzreform keine von oben nach unten verlaufende, männerdominierte Bewegung gewesen, sondern von einer gemeinschaftlichen geistlichen Anstrengung zwischen männlichen Ordensoberen und Ordensfrauen getragen worden sei. Würde Pilgerliteratur in diesem Lichte betrachtet, könne man sehen, wie diese zur Textgestalt der Gefühlsaspekte der spätmittelalterlichen Frömmigkeit beigetragen habe und wie geistliche Phantasiepilgerfahrten die Form der Andachtswirklichkeit mitgestaltet hätten (S. 181). Wie dieser von ihr angestrebte ganzheitliche Zutritt aussehen kann, verdeutlicht Beebe in diesem Kapitel, beginnend mit der Feststellung, wie und wo in Fabris Pilgerwerken auch seine subjektiven Einstellungen nachspürbar sind – konkret Fabris Eigenschaften als Prediger, Seelsorger und Observanter, die alle über das reine Berichten von Pilgererlebnissen hinausgingen. Dies werde anhand der »Sionspilger« und deren Anliegen einer geistlichen Phantasiepilgerfahrt besonders deutlich, ein Buch, das Fabri für klausurierte observante Frauenklöster im Ulmer Raum schrieb. Gerade in den zwanzig Richtlinien, die er den »Sionpilgern« voranstellte und in denen er erläutert, wie diese Phantasiepilgerfahrt praktisch von statten gehen sollte, seien seine Erfahrungen und seine Rolle als Schwesternbeichtvater eingeflossen. Die Phantasiepilgerfahrt beschreibt Beebe als Andachtsform der mittelalterlichen deutschen Mystik, aber vor allem als Ausdruck der mit der Observanzbewegung verbundenen Frömmigkeit.

Im abschließenden sechsten Kapitel (S. 211–218) fasst Beebe ihre Erkenntnisse noch einmal zusammen, geht dabei aber über eine Wiederholung des schon von ihr Gesagten hinaus: Sie betont erstens bei der Deutung von Fabris Pilgerwerken neuerlich, wie wichtig es sei, diesen Autor nicht nur als Reiseschriftsteller, sondern als observanten Dominikanerprediger zu sehen, also seine Pilgerwerke als geistliche Verkündigungen aufzufassen. Sie beschreibt zweitens die feststellbare Weiterentwicklung von Fabris persönlicher Einstellung zu Muslimen und ostkirchlichen Geistlichen und Klöstern. Und sie stellt drittens noch einmal fest, dass Fabris Leserschaft seine Pilgerwerke als Andachtsliteratur aufgefasst hätte und dass auch Fabri selbst sie bewusst als Beiträge zur Verbreitung der Observanzfrömmigkeit gestaltet habe, zu der als bedeutendes Element die Möglichkeit des Nachlebens von Leben und Taten Christi und der Heiligen im Heiligen Land vor Ort, zu Hause, im Alltagsleben seiner Leser gehörte. In diese Richtung sei auch das abschließende Kapitel des »Evagatoriums« zu deuten, nämlich Fabris Beschreibung der kirchlichen und politischen Landschaft Ulms: als Ort des Ausgangs und der Rückkehr einer geistlichen Pilgerfahrt, in der Wirklichkeit oder der Phantasie.

Beebes Buch wird abgeschlossen mit dem Gedicht »Brother Felix Fabri« von Eiléan Ní Chuilleandin (geb. 1942), einer Liste über die vorhandenen Manuskripte von Fabris Pilgerwerken, einer umfangreichen Bibliographie der von ihr selbst verwendeten Handschriften und Literatur und einem Namen- und Ortsindex (S. 219–270). Ihrem Text beigefügt sind drei Karten und, als einzige Illustration, ein Foto des Katharinenfreskos im Ulmer Münster.

Trotz großen Charmes und flüssigen Darstellungsstils ist die Monographie manchmal schwer zu lesen, weil ihre Autorin hohe Detailkenntnisse aller vier Pilgerbücher Fabris voraussetzt. Besonders gut gelungen sind ihr die Kapitel 1 bis 4, in denen sie ihr beabsichtigtes Ziel sehr genau und konsistent erreicht, nämlich die Darstellung der Wechselwirkungen zwischen einem Autor und seiner Leserschaft, insbesondere wenn dieser Autor ein unterrichtender und predigender Dominikaner war, sowie die Darlegung der Erkenntnisse über beide, Leserschaft und Autor, die sich aus dieser Wechselwirkung gewinnen lassen. Kapitel 5 ist nicht frei von Redundanzen und auch inhaltlich nicht so klar: Falls die genannten Wechselwirkungen zwischen dem Autor Felix Fabri und seiner Leserschaft so deutlich sind, wie Beebe sie tatsächlich in den vorhergehenden Kapiteln dargestellt hat – warum dann eine neuerliche Rechtfertigung dieser Frage? Es ist kein Mangel, aber ein weiteres Lesehindernis, dass sie in diesem Kapitel sozusagen zu viele Töpfe öffnet, von der Nennung des »Itinerarium mentis in Deum« Bonaventuras als Vorbild (S. 178), über Fabris Tätigkeit als Prediger und Schwesternbeichtvater (S. 181–187), eine Einführung in seine »Sionspilger« (S. 187–192), das Verhältnis von Frauen, deutscher Mystik und Observanz (S. 192–196), den Kontext observanter Andachtsliteratur, in dem die »Sionspilger« abgeschrieben und überliefert wurden (S. 196–205), bis hin zur Rolle der virtuellen Phantasiepilgerfahrt als geistlichem Andachtselement der Observanzbewegung (S. 205–210). Beebe selbst räumt auf S. 193 in Fußnote 62 ein, dass das Thema der Beziehung zwischen virtueller Pilgerfahrt und spätmittelalterlicher monastischer Reform zu groß sei, als dass sie darauf in ihrem Buch über Fabris Pilgerwerk näher eingehen könne. An derselben Stelle kündigt sie aber eine umfassendere Studie dazu an. Auf deren Erscheinen kann man sich jetzt schon freuen.

Wolfram Hoyer OP, Augsburg

Arnaldi de Villanova Tractatus de tempore adventus Antichristi: ipsius et aliorum scripta coaeva (Corpus scriptorum Cataloniae. Series A, scriptores: Arnadi de Villanova opera theologica omnia 5), ed. Josep Perarnau, Barcelona: Institut d'Estudis Catalans 2014. – 438 S. – ISBN 978-84-9965-205-4 – € 38,00.

Bereits Anneliese Maier hatte im Zuge ihrer beiden 1948 und 1952 publizierten Untersuchungen der Handschrift BAV, Borgh. 205 nachdrücklich darauf hingewiesen: Der an der Universität Paris aufsehenerregende Traktat *De tempore adventus antichristi* des Arnald von Villanova (†1311) bildet alles andere als ein geschlossenes Ganzes. Man müsse mindestens zwei Teile differenzieren: Dabei rekurrierte sie nicht zuletzt auf Studien, die Heinrich Finke zu Beginn des letzten Jahrhunderts vorlegen konnte. Differenziert wurde zwischen einem ersten Teil des Werkes, der achtzehn Blätter umfasse (fol. 50–68) und aus dem Jahr 1297 stamme, und einem zweiten Teil, bestehend aus gerade einmal zehn Doppelseiten (fol. 68–78), der zwei Jahre später verfasst worden sei. Und in der Tat: Die weitere Erforschung des Traktats hat ihr Recht gegeben: Der Traktat ist äußerst vielschichtig und weist etliche Brüche in der Argumentation und zahlreiche Neuansätze in seiner gedanklichen Konzentration auf (GERWING, *Vom Ende der Zeit: Der Traktat des Arnald von Villanova über die Ankunft des Antichrist in der akademischen Auseinandersetzung zu Beginn des 14. Jahrhunderts*, 1996, 76–253). Nachdem Josep Perarnau i Espelt bereits 1989 eine erste Transkription des Traktates nach BAV, Vat. lat. 3824, fol. 50va–78va vorlegen konnte, gelingt es ihm jetzt endlich eine kritische Edition des Traktats vorzulegen, die alle Beachtung verdient.

Neben kurzem Vorwort und umfassender Bibliographie besteht die komplett in katalanischer Sprache verfasste Studie aus zwei Teilen: In einem ersten Teil wird in den Traktat *De tempore adventus antichristi* eingeführt (S. 23–320), in einem zweiten kommt unter dem Stichwort »Les Discussions« die Wirkungsgeschichte des Traktats zur Sprache (S. 321–435). Durchaus deutlicher hätte der zeitgenössische Hintergrund skizziert und auf die mittelalterliche Welt an der Wende zum 14. Jahrhundert eingegangen werden dürfen. Die geschichtlichen Prozesse, die zu der kultur-, geistes- und speziell theologiegeschichtlich brisanten Situation um 1300 geführt haben, geben ja den Thesen des Arnald von Villanova vom baldigen Kommen des Antichrist allererst ihren »Sitz im Leben« (S. 23–53).

Detailliert und kenntnisreich wird indes auf die Situation in Paris um 1290 bis 1299 eingegangen, auf die biographischen Stationen und persönlichen Missionen Arnalds von Villanova einerseits (S. 53–74), und die Situation der theologischen Fakultät und Reaktion ihrer Professoren auf die Thesen Arnalds andererseits (S. 74–120). Diese wiederum ist nur auf dem Hintergrund dessen zu verstehen, was Pierre Duhem stichwortartig zu Recht als das »Geburtsdatum der modernen Wissenschaft« bezeichnet: auf dem Hintergrund der Verurteilungen von 1270 und 1277. Doch die hier nur angedeuteten Zusammenhänge hätten freilich stärker herausgearbeitet werden dürfen. Denn inzwischen steht fest: das apokalyptische Denken generell und das kalkulierende Fragen Arnalds speziell nach dem Ende der Welt und dem finalen Kommen Christi hat wesentlich zur Entstehung der modernen Naturwissenschaft im Mittelalter beigetragen (vgl. JOHANNES FRIED, *Aufstieg aus dem Untergang: Apokalyptisches Denken und die Entstehung der modernen Naturwissenschaft im Mittelalter*, München 2001, S. 113–125).

Arnald jedenfalls wehrte sich vehement gegen den Vorwurf der Pariser Theologen, er habe in seinem Traktat »Über die Ankunft des Antichrist« gegen den Glauben und das Evangelium verstoßen. Dabei wandte er sich mit seinem Protest an die höchsten Stellen: an den König von Frankreich, an den Bischof von Paris und schließlich an Papst Bonifaz VIII. Erfreulicherweise gibt Perarnau durch seine Editionen des »Instrumentum alterum appelationis magistri Arnaldi de Villanova a processu Parisiensium ad Apostolicam Sedem« (345–350) sowie der »Notificatio, protestatio ac requisitio ad Regem Francorum« (350–356) auch in diese Phase des Streites um das Kommen des Antichrist exemplarischen Einblick. Auffallend dabei ist, wie sorgfältig Arnald seine Protestschreiben gegen die Pariser Theologen und des Offizials jeweils auf den Adressaten hin abstimmte. Philipp dem Schönen gegenüber schwächt er die theologische Argumentation ab und betonte stattdessen die politische Dimension des Prozesses.

Die Edition des Traktates selbst umfasst gut hundert Seiten (S. 169–276), insgesamt 1650 Zeilen. Angehängt sind ein sorgfältig erstelltes Wortverzeichnis (»Taula de Mots« S. 277–317), das nicht etwa nur die Grundformen, sondern auch alle im Text vorkommenden Variations-, Konjugations- bzw. Deklinationsformen des lateinischen Wortes minutiös verzeichnet. Aussagekräftig ist auch der Index der Bibelstellen (»Taula de citaciones Bíbliques, S. 318f.), aus dem bereits auf den ersten Blick die Dominanz des Buches Daniel zu erkennen ist. Zwischen den Büchern des Alten und des Neuen Testaments wird nicht eigens differenziert. Sie werden vielmehr unterschiedslos alphabetisiert: von A wie Act (= Actus Apostolorum) über G wie Gen (= Liber Genesis) bis II Tim (= Ad Timotheum II), so dass hier die alt- oder neutestamentliche Akzentuierung nicht so augenfällig wahrzunehmen ist. Dass unter »C« auch »Canon« eingeordnet wird, gehört wohl eher zu den *Curiosa*, zumal »Canon« auch noch einmal unter die zitierten Autoren (»Citacions d' autors«) fällt (S. 320). Warum diese lateinischen Autoren aber allesamt ins Katalanische (also *Ctho*) transformiert, nicht aber, entsprechend dem Text, auf Latein (hier: *Cato*) genannt werden, wird nicht klar. Übrigens muss es auch in der Edition »documento *Catonis*« und »solum *Cato*«, nicht »documento *Cathonis*« (Z. 261) und »solum *Catho*« (Z. 268) heißen.

Es werden alle bekannten Handschriften, auch solche mit unvollständigem Text, genannt (S. 122–125). Nicht immer wird dabei darauf geachtet, dass die für die kritische Edition elementaren Angaben (Angabe des Bibliotheksortes, der Bibliothek und der Bibliothekssignatur; Hinweis auf das Material, Zahl der Folien des Codex, Größe, Zahl der Kolumnen und Entstehungszeit) schematisch behandelt und längere Ausführungen nur dann gemacht werden sollten, wenn sie etwa zur Korrekturen von Katalogbeschreibungen notwendig sind. Sehr gut ist das Stemma gelungen, das die Beziehungen der Manuskripte und ihre Abhängigkeiten voneinander plausibel veranschaulicht (S. 168). Die Textgestaltung ist vorbildlich. Sie orientiert sich, dem erklärten Ziel der Reihe entsprechend, eher nach der historisch-philologischen, nicht so sehr nach der systematisch-theologischen *ratio edendi*. Nicht immer wird die heute gebräuchliche Orthographie berücksichtigt. Zwischen »u« und »v« wird nicht differenziert. Es heißt »seculum« und »sue pie«, aber »ratio« und »revocationis« anstatt »racio« und »revocacionis«. Auch die Eigennamen sind zwar vereinheitlicht, aber nicht normalisiert worden. Die Besonderheiten des individuellen Textes bleiben so gewahrt. »Deus« und »Dominus« werden wie in theologischen Texten üblich ebenso durch Großschreibung hervorgehoben wie »Trinitas« und die göttlichen Personen »Pater«, »Filius« und »Spiritus sanctus«. Satzzeichen werden sparsam verwendet, dienen aber der Verständlichkeit des Textes.

Wörtliche Bibel- und Autorenzitate werden in Anführungszeichen gesetzt, wobei nicht auf den deutsch-österreichischen, sondern auf den französischen Schriftsatz zurückgegriffen wird, näherhin auf die Guillemets. Autorennamen und biblische Bücher werden kursiv gedruckt. Die Absätze stammen vom Editor. Sie gliedern zusätzlich den Text und erhöhen seine Verständlichkeit. Doch nicht sie, sondern die Zeilen werden gezählt, was den raschen Bezug der zahlreichen Varianten erhöht, aber den Apparat durchaus nicht entlastet; denn so muss nicht nur die Zeile, sondern auch noch das jeweilige Bezugswort des editierten Textes aufgeführt werden. Die Folgen dieses Verfahrens sind unübersehbar: Der Variantenapparat ist, obwohl kleiner gedruckt, in der Regel raumgreifender als der Text selbst. Da Vollständigkeit, nicht etwa nur Exemplarität angezielt wird, kommt penibel jede Kleinigkeit zur Sprache: orthographische Abweichungen, Dittographien, klare Versehen der Schreiber. Mit erlesener Sorgfalt ist auch der Quellenapparat gestaltet. Sofern vorhanden werden stets die neuen kritischen Ausgaben herangezogen. Insgesamt sind die Quellenhinweise erfreulich knapp und dennoch klar und eindeutig.

In der skizzierten Wirkungsgeschichte des Traktats geht der Herausgeber eigens auf die Stellungnahmen des Petrus de Alvernia (†1304) und des Johannes Quidort von Paris (†1306) ein. Dabei transkribiert er Excerpta aus den *Quaestiones de quinto quolibet* des Petrus nach BAV, Vat. lat. 932, 159d–161c (S. 376–384) sowie aus dem *Tractatus de antichristo* des Johannes Quidort von Paris, allerdings aus dem äußerst fehlerhaften Druck Venedig 1516ff. (385–390). Perarnau konnte dabei auf meine Vorarbeiten dazu aus den achtziger und neunziger Jahren des letzten Jahrhunderts zurückgreifen, offensichtlich aber noch nicht auf die von mir besorgte kritische Edition *De antichristo et de fine mundi* aus dem Jahr 2011. Doch das mindert den Wert der vorliegenden Arbeit keineswegs; denn dieser speist sich aus einer kaum zu überschätzenden Forschungsarbeit: der ebenso zielführenden (»propria auctoris scriptura«) wie problemorientierten kritischen Edition des berühmt-berüchtigten Antichristtraktats des Arnald von Villanova.

Manfred Gerwing, Eichstätt

THOMAS MICHAEL KRÜGER: *Leitungsgewalt und Kollegialität. Vom benediktinischen Beratungsrecht zum Konstitutionalismus deutscher Domkapitel und des Kardinalkollegs (ca. 500–1500)* (Studien zur Germania Sacra, Neue Folge 2), Berlin-Boston: De Gruyter 2013. – VIII, 355 S. – ISBN 978-3-11-027725-8 – € 139,95.

Im Druck erscheint mit vorliegendem Bande die augsburgische Habilitationsschrift Thomas Michael Krügers, die der Frage nach der »Mitbestimmung« im Kardinalskollegium bzw. deutschen Domkapiteln nachgeht. Das Werk von nicht ganz dreihundert Textseiten ist in vier Großkapitel, umrahmt von Einleitung und Schluss, gegliedert. Knapp umrissen wird das Programm des Buches durch die Frage, weshalb immer mehr im Detail verbesserte Wahlkapitulationen aufgestellt wurden.

Im 1. Kapitel (»Ideen- und rechtsgeschichtliche Grundlagen«, S. 13–64) spürt Krüger drei »mainstream«-Vermutungen als Basis der möglichen Grundlagen nach, die in Gestalt der gleichnamigen Unterkapitel genannt seien: Zuerst der Maxime »Quod omnes tangit und die Frage: Wer ist betroffen?« (S. 13), dann den »Gliedmaßen« der Kirchenfürsten. Das Spannungsfeld Kirchenfürst als Gliedmaße bleibt deutlich im Schatten, wie auch die gegenseitige »Befruchtung« von beispielsweise Kirchen- als Reichsfürsten als Spannung. Als letztem Unterpunkt wird die Aufmerksamkeit der monarchischen Grundordnung als konstitutionellem Anregungspotential, bezogen auf das benediktinische Mönchtum, gewidmet. Obwohl die eben genannten changierenden, schillernden Begrifflichkeiten nicht eindeutig greifbar sind, schält der Autor deutlich heraus, was zu erkennen ist: Verstetigung durch Wandel (beispielsweise S. 64).

Ferner befasst sich Krüger mit der praktischen Bedeutung von Konstitutionalismus und der Frage, wie weit der Weg vom benediktinischen Recht auf Gehör zum kardinalizischen Anspruch auf Partizipation tatsächlich ist. Zur Beantwortung dient ihm als Lackmustest die Krisensituation; alle untersuchten Krisen finden sich im Spätmittelalter. Die »Formierung der Wahlkollegien« (2. Kapitel, S. 65–161) wird für die Zeit vom 10. bis 13. Jahrhundert verortet.

Analog zu den Domkapiteln als Gewinnern des Investiturstreits (vgl. S. 104) sieht der Autor das Kardinalskolleg als Gewinner des Wibertinischen Schismas (S. 112). Ob allerdings alle Folgerungen aus der kardinalizischen und papalen Siegelpraxis (vor allem S. 128, wo komprimiert und ziemlich überspitzt das Krügersche Programm dargestellt wird) haltbar sind, bleibt abzuwarten und im Detail noch genauer zu untersuchen.

Dem langen vierzehnten Jahrhundert widmet Krüger das 3. Kapitel (»Zwischen Schein und Zusammenbruch der zentralistisch-hierarchischen Kirchenordnung (ca. 1289–1409)«, S. 163–221). Dass bei den Kardinalspromotionen und auch der Förderung im Allgemeinen Cölestin V. *cum grano salis* weniger ein Näherstehen zu den alten Orden zuzuschreiben ist, ist sicherlich nicht unrichtig. Krüger sieht dies vor allem in Unverständnis (bis hin zur Abneigung) des Papstes des hohen intellektuellen Niveaus der Debatten und Auseinandersetzungen innerhalb der Bettelorden (S. 167). Gleichwohl ehrt es einerseits die Fähigkeiten des Eremitenpapstes, dem eine gewisse »Bauernschläue« sicherlich nicht abzusprechen ist, zu sehr, und greift andererseits viel zu kurz. Nicht bedacht wird nämlich die Konkurrenz zu den Mendikanten, das »gemeinsame Publikum« im ärmlichen Lebensentwurf – und deren breiteren Bekanntheit.

Über den Bonifazprozess führt die Monographie weiter zur anderen bedeutenden Krisensituation des Spätmittelalters, dem Großen Abendländischen Schisma. Dies scheint nach Krüger ein Glücksfall sondergleichen für das Kardinalskolleg (um überspitzt zu formulieren) gewesen zu sein, denn dieses (respektive späterhin die diversen Kardinalskollegien) suchte über Wahlkapitulationen die Rolle des Papstes *ad absurdum* zu führen: »der neue Papst sollte nur noch eine Repräsentationsfigur sein, der die Legitimität des avignonesischen Kardinalkollegiums unter Beweis stellte« (S. 215). Dass diese vermeintlich hehren Ideen selbst bis auf unsere Zeit hinauf nicht unbedingt der Weisheit letzter Schluss sind, muss nicht *expressis verbis* betont werden. Mit der Wahlkapitulation von 1394 suchte dann das avignonesische Kardinalskolleg, das Heft des Handelns in die Hand zu nehmen und sich zum beherrschenden Moment in der Kirchenorganisation aufzuschwingen, die Entscheidung über die Beendigung des Schismas – und somit das Schicksal der Universalkirche in die eigene Hand zu nehmen (S. 215). Womit die Kardinäle aber nicht rechneten, war der Umstand, dass der von ihnen erkorene Petrus de Luna, als Papst Benedikt XIII., sich nicht in das von ihnen entworfene Tableau einfügte und sein Amt ernst nahm, so wie er auch zuvor, was Krüger richtig bemerkt, sein Amt als Kardinal korrekt ausgefüllt hatte. Diese Konsequenz sollte Benedikt letztendlich in das meerumtoste Felsennest Peñiscola führen, als einzig ihm verbleibende Obödienz.

Das letzte, vierte Kapitel führt ins XV. Jahrhundert, fokussiert aber nicht nur auf die Konzilien (hier vor allem Konstanz und Basel), sondern auch auf dem Renaissancepapsttum in seiner frühen Ausprägung. Konziliarem Gedankengut zufolge sollte nun »das Kardinalskolleg gewissermaßen die Funktion eines ständigen Vertretungsorgans des Generalkonzils« (S. 237f.) ausüben, doch konnte dies seitens des Kollegs entschärft werden, wodurch in der Wahlkapitulation Eugens IV. »die Konzilien einer kollegialen Leitungsgewalt von Papst und Kardinälen untergeordnet« (S. 243) wurden. Die Depravation des Papstamtes durch Wahlkapitulationen zu Gunsten des Kardinalskollegiums fand im Untersuchungszeitraum letztendlich nicht statt.

Was also bietet die vorliegende Monographie? Deskriptiv vorgehend schreitet Krüger einen Zeitraum von *praeter propter* einem Jahrtausend ab, vergleicht mehr oder minder stark zwei Institutionen, deutsche Domkapitel auf der einen Seite (mit Ausblicken etwa nach England) und das römisch-universale Kardinalskollegium auf der anderen. Verglichen werden also eigentlich nicht vergleichbare Institutionen. Doch bleibt die Frage, ob es nicht sinnvoller gewesen wäre, sich ausschließlich dem einen oder dem anderen Thema zu widmen. So stellte sich dem Rezensenten bei der Lektüre immer wieder die Frage nach dem Sinn im Leben, ob eine intrinische, fein ziselierte, aufeinander aufbauende Darstellung nicht dauerhafter gewesen wäre als dieser Ideen-, Erkenntnis-, Wissenssteinbruch oder, um mit Rudolf Schieffer zu schließen: »Die Forschung ist daher, wie bei anderen Umbrüchen im Rechtsleben auch, auf die langfristig vergleichende Beobachtung des Urkundenmaterials angewiesen, das im Wandel der Formen und Inhalte den Bedeutungsgewinn der Domkapitel zum Vorschein bringt.« (FS Jakobs, S. 136).

Die Zutaten, Papsttum, Kardinalskollegium, Domkapitel wären dann auch vorhanden gewesen, doch das Buch wäre vermutlich ein gänzlich anderes geworden. Das Thema ist also noch nicht abgeschlossen.

Klaus-Frédéric Johannes,
Billigheim-Ingenheim

Marco Forlivesi, Riccardo Quinto, Silvana Vecchio (Hrsg.): *Fides Virtus. The Virtue of Faith from the Twelfth to the Early Sixteenth Century*, in Verbindung mit Gionata Liboni und Caterina Tarlazzi (Archa Verbi, Yearbook for the study of Medieval Theology, Subsidia 12), Münster: Aschendorff 2014. – 524 S. – ISBN 978-3-402-10228-2 – € 84,00.

Aus »postmoderner« Perspektive erscheint schon der Titel in formaler, inhaltlicher und zeitlicher Hinsicht dreifach als »mittelalterlich«: durch die lateinischen Titelbegriffe und die aus dem englischen Untertitel erkennbare Thematik des »Glaubens als Tugend« sowie durch die Zeitangabe. »Als ein immenses Unternehmen« bezeichnet die englische »Summary« auf der Umschlag-

Rückseite die historische Spurensuche »bei mittelalterlichen Autoren nach den Lehren von der Natur des Glaubens«. Sogar »noch umfangreicher als nur die Thematik eines Kongresses« benennen die Herausgeber Marco Forlivesi und Silvana Vecchio in ihrer breiten Einführung (S. IX–XVI) diese Thematik, zumal der »Spiritus Rector« dieses Kongresses der IGTM in Padua (6.–9. Juli 2011) und dritte Herausgeber, Prof. Dr. Riccardo Quinto († 3. August 2014), nach schwerer Krankheit leider die Auslieferung des stattlichen Tagungsbandes nicht mehr miterleben könnte. Am 4. November 2014 wurde auf einem internationalen Studientag in Padua speziell seiner wissenschaftlichen Verdienste gedacht, über den dann zusammen mit einem Nachruf auf Riccardo Quinto von Pavel Blažek bereits in Archa Verbi 11/2014 Genaueres zu lesen ist.

Dem hohen wissenschaftlichen Standard der Subsidia-Reihe entsprechend, bietet auch dieser 12. Band neben den »Abstracts« der insgesamt 22 Beiträge (S. 495–504) auch fünf Indices, womit u. a. neben dem Manuskriptverzeichnis auch die anonymen Namen und Werke hilfreich erschossen sind. Da darin auch die Literaturangaben über ihre Verfasser aufgeführt sind, ist mit den Indices eine gezielte Rezeption des Tagungsbandes in der ganzen Tiefe seiner Ergebnisse möglich und für die weitere mediävistische Forschung ein besonders leicht zu nutzendes Angebot.

In dem »Eröffnungsvortrag« über die patristischen Texte zum »Glauben als theologischer Tugend« untersuchte Paolo Bettiolo (Padua) am Beispiel des Kirchenvaters Origines (†254), dass das »ich glaube« das Bekenntnis des Glaubens der Kirche eröffnet. Die übrigen 21 Beiträge decken die drei theologischen Fachgebiete der »Exegese« (I. mit 6 Beiträgen), der Moraltheologie (II. mit 9 Beiträgen) sowie der »Predigt und Pastoraltheologie« (III. mit 6 Beiträgen) ab. Die Internationalität der theologisch-mediävistischen Forschung ist dadurch dokumentiert, dass 11 Beiträge – wie auch die ausführliche Einleitung – auf Englisch verfasst sind, sechs weitere auf Italienisch und drei auf Deutsch sowie zwei auf Französisch eingebracht wurden.

Im ersten Kapitel (S. 21–133) werden die »Dimensionen des Glaubens« an sieben mehr oder weniger bekannten mittelalterlichen Autoren differenziert aufgezeigt. Beginnend mit Richard von Sankt Viktor (†1173), für den der Glaube »Beginn und Fundament alles Guten« ist, folgen die Forschungen zur *Collectanea* von Petrus Lombardus (†1160) von Hideki Nakamura (Tokyo) bzw. Marcia L. Colish (Yale). Wie Peter Comestor (†1178) mit »fides et fiducia« und sein Schüler Stephen Langton (†1221) im Paris in der 2. Hälfte des 12. Jahrhunderts den Glauben in ihren Exegese-Vorlesungen behandelt haben, hat Mark J. Clark (Front Royal) u. a. am Beispiel der Heilung des Hauptmanns von Kapharnaum untersucht. Der Glaube als »Antwort auf das Wort Gottes« ist eine der Dimensionen in den Kommentaren bei Bonaventura (†1274), die Tiziano Lorenzin (Padua) aufzeigt, während in der Lesung über den Evangelisten Lukas bei Petrus von Olivi (†1298) Fortunato Iozzelli (Antonianum Rom) die Forschungen von Roger Aubert (†2009) und Ernst Andreas Stadter entscheidend fortschreibt. Das Verständnis des Glaubens im Kommentar des Römerbriefs von Domingo de Soto (†1560) hat Matthew Gaetano (Pennsylvania) schon in den evangelisch-katholischen Kontroversen des Reformationszeitalters bearbeitet.

Das größte Kapitel mit den moraltheologischen Beiträgen (S. 135–367) eröffnet Constant J. Mews (Melborne) mit den kontroversen Definitionen bei Petrus Abelard (†1142) und seinen Zeitgenossen. Zu Hugo von St. Viktor (†1141) in seinem Werk »De Sacramentis« erarbeitet Fabrizio Mandreoli (Bologna) eine einzigartige und kreative Form der »Ausübung des Glaubens und der Liebe«. In der Einführung in die Hl. Schrift von Simon von Tournai (†1201) wird der Glaube als »Operation des Geistes« von Francesco Siri (Paris) analysiert. Mit einer ungedruckten Question ist Magdalena Bieniak (Warschau) der klassischen Theorie der »connexio virtutem« bei Wilhelm von Auxerre (†1231) und Stephan Langton auf die Spur gekommen. Diese Verbindungen von »Glauben in natürlicher und übernatürliche Weise« und den »connexio vitutem« untersucht Riccardo Saccenti (Bologna) in theologischen Traktaten und »den ersten Summen« zwischen den Jahren 1220 und 1240. Fokussiert auf den »Glaubenstraktat« des Thomas von Aquin (†1274) geht Thomas Marschler (Augsburg) dem »übernatürlichen Glauben in seiner zweifachen Betrachtungsmöglichkeit als Formal- und Material-Objekt« nach. Auch bei Johannes Duns Scotus (†1308) weißt Antonino Poppi (Padua) u. a. den Unterschied zwischen »fides acquisita« und »fides infusa« nach. Der Scotist François de Meyronnes (†1328) setzt nach der Studie von William Duba (Fribourg) dies mit den Konsequenzen fort, dass der Glauben fortbesteht im »Nachleben und auch Gott selbst hat Glauben«. Christophe Grellard (Paris) beleuchtet die Theorie des Glaubens bei Wilhelm von Ockham (†1347).

Den dritten Teil zu »Predigen und Pastoraltheologie« (S. 371–492) eröffnet Michael Embach (Trier) mit der Untersuchung des Glaubens im »Geistlichen Tugendspiel« der Hildegard von Bingen (†1179). In dem Traktat über den Glauben des Wilhelm Peraldus (†1271) spielt nach Richard G. Newhauser (Tempe) der »unfehlbare Glaube auf der Kanzel« im Hinblick auf Glaubensirrtümer und häretische Interessen eine besondere Rolle. Die öffentliche »Predigt über den Glauben« des Dominikaners Giordano da Pisa (†1311) in Florenz im Jahre 1305 analysiert Carlo Delcorno (Bologna) in ihrer ganzen thematischen Breite. In den »Laudi« des Bianco di Siena (†1399) zeigt uns Silvia Serventi (Bologna) die Konzeption des Glaubens, wie ihn ein männlicher Laie und eine Frau in der zweiten Hälfte des 14. Jahrhunderts haben bzw. leben konnten. Charles M. A. Caspers (Nijmegen) untersucht am Beispiel der Schriften dreier wichtiger Repräsentanten der »Devotio moderna« (u. a. Thomas von Kempen, †1471) den Glauben im Kontext der drei »Göttlichen Tugenden«. Abschließend vergleicht Christoph Burger (Amsterdam) das unterschiedliche Verständnis des christlichen Glaubens bei den beiden Augustiner-Eremiten Johannes von Paltz (†1511) und Johannes von Staupitz (†1524).

Versucht man die angedeutete Breite der theologiegeschichtlichen Ergebnisse dieser durchweg fundierten Spezialstudien über die mittelalterlichen Autoren zu verbinden, zeigen sich die »beiden Schlüssel-Merkmale, die den Glauben auszeichnen: einerseits die erkenntnislogische Schwäche des Glaubens, die als Zustimmung angesehen wurde, vielleicht auch als eine Art obskuren Verständnisses, wenn nicht von Gott oder anderswoher gedacht wird; auf der anderen Seite die absolute ›Sicherheit‹ und ›Wahrheit‹ des Glaubens, die kein Gegenstand der Kontroverse waren« (Summary Rückseite Umschlag). Und die »politische Dimension des Glaubens« machte für einige Autoren das Problem der »infidelitas« in der mittelalterlichen Gesellschaft deutlich und gegenwärtig. So haben die Autoren bereits für das abendländische Mittelalter und die Renaissance eine »kaleidoskopische Variationsbreite von unterschiedlichen« Glaubenstheorien aufgearbeitet, welche den Weg bereitet haben für die moderne Vielfalt und die »postmoderne« Individualität. Damit ist dieser Band eine Fundgrube für die Breite, Tiefe und Vielfalt des mittelalterlichen Glaubensverständnisses in Europa und damit unverzichtbar auch für die theologische Reflexion im 21. Jahrhundert.

Reimund Haas, Köln

Directiones Auctorum

Dr. Irene Bueno
Alma Mater Studiorum -
Università di Bologna
Dipartimento di Storia Culture Civilità
Piazza San Giovanni in Monte 2
I – 40124 Bologna
eMail: irene.bueno@eui.eu

Prof. Dr. Peter Gemeinhardt
Georg-August-Universität Göttingen
Theologische Fakultät
Platz der Göttinger Sieben 2
D – 37073 Göttingen
eMail: Peter.Gemeinhardt@theologie.uni-goettingen.de

Prof. Dr. Philipp W. Rosemann
University of Dallas
Philosophy Department
1845 East Northgate Drive
Irving, Texas 75062–4736
U.S.A.
eMail: rosemann@udallas.edu

Mag. Christina Traxler
Universität Wien
Katholisch-Theologische Fakultät
Institut für Historische Theologie – Kirchengeschichte
Schenkenstraße 8-10
A – 1010 Wien
eMail: christina.traxler@univie.ac.at

Dr. Martina Wehrli-Johns
Nägelistrasse 12
CH – 8044 Zürich
eMail: martinawehrli@bluewin.ch

Dr. Charlotte Bretscher-Gisiger
Chlätterstrasse 9
CH – 8458 Dorf
eMail: ch.bretscher@gmx.net

The International Society for the Study of Medieval Theology (IGTM)

Founded in 2002, the Society aspires "… to promote the study of medieval theology in research and teaching and to facilitate scholarly exchange within the field. It represents the discipline to academic institutions both public and ecclesiastic, and to authorities and entities responsible for higher education. The Society cooperates with research institutions, other societies and associations engaged in medieval studies. It aspires to promote cooperation among scholars from the discipline of medieval theology itself and from disciplines related to it, such as Church History, History of Exegesis, History of Spirituality, History of Liturgy, History of Canon Law and Sermon Studies, and also with scholars from the wider field of Medieval Studies such as Medieval History, auxiliary studies in History (Geschichtliche Hilfswissenschaften), History of Philosophy, Art History, Music History, Philology and Literature" (Statutes §1,2). The Society organizes an annual meeting of its members and sponsors other conferences and publications initiated and edited by its members. Membership is open to any scholar in the field. Applications can be made either by letter, email, or online: www.igtm-info.net

The annual dues for regular membership are currently € 50 (including a subscription to *Archa Verbi*) or € 35 (without subscription). Students and low wage members may apply for a reduced membership fee of € 10 (without subscription to *Archa Verbi*). Institutional members pay either € 50 (academic institutions) or € 100 (other institutions) and receive a copy of *Archa Verbi*. The Society has been recognized by German tax authorities as a non-profit organization. Donations and membership fees, therefore, are tax-deductible.

The current Board of the Society consists of Prof. Dr. Reimund Haas (Köln) as president, PD Dr. Ines Weber (Tübingen) as treasurer, and Dr. Krijn Pansters (Utrecht) as secretary.

Further information is available at:

Internationale Gesellschaft für Theologische Mediävistik e. V. – Geschäftsstelle
c/o Prof. Dr. Reimund Haas, Johannesweg 5a, D – 51061 Köln
T +49 (0)221/634822 or 0151/20043624; F +49 (0)201/2204–373
reimundhaas@t-online.de or info.igtm@gmail.com
http://www.igtm-info.net/

ARCHA VERBI. YEARBOOK FOR THE STUDY OF MEDIEVAL THEOLOGY

The yearbook *Archa Verbi* is published by the International Society for the Study of Medieval Theology (IGTM). Languages of publications are English, French, German, Italian, and Spanish. *Archa Verbi* accepts articles and text editions which fall within the scope of the Society's objectives and thematic purpose.

Manuscripts submitted to *Archa Verbi* undergo a double-blind peer review. Two senior scholars selected by the "scriptores" evaluate the quality of the research and make recommendations concerning the study's suitability for publication. On the basis of the peer reviews the "scriptores", together with the "coetus editionis", render a decision concerning the publication of the manuscript. Authors will be notified of the decision and – where applicable – of the evaluators' recommendations and criticisms. If a manuscript is rejected, we strongly encourage resubmission of the article after careful revision, since examination of a resubmission will be independent of the original review process.

The review section of the yearbook discusses new books from the field of medieval theology and from those associated fields of study relevant to medieval theology.

Manuscript submissions for the yearbook *Archa Verbi* may be sent to the editor:
Prof. Dr. Thomas Prügl
Institut für Historische Theologie
Katholisch-Theologische Fakultät, Universität Wien
Schenkenstr. 8–10, A – 1010 Wien
T +43–1–4277–30202, F +43–1–4277–9310
thomas.pruegl@univie.ac.at

Requests for book reviews as well as review copies should be sent to the review editor:
Prof. Dr. Christian Thomas Leitmeir
Music Faculty, University of Oxford
St Aldates, Oxford OX1 1DB
T +44–1865–276127
christian.leitmeir@music.ox.ac.uk
or
Magdalen College, Oxford OX1 4AU
T +44–1865–286793
christian.leitmeir@magd.ox.ac.uk

Further information is available at:
http://www.igtm-info.net/